Apostolische Gemeinschaften in Europa

Schrift und Glaube

Der Bund Gottes mit uns Menschen

Schrift und Glaube

Der Bund Gottes mit uns Menschen

Herausgegeben von der

Konferenz der Apostel und Bischöfe
der Apostolischen Gemeinschaften in Europa

Bibliografische Information der Deutschen Nationalbibliothek:

Die Deutsche Nationalbibliothek verzeichnet diese Publikation in der Deutschen Nationalbibliografie; detaillierte bibliografische Daten sind im Internet über http://portal.dnb.de abrufbar.

Bei Zitaten liegt, aus Gründen der Authentizität und Historizität, keine gendergerechte Schreibweise vor. An einigen Stellen wurde aus Gründen der Verständlichkeit und besseren Lesbarkeit auf eine gendergerechte Schreibweise verzichtet. Bei der Verwendung entsprechender geschlechterspezifischer Begriffe sind im Sinn der Gleichbehandlung jedoch ausdrücklich alle Geschlechter angesprochen.

1. Auflage 2024 (deutschsprachige Ausgabe)

Umschlaggestaltung: excorporalux.de
ISBN: 978-3-98885-302-8

www.rediroma-verlag.de
20,00 Euro (D)

INHALTSVERZEICHNIS

Vorwort der Herausgeber

Der Titel dieses zweiten Teils der Reihe „Schrift und Glaube", „Der Bund Gottes mit uns Menschen", stand nicht schon am Anfang, sondern erst am Ende dieser Arbeit fest. Schon bei unseren Ausführungen „Sakramente in apostolischen Gemeinden"[1] vor gut zwanzig Jahren, war uns deutlich geworden, dass es in der Beschreibung unserer Sakraments- und Glaubenslehre genau um diese Beziehung geht: um den Bund, den Gott mit uns Menschen macht. Hier liegt nun ein Ergebnis unseres über mehrere Jahre geführten Austausches zu diesem Schlüsselthema vor. Je intensiver die Beschäftigung mit der Bibel wird, desto deutlicher werden uns aber auch unsere Grenzen bewusst. Wir hoffen, dass der Charakter dieser Arbeit weniger als der einer Streitschrift, wohl aber als der einer klaren Positionsbeschreibung gesehen wird.

Alle Abschnitte können einzeln gelesen werden. Sie bauen zwar aufeinander auf, doch manchmal ist es hilfreich, ein besonderes Thema im Voraus aufzugreifen oder gesondert näher zu betrachten. Das dürfte problemlos möglich sein. Für die Hauptabschnitte gibt es zudem Zusammenfassungen, die auch schon vorab gelesen werden können und so vielleicht die Übersicht erleichtern. Wer sich mit den alttestamentlichen Themen eventuell später beschäftigen möchte, kann auch direkt mit den neutestamentlichen Kapiteln beginnen. Wir haben, soweit irgend möglich, auf Fremdwörter verzichtet. Falls sie doch auftreten, sind sie im Text, in den Fußnoten oder im Glossar erklärt.

Die Gliederung dieses Buchs stand als Gerüst bereits am Anfang fest, sie hat sich aber im Detail während der Arbeit weiter entfaltet. So hat uns die Frage nach dem Verständnis des Abendmahles als erstes dahin geführt, nach dem Passa zu fragen. Wir stellten fest, dass eine solche Mahlfeier, wie sie Jesus mit seinen Jüngern praktizierte, biblisch nicht vorgegeben war. Wie ist es also dazu gekommen? So gehen wir in einem ersten größeren Abschnitt der Frage nach, wie das Passa entstanden ist und wie es sich in der Geschichte Israels entwickelt hat.

---

[1] „Sakramente in Apostolischen Gemeinden", Glaubenslehre und Handreichungen für Mitarbeiter, Mai 2005

In den ersten Hauptkapiteln suchen wir eine Antwort auf die Fragen, wie der Alte Bund zustande kam und ob es im Alten Bund bereits Vergebung gab. Kann die mitunter verallgemeinerte Ansicht, dass der Alte Bund Vergeltung bedeute, und dass erst der Neue Bund Vergebung bringe, bestätigt werden oder muss man sie revidieren? Wie erfolgte die Unterweisung und Führung des Volkes Israel im Alten Bund?

Wir haben uns intensiv mit den Zusammenhängen des Alten Bundes beschäftigt. Die Kenntnis dieser Zusammenhänge hilft, das Herausragende des Neuen Bundes richtig zu verstehen. Auf dieser Basis erfolgt die Beschäftigung mit der Aufrichtung des Neuen Bundes. Hier rückt die Passion und der Tod Jesu in den Vordergrund. Die entscheidenden Ereignisse, die den Neuen Bund bestätigen, erwecken Hoffnung und Zuversicht für alle Menschen.

Die gewonnenen Erkenntnisse haben zu unserem heutigen Lehrverständnis geführt, wie wir es in „Schrift und Glaube, Christliches Leben in apostolischen Gemeinden", dem Band 1 dieser Schriftreihe, beschrieben haben.

Die Anmerkungen am Ende dieser Arbeit (s. 7) zu den einzelnen Abschnitten und Themenbereichen benennen einige Probleme der Schriftauslegung, auf die wir gestoßen sind und die sich nicht so ohne weiteres lösen lassen. Darin werden auch einige Thesen erwähnt, die wohl interessant sind, denen wir aber nicht folgen wollten. Für den einen oder anderen Leser kann es hilfreich sein, diese Anmerkungen bereits zu Beginn der Beschäftigung mit den jeweiligen Themen zu lesen. Das Forschen in der Schrift macht Freude und ist hilfreich für jede nur denkbare Form der Gemeindearbeit. Dazu werden weiterführende Literatur und Quellenangaben in einem gesonderten Verzeichnis aufgeführt. Die verwendeten Bibelstellen sind ebenfalls am Ende des Buches zusammengestellt.

Wir ermutigen die Leser dieses Buches, selbst weiter zu forschen. Fortwährend werden neue, den Glauben stärkende und bereichernde Entdeckungen und Erfahrungen gemacht, sowie Erkenntnisse gewonnen. Wir sind immer wieder dankbar, wenn uns Ergebnisse zugänglich gemacht werden, die Gottes Wort stützen.

Die Herausgeber

Zum Gebrauch des Textes

Der hier vorliegende Text „Der Bund Gottes mit uns Menschen" ist der zweite Teil der Arbeiten zu „Schrift und Glaube".

Im Teil 1 wurde bereits die Glaubenslehre der Apostolischen Gemeinschaften in Europa beschrieben und daraus ein Lehr-, Sakraments-, Gemeinde- und Dienstverständnis abgeleitet. Zum Ende des ersten Teils erfolgte der Versuch, die gewonnenen Erkenntnisse auf das Leben als Christ, im Sinn des Apostolischen Selbstverständnisses, in die heutige Zeit zu übertragen.

Im hier vorliegenden Teil 2 „Der Bund Gottes mit uns Menschen", werden die Zeugnisse der Bibel zum Bund Gottes mit den Menschen aus Altem und Neuem Testament betrachtet. Dieser umfangreiche und detaillierte Text betrachtet vielfältige Bibelstellen, setzt sie miteinander in Beziehung und versucht daraus Erkenntnisse für unser heutiges Gottesverständnis abzuleiten. Die Ausarbeitungen des Teil 2 bildeten die Grundlage für die Ausführungen im Teil 1 und sollen den interessierten Lesern zu vertiefenden Erklärungen und eigenen weiterführenden Studien dienen.

Dieses Buch ist vorrangig als Nachschlagewerk, zur Vertiefung der biblischen Zusammenhänge und Darstellungen gedacht. Hierbei beschreiben die einzelnen Kapitel und Unterkapitel jeweils abgeschlossene Themenbereiche, die weitgehend unabhängig voneinander gelesen werden können. Orientierung geben jeweils die Kapitelüberschriften und das Stichwortverzeichnis.

Da die Kapitel auch unabhängig voneinander gelesen werden können, ist es Absicht, dass identische Bibelstellen, da wo sie relevant sind, mitunter in unterschiedlichen Kapiteln mehrfach angeführt werden.

Wie bereits im ersten Buch, haben wir jeweils am Ende der Hauptabschnitte Zusammenfassungen vorgenommen. Für alle, die nicht sofort in die ausführlichen Betrachtungen einsteigen wollen, ist es möglich, sich mittels dieser Zusammenfassungen vorab einen Überblick zu verschaffen.

Übersicht der Zusammenfassungen:

1 Einführung

Wenn wir als Menschen das Thema Gott betrachten, so stellt es sich uns im Grunde in drei Formen dar: dem Monotheismus, dem Polytheismus, dem Atheismus.[2] Unser Gottesbild müssen wir letztendlich einer dieser Ausprägungen zuordnen.

Die Geschichte Israels, und in ihrer Folge das Christentum, ist untrennbar mit dem Bekenntnis zu dem einen Gott, also dem Monotheismus verbunden. Dieses Gottesbild wurde möglich, weil Gott selbst sich den Menschen vorgestellt hat. Während die Menschen bis dahin den Naturmächten Hunger, Liebe und Macht jeweils ihre Götter, in der Anbetung des Brotes, des Eros und der Vergötzung der Macht zugeordnet hatten[3], gibt sich der eine Gott als der, der alles ist, der hinter allem steht, der das Sein an sich ist, zu erkennen: *„Da sprach Gott zu Mose: »Ich bin, der ich bin«“*[4] (1. Mose 3,14; ELB). Während im Polytheismus die Menschen den Willen und die Reaktionen der Götter aus der Beobachtung der (Natur) Ereignisse abgeleitet hatten, spricht der „Eine Gott“ selbst zu den Menschen. Das war skandalös und revolutionär zugleich. Sowohl zur Zeit Israels als auch zur Zeit Jesu rief dieser „Sturz der Götter“ bei den Herrschern und Mächtigen heftigen Widerstand hervor. Den Suchenden jedoch gab er Antworten, wurden doch ihre Fragen nach dem Ursprung des Seins und dem Sinn des Lebens beantwortet.[5]

Das Offenbarwerden Gottes auf der einen Seite und das Erkennen Gottes durch uns Menschen auf der anderen, war und ist ein langer Weg, der vom Sinai über Jesus Christus bis in unsere heutige Zeit führt. Um uns dem heutigen Verständnis des Wesens Gottes und seiner Liebe zu uns Menschen zu nähern, ist es hilfreich und auch notwendig, auf die in der Bibel überlieferten Ereignisse und Schilderungen zu schauen. Es reicht nicht, dass wir uns ein

---

[2] Monotheismus: Glaube an den einen Gott, Polytheismus: Glaube an mehr als einen Gott, Atheismus: Glaube an keinen Gott

[3] Manfred Lütz / Joseph Ratzinger, Kurze Einführung in das Christentum überarbeitet für alle, Kösel (2023), S. 71

[4] Weitere mögliche Übersetzungen z.B. Luther: „Ich werde sein, der ich sein werde.“

[5] Manfred Lütz / Joseph Ratzinger, Kurze Einführung in das Christentum überarbeitet für alle, Kösel (2023), S. 70

Gottesbild aus unseren eigenen Erfahrungen aufbauen. Unser Gottesbild muss sich auch auf die Offenbarungen abbilden lassen, mit denen sich Gott uns Menschen im Zeugnis der Bibel gezeigt hat.

Die Zuwendungen Gottes zu uns Menschen, seinen Geschöpfen, beschränkt sich jedoch nicht allein darauf, dass er uns erscheint und zu uns spricht. Gott schließt einen Bund mit den Menschen. Einen Bund, der auf dem Sinai mit dem Volk Israel beginnt - auch der Alte Bund genannt, und der mit Jesus Christus und seinem Tod am Kreuz erneuert und erweitert wird - auch der Neue Bund genannt. Unsere heutige Beziehung zu Gott kann nur aus dem Alten und Neuen Bund zusammen richtig verstanden werden. Auch wenn viele Regelungen des Alten Bundes uns heute fremd vorkommen, so weist Jesus jedoch darauf hin, dass sie ihre Gültigkeit nicht verlieren: *„Ihr sollt nicht meinen, dass ich gekommen bin, das Gesetz oder die Propheten aufzulösen; ich bin nicht gekommen aufzulösen, sondern zu erfüllen“* (Mt 5,17). Wenn Jesus davon spricht das „Gesetz und die Propheten“, also den Alten Bund zu erfüllen, so erfüllt er damit auch die Prophezeiungen, dass Gott seine Gesetze nicht nur auf steinernen Tafeln, sondern in die Herzen der Menschen schreiben wird: *„Ich will mein Gesetz in ihr Herz geben und in ihren Sinn schreiben, und ich will ihr Gott sein und sie sollen mein Volk sein“* (z.B. Jes 31,33b). Alles, was Gott als Gesetz und Ausrichtung unseres Lebens „in unser Herz schreibt“, wird also dem Sinn des Bundes nicht widersprechen, sondern ihn erfüllen.

Mit dem Neuen Bund tritt Versöhnung und Vergebung in den Mittelpunkt. Apostel Paulus weist darauf hin, dass diese Versöhnung und Vergebung als Merkmal des Neuen Bundes mit dem Tod Jesu teuer erkauft wurden: *„Ihr seid teuer erkauft; werdet nicht der Menschen Knechte“* (1. Kor 7,23). Es gilt daher den Bund zu kennen, um den Anfechtungen unserer Zeit standhalten zu können.

Mit dem Bund am Sinai schenkte Gott den Menschen auch die Gebote dieses Bundes. Regeln, nicht zur Unterdrückung, sondern Anleitungen zum Leben in Gottes Schöpfung. Auch das war neu und einzigartig. Bis zu diesem Zeitpunkt mussten die Menschen versuchen herauszufinden, welche Lebensführung gottgefällig war und welche nicht. Es gab keine Gewissheit. Alles Handeln war von der Sorge begleitet etwas Falsches zu tun. Die Gebote Gottes eröffneten einen bis dahin unbekannten Raum, sich in Gottes Schöpfung frei zu bewegen.

Die zehn Gebote[6], bilden z.B. bis heute in vielen Gesellschaftsformen die Grundlage, auf der das Zusammenleben aufbaut. Die Gebote zeigen sowohl die Grenzen der persönlichen Freiheiten als auch die Sicherheiten des Zusammenlebens auf, in denen wir unser Leben verlässlich gestalten dürfen. Wenn wir die Gebote Gottes betrachten, so können wir sie also entweder als Eingrenzung unserer Freiheit oder aber andererseits auch gerade als deren Garant ansehen.

Die reformatorische Theologie betrachtet die Gesetze Gottes als sein Geschenk zum „Gebrauch für die Wiedergeborenen"[7]. „Gemeint sind die, die vom Zuspruch der alt- wie neutestamentlichen Präambel[8] berührt und ergriffen sind und die ihr Leben in der Gemeinschaft mit Gott und in seiner Liebe lebend führen. Sie erleben den Dekalog als hilfreiche Wegweisung für ein Leben in der Heiligung."[9] Im Verständnis des Neuen Bundes können wir heute sagen: Gott hat uns, indem er uns seine Gebote geschenkt hat, zur Freiheit berufen und möchte, dass unser Leben gelingt.

In diesem Buch sollen die hier aufgeführten Grundlagen unserer Gottesbeziehung näher betrachtet und, soweit möglich, erklärt werden. Ihre Kenntnis lässt uns vieles, das uns vielleicht zunächst fremd und unverständlich ist, verstehen. Wie bei allem Studium der Bibel bitten wir darum, dass Gott uns sein Wort und seinen Willen durch den Heiligen Geist offenbart. So spricht Gott auch heute noch zu seinen geliebten Geschöpfen, zu uns Menschen. Bei allen folgenden Betrachtungen bekennen wir uns zu dem Grundsatz, dass die Bibel in ihrem Gesamtzeugnis Gottes Wort ist. Wir wollen sie ernst nehmen. In diesem Gesamtzeugnis gilt sie für uns als höchste Lehrautorität. Dies schließt ein, dass wir diesem Wort vertrauen. Das heißt, dass wir gerade auch das Unerklärbare im Glauben annehmen und anstehen lassen, unabhängig davon, ob es jemals eine Klärung dafür geben wird.

---

[6] Auch Dekalog genannt

[7] usus in renatis

[8] Anm.: Der Gebrauch des Begriffs Präambel bezieht sich hier auf die ersten Verse des Dekalogs: *„Ich bin der HERR, dein Gott, der ich dich aus Ägyptenland, aus der Knechtschaft, geführt habe. Du sollst keine anderen Götter haben neben mir. …"* (2. Mose 2-6)

[9] Homiletische Monatshefte 98. Jg., Alfred Mengel, S. 310

2 Die Tradition Israels – Der „Alte Bund“

Vieles, das wir heute im gemeindlichen Umfeld und im gottesdienstlichen Geschehen kennen und feiern, Sakramente und Segenshandlungen, hat seine Wurzeln in der Tradition Israels. Keine andere Handlung, die wir in den apostolischen Gemeinschaften als Sakrament feiern, ist jedoch so mit der Geschichte Israels verwoben wie das Abendmahl. Um das, was wir heute im Abendmahl, dem Zeichen des Neuen Bundes feiern, zu erklären, führen die Spuren des Abendmahls uns zurück bis in Israels Frühgeschichte, den Alten Bund.

2.1 Israels Hauptfeste

Neben einer ganzen Reihe von Festen wurden drei besondere Hauptfeste im Jahresablauf gefeiert. Zur Erinnerung an den Auszug aus Ägypten wurde im Frühjahr, am 14. Tag des ersten Monats, das erste große Fest, das Passafest, gefeiert. Mit dem Passafest eng verbunden war das Fest der ungesäuerten Brote. Man nennt es auch Mazzenfest oder Mazzotfest.[10] Es begann einen Tag nach dem Passa und dauerte insgesamt sieben Tage. Anschließend begann die Getreideernte. Sieben Wochen nach dem Passa feierte das Volk das zweite große Fest, das Wochenfest, auch Schawuot[11] genannt. Es wurde gefeiert, nachdem die Ernte eingebracht war. Schließlich feierte Israel im Herbst das dritte große Fest, das Laubhüttenfest, auch Sukkot[12] genannt. Es wurde nach der Weinernte als ein besonders fröhliches Dankfest gefeiert. Zu allen drei Hauptfesten, dem Passafest, dem Wochenfest und dem Laubhüttenfest, sollte Israel daran denken, dass es aus der Knechtschaft in Ägypten gerettet war, in das Land Kanaan gebracht und darin gesegnet wurde. Ebenso sollte es

---

[10] WStb, Das zweite Buch Mose, Kapitel 19-40, erklärt von Hansjörg Bräumer, R. Brockhaus Verlag Wuppertal, 1999, S. 216; s. auch: Hanspeter Obrist (Hrsg.), Feste Israels, Brunnen Verlag Basel und Gießen, 2006, S. 9 ff

[11] WStb, Das zweite Buch Mose, Kapitel 19-40, a.a.O., S. 217; s. auch: Hanspeter Obrist (Hrsg.), Feste Israels, a.a.O., S. 18 ff;

[12] WStb, Das zweite Buch Mose, Kapitel 19-40, a.a.O., S. 217; s. auch: Hanspeter Obrist (Hrsg.), Feste Israels, a.a.O., S. 33 ff; Anmerkung: „Sukkot“ bedeutet „Hütten“, wie auch bei den gleichnamigen Ortsbezeichnungen (1. Mose 33,17; 2. Mose 12,37) und verweist auf die nomadische Lebensweise. Vgl. LzB, Herausgegeben von Fritz Rienecker, neubearbeitete Ausgabe, herausgegeben von Gerhard Maier, R. Brockhaus Verlag Wuppertal, 3. aktualisierte Sonderausgabe der neu bearbeiteten Auflage 2003, Sp. 1538

zu diesen Festen Erstlingsgaben opfern, zum Passa Erstlinge der Herden, zu den anderen Festen Erstlingsfrüchte der Ernte. Seit der Errichtung des Tempels waren es Wallfahrtsfeste, an denen alle Männer Israels vor dem HERRN erscheinen sollten. Das älteste dieser drei Feste ist das Passafest. Dieses Fest erinnert an den Auszug Israels aus Ägypten. (2. Mose 23,14-19; 34,18-26; 3. Mose 23,4-44; 5. Mose 16,1-17).

2.2 Israel in Ägypten

In Ägypten durfte die Großfamilie Israel zur Zeit Josephs *„am besten Ort des Landes wohnen"* (1. Mose 47,6), im Lande Goschen im östlichen Nildelta. Dort waren sie vor der Hungersnot gerettet und konnten sich versorgen und ihr Vieh weiden. Doch in der folgenden Zeit, in der Israel in Ägypten zum Volk heranwuchs, verschlechterte sich die Lebenssituation der Israeliten auf dramatische Weise. Die Verdienste Josefs waren bald vergessen. Israel wurde zu immer härterer Fronarbeit gezwungen. Das Volk schrie zu Gott in seiner Not und er erhörte es. *„Und Gott erhörte ihr Wehklagen und gedachte an seinen Bund mit Abraham, Isaak und Jakob. Und Gott sah auf die Israeliten und nahm sich ihrer an"* (2. Mose 2,24-25). Mose wurde von Gott zum Führer des Volkes berufen und musste in Gottes Auftrag mit seinem Bruder Aaron vor den Pharao treten und von ihm den Auszug Israels aus Ägypten fordern. Der hartnäckige Widerstand des Pharaos wurde erst durch die Plagen, die Gott über Ägypten kommen ließ, gebrochen. Zehn Plagen mussten die Ägypter ertragen (2. Mose 7,14-11,10), während die Israeliten davon verschont blieben. Denn Gott machte einen Unterschied zwischen Ägypten und Israel (2. Mose 8,18-19; 9,4.26; 10,23; 11,7). Erst nach der zehnten Plage, dem Sterben aller Erstgeburt in Ägypten, erlaubte der Pharao dem Volk Israel, das Land zu verlassen und den Weg in das verheißene Land Kanaan anzutreten. Nach 430 Jahren Aufenthalt in Ägypten war die Zeit gekommen, dass Israel in die Freiheit aufbrechen durfte (2. Mose 12,40). Gott bestimmte den Zeitpunkt und ordnete an, dass Israel sich bereithalten sollte, das Land Ägypten zu verlassen.

2.3 Das Passamahl des Auszugs

Diese Anordnungen Gottes begannen mit der Neuordnung des Kalenders für

Israel. Es begann also eine völlig neue Zeit.[13] Der Monat des Auszugs, der Frühjahrsmonat, sollte zukünftig der erste Monat des Jahres sein (2. Mose 12,2) und er trug den Namen Abib (2. Mose 13,4). Seit der babylonischen Gefangenschaft trägt er den Namen Nisan[14] (s. Neh 2,1). Alle wichtigen Ereignisse der folgenden Zeit wurden vom Jahr des Auszugs an gezählt. Der Auszug ist das Ereignis, welches sich bis zu der Zeit Jesu am tiefsten ins Bewusstsein Israels eingegraben hatte.[15]

Am zehnten Tag des ersten Monats sollte für jede Hausgemeinschaft ein männliches, einjähriges, fehlerfreies Lamm von den anderen Tieren abgesondert werden und am vierzehnten Tag gegen Abend sollten alle Hausgemeinschaften ihr Lamm schlachten, um es in der folgenden Nacht, also vom 14. auf den 15. Tag des ersten Monats gemeinsam zu verzehren. Es sollte unzerteilt am Feuer gebraten und vollständig aufgegessen werden. Kein Knochen durfte ihm gebrochen werden. Falls eine Hausgemeinschaft zu klein war, sollte sie sich mit den Nachbarn zusammentun. Zum Fleisch des Lammes sollten Fladen aus ungesäuertem Brot, auch Matzen genannt, und bittere Kräuter gegessen werden. Es war eine Nacht des Wachens (2. Mose 12,1-28). Nur Israeliten durften am Mahl teilnehmen. Dazu gehörten auch jene ursprünglich heidnischen Familien, deren Männer sich hatten beschneiden lassen und zu Israeliten geworden waren. Die Beschneidung war das Zeichen des ewigen Bundes, den Gott bereits mit Abraham geschlossen hatte (1. Mose 17,1-27). Die

---

[13] WStb, Das zweite Buch Mose, Kapitel 1-18, erklärt von Hansjörg Bräumer, R. Brockhaus Verlag Wuppertal 1996, S. 180

[14] Ebd. S.180; siehe auch: LzB, a.a.O. Sp. 768

[15] Anmerkung: Bei dem Versuch, Jahresangaben und Zeiträume einzuordnen, sind wir uns bewusst, dass die Angaben der Historiker und Bibelausleger nicht als unverrückbar anzusehen sind. Unterschiedliche Quellenbewertungen führen zu unterschiedlichen Datierungen. Das gilt grundsätzlich für alle nachfolgend genannten Jahresangaben, die jeweils als Datierungsvorschläge zu verstehen sind. Über den Auszug aus Ägypten sind sich die Ausleger nicht einig, sondern vertreten unterschiedliche Ansichten. Sie machen zum Jahr des Auszuges unterschiedliche Angaben. Hansjörg Bräumer schlägt das Jahr 1203 v.Chr. vor. Andere Ausleger geben z.B. nur einen ungenauen Zeitraum, evtl. im 13. Jh. v.Chr. an. Siehe: WStb, Das zweite Buch Mose, Kapitel 1-18, a.a.O, S. 28 u. 195f. Eugene H. Merrill schlägt das Jahr 1446 v.Chr. vor. Er geht davon aus, dass der Tempelbau im Zeitraum 966-959 v.Chr. erfolgte und lt. 1. Kön 6,1 genau 480 Jahre nach dem Auszug aus Ägypten begann (966 v.Chr. – 480 = 1446 v.Chr.). Die Jahresangaben von Eugene H. Merrill entsprechen dem biblischen Text. Siehe: Eugene H. Merrill, Die Geschichte Israels, Hänssler Verlag Holzgerlingen, 2001, S. 124 u. 130

grundsätzlichen Bestimmungen galten weitestgehend auch noch zur Zeit Jesu, nach mehr als 1.400 Jahren, auch wenn die Durchführung des Passafestes im Verlauf der Geschichte Israels noch mehrere Veränderungen erfuhr. „Die Ägypter hatten das Schlachten von Kleinvieh grundsätzlich verboten“[16] (s. auch 2. Mose 8,22). So war die Schlachtung eines Lammes in allen israelitischen Hausgemeinschaften ein „Symbol der scharfen Wende von der Knechtschaft zur Erlösung“[17]. Das Blut des Lammes sollte mit einem Ysopbüschel an die Türpfosten und die obere Schwelle der Tür gestrichen werden. Damit demonstrierten die Israeliten ihren Gehorsam und ihre Zugehörigkeit zum HERRN, dem einen Gott, dem Gott Israels, und zugleich ihre entschiedene Abwendung von allen ägyptischen Götzen.[18] Das Bestreichen der Türpfosten mit dem Blut des Lammes war ein einmaliges Ritual beim Passa des Auszugs, welches sich zukünftig nicht wiederholte. Es hatte aber eine tiefe symbolische Bedeutung. Gottes Bund mit seinem Volk wurde mit Blut besiegelt. Die Symbolik des Blutes finden wir beim Bundesschluss am Sinai wie auch bei den Opfern Israels wieder.

In der Nacht dieses Mahles sollten die Israeliten reisefertig sein. Während der Gürtel ansonsten vor einer Mahlzeit in der Regel gelockert oder gelöst wurde, die Familien es sich also bequem machten, galt für diese Nacht: *„Um eure Lenden sollt ihr gegürtet sein und eure Schuhe an euren Füßen haben und den Stab in der Hand und sollt es in Eile essen; es ist des HERRN Passa“* (2. Mose 12,11). Der Begriff „Passa“ wird hier im Sinne eines schonenden Vorübereilens gebraucht.[19] Das Blut an den Türpfosten war das schützende Zeichen, dass der Verderber vorüberging und die Häuser der Israeliten verschonte (2. Mose 12,23). Sowohl die Anordnungen für die Speisenzubereitung als auch für die Kleidung lassen erkennen, dass wenig Zeit zur Verfügung stand und das ganze Volk reisefertig sein sollte. Das Braten des ganzen Lammes am offenen Feuer sowie das Backen von ungesäuertem Brot war die schnellste Möglichkeit, diese Speisen zuzubereiten.[20] Was bis zum Morgen nicht verzehrt war, musste verbrannt werden. In dieser Nacht starb in Ägypten alle Erstgeburt. Nur Israel

---

[16] WStb, Das zweite Buch Mose, Kapitel 1-18, a.a.O., S. 181
[17] Ebd. S. 182
[18] Ebd. S. 182
[19] Ebd. S. 184; siehe auch: LzB, a.a.O., Sp. 1197
[20] Ebd. S. 183

blieb verschont (2. Mose 12,29-32).

2.4 Der Auszug aus Ägypten

2.4.1 Der Aufbruch

Noch während der Nacht ließ der Pharao Mose und Aaron rufen. Er forderte sie auf, mit dem ganzen Volk Israel das Land Ägypten zu verlassen. Pharaos Macht war gebrochen. Er sah sich gezwungen, das Volk Israel dem HERRN, ihrem Gott anzubefehlen. *„Macht euch auf und zieht weg aus meinem Volk, ihr und die Israeliten. Geht hin und dient dem HERRN, wie ihr gesagt habt. ... Geht hin und bittet auch um Segen für mich"* (2. Mose 12,31-32). Am Morgen brachen sie auf mit allem, was sie hatten, und was sie zusätzlich von den Ägyptern nehmen durften. Sie nahmen ungesäuerten Brotteig mit, denn sieben Tage sollten sie ungesäuertes Brot essen (2. Mose 12,18-20.39; 13,3-8). Dieser Tag sollte in Israel zukünftig ein Fest für den HERRN sein. Sie sollten das Passa „als ewige Ordnung" feiern (2. Mose 12,14.17). Alle zukünftigen Passafeste nach dieser Passanacht in Ägypten sind Gedenktage. Zwar wird kein zukünftiges Passamahl dem Passa des Auszugs gleichen, doch das Gedenken bedeutet nicht nur Erinnerung, sondern eine Vergegenwärtigung, als sei jeder Israelit selbst aus Ägypten ausgezogen und preist und ehrt Gott dafür.[21] Diese „ewige Ordnung" hat auch einen erzieherischen Aspekt. Die Kinder werden danach fragen, was dieser Brauch bedeutet. Auf diese Frage hat der Hausvater zu antworten: *„Es ist das Passaopfer des HERRN, der an den Israeliten vorüberging in Ägypten, als er die Ägypter schlug und unsere Häuser errettete"* (2. Mose 12,27). Es sei hier darauf hingewiesen, dass eine ewige Ordnung nur im Rahmen einer ewigen Beziehung vorstellbar ist. Das Passamahl des Auszugs ist bereits die Vorbereitung des Bundes, welchen Gott mit Israel schließen wird. Deshalb kann das Passamahl des Auszugs bereits als ein Mahl des Bundes betrachtet werden.

2.4.2 Die Heiligung der Erstgeburt

Noch am Tage des Auszugs erhielt Israel das Gebot, nach der Landnahme in Kanaan alle Erstgeburt zu heiligen und dem HERRN, dem Gott Israels, zu

---

[21] Ebd. S. 191

weihen. Dieses Gebot war also eng mit dem Passafest verbunden. Alle männliche Erstgeburt der Haustiere gehörte dem HERRN, sollte also geopfert werden. Es sollte für alle Zeiten deutlich bleiben, dass Israel aus Dankbarkeit für die Bewahrung in Ägypten die Erstlinge der Herden dem HERRN opfern würde. Eine Ausnahme bei den Tieren bildete der Esel. Der Esel war kein Opfertier, sondern als Last- und Reittier mit einem Lamm auszulösen. Das Kamel war ausschließlich Last- und Reittier und weder zur Nahrung, noch als Opfertier zugelassen (3. Mose 11,4; s. 3.3.2).

Alle erstgeborenen Söhne sollten ausgelöst werden mit einem Tier (2. Mose 13,1-16). „Im alten Orient war der Brauch verbreitet, die Erstlinge von Mensch und Tier Gottheiten zu opfern."[22] Auch hier wurde eine deutliche Abgrenzung zu den Heidenvölkern vorgenommen. Das Opfer galt dem HERRN, der das Volk aus Ägypten geführt hatte. Menschenopfer blieben kategorisch ausgeschlossen. *„Beim Menschen aber sollst du alle Erstgeburt unter deinen Söhnen auslösen"* (2. Mose 13,13). Es mag uns aus heutiger Sicht merkwürdig erscheinen, dass ein solches Gebot nötig war. Es wird auch nur verständlich vor dem Hintergrund damals geübter heidnischer Opferpraktiken. Leider sollte die spätere Geschichte zeigen, dass selbst in Israel unter Missachtung des Gesetzes solche heidnischen Gräueltaten wieder vorkamen (2. Kön 21,6; 2. Chron 28,3).

Wir halten noch einmal fest, dass es sich hierbei um Weisungen handelte, die erst in Kanaan umzusetzen waren, die aber vom ersten Tag an dauerhaft in Erinnerung hielten, dass Israel nur einen Gott ehrt: den HERRN. Er hatte sich dieses Volk auserwählt und nannte es seinen erstgeborenen Sohn. Er gebot Mose, dem Pharao auszurichten: *„So spricht der HERR: Israel ist mein erstgeborener Sohn; und ich gebiete dir, dass du meinen Sohn ziehen lässt, dass er mir diene. Wirst du dich weigern, so will ich deinen erstgeborenen Sohn töten"* (2. Mose 4,22-23). Als „Erstgeborener" kommt Israel eine Bedeutung für die Heilsgeschichte der ganzen Menschheitsfamilie zu. Auch die Heiligung der Erstgeburt, welche in dieser Weise vorausschauend für das Leben in Kanaan gelten sollte, ist eine Vorbereitung des Bundes, den Gott mit Israel schließen wird.

Im Neuen Testament wird Jesus Christus mehrfach als der Erstgeborene

[22] Ebd. S. 200

bezeichnet, z.B. *„der Erstgeborene ... unter vielen Brüdern"* (Röm 8,29), *„der Erstgeborene vor aller Schöpfung"* (Kol 1,15), der *„Erstgeborene"*, den *„alle Engel Gottes anbeten"* sollen (Hebr 1,6). Sogar die Gemeinde Jesu wird so genannt, z.B. *„Gemeinde der Erstgeborenen"* (Hebr 12,23), *„Erstlinge seiner Geschöpfe"* (Jak 1,18). Die Bedeutung einer solchen Bezeichnung erschließt sich nur dadurch, dass die Heiligung der Erstgeburt seit dem Auszug aus Ägypten im Gesetz und Bewusstsein Israels dauerhaft verankert war.

2.4.3 Der Zug durch die Wüste zum Sinai

So hatte Israel am Tage des Auszugs nicht nur ein besonderes von Gott gebotenes Mahl hinter sich, sondern die Israeliten trugen zugleich dauerhafte Weisungen Gottes für alle Zukunft in ihren Herzen. Sie zogen mit dem Auftrag, dieses Mahl als ewige Ordnung zu halten und mit der Verheißung, dass sie im Lande Kanaan, welches schon Abraham versprochen war, Freiheit und Heimat finden werden.

Zuerst hatten sie aber einen schweren Weg vor sich. Gott, am Tag in einer Wolkensäule und bei Nacht in einer Feuersäule gegenwärtig, führte sie durch die Wüste. Er bewahrte sie vor den verfolgenden Ägyptern und führte sie trockenen Fußes durchs Schilfmeer. Er ließ sie Trinkwasser finden und speiste sie mit Wachteln und Manna. Als Amalekiter sie überfielen, schenkte er ihnen den Sieg. Sie hatten viele Wunder erlebt. Aber sie waren erschöpft und hatten ihren Führer Mose mehrmals ihren Zorn und ihre Verzweiflung spüren lassen (s. 2. Mose 13,17-18,27).

Wir erkennen im Auszug Israels aus Ägypten das bedeutendste Ereignis in der Geschichte des Volkes. Man kann sagen, dass er „die mächtigste Tat Gottes für sein Volk darstellt"[23]. Darauf nehmen die weiteren Ordnungen Israels Bezug. Damit ist die gesamte Heilsgeschichte Gottes mit Israel verbunden. Schließlich haben das Passa und der Auszug eine heilsgeschichtliche Bedeutung, die in die Zukunft weist und von Jesus Christus wieder aufgenommen wird. Die Abendmahlsfeier Jesu ist ohne die Verwurzelung im ersten Passamahl in Ägypten und der daraus folgenden jährlich gebotenen Passafeier nicht

[23] Eugene H. Merrill, Die Geschichte Israels, a.a.O., S. 118

denkbar.

2.5 Der Bundesschluss am Sinai

2.5.1 Die Ankunft am Sinai

Nachdem Israel zwei Monate unter Gefahren und großen Anstrengungen durch die Wüste gezogen war, kam es am Sinai an. *„Im dritten Monat nach dem Auszug der Israeliten aus Ägyptenland, an diesem Tag kamen sie in die Wüste Sinai. Sie brachen auf von Refidim und kamen in die Wüste Sinai, und Israel lagerte sich dort in der Wüste gegenüber dem Berge. Und Mose stieg hinauf zu Gott"* (2. Mose 19,1-3).

Hier war der Platz, an welchem Mose den brennenden Dornbusch gesehen hatte. Hier war er berufen worden, vor den Pharao zu treten und den Auszug Israels aus Ägypten zu fordern. Hier hatte Gott seinen Namen offenbart: *„Ich werde sein, der ich sein werde"* (2. Mose 3,14)[24]. Mose bewegte sich in einem ihm bekannten Land. Hier hatte Gott zu ihm gesprochen: *„Ich will mit dir sein. Und das soll dir das Zeichen sein, dass ich dich gesandt habe: Wenn du mein Volk aus Ägypten geführt hast, werdet ihr Gott dienen auf diesem Berge"* (2. Mose 3,12). Dieses Wort des HERRN gegenüber Mose war nun erfüllt.

2.5.2 Die Bundesankündigung und die Bundesverheißung

So stieg Mose auf den Berg und Gott sprach mit ihm. Bei dieser Begegnung nahm Gott Bezug auf die gnädige Herausführung Israels aus Ägypten und benannte seinen Bund und sagte zu Mose: *„So sollst du sagen zu dem Hause Jakob und den Israeliten verkündigen: Ihr habt gesehen, was ich an den Ägyptern getan habe und wie ich euch getragen habe auf Adlerflügeln und euch zu mir gebracht. Werdet ihr nun meiner Stimme gehorchen und meinen Bund halten, so sollt ihr mein Eigentum sein vor allen Völkern; denn die ganze Erde ist mein. Und ihr sollt mir ein Königreich von Priestern und ein heiliges Volk sein. Das sind die Worte, die du den Israeliten sagen sollst"* (2. Mose 19,3-6). Gott kündigte seinen Bund an und warb um Israels Bestätigung. Die Macht Gottes war erwiesen. Israel war Zeuge dieser Macht geworden und zugleich war es

[24] Auch: Ich bin, der ich bin

selbst das getragene und bewahrte Volk. Die Israeliten sollten Gottes Stimme hören, ihr also gehorchen und die Bundesbestimmungen beachten, also den Bund einhalten. Die Bundesankündigung und die Bundesverheißung waren unmittelbar miteinander verbunden.

Die Bundesverheißung enthielt drei gewichtige Aussagen:

- Gott wird Israel als persönliches Eigentum betrachten, als ein Vorrecht vor allen Völkern, obwohl ohnehin die ganze Erde sein Eigentum ist.
- Es soll als ganzes Volk ein Königreich von Priestern werden und so eine Mittlerrolle zwischen Gott und den Völkern einnehmen.
- Schließlich soll es ein heiliges Volk werden, damit alle Völker sehen sollen, was es bedeutet, mit dem HERRN im Bunde zu sein.[25]

Diese Verheißungen werden im Neuen Testament auf die Gemeinde Jesu übertragen. Petrus schrieb: *„Ihr aber seid ein auserwähltes Geschlecht, ein königliches Priestertum, ein heiliges Volk, ein Volk zum Eigentum, dass ihr verkündigen sollt die Wohltaten dessen, der euch berufen hat aus der Finsternis in sein wunderbares Licht“* (1. Petr 2,9).

Mose überbrachte die Worte durch die Ältesten dem ganzen Volk. Und alle bestätigten einmütig diesen Bund und sagten: *„Alles, was der HERR geredet hat, wollen wir tun“* (2. Mose 19,8).

Der Bund, den Gott mit Israel machte, war ganz und gar Gottes Tat. Er gründete allein auf Gottes gnädiger Herablassung. Deshalb sagte der HERR zu Israel: Ich habe *„euch zu mir gebracht“* (2. Mose 19,4). Das Zustandekommen des Bundes lag somit allein in Gottes souveränem Handeln begründet. So war es schon beim Bund Gottes mit Noah (1. Mose 9,9) wie auch beim Bund Gottes mit Abraham (1. Mose 15,18).[26]

2.5.3 Die Zehn Gebote

Nachdem nun Israel einmütig den Bund bestätigt hatte, sollte es sich darauf

---

[25] WStb, Das zweite Buch Mose, Kapitel 19-40, a.a.O., S. 24 ff
[26] Ebd. S. 23

vorbereiten, die Stimme Gottes zu hören (2. Mose 19,9). Das geschah am dritten Tag und war von so gewaltigen Naturereignissen begleitet, dass die Israeliten in Angst und Schrecken gerieten (2. Mose 19,16). Drei Mal war dem Volk geboten worden, den Berg, auf welchem Gott Mose erscheinen würde, nicht zu betreten. Es war eine Grenze gezogen, an der es zurückbleiben musste (2. Mose 19,12-13; 21-22; 24). Nur Mose und Aaron durften Gott nähertreten. An dieser Grenze hörte das Volk Gottes Stimme und verstummte. Sie wurden Zeugen der Worte, mit denen der Bund begann: *„Und Gott redete alle diese Worte: Ich bin der HERR, dein Gott, der ich dich aus Ägyptenland, aus der Knechtschaft, geführt habe. Du sollst keine anderen Götter haben neben mir"* (2. Mose 20,1-3). Die grundsätzlichen Bestimmungen des Bundes, die Zehn Gebote, hatte das ganze Volk durch Mose gehört (2. Mose 20,2-17). Sie hörten die Stimme, der sie für alle Zeit gehorchen sollten (2. Mose 19,5).

In den Zehn Geboten wurde als erstes das Verhältnis der Menschen zu Gott geordnet. Gott stellte sich mit seinem Namen vor: Ich bin der HERR. Er ist der Gott Israels, der das Volk aus der Knechtschaft in die Freiheit führte. Er allein hat Anspruch auf Anbetung. Sein Name ist zu ehren. Seine Lebensordnungen sind einzuhalten. Im Weiteren wurde das Verhältnis der Menschen zueinander geordnet. Die Zehn Gebote sind die grundsätzlichen Lebensregeln Gottes für sein Volk, das Fundament seines Bundes.[27] Sie sind auch allen Christen bis heute bekannt und vertraut. Jesus Christus hat die Bedeutung der Zehn Gebote ausdrücklich hervorgehoben, z.B. im Gespräch mit dem reichen Jüngling (Mt 19,16-26; Mk 10,17-27; Lk 18,18-27).

Eine Gottesbegegnung geht immer von Gott selbst aus. Er kommt zu den Menschen, nicht etwa umgekehrt. Diese Gottesbegegnung am Sinai war den Israeliten zu gewaltig. Obwohl sie nur die Stimme hörten, ertrugen sie diese Begegnung nicht und flohen. Sie verfolgten das Geschehen aus der Ferne und baten Mose, an ihrer Stelle mit Gott zu reden und ihnen dann seine Botschaft auszurichten (2. Mose 20,18-21).

2.5.4 Das Buch des Bundes

Nachdem Aaron ein Stück weit mit Mose gegangen war (2. Mose 19,24), ging

[27] Ebd. S. 37

Mose nun allein in das *„Dunkel, darinnen Gott war“* (2. Mose 20,21). Mose begab sich allein in die Wolke, aus der Gott sprach und hörte die Rechtsordnungen, nach denen das Leben in Israel gestaltet werden sollte.

Im Vordergrund standen die Anbetung des HERRN und das strikte Verbot, sich mit den Völkern Kanaans einzulassen, um nicht deren Götzen zu verfallen (2. Mose 20,22-23,33). So ging es auch hier zuerst um das Verhältnis der Israeliten zu Gott, z.B. um die Opferpraxis. Im Weiteren ging es um das Verhältnis der Menschen zueinander. Unter anderem wurden hier die Rechte hebräischer Sklaven, die Sühnung von Vergehen gegen Leib und Leben, die Ersatzleistungen bei Tod oder Verletzung von Mensch und Tier, die Gerechtigkeit im täglichen Leben sowie die drei oben genannten Hauptfeste Israels geregelt. Schließlich hörte Israel Verheißungen für die Zukunft in Kanaan und zugleich die Mahnung, sich von den Völkern Kanaans abzugrenzen. *„Du sollst mit ihnen und mit ihren Göttern keinen Bund schließen. Lass sie nicht wohnen in deinem Lande, dass sie dich nicht verführen zur Sünde wider mich; denn wenn du ihren Göttern dienst, wird dir das zum Fallstrick werden“* (2. Mose 23,32-33).

Alle diese Ordnungen teilte Mose dem Volk mit: *„Mose kam und sagte dem Volk alle Worte des HERRN und alle Rechtsordnungen“.* Wieder antwortete es einmütig mit einer Bestätigung: *„Da antwortete alles Volk mit einer Stimme: Alle Worte, die der HERR gesagt hat, wollen wir tun“* (2. Mose 24,3). Mose schrieb diese Ordnungen in ein Buch. Es handelte sich bei den „Worten“ um die Zehn Gebote (2. Mose 20,1-17) und bei den „Rechtsordnungen“ um weitere Bedingungen für Gottes Bund mit Israel (2. Mose 21,1 – 23,19). Das nennt Mose das Buch des Bundes.

Wenn uns auch die Zehn Gebote als die grundsätzlichen Lebensregeln Gottes bis heute bekannt und vertraut sind, so wird das für die „Rechtsordnungen“, den zweiten Teil im Buch des Bundes überwiegend nicht gelten. Wir können sie ohne Erklärungen heute nicht mehr verstehen. Wir sehen, dass es sich hierbei um Regeln handelt, womit die zehn Gebote für die konkrete Situation der Wüstenwanderung und der bevorstehenden Besiedelung Kanaans umgesetzt werden sollten. Das Volk Israel hatte die heidnischen Praktiken Ägyptens erlebt und auch selbst Götzendienst betrieben (s. Hes 20,5-9). Es sollte neue von Gott bestimmte Lebensordnungen kennenlernen und einhalten und sich keinesfalls an den Ägyptern oder den Völkern Kanaans orientieren.

Offensichtlich waren auch im Volk Israel rohe Verwahrlosungen eingetreten. Gott ließ diese Verwahrlosungen nicht zu. Er ordnete das Zusammenleben durch Gesetze, um die Erwählung seines Volkes niemals aufzugeben.

2.5.5 Der Bundesschluss und die Bundesbestätigung

Nachdem alles mündlich Empfangene aufgeschrieben war, baute Mose einen Altar nach der Vorschrift des HERRN (2. Mose 20,24; 24,4) und ließ durch junge Männer Brandopfer und Dankopfer darbringen (2. Mose 24,5). Das Blut aus den Tierschlachtungen wurde zur Hälfte in Becken aufgefangen. Mit der anderen Hälfte des Blutes besprengte er den Altar. Anschließend las er das Buch des Bundes noch einmal vor, von Anfang bis Ende. Noch einmal hörte er die einstimmige Antwort des Volkes: *„Und er nahm das Buch des Bundes und las es vor den Ohren des Volks. Und sie sprachen: Alles, was der HERR gesagt hat, wollen wir tun und darauf hören"* (2. Mose 24,7).

Auf diese Antwort des Volkes *„nahm Mose das Blut und besprengte das Volk damit und sprach: Seht, das ist das Blut des Bundes, den der HERR mit euch geschlossen hat aufgrund aller dieser Worte"* (2. Mose 24,8). Das war die in den Becken aufgefangene Hälfte des Blutes aus den Schlachtungen der Opfertiere. Damit war der Bund geschlossen und durch das Tieropfer einschließlich der Besprengung des Blutes endgültig bestätigt. Mit dem Bundesblut wurde der von Gott gestiftete Bund endgültig und heilig. Bis zu diesem Zeitpunkt hatte das ganze Volk Israel bereits dreimal gelobt, dass es alles tun wolle, was der HERR sagt (2. Mose 19,8; 24,3.7).

2.5.6 Das Blut des Bundes

Nach biblischem Verständnis ist Gott der Ursprung aller Schöpfung, so auch der Ursprung allen Lebens (1. Mose 1.2). So bekennen wir bis heute, dass wir an Gott, den Schöpfer des Himmels und der Erde, glauben. Weil alles Leben aus Gottes Schöpferwort kommt, hat Gott auch einen Anspruch darauf. Es gehört ihm (2. Mose 19,5). Sünde ist in ihrem Kern die Bestreitung dieses Anspruches. Mit dem Sündenfall war der Bruch zwischen Gott und dem Menschen vollzogen (1. Mose 3). Es war jedoch von Anfang an Gottes Verheißung, die Macht der Sünde zu vernichten (s. 1. Mose 3,15b) und den entstandenen Bruch zu überwinden, d.h. die Sünde zu sühnen, damit die ganze Schöpfung wieder mit ihm eins werden kann.

Das Volk Israel wurde vom HERRN als Volk seines Bundes erwählt. Ihm vertraute er die Ordnungen dieses Bundes an. Darin wurde Israel Barmherzigkeit verheißen. Der HERR sprach ihnen zu, dass er ein Gott ist, der *„Barmherzigkeit erweist an vielen Tausenden, die mich lieben und meine Gebote halten"* (2. Mose 20,6). Im Falle der Nichteinhaltung der göttlichen Ordnungen waren Opfer bestimmt, um die Sünden zu sühnen. Niemand konnte für sich selbst Sühne bewirken. Es bedurfte immer eines stellvertretenden Lebens. „Ausreichende Sühne ist nur dort möglich, wo man Leben, das Gott entzogen wurde, an Gott zurückerstattet. Seine Gnade erlaubt es, dies im Wege der Stellvertretung zu tun."[28] Dieses „Zurückerstatten" entzogenen Lebens war nur durch das Vergießen von Tierblut möglich. *„Denn des Leibes Leben ist im Blut, und ich habe es euch für den Altar gegeben, dass ihr damit entsühnt werdet. Denn das Blut wirkt Entsühnung, weil das Leben in ihm ist"* (3. Mose 17,11). Um in eine versöhnte, geheiligte Gemeinschaft zu gelangen, konnte der Bund zwischen Gott und Israel nur mit dem Blut von Opfertieren geschlossen werden. Der von Mose errichtete Altar repräsentierte die Herrlichkeit Gottes. Mit dem Blut der Opfertiere wurde je zur Hälfte in zwei Abschnitten erst der Altar, dann das Volk besprengt. Zwischen diesen Besprengungen hatte Mose dem Volk das Buch des Bundes mit allen Bestimmungen nochmals vorgelesen. Indem das Blut sowohl an den Altar wie auch auf das Volk gesprengt wurde, wurden durch den von Gott aufgerichteten Bund beide Seiten miteinander verbunden und versöhnt. Deshalb bezeichnet Mose dieses Blut als Blut des Bundes. Der Bundesschluss am Sinai ist eine einmalige Handlung. Blut des Bundes wird jenes Blut der Opfertiere genannt, mit welchem der Bund am Sinai besiegelt wurde. Auf diesen Bund konnte sich Israel immer wieder berufen. Ihn sollten sie heilighalten.

So kann man zusammenfassend sagen: Das Blut des Bundes fügte Gott und Israel zu einer Gemeinschaft zusammen, erwirkte die Lebenserneuerung der Israeliten und verpflichtete sie zugleich zu einer engen Lebensgemeinschaft mit Gott.[29]

---

[28] WStb, Das dritte Buch Mose, erklärt von Gerhard Maier, R. Brockhaus Verlag Wuppertal, 1994, S. 311

[29] WStb, Das zweite Buch Mose, Kapitel 19-40, a.a.O., S. 230

In diesem Zusammenhang weisen wir darauf hin, dass der Genuss von Blut in Israel strengstens verboten war. Bereits im Noahbund wurde das angeordnet (1. Mose 9,4). Dieses Verbot zieht sich durch die ganze Geschichte des Volkes Gottes. Auch die junge Christengemeinde sollte sich des Blutgenusses enthalten (Apg 15,20). Das Blut geschlachteter Tiere, deren Fleisch gegessen werden sollte, musste vollständig aus dem Körper auf die Erde fließen und durfte keiner weiteren Verwendung zugeführt werden. Nur das Blut der Opfertiere galt als das stellvertretende Zurückerstatten des ihm entzogenen Lebens. Dies war die einzige von Gott gebotene Verwendung des Blutes. Zugleich lässt Gott in seiner Heiligkeit keine andere Möglichkeit der Versöhnung gelten. *„Und es wird fast alles mit Blut gereinigt nach dem Gesetz, und ohne dass Blut ausgegossen wird, geschieht keine Vergebung"* (Hebr 9,22). Dabei erinnern wir hier noch einmal daran, dass Menschenopfer in Israel kategorisch ausgeschlossen bleiben (s. 2.4.2).

Somit können wir schon hier erkennen, welch außerordentlich große Bedeutung das Blut des Neuen Bundes hat. Während der Alte Bund mit dem Blut von Opfertieren besiegelt worden war, wurde der Neue Bund mit dem Blut Jesu Christi besiegelt, welches ein für alle Mal mit Gott versöhnt.

2.5.7 Die Tafeln des Gesetzes und der Bundesbruch

Ein weiteres Mal wurde Mose vom HERRN gerufen, auf den Berg zu kommen, dieses Mal mit seinem Diener Josua. Nachdem sie sechs Tage gewartet hatten, wurde Mose am siebenten Tag gerufen und er ging allein in die Wolke. Er hörte die Gesetze für die Stiftshütte und den Gottesdienst. Nach vierzig Tagen und vierzig Nächten erhielt er *„die beiden Tafeln des Gesetzes; die waren aus Stein und beschrieben von dem Finger Gottes"* (2. Mose 31,18).

Vierzig[30] Tage und vierzig Nächte waren dem Volk Israel eine zu lange Zeit. Es fürchtete, dass Mose nicht wiederkäme und drängte Aaron, ein Gottesbild zu

[30] Der Zahl vierzig kommt in der jüdischen Weisheitslehre eine besondere Bedeutung zu. Neben der numerischen Mengenangabe, bezeichneten die vierzig Tage und vierzig Nächte, im inneren Wortsinn, die größte mögliche Zeitspanne in der sichtbaren Schöpfung Gottes. Da es in diesem Verständnis keine größere Zeitspanne als diese vierzig Tage und Nächte gab, musste das Volk davon ausgehen, dass Mose nicht mehr zu ihnen zurückkommen würde. Die Zahl 40 für das Vollmaß der Zeit begegnet uns noch an weiteren Stellen in den Berichten über das Volk Israel.

schaffen. So kam es kurz nach dem Bundesschluss bereits zum ersten großen Bundesbruch, indem ein goldenes Kalb als Götze angebetet und mit dem HERRN, dem Gott Israels, gleichgesetzt wurde (2. Mose 32,4.8).

Der HERR nahm diesen Bundesbruch nicht hin und kündigte die Vernichtung Israels an. *„Und der HERR sprach zu Mose: Ich habe dies Volk gesehen. Und siehe, es ist ein halsstarriges Volk. Und nun lass mich, dass mein Zorn über sie entbrenne und sie verzehre; dafür will ich dich zum großen Volk machen“* (2. Mose 32,9-10). Es ist uns wenig bewusst, dass der HERR an dieser Stelle die Geschichte Israels auslöschen und mit Mose noch einmal die Geschichte eines neuen Volkes beginnen wollte. So schwerwiegend war für ihn der Bundesbruch durch Götzendienst. Mose rang im Gebet mit dem HERRN und berief sich auf die Verheißungen. *„Ach, HERR, ... Kehre dich ab von deinem glühenden Zorn und lass dich des Unheils gereuen, das du über dein Volk bringen willst. Gedenke an deine Knechte Abraham, Isaak und Israel, denen du bei dir selbst geschworen und verheißen hast: Ich will eure Nachkommen mehren wie die Sterne am Himmel, ... Da gereute den HERRN das Unheil, das er seinem Volk angedroht hatte“* (2. Mose 32, 11-14). So wurde Israel als Volk bewahrt, musste aber für seine Sünde eine harte Strafe ertragen. Als Mose und Josua zurückkehrten und die Verehrung des goldenen Kalbes sahen, erschraken sie. Mose wurde sehr zornig, zerschlug die Gesetzestafeln und zerstörte das Stierbild. Er forderte von Aaron Rechenschaft. Dieser wies die Verantwortung zunächst von sich, gestand jedoch bald ein, dass er sich dem Willen des Volkes zum Götzendienst gebeugt und so eine große Schuld auf sich geladen hatte. *„Als nun Mose sah, dass das Volk zuchtlos geworden war – denn Aaron hatte sie zuchtlos werden lassen zum Gespött ihrer Widersacher –, trat Mose in das Tor des Lagers und rief: Her zu mir, wer dem HERRN angehört! Da sammelten sich zu ihm alle Söhne Levi“* (2. Mose 32,25-26). Der große Zorn Moses hatte seine Ursache in dem Versagen seines Volkes, wie auch im Versagen Aarons. Götzendienst war mit dem gerade erst geschlossenen Bund absolut unvereinbar und machte Israel zum Gespött der sie umgebenden Völker. *„Und er sprach zu ihnen: So spricht der HERR, der Gott Israels: Ein jeder gürte sein Schwert um die Lenden und gehe durch das Lager hin und her von einem Tor zum andern und erschlage seinen Bruder, Freund und Nächsten. Die Söhne Levi taten, wie ihnen Mose gesagt hatte; und es fielen an jenem Tage vom Volk dreitausend Mann“* (2. Mose 32,25-28). Wie an vielen anderen Stellen auch, fällt es uns sehr schwer, diese Strafe zu verstehen. Das Volk hatte die Gebote bereits gehört und dreimal deren Einhaltung gelobt (s. 2.5.5). Es scheint aber, dass sie keinerlei Bereitschaft erkennen ließen, sich von diesen Geboten erziehen zu lassen. Sie erlagen damit einer gewissen Verwahrlosung. In diesem Sinne ist hier das Wort „zuchtlos“ zu verstehen.[31] Mitunter wird dieses Wort auch mit „zügellos“[32] oder „verwildert“[33] übersetzt. Die Söhne Levi wurden beauftragt, das Volk zu strafen. Dabei war es ihnen untersagt, persönliche Rücksichten zu nehmen. Man kann davon ausgehen, dass vor allem diejenigen Israeliten gestraft wurden, welche sich einer Unterordnung unter die Gebote des Bundes widersetzten. Dreitausend Israeliten starben an diesem Tag durch das Schwert (2. Mose 32,25-28). Diese grausame Strafe und die Aussage, dass der HERR das Volk schlug (2. Mose 32,35), kann ein Hinweis auf eine Bestimmung des Bundesbuches sein: *„Wer den Göttern opfert und nicht dem HERRN allein, der soll dem Bann verfallen“* (2. Mose 22,19). Der Glaube an den HERRN schließt den Glauben an einen Götzen, wie auch an fremde heidnische Gottheiten, kategorisch aus.

Mose wurde noch ein letztes Mal aufgefordert, auf den Gottesberg zu kommen. Zwei behauene Steintafeln sollte er mitbringen, so wie die ersten waren. Diesmal musste er den ganzen Weg vom Lager bis zum Berg allein gehen und durfte keinen Begleiter mitnehmen. Der HERR begegnete ihm und rief ihn aus der Wolke an: *„HERR, HERR, Gott, barmherzig und gnädig und geduldig und von großer Gnade und Treue, ... “* (2. Mose 34,6). Mose betete den HERRN an und trat mit ihm in ein Zwiegespräch. Er betete: *„Hab ich, HERR, Gnade vor deinen Augen gefunden, so gehe der HERR in unserer Mitte, denn es ist ein halsstarriges Volk; und vergib uns unsere Missetat und Sünde und lass uns dein Erbbesitz sein“* (2. Mose 34,9). Der HERR benannte noch einmal den Bund. Er gab Verheißungen, große Wunder zu tun und dem Volk Israel das Land Kanaan zu geben. Er gebot die Ächtung der kanaanitischen Gottheiten, erinnerte an die Heiligung der Erstgeburt, die Einsetzung der drei großen Hauptfeste sowie die Heiligung des Sabbats. Er hatte zugesagt, auf die zweiten Tafeln dieselben

---

[31] EStb mit Sprachschlüssel und Handkonkordanz, SCM R. Brockhaus im SCM Verlag Witten, 4. Auflage 2013, Lexikal. Sprachschlüssel zum Neuen Testament, S. 1738, Wort Nr. 6681

[32] 2. Mose 32,25 wird unterschiedlich übersetzt. Den Begriff „zuchtlos“ verwendet z.B. auch die Elberfelder Bibel. Anstelle des Begriffes „zuchtlos“ wird auch der Begriff „zügellos“ verwendet, z.B. in: F.E. Schlachter 2000, Zürcher Bibel, Gute Nachricht Bibel, Neue evangelistische Übersetzung.

[33] Anstelle des Begriffes „zuchtlos“ wird auch der Begriff „verwildert“ verwendet, z.B. in der Einheitsübersetzung.

Worte zu schreiben, die auf den ersten standen (2. Mose 34,1). Mose hatte die weiteren Anweisungen Gottes aufzuschreiben, da sie zu den Bedingungen für den Bestand des Bundes gehörten (2. Mose 34,10-27). *„Und der HERR sprach zu Mose: Schreib dir diese Worte auf; denn aufgrund dieser Worte schließe ich mit dir einen Bund und mit Israel"* (2. Mose 34,27). Nach vierzig Tagen und vierzig Nächten kehrte er zurück mit den beiden Tafeln, beschrieben mit den Zehn Geboten. Der Bund, den Gott mit Israel geschlossen hatte, war wiederhergestellt.

Die grundsätzlichen Lebensregeln Gottes sind die Zehn Gebote. Die weiteren Rechtsordnungen des Bundesbuches sowie die vom HERRN bei der zweiten Begegnung mit Mose gegebenen Anweisungen gehören zu den Bedingungen für den Bestand des Bundes.

Fünfmal war Mose auf den Berg gestiegen. Beim ersten Mal gab der HERR die Bundesverheißung, dass Israel sein Eigentum sein werde. Beim zweiten Mal nannte der HERR die Zehn Gebote, beim dritten Mal die Rechtsordnungen des Bundesbuches, beim vierten Mal empfing Mose die steinernen Tafeln, beim fünften Mal wurden die zweiten Tafeln vom HERRN beschrieben.

Als Bundeszeichen des ewigen Bundes galt seit Abraham die Beschneidung aller männlichen Israeliten. Der Abrahambund wird im Neuen Testament der Bund der Beschneidung genannt (Apg 7,8). Das war die Voraussetzung für die Teilnahme am Passamahl. So gehören Abrahambund und Sinaibund untrennbar zusammen. Nach dem Bundesschluss am Sinai waren auch die steinernen Tafeln mit den Zehn Geboten ein Zeichen dieses Bundes. Dieser Bund, der Bund vom Sinai, ist der Bund des Gesetzes, auf steinerne Tafeln geschrieben (2. Kor 3,7-8), der im Neuen Testament so genannte Alte Bund. Später wurde dieser Bund noch mit weiteren Gesetzen ausgestattet, die sich alle den Bundesbestimmungen vom Sinai unterordneten.

2.6 Spätere Passafeiern

2.6.1 Das Passamahl in der Wüste

Nachdem Israel ein Jahr aus Ägypten ausgezogen war, hielt es nach der Anweisung des HERRN das erste Passa in der Wüste. *„Und der HERR redete mit*

Mose in der Wüste Sinai im zweiten Jahr, nachdem sie aus Ägyptenland gezogen waren, im ersten Monat und sprach: Lass die Israeliten Passa halten zur festgesetzten Zeit; am vierzehnten Tage dieses Monats gegen Abend zur festgesetzten Zeit sollt ihr es halten nach all seinen Satzungen und Ordnungen" (4. Mose 9,1-3). Da es das erste Mal war, dass sich der Zeitpunkt des Passa wiederholte, erteilte der HERR noch einmal eine deutliche Anweisung, dass die Feier des Passafestes auch in der Wüste stattfinden sollte. Und so geschah es auch.

Neu war hier eine Besonderheit, die es zu klären galt. Wenn Israeliten einen Toten berührt hatten, z.B. bei einem Begräbnis, galten sie als unrein. Als Mose dazu befragt wurde, wandte er sich an den HERRN und erhielt darauf folgende Antwort: *„Sage den Israeliten: Wenn jemand unter euch oder unter euren Nachkommen unrein geworden ist an einem Toten oder auf einer weiten Reise ist, so soll er dennoch dem HERRN Passa halten, aber erst im zweiten Monat am vierzehnten Tage gegen Abend, und soll es mit ungesäuertem Brot und bitteren Kräutern essen. Und sie sollen nichts davon übriglassen bis zum Morgen, auch keinen Knochen davon zerbrechen und sollen's ganz nach der Ordnung des Passa halten"* (4. Mose 9,10-12). Somit war geregelt, dass für den Fall der Verunreinigung, wodurch die Teilnahme am Passa nicht möglich war, das Passa nachgefeiert werden sollte, genau einen Monat später. Auch zur Zeit Jesu wurde genauestens darauf geachtet, sich für die Feier des Passa rein zu halten (s. Joh 11,55 u. 18,28). Zum anderen gab es Israeliten, die zum Zeitpunkt des Passa nicht zu Hause, sondern auf einer weiten Reise waren, also mit der Hausgemeinschaft kein Passa feiern konnten. Auch für diesen Fall war die Nachfeier des Passa hiermit geregelt.

Die Feier des Passamahles war nicht nur ein Recht Israels, sondern zugleich eine heilige Verpflichtung. Eine leichtfertige Vernachlässigung dieses Bundes wurde unter Strafe gestellt. *„Wer aber rein ist und wer nicht auf einer Reise ist und unterlässt es, das Passa zu halten, der soll ausgerottet werden aus seinem Volk, weil er seine Gabe nicht zur festgesetzten Zeit dem HERRN gebracht hat. Er soll seine Sünde tragen"* (4. Mose 9,13).

Für Nichtisraeliten, die sich in das Leben Israels eingeordnet hatten und am Passa gerne teilnehmen wollten, war zugleich die Teilnahmeregelung hiermit ausgesprochen. Diese Teilnahme war möglich, wenn alle Gesetze und

Vorschriften Israels eingehalten wurden. Dazu gehörte auch, wie oben schon erwähnt, dass sich alle männlichen Familienmitglieder beschneiden ließen. *„Und wenn ein Fremdling bei euch wohnt und auch dem HERRN Passa halten will, so soll er's halten nach der Satzung und der Ordnung des Passa. Einerlei Satzung soll bei euch sein für den Fremdling wie für den Einheimischen"* (4. Mose 9,14).

Wir spüren, wie sich aus der Praxis des täglichen Lebens immer mehr Fragen ergaben, auf welche Weise die Gesetze des HERRN in konkreten Situationen umzusetzen waren.

2.6.2 Gottes Gericht über Israels Untreue

Da aus der folgenden Zeit der Wüstenwanderung nach dem biblischen Bericht kein Hinweis auf ein Passamahl bekannt ist, folgen wir hier den Spuren bis zur nächsten Schilderung eines Passamahles. Dies wurde erst nach der Landnahme in Kanaan gefeiert. Offensichtlich gab es heftige Störungen bei der Einhaltung der „ewigen Ordnung". Wie kam es dazu?

Der HERR hatte dem Volk Israel nach dem Bundesschluss die Errichtung eines Heiligtums geboten. *„Und sie sollen mir ein Heiligtum machen, dass ich unter ihnen wohne"* (2. Mose 25,8). *„Und der HERR redete mit Mose und sprach: Du sollst die Wohnung der Stiftshütte aufrichten am ersten Tage des ersten Monats"* (2. Mose 40,1-2). Alle Einzelheiten des Aufbaus und der Ausstattung waren vom HERRN bestimmt worden. Er selbst ließ als Zeichen seiner Herrlichkeit tagsüber eine Wolke über der Stiftshütte schweben, die nachts von einem Feuerschein erleuchtet war. Es war dasselbe Zeichen wie beim Auszug, als der HERR tagsüber in einer Wolkensäule und nachts in einer Feuersäule vor ihnen herging. *„Sooft sich aber die Wolke von dem Zelt erhob, brachen die Israeliten auf; und wo die Wolke sich niederließ, da lagerten sich die Israeliten. Nach dem Wort des HERRN brachen sie auf, und nach seinem Wort lagerten sie sich. Solange die Wolke auf der Wohnung blieb, so lange lagerten sie"* (4. Mose 9,17-18).

Israel hatte sich etwa ein Jahr am Sinai aufgehalten. Dann brach es auf. *„Am zwanzigsten Tage im zweiten Monat des zweiten Jahres erhob sich die Wolke von der Wohnung des Gesetzes. Und die Israeliten brachen auf aus der Wüste*

Sinai, und die Wolke machte halt in der Wüste Paran. So brachen sie zum ersten Male auf nach dem Wort des HERRN durch Mose, ... " (4. Mose 10,11-13).

Nach mehreren Etappen eines strapaziösen Marsches war der Ort Kadesch in der Wüste Paran ihr Lagerplatz. Dieser Ort ist vermutlich im Nordosten der Sinai-Halbinsel zu suchen, denn Kadesch war der Ausgangspunkt für die zwölf Kundschafter, welche das Land Kanaan erkunden sollten. Mose wählte nach Gottes Auftrag zwölf Kundschafter aus den zwölf Stämmen Israels und sandte sie nach Kanaan. Nach vierzig Tagen kehrten die Kundschafter zurück und berichteten von ihren Erlebnissen und von den Eindrücken dieses schönen und reichen Landes (4. Mose 13,25-26). Leider überwog bei zehn von zwölf Kundschaftern die Angst vor den Völkern Kanaans. Es gelang ihnen, das Volk Israel gegen Mose aufzuwiegeln. Josua und Kaleb waren die einzigen, die dem HERRN vertrauten und sich sicher waren, dass er sie in das Land der Verheißung bringen würde. Das schürte den Volkszorn so sehr, dass Josua und Kaleb gesteinigt werden sollten. Gottes unmittelbares Eingreifen schuf hier eine Wende. *„Aber das ganze Volk sprach, man sollte sie steinigen. Da erschien die Herrlichkeit des HERRN über der Stiftshütte allen Israeliten. Und der HERR sprach zu Mose: Wie lange lästert mich dies Volk? Und wie lange wollen sie nicht an mich glauben trotz all der Zeichen, die ich unter ihnen getan habe"* (4. Mose 14,10-11)?

Dieses Eingreifen des HERRN rettete Josua und Kaleb das Leben und bedeutete zugleich eine dramatische Wende in der Geschichte Israels. In dem folgenden Zwiegespräch zwischen dem HERRN und Mose drohte der HERR zum zweiten Mal die Vernichtung des ganzen Volkes an. Eine solche Androhung war bereits nach dem Bundesbruch am Sinai ergangen (s. 2.5.7). Wieder rang Mose um Gnade für Israel und bewirkte, dass Israel als Volk gerettet wurde. Aber die Generation der Aufrührer durfte Kanaan nicht sehen. Gott sprach: *„Darum sprich zu ihnen: So wahr ich lebe, spricht der Herr: ich will mit euch tun, wie ihr vor meinen Ohren gesagt habt. Eure Leiber sollen in dieser Wüste verfallen. Alle, die ihr gezählt seid von zwanzig Jahren an und darüber, die ihr gegen mich gemurrt habt, wahrlich, ihr sollt nicht in das Land kommen, über das ich meine Hand zum Schwur erhoben habe, euch darin wohnen zu lassen, außer Kaleb, dem Sohn Jefunnes, und Josua, dem Sohn Nuns. Eure Kinder aber, von denen ihr sagtet: Sie werden ein Raub sein, die will ich hineinbringen, dass sie das Land kennen lernen, das ihr verwerft. Aber eure eigenen Leiber sollen in dieser Wüste verfallen. ... Nach der Zahl der vierzig Tage, in denen ihr das Land* *erkundet habt - je ein Tag soll ein Jahr gelten -, sollt ihr vierzig Jahre eure Schuld tragen, auf dass ihr innewerdet, was es sei, wenn ich mich abwende"* (4. Mose 14,28-32.34).

Wir können davon ausgehen, dass die Beschneidung der männlichen Israeliten und damit auch die Feier des Passamahles während der vierzig Jahre dauernden Wüstenzeit unter dem Gericht Gottes nicht stattfand, zumindest weitestgehend vernachlässigt wurde.[34] Die Bibel gibt uns jedenfalls keine Hinweise darauf. In den vierzig Jahren der Wüstenzeit hatte Gott sich von Israel abgewendet, seine Hand von ihm abgezogen. Erst als diese Zeit zu Ende ging und die ganze gegen ihn aufbegehrende Generation gestorben war, durfte Israel in das Land der Verheißung ziehen.

Auch Mose musste das Urteil Gottes hören, dass er wegen seines Unglaubens am sogenannten Haderwasser (4. Mose 20,2-13) das verheißene Land Kanaan zwar sehen, aber nicht in das Land hineinkommen durfte. Bevor Mose starb, wurde Josua zu dessen Nachfolger und zum Führer des Volkes bestimmt. *„Und der HERR sprach zu Mose: Nimm Josua zu dir, den Sohn Nuns, einen Mann, in dem der Geist ist, ... und bestelle ihn vor ihren Augen ... damit ihm gehorche die ganze Gemeinde der Israeliten"* (4. Mose 27,18-20). So geschah es auch. *„Und Mose rief Josua und sprach zu ihm vor den Augen von ganz Israel: Sei getrost und unverzagt; denn du wirst mit diesem Volk in das Land gehen, das der HERR ihren Vätern geschworen hat, ihnen zu geben, und du wirst es unter sie austeilen"* (5. Mose 31,7).

In den Wiederholungen, Konkretisierungen und Zusammenfassungen der Gesetze im 5. Buch Mose finden wir schon Hinweise, dass es mit dem äußeren Zeichen der Beschneidung des Leibes nicht getan ist, sondern dass dies ein Symbol ist für eine von Gott gebotene Veränderung des ganzen Menschen in seinem tiefsten Wesen. *„So beschneidet nun die Vorhaut eurer Herzen und seid hinfort nicht halsstarrig"* (5. Mose 10,16). *„Und der HERR, dein Gott, wird dein Herz beschneiden und das Herz deiner Nachkommen, damit du den HERRN, deinen Gott, liebst von ganzem Herzen und von ganzer Seele, auf dass du am Leben bleibst"* (5. Mose 30,6). Vergleichbare Aussagen durchziehen auch das

---

[34] LzB, a.a.O., Sp. 237

ganze Neue Testament.

2.6.3 Das Passamahl nach der Landnahme

Nach dem Passamahl in der Wüste ist das Passamahl nach der Landnahme die nächste biblische Schilderung sowohl einer Beschneidung als auch einer Passafeier.

Inzwischen war Josua der von Gott bestimmte und von Mose eingesetzte Führer Israels. Durch Gottes wunderbare Führung und Bewahrung brachte er Israel aus dem Moabiterland östlich des Jordan nach Kanaan (Jos 1,1-5,1). Bereits die ersten Schritte dahin, die Durchquerung des Jordan und das Betreten des verheißenen Landes, waren Wunder Gottes. Nicht Israel, sondern der HERR offenbarte seine Macht. Er ließ das Wasser stillstehen und ermöglichte, dass das ganze Volk in geordnetem Zug durch das trockene Flussbett des Jordan gehen konnte. Die Bundeslade mit den Gesetzestafeln symbolisierte die Anwesenheit des HERRN. Sie wurde vor dem Volk vorangetragen. Der Jordan wurde trocken. Die Priester mit der Lade blieben in der Mitte des Jordan stehen. Das Volk zog hindurch. Zwölf Gedenksteine wurden mitgenommen. Zwölf Gedenksteine richtete Josua im Flussbett auf. Als dann alle Israeliten den Jordan durchquert hatten, wurde auch die Bundeslade ans Ufer getragen. Das Wasser des Jordan floss weiter. Die zwölf Steine, ein Symbol für die zwölf Stämme Israels, wurden am ersten Lagerplatz in Kanaan zu einem Denkmal aufgerichtet. Dieser Lagerplatz hieß Gilgal und befand sich östlich von Jericho (Jos 5,19). Die Bezeichnung „Gilgal" bedeutet „Steinkreis". Hierbei ging es um die Erinnerung an Gottes wunderbares Handeln und nicht um irgendein magisches Zeichen. *„Und die zwölf Steine, die sie aus dem Jordan genommen hatten, richtete Josua auf in Gilgal und sprach zu den Israeliten: Wenn eure Kinder später einmal ihre Väter fragen: Was bedeuten diese Steine?, so sollt ihr ihnen kundtun und sagen: Israel ging auf trockenem Boden durch den Jordan, ...; auf dass alle Völker auf Erden die Hand des HERRN erkennen, wie mächtig sie ist, und ihr den HERRN, euren Gott, fürchtet allezeit"* (Jos 4,20-22.24).

Nachdem sie den Jordan durchquert hatten und sich westlich des Jordan an ihrem ersten Lagerplatz befanden, gebot ihnen der HERR die Beschneidung. *„Zu der Zeit sprach der HERR zu Josua: Mache dir steinerne Messer und beschneide die Israeliten wie schon früher. Da machte sich Josua steinerne*

Messer und beschnitt die Israeliten ..." (Jos 5,2-3). Alle männlichen Israeliten, die während der vierzig Jahre in der Wüste geboren wurden, waren nicht beschnitten worden. So erhielten diese nun das Bundeszeichen der Beschneidung, *„wie schon früher".* Die Generation der Söhne trat jetzt an die Stelle der Generation der Väter. Da die Beschneidung etwas Schmerzhaftes ist, blieb das Volk solange im Lager unter sich, bis die Verletzungen aller männlichen Israeliten verheilt waren. Nachdem dieses Bundeszeichen in der Wüstenzeit verlorengegangen war, forderte der HERR es wieder ein. *„Und der HERR sprach zu Josua: Heute habe ich die Schande Ägyptens von euch abgewälzt. Und diese Stätte wurde Gilgal genannt bis auf diesen Tag. Und als die Israeliten in Gilgal das Lager aufgeschlagen hatten, hielten sie Passa am vierzehnten Tage des Monats am Abend im Jordantal von Jericho und aßen vom Getreide des Landes am Tag nach dem Passa, nämlich ungesäuertes Brot und geröstete Körner, an eben diesem Tage. Und das Manna hörte auf am andern Morgen, als sie vom Getreide des Landes aßen. Seither hatten die Israeliten kein Manna mehr, sondern aßen von der Ernte des Landes Kanaan in diesem Jahr"* (Jos 5,9-12). Rechtzeitig zum Beginn des Passafestes war das Volk bereit. Es war das erste Passamahl seit über vierzig Jahren. Das vorhergehende Passamahl hatten sie in der Wüste am Sinai gefeiert. Besonders hervorgehoben wird die Beschneidung als Voraussetzung für die Feier des Passafestes. Andere Bestimmungen, als die bisher bekannten, werden hier nicht genannt. Wir hatten schon darauf hingewiesen, dass die ewige Ordnung des Passa nur im Rahmen eines ewigen Bundes vorstellbar ist (s. 2.4.1). Gott kann seinen Bund aussetzen, seine Hand zurückziehen und sich zeitweise von seinem Volk abwenden. Doch seine Treue bewirkt, dass er sein Volk zu sich zurückbringt und die Verheißungen seines Bundes wahrmacht.

Das Buch Josua will „aufzeigen, dass nicht politische Klugheit oder gar militärisches Können die Landeinnahme ermöglicht, sondern dass Gott, der HERR über die Erde und über die Geschichte, seinem Volk das Land gegeben hat."[35] In Kanaan wollte Gott sein Volk zur Ruhe bringen (Jos 1,13). Auch wenn bis zum Lebensende Josuas noch längst nicht alles Land eingenommen war, wurde für alle Stämme bereits das Siedlungsgebiet festgelegt (s. Jos 13). Das Land Kanaan war Gottes Bundesgabe an sein Volk. Es war Israel seit Abraham verheißen (1. Mose 15,18). Die Einhaltung göttlicher Lebensregeln waren mit

[35] WStb, Das Buch Josua, erklärt von Martin Holland, R. Brockhaus Verlag Wuppertal, 1993, S. 15

der Verheißung verbunden, ein langes, also unbedrängtes Leben führen zu können *„in dem Lande, das dir der HERR, dein Gott, geben wird"* (2. Mose 20,12). Gegen Ende seines Lebens ermahnte Josua noch einmal das ganze Volk, den Bund des HERRN einzuhalten und ihn nicht zu übertreten. *„Siehe, ich gehe heute dahin wie alle Welt; und ihr sollt wissen von ganzem Herzen und von ganzer Seele, dass nichts dahingefallen ist von all den guten Worten, die der HERR, euer Gott, euch zugesagt hat. Es ist alles gekommen und nichts dahingefallen. ... Wenn ihr übertretet den Bund des HERRN, eures Gottes, den er euch geboten hat, und hingeht und andern Göttern dient und sie anbetet, so wird der Zorn des HERRN über euch entbrennen, und ihr werdet bald ausgerottet sein aus dem guten Land, das er euch gegeben hat"* (Jos 23,14.16). Gott verband das Leben im Land der Verheißung mit der Einhaltung seines Bundes. Es ist also sachlich durchaus berechtigt, wenn wir „mehr von ‚Landgabe' als von ‚Landnahme' sprechen."[36] Auf dem Landtag zu Sichem, den Josua einberufen hatte, rief er das Volk zur Bundestreue gegenüber dem HERRN auf. Und das ganze Volk hatte seine Entscheidung bestätigt (Jos 24,15-17). Es ist davon auszugehen, dass Israel während der Lebenszeit Josuas und auch noch eine Zeit darüber hinaus den Bund konsequent einhielt und jährlich das Passafest feierte. *„Und Israel diente dem HERRN, solange Josua lebte und die Ältesten, die noch lange Zeit nach Josua lebten und alle Werke des HERRN kannten, die er an Israel getan hatte"* (Jos 24,31). Aus späteren Berichten erfahren wir, dass nach der Zeit Josuas das Gesetz des Bundes auch über längere Zeit, sowohl während der Zeit der Richter als auch während der Zeit der Könige, sträflich vernachlässigt wurde.

2.6.4 Vom Familienfest zum Wallfahrtsfest

Über die Ausgestaltung des Passafestes in der weiteren Geschichte Israels erfahren wir aus den biblischen Büchern nur einige Ansätze. Man kann davon ausgehen, dass nach der Landnahme die Feier des Passamahles wie in Ägypten und am Sinai im Familienkreis stattfand.

Doch bereits unter Mose wurde Israel durch das Gesetz Gottes verpflichtet, im Land der Verheißung darauf zu achten, dass keine Opferstätten der

---

[36] W.S. LaSor, D.A. Hubbard, F.W. Bush, Das Alte Testament – Entstehung, Geschichte, Botschaft, hrsg. von Helmut Egelkraut, TVG Brunnen Verlag Gießen, 4., durchgesehene und erweiterte Auflage 2000, S. 250

Kanaaniter bestehen blieben (5. Mose 12). Gott gebot ihnen, eine neue Opferpraxis an dem Ort zu verwirklichen, den der HERR als Opferstätte erwählen würde. *„Wenn nun der HERR, dein Gott, eine Stätte erwählt, dass sein Name daselbst wohne, sollt ihr dahin bringen alles, was ich euch gebiete: eure Brandopfer, eure Schlachtopfer, eure Zehnten, eure heiligen Abgaben und alle eure auserlesenen Gelübdeopfer, die ihr dem HERRN geloben werdet“* (5. Mose 12,11). Für das Passa wurde angeordnet: *„Und du sollst dem HERRN, deinem Gott, das Passa schlachten, Schafe und Rinder, an der Stätte, die der HERR erwählen wird, dass sein Name daselbst wohne“* (5. Mose 16,2). Die ausdrückliche Nennung von Schafen und Rindern verdeutlichte, dass nicht nur die Schlachtung der Passalämmer, sondern alle Opferungen an diesem neuen Heiligtum erfolgen sollten.

Dieses Wort der Verheißung einer Stätte, *„die der HERR erwählen wird, dass sein Name daselbst wohne“*, erfüllte sich erst zur Zeit Salomos nach der Tempelweihe in Jerusalem. Zwischen dem Auszug aus Ägypten und der Tempelweihe lagen nach den Angaben in 1. Könige immerhin 487 Jahre einer sehr wechselvollen Geschichte Israels (s. 1. Kön 6,1.38)[37]. Auf Salomos großes Dank- und Fürbittgebet antwortete der HERR. *„Und der HERR sprach zu ihm: Ich habe dein Gebet und Flehen gehört, das du vor mich gebracht hast, und habe dies Haus geheiligt, das du gebaut hast, dass ich meinen Namen dort wohnen lasse ewiglich, und meine Augen und mein Herz sollen da sein allezeit“* (1. Kön 9,3). Zukünftig sollte also der Tempel die Stätte sein, an welcher die Passalämmer geschlachtet werden sollten. Mit der Fertigstellung des Tempels wurde das Passafest zu einem der großen Wallfahrtsfeste, die das Volk Israel in Jerusalem feierte (s. 2.1). Das war auch der Grund, warum Jesus mit seinen Jüngern zum Passa nach Jerusalem reiste. „In dem Maß, wie sich die Lebensverhältnisse Israels änderten, wurden auch die einzelnen Elemente der Passafeier den neuen Verhältnissen angepasst.“[38] Der Tempel, den Salomo erbaute, war der erste Tempel in der Geschichte Israels.

---

[37] Anmerkung: Auch für den Tempelbau werden von den Auslegern unterschiedliche Datierungen vorgeschlagen. Hartmut Schmid schlägt den Zeitraum 965 bis 958 v.Chr. vor. Eine genaue Angabe ist nach seiner Auffassung nicht möglich. Eugene H. Merrill schlägt den Zeitraum 966 bis 959 v.Chr. vor. Die Vorschläge liegen hier sehr nahe beieinander. Siehe: WStb, Das erste Buch der Könige, erklärt von Hartmut Schmid, R. Brockhaus Verlag Wuppertal, 2000, S. 158f. Siehe auch: Eugene H. Merrill, Die Geschichte Israels, a.a.O., S. 448

[38] W.S. LaSor u.a., Das Alte Testament, a.a.O., S. 165

Es war geboten, das Passalamm am Abend zu schlachten wie bisher. Es sollte gebraten und bis zum Morgen im Tempelbereich gegessen werden. Am folgenden Tag sollten die Israeliten wieder heimziehen. *„Du darfst nicht Passa schlachten in irgendeiner deiner Städte, die dir der HERR, dein Gott, gibt, sondern an der Stätte, die der HERR, dein Gott, erwählen wird, dass sein Name daselbst wohne. Da sollst du das Passa schlachten am Abend, wenn die Sonne untergegangen ist, zu der Zeit, als du aus Ägypten zogst, und sollst es kochen*[39] *und essen an der Stätte, die der HERR, dein Gott, erwählen wird, und sollst am Morgen umkehren und heimgehen zu deinen Zelten"* (5. Mose 16,5-7). Zu Hause in den Familien wurde dann das Fest der ungesäuerten Brote gefeiert.

2.6.5 Das Ende des Nordreiches Israel

Da wir wissen, dass es mehrere gottlose Herrscher im Volk Israel gab, müssen wir davon ausgehen, dass die Kontinuität der gebotenen Feste nicht gewahrt blieb. Der nach Salomo erfolgte Zerfall des Reiches in das Nordreich Israel und das Südreich Juda ist Beleg für eine katastrophale innere Situation im Volk (1. Kön 12,1-19; 2. Chron 10,1-11,4). Etwa 200 Jahre nach Salomo, im Jahr 722 v. Chr.[40] während der Wirkungszeit des Propheten Jesaja, wurde das Nordreich Israel von den Assyrern erobert, Samaria zerstört, die Bevölkerung zum Teil vernichtet, zum Teil deportiert und zum Teil vermischten sie sich mit den heidnischen Neuansiedlern. Das Land wurde zur assyrischen Provinz gemacht (2. Kön 17,1-6). Als Grund dafür nennt uns die Schrift die Untreue Israels. Die über einen langen Zeitraum praktizierte Verachtung des Bundes, welchen Gott mit Israel geschlossen hatte, führte dazu, dass Gott das Volk strafte. Der HERR ließ das Volk vielfach durch Propheten ermahnen und zur Umkehr rufen. *„Aber sie gehorchten nicht, ... Dazu verachteten sie seine Gebote und seinen*

---

[39] Die Übersetzung nach Martin Luther 2017 formuliert hier in 5. Mose 16,7: „und sollst es kochen und essen"; Den Begriff „kochen" verwenden z.B. auch Einheitsübersetzung, Gute Nachricht Bibel, Neues Leben, Hermann Menge, Wuppertaler Studienbibel. Den Begriff „braten" verwenden z.B. Elberfelder Bibel, F. E. Schlachter. Die Formulierung „bereitet es zu" verwendet z.B. Hoffnung für alle. Da das hebräische Wort im Deutschen mehrere Bedeutungen haben kann, muss die Bedeutung von den Übersetzern sinngemäß erschlossen werden.

[40] Anmerkung: Die Eroberung Samarias erfolgte im Jahr 722 v.Chr.. In der Datierung dieses Ereignisses sind sich die Ausleger weitestgehend einig. Siehe: Eugene H. Merrill, Die Geschichte Israels, a.a.O., S. 624 Siehe auch: WStb, Das zweite Buch der Könige, erklärt von Heinz-Werner Neudorfer, R. Brockhaus Verlag Wuppertal, 1998, S. 226

Bund, den er mit ihren Vätern geschlossen hatte, ... Sie taten wie die Heiden um sie her, von denen der HERR ihnen geboten hatte, sie sollten nicht wie diese tun. ... Da wurde der HERR sehr zornig über Israel und tat es von seinem Angesicht weg, so dass nichts übrig blieb als der Stamm Juda allein" (2. Kön 17,14-15.18). Damit endete die Geschichte des Nordreiches Israel. Aus dem Zwölfstämme-Volk Israel wurde ein Volk, das weitestgehend nur noch aus Juden bestand.

2.6.6 Das Passamahl unter den Königen Hiskia und Josia

Dem Südreich Juda erging es ähnlich. Im Auf und Ab gottesfürchtiger und gottloser Könige gab es noch einmal eine Rückbesinnung auf Gottes Ordnungen unter König Hiskia und später unter seinem Urenkel, König Josia.

Über Hiskia wurde folgendes berichtet: *„Hiskia war fünfundzwanzig Jahre alt, als er König wurde; ... Und er tat, was dem HERRN wohlgefiel, wie sein Vater David"* (2. Chron 29,1.2). Er stellte den rechten Gottesdienst wieder her und erneuerte das Passafest. Er sandte Boten aus und rief ganz Juda und alle Übriggebliebenen aus Israel auf, zum Passa nach Jerusalem zu kommen. Um alle Vorbereitungen für das Passafest treffen zu können, wurde das Fest einen Monat später begangen, *„denn sie konnten's nicht zur rechten Zeit halten, weil sich nicht genug Priester geheiligt hatten und das Volk noch nicht nach Jerusalem zusammengekommen war"* (2. Chr 30,3). Wenn auch aus den Stämmen des ehemaligen Nordreiches nur wenige Israeliten kamen, waren die Vertreter des Stammes Juda sehr zahlreich gekommen. *„Und sie schlachteten das Passa am vierzehnten Tage des zweiten Monats. Und die Priester und Leviten waren beschämt und heiligten sich und brachten die Brandopfer zum Hause des HERRN und stellten sich an ihren Platz, wie sich's gebührt nach dem Gesetz des Mose, des Mannes Gottes"* (2. Chr 30,15-16). Die Freude und der Jubel bei diesem Passa unter Hiskia erinnerte an die Einweihung des Tempels durch König Salomo. *„Und es war eine große Freude in Jerusalem; denn seit der Zeit Salomos, des Sohnes Davids, des Königs von Israel, war solches in Jerusalem nicht geschehen"* (2. Chr 30,26).

In der Regierungszeit Hiskias wirkte der Prophet Jesaja und während Josias

Regierungszeit[41] begann die Wirkungszeit des Propheten Jeremia. In dieser Zeit wurde das nicht mehr bekannte Gesetz Gottes im Tempel wiederentdeckt. Josia ließ es vor allen Einwohnern Jerusalems lesen. Er selbst war zutiefst betroffen, tat Buße vor dem HERRN und gelobte die Einhaltung des Bundes gemeinsam mit dem anwesenden Volk. *„Und der König trat an die Säule und schloss einen Bund vor dem HERRN, dass sie dem HERRN nachwandeln sollten und seine Gebote, Zeugnisse und Rechte halten von ganzem Herzen und von ganzer Seele und aufrichten die Worte dieses Bundes, die geschrieben stehen in diesem Buch. Und alles Volk trat in den Bund"* (2. Kön 23,3; s. 2. Chron 34,31-32). Josia verbannte allen Götzenkult aus dem Reich Juda und stellte die Ordnungen des HERRN wieder her. Er gebot dem Volk, das Passa zu halten. *„Und der König gebot dem Volk und sprach: Haltet dem HERRN, eurem Gott, Passa, wie es geschrieben steht in diesem Buch des Bundes! Denn es war kein Passa so gehalten worden wie dieses von der Zeit der Richter an, die Israel gerichtet haben, und in allen Zeiten der Könige von Israel und der Könige von Juda, sondern im achtzehnten Jahr des Königs Josia wurde in Jerusalem dieses Passa gehalten dem Herrn"* (2. Kön 23,21-23; s. 2. Chr 35). Im Buch 2. Chronik finden wir viele Einzelheiten dieses Passafestes. Es war das größte und fröhlichste Fest seit der Zeit Samuels, des letzten Richters (2. Chr 35,18), also seit etwa 400 Jahren.[42] Kein König Israels hatte ein so großes Passafest gefeiert, wie es König Josia tat. Es ist durchaus denkbar, dass das zentrale Passafest, wie es im 5. Mose bestimmt war, sowohl in der Richterzeit wie auch in der Königszeit nur sporadisch stattgefunden hatte. Aus den biblischen Schriften erfahren wir nichts darüber.

Hier wird insbesondere deutlich, dass das Passa und das Fest der ungesäuerten Brote unmittelbar zusammengehörten. Dieses Passa wurde zu einem großen Opferfest, wofür Josia und seine obersten Beamten viele tausend

---

[41] Für die Regierungszeit Josias werden wiederum unterschiedliche Datierungen vorgeschlagen. Hansjörg Bräumer schlägt den Zeitraum 638-609 v.Chr. vor. Eugene H. Merrill schlägt den Zeitraum 640-609 vor. Die Vorschläge liegen wiederum nahe beieinander. Siehe: WStb, Das zweite Buch der Chronik, erklärt von Hansjörg Bräumer, R. Brockhaus Verlag Wuppertal 2002, S. 292 Siehe auch: Eugene H. Merrill, Die Geschichte Israels, a.a.O., S. 647

[42] Für den Tod Samuels ist uns keine genaue Datierung bekannt. Er starb vor dem Jahr 1000 v.Chr. noch während der Regierungszeit Sauls. Das Todesjahr Josias wird weitestgehend übereinstimmend mit 609 v.Chr. angegeben. So ergibt sich der Zeitraum von etwa 400 Jahren. Siehe: Eugene H. Merrill, Die Geschichte Israels, a.a.O. S. 303 u. 754. S. auch: WStb, Das erste Buch Samuel, erklärt von Martin Holland, R. Brockhaus Verlag Wuppertal, 2002, S. 17

Opfertiere schenkten. Wir erfahren erstmals Einzelheiten über die unterschiedliche Zubereitung des Passa. Das Opfer begann am Abend. Die Schlachtung und Häutung der Passalämmer war seit König Hiskia Aufgabe der Leviten. Die Blutbesprengung, wie in 2. Mose 24,7-8 beschrieben, sowie das Brandopfer auf dem Altar war Aufgabe der Priester. Bestimmte Teile wurden von den Passalämmern entfernt. Einige Stücke waren zum Brandopfer bestimmt. Einige Stücke wurden in Kesseln gekocht und als Speise an das Volk verteilt. Die Lämmer wurden am Feuer gebraten.[43] Der Verzehr rohen Fleisches war ausdrücklich verboten. Das Fleisch der Passalämmer wurde, soweit möglich, im Tempelbereich verzehrt, aus Platzgründen sicherlich auch in den Häusern Jerusalems. Unmittelbar danach am nächsten Morgen zogen die Festpilger wieder heim und feierten mit ihren Familien das Fest der ungesäuerten Brote.

2.6.7 Das Ende des Südreiches Juda

Bereits vor diesem Passa hatte Josia die Prophetin Hulda befragen lassen, was das Gesetz mit allen Verheißungen und Strafandrohungen für ihn bedeute. Der HERR antwortete durch die Prophetin: *„So spricht der HERR: Siehe, ich will Unheil über diese Stätte und ihre Einwohner bringen, alle Worte des Buches, das der König von Juda hat lesen lassen, weil sie mich verlassen und andern Göttern geräuchert haben, ... Aber dem König von Juda, der euch gesandt hat, den HERRN zu befragen, sollt ihr sagen: So spricht der HERR, der Gott Israels: ... Weil dein Herz verzagt ist und du dich gedemütigt hast vor dem HERRN, ..., so habe ich's auch erhört, spricht der HERR. Darum will ich dich zu deinen Vätern versammeln, dass du mit Frieden in dein Grab kommst und deine Augen nicht sehen all das Unheil, das ich über diese Stätte bringen will"* (2. Kön 22,16-20; s. 2. Chron 34,24-28). Gottes Urteilsspruch beinhaltete also, dass Juda gerichtet werden sollte, aber König Josia dieses Unheil in seiner Lebenszeit nicht mehr sehen sollte. Josia fiel im Kampf gegen die Ägypter. Nur knapp ein Vierteljahrhundert nach Josias Tod wurde Jerusalem durch das babylonische Heer unter dem König Nebukadnezar vollständig zerstört. *„Und sie verbrannten das Haus Gottes und rissen die Mauer Jerusalems ein, und alle ihre*

[43]Die Übersetzung nach Martin Luther formuliert hier in 2. Chr 35,13: „Und sie kochten das Passa am Feuer, wie sich's gebührt." Mehrere andere geläufige Bibelübersetzungen formulieren hier „braten" statt „kochen", so z.B. Elberfelder Bibel, Einheitsübersetzung, Gute Nachricht Bibel, Hoffnung für alle, Neues Leben, F. E. Schlachter, Hermann Menge, Wuppertaler Studienbibel.

Burgtürme brannten sie mit Feuer aus, sodass alle ihre kostbaren Geräte zunichtewurden" (2. Chr 36,19). Die Bundeslade mit den Gesetzestafeln ging verloren. Wir erfahren in der Schrift nichts mehr davon. Die Bevölkerung Judas wurde nach Babylon deportiert. Nebukadnezar *„führte weg nach Babel alle, die dem Schwert entgangen waren, und sie wurden seine und seiner Söhne Knechte, bis das Königtum der Perser zur Herrschaft kam, ..."* (2. Chr 36,20). Der Bund Gottes wurde auch im Südreich Juda über Generationen hinweg nicht nur vernachlässigt, sondern regelrecht verachtet. *„Aber sie verspotteten die Boten Gottes und verachteten seine Worte und verhöhnten seine Propheten, bis der Grimm des HERRN über sein Volk wuchs und es keine Heilung mehr gab"* (2. Chr 36,16). So endete 136 Jahre nach dem Ende des Nordreiches Israel auch die Geschichte des Südreiches Juda und damit die Eigenständigkeit Israels. Die Zerstörung Jerusalems erfolgte im Jahre 586 v. Chr.[44] Das Land, welches Gott seinem Volk verheißen hatte und in welchem es zur Ruhe kommen sollte, war verwüstet und von den Babyloniern besetzt. Das Volk war zerstreut. So hatte der HERR ein weiteres Mal die Hand von Israel abgezogen. Aber er hatte es nicht preisgegeben. Nur ein kleiner Rest blieb übrig. Aus ihm sollte ein neues Volk wachsen.

2.6.8 Israel bis zur Rückkehr aus dem Exil

Israel wurde vom HERRN in die Hände der Großmächte gegeben. Auf eigene Stärke konnte es sich nicht berufen. Zugleich ist aber auch erkennbar, dass die großen Reiche dieser Welt kommen und gehen. Ägypten galt als Bedrohung für Israel. Dennoch wählte ein Teil der Übriggebliebenen aus Juda gegen den Willen des HERRN und zum eigenen Schaden Ägypten zum Wohnort (Jer 42). Die schnell erstarkende Großmacht Assyrien hatte das Nordreich Israel erobert und Samaria zerstört. Sie war jedoch bald wieder untergegangen und hatte dem Neubabylonischen Reich weichen müssen. Dieses hatte das Südreich Juda erobert und Jerusalem zerstört. Das Neubabylonische Reich wiederum wurde vom Reich der Perser abgelöst. Persien war die vom HERRN

---

[44] Anmerkung: Die Zerstörung Jerusalems wird auf das Jahr 587 v.Chr. oder 586 v.Chr. datiert. Darin sind die Ausleger nahe beieinander. Hansjörg Bräumer schlägt z.B. das Jahr 587 v.Chr. vor, während Eugene H. Merrill das Jahr 586 v.Chr. vorschlägt. S.: WStb, Das zweite Buch der Chronik, a.a.O., S. 304 u. 318. S. auch: Eugene H. Merrill, Die Geschichte Israels, a.a.O., S. 663

ausersehene Macht, die für Israel einen Neuanfang ermöglichte.

Ein Rest des Volkes Israel lebte im Exil *„bis das Königtum der Perser zur Herrschaft kam, dass erfüllt würde das Wort des HERRN durch den Mund Jeremias, bis das Land an seinen Sabbaten genug hätte. Denn die ganze Zeit, da es wüst lag, hatte es Sabbat, bis siebzig Jahre voll wurden"* (2. Chron 36,20-21). Jeremia hatte gegenüber dem Südreich Juda geweissagt: *„Darum, so spricht der HERR Zebaoth: Weil ihr denn meine Worte nicht gehört habt, siehe, so will ich ausschicken und kommen lassen alle Völker des Nordens, spricht der HERR, auch meinen Knecht Nebukadnezar, den König von Babel, ... Dies ganze Land soll wüst und zerstört liegen, und diese Völker sollen dem König von Babel dienen siebzig Jahre. Wenn aber die siebzig Jahre um sind, will ich heimsuchen den König von Babel und jenes Volk, spricht der HERR, ..."* (Jer 25,8-12). Die Jahresangaben der Bibel lassen bei den Auslegern immer wieder Schwierigkeiten entstehen und werden von ihnen unterschiedlich akzeptiert. Man kann die 70[45] Jahre Gefangenschaft als den Zeitraum zwischen der Zerstörung Jerusalems mit dem ersten Tempel und der Fertigstellung des zweiten Tempels deuten (586 v.Chr. bis 515 v.Chr. = 71 Jahre). In Anlehnung an 2. Chr 36,20 halten wir aber auch folgende Aussage für hilfreich: „Die 70 Jahre Gefangenschaft sind eine runde Zahl und umfassten die gesamte Regierungszeit Nebukadnezars und seiner Söhne (605 v.Chr. bis 539 v.Chr. = 66 Jahre)."[46] Diese Zeit wird als die Zeit der babylonischen Gefangenschaft oder die Zeit des Exils bezeichnet. Obwohl die Israeliten in Babylon überwiegend keine Not, sondern mitunter durchaus materiellen Wohlstand genießen konnten, dachten doch viele von ihnen voller Trauer an die Heimat. Die Stätte, an welcher geopfert werden sollte, war verwüstet und unerreichbar. So gab es ohne den Tempel auch kein Passa, kein Bundesfest mit ihrem Gott. Die Israeliten sangen Klagelieder: *„An den Wassern zu Babel saßen wir und weinten, wenn wir an Zion gedachten"* (Ps 137,1). Doch das Ende dieser Bedrückung sollte bald kommen.

So ließ der Perserkönig Kyrus, nachdem er Babylon erobert hatte, 538 v.Chr. einen Erlass verkünden, wodurch die Israeliten wieder in ihr Heimatland, das

---

[45] Der Zahl 7 und ihrem Vielfachen 70 kommt in der jüdischen Weisheitslehre eine besondere Bedeutung zu. Sie symbolisiert eine heilige Vollkommenheit. Somit war nach 70 Jahren das vorgesehene Maß der Gefangenschaft vollkommen erfüllt.

[46] WStb, das zweite Buch der Chronik, a.a.O., S. 326. S. auch: Eugene H. Merrill, Die Geschichte Israels, a.a.O., S. 684

Land der Verheißung, zurückkehren durften. Darin wurde auch festgelegt, dass sie den Tempel in Jerusalem wieder aufbauen sollten. *„Aber im ersten Jahr des Kyrus, des Königs von Persien, – dass erfüllt würde das Wort des HERRN durch den Mund Jeremias – erweckte der HERR den Geist des Kyrus, des Königs von Persien, dass er in seinem ganzen Königreich mündlich und auch schriftlich verkünden ließ: ... Der HERR, der Gott des Himmels, ... hat mir befohlen, ihm ein Haus zu bauen zu Jerusalem in Juda. Wer nun unter euch von seinem Volk ist, mit dem sei der HERR, sein Gott, und er ziehe hinauf!"* (2. Chron 36,22-23; vgl. Esr 1,1-4).

Die Rückkehr aus dem Exil vollzog sich in mehreren Etappen. Die Rückkehrer waren in ihre jeweiligen Heimatorte gezogen. Vor Beginn des siebenten Monats des israelitischen Kalenders zogen die Familienoberhäupter nach Jerusalem. Unter der Führung der Priester wurde der Brandopferaltar genau an der Stelle wieder aufgebaut, an welcher der frühere Altar stand. Am ersten Tag des siebten Monats konnte mit dem Brandopfer begonnen werden. Am 15. Tag des siebten Monats begann das Laubhüttenfest (vgl. 3. Mose 23,34). *„Und die ganze Gemeinde derer, die aus der Gefangenschaft wiedergekommen waren, machte Laubhütten und wohnte darin. Denn dies hatten die Israeliten seit der Zeit Josuas, des Sohnes Nuns, bis auf diesen Tag nicht mehr getan. Und es war eine sehr große Freude"* (Neh 8,17; vgl. Esr 3,4). Auch an dieser Aussage ist erkennbar, dass das Volk Israel in der Zeit vor dem Exil sehr oberflächlich bis verächtlich mit den Ordnungen des Bundes umgegangen war, wenn seit Josua, also seit mehr als 800 Jahren[47], kein Laubhüttenfest mehr stattgefunden hatte. Am letzten Tag des Laubhüttenfestes betete Nehemia ein umfangreiches Bußgebet. Dies mündete in eine Selbstverpflichtung zur Einhaltung des Bundes mit dem HERRN. Nachdem viele Vorbereitungen für den Bau des Tempels getroffen worden waren, konnte im zweiten Monat des zweiten Jahres nach der Rückkehr mit den Fundamenten für den Tempel begonnen werden. Nach mehreren Behinderungen konnte der Tempelbau im Jahr 515 v.Chr.[48] beendet werden, im sechsten Regierungsjahr des Königs Darius

[47] Anmerkung: Dieser Zeitraum ergibt sich, wenn wir der Frühdatierung des Auszuges aus Ägypten im Jahr 1446 v.Chr. folgen. Der Einzug nach Kanaan hätte dann etwas vor dem Jahr 1400 v.Chr. stattgefunden. Das Lebensalter Josuas betrug 110 Jahre (Jos 24,29). Bis zur Tempelweihe des zweiten Tempels 515 v.Chr. wäre dann ein Zeitraum zwischen 800 und 900 Jahren vergangen. Wichtig erscheint hier nicht die genaue Jahreszahl, sondern die Größenordnung des Zeitraumes.

[48] WStb, Die Bücher Esra und Nehemia, erklärt von Klaus vom Orde, R. Brockhaus Verlag

(Esr 6,15 ff). Der nach dem Exil wiederaufgebaute Tempel wird der zweite Tempel genannt. Er war bei weitem nicht so schön wie der erste, der salomonische Tempel. Die biblischen Schriften erwähnen an keiner Stelle, dass in diesen Tempel die Herrlichkeit des HERRN eingezogen wäre. Dies wird dem zukünftigen geistlichen Tempel vorbehalten sein. Der Tempel wurde mit einem großen Freudenfest eingeweiht. Priester und Leviten waren rechtzeitig für den Dienst bestimmt und darauf vorbereitet worden (Esr 3-6). Nun konnte seit den Königen Hiskia und Josia zum ersten Mal wieder Passafest gefeiert werden. Wieder hatte der HERR seinem Volk einen Neuanfang in seinem Bund ermöglicht.

2.6.9 Das Passamahl während der Zeit des zweiten Tempels

Das Buch Esra berichtet von der ersten Passafeier im wieder aufgebauten Tempel. *„Und die, die aus der Gefangenschaft zurückgekommen waren, hielten Passa am vierzehnten Tage des ersten Monats"* (Esr 6,19). Dieses Passa wurde mit großer Freude begangen. Die Besonderheit dieser Passafeier lag in der großen Dankbarkeit von der babylonischen Knechtschaft erlöst zu sein. Sie waren wieder im verheißenen Land und durften nach ihren Gesetzen am Tempel des HERRN opfern und feiern. Besonders hervorgehoben wurde die Tatsache, dass die aus der Verbannung zurückgekehrten Israeliten mit den im Lande verbliebenen gemeinsam feierten. Alle, die sich zu ihnen abgesondert hatten, die sich also nach dem Gesetz gereinigt und zum HERRN, dem Gott Israels bekannt hatten, durften an diesem Mahl teilnehmen. Es liegt also nahe, dass an diesem Passa auch Proselyten teilnahmen, wie es im Gesetz geregelt war (4. Mose 9,14; s. 2.6.1). *„Denn die Priester und Leviten, sie alle hatten sich gereinigt, so dass sie alle rein waren, und schlachteten das Passa für alle, die aus der Gefangenschaft zurückgekommen waren, und für ihre Brüder, die Priester, und für sich. Und es aßen das Passa die Israeliten, die aus der Gefangenschaft zurückgekommen waren, und alle, die sich zu ihnen abgesondert hatten von der Unreinheit der Völker des Landes, um den HERRN, den Gott Israels, zu suchen"* (Esr 6,20-21). Mit ungebrochener Freude schloss sich direkt an das Passa das Fest der ungesäuerten Brote an. Mitten in den Wirrnissen der Weltgeschichte wurde Israel wiederum durch den HERRN gesammelt. *„Und sie hielten das Fest der Ungesäuerten Brote sieben Tage lang mit Freuden;*

Wuppertal, 1997, S. 96. S. auch: Eugene H. Merrill, Die Geschichte Israels, a.a.O., S. 721

denn der HERR hatte sie fröhlich gemacht und das Herz des Königs von Assur[49] *ihnen zugewandt, dass sie gestärkt würden zur Arbeit am Hause Gottes, des Gottes Israels"* (Esr 6,22).

So hatte der vom HERRN gesammelte Rest des Volkes Israel ein Zeichen seiner Einheit wiedergewonnen. Der Gottesdienst hatte wieder einen zentralen Ort. Ein besonderes Merkmal der nachexilischen Zeit war die religiöse Absonderung Israels von den Heidenvölkern. „Ohne diese wäre der nationale Bestand auf Dauer wohl kaum denkbar gewesen."[50] Die Zeit des zweiten Tempels kann als Zwischenzeit zwischen Altem und Neuem Testament angesehen werden. Das Volk Israel erreichte keine Eigenständigkeit wieder. Die zeitweise eingesetzten Regenten waren nur Vasallen der jeweiligen Weltmächte, die Israel beherrschten.

Bereits in der Zeit des Exils wurden viele Auslegungen des Gesetzes, sowie Regelungen für deren praktische Umsetzung mündlich weitergegeben. Die Zusammenfassung dieser mündlichen Belehrungen nannte man „Mischna". Das hebräische Wort „Mischna" bedeutet „Wiederholung". Es ist eine Wiederholung im Sinne von „lehren", „studieren", „mündliche Unterweisung". Diese Mischna, die mündlich überlieferte Lehre, wurde erst im 2. Jahrhundert n. Chr. schriftlich festgehalten.[51] Nur in dieser Überlieferung finden wir Hinweise auf den Verlauf des Passamahles, wie er sich nach dem Exil herausbildete und wie ihn Jesus zu seiner Zeit vorfand. Maßgebend für den Ritus des jüdischen Passa ist bis heute der Mischnatraktat „Pesachim".[52]

Die mündliche Überlieferung besagt, dass die besondere Situation des Auszuges nicht wiederholt werden sollte. Es gab also kein Bestreichen der Türpfosten und der Türschwelle mit dem Blut des Passalammes. Dies war ausschließlich eine Handlung beim Passa des Auszuges aus Ägypten. Die Schlachtung der Lämmer erfolgte im Tempelbereich durch den Eigentümer, also das Familienoberhaupt oder einen von ihm Beauftragten. Die Priester fingen das Blut auf und gossen es an den Brandopferaltar. Die Leviten sangen während der

---

[49] Die Lutherbibel merkt an dieser Stelle an: „Gemeint ist hiermit der König von Persien."
[50] WStb, Die Bücher Esra und Nehemia, a.a.O., S. 99
[51] LzB, a.a.O., Sp. 1075. S. auch: BL, Herausgegeben von Herbert Haag, St. Benno-Verlag GmbH Leipzig 1973, Lizenzausgabe des Benziger Verlages Einsiedeln, Sp. 1156
[52] BL, a.a.O., Sp. 1314

Schlachtung das „Hallel", die Psalmen 113-118. Der Begriff „Hallel" bedeutet „lobsingen".[53] Die geschlachteten Lämmer wurden nach Hause, bzw. in ein für das Festmahl bestimmtes Haus getragen, am Spieß gebraten und gemeinsam gegessen.

An die Stelle der Familiengemeinschaft trat eine Gemeinschaft von mindestens zehn Festpilgern. Die Lämmer mussten innerhalb des Stadtbezirkes von Jerusalem verzehrt werden. Dabei nahmen die Teilnehmer am Passamahl nicht mehr die Wanderhaltung ein und aßen auch nicht in Eile, sondern sie lagen zu Tisch wie bei einem griechischen oder römischen Festbankett. Hieran kann man erkennen, dass die Jahrhunderte der Geschichte den Lebensrhythmus des Volkes durchaus verändert hatten. Der Aufbruchscharakter des Passa war immer weiter in den Hintergrund getreten und war nach dem Exil kaum noch erkennbar. Dafür nahm das Passa viel stärker einen Festcharakter an. Es behielt seinen Inhalt als Gedenk- und Dankfest für den Auszug aus Ägypten, wurde aber in der äußeren Form den Festen der Großmächte ähnlicher.

An keiner Stelle der biblischen Passaschilderungen ist vom Wein die Rede. Möglicherweise wurde der Genuss von Wein bei den großen Festen als selbstverständlich vorausgesetzt. Brot, Wein und Öl wurden im verheißenen Land als die drei wichtigsten Nahrungsmittel angesehen.[54] Damit versorgte z.B. Salomo die Holzfäller, die auf dem Libanon das Holz für den Tempelbau fällten (s. 2. Chr 2,9-15). Wein gehörte als Trankopfer zu jedem Brandopfer und wurde durch die Priester am Brandopferalter ausgegossen (2. Mose 29,40; 4. Mose 15,5; 28,7.9.14). Die Mischna schreibt ausdrücklich vor, dass alle Festpilger, auch die Ärmsten, das Passamahl liegend einnehmen sollten. Den Ärmsten wurde demzufolge der Wein zur Verfügung gestellt. Dabei sollte jeder Teilnehmer im Verlauf des Mahles vier Kelche Wein trinken.[55]An dieser Stelle ist sicher erwähnenswert, dass der im Gleichnis Jesu erwähnte barmherzige Samariter Wein und Öl bei sich hatte, um den Verletzten zu behandeln (Lk 10,25-36).

---

[53] Ebd., Sp. 657

[54] LzB, a.a.O., Sp. 1707

[55] Zu einzelnen Festlegungen des jüdischen Passa nach dem Exil siehe: BL, a.a.O., Sp. 1314f. S. auch: LzB, a.a.O., Sp. 1199

2.6.10 Die Bestimmungen der Mischna für das Passamahl

Der Verlauf einer Passafeier wird wie folgt beschrieben:

In Anlehnung an 2. Mose 6,6-7 wurden vier Kelche Wein getrunken. Die Kelche trugen die Namen Heiligung, Gericht, Erlösung, Lobpreis.[56] Entsprechend den vier Kelchen Wein war jede Passafeier gegliedert. Es war üblich, den Wein mit Wasser zu mischen. Der Hausvater teilte den Wein aus und schüttete jedem Mahlteilnehmer den Wein in dessen eigenen Kelch. Das Passamahl lief in sieben einzelnen Etappen ab.[57]

1. **Trinken des ersten Kelches:** Über dem ersten Kelch Wein wurde ein Segensspruch gesprochen. Er begann mit den Worten: „Gesegnet seist du, HERR, unser Gott, König der Erde, der du deinem Volk Israel diese Festtage zur Freude und zur Erinnerung gegeben hast ... Gesegnet seist du, HERR, unser Gott, der du die Frucht des Weins geschaffen hast. ...“ Nach diesem Segensspruch wurde der erste Kelch, der „Kelch der Heiligung“ getrunken. Heiligung bedeutete hier: „Ich führe euch heraus“, nach Luther: *„Ich bin der HERR und will euch wegführen von den Lasten, die euch die Ägypter auflegen, ...“* (2. Mose 6,6).

2. **Essen der bitteren Kräuter:** Der Hausvater brachte Gemüse und bittere Kräuter mit Obstsoße auf einem Teller bzw. in einer Schüssel und sprach darüber ein Segensgebet. Nachdem er davon genommen hatte, gab er allen Anwesenden die eingetauchten bitteren Kräuter zu essen. Sie erinnerten an die bittere Sklaverei in Ägypten.

3. **Essen der ungesäuerten Brote, Lobgesang:** Anschließend wurde ungesäuertes Brot gebracht und an alle verteilt. Nach einem Gebet für das Brot des Elends wurde dieses ebenfalls in die Schüssel getaucht und mit den bitteren Kräutern gegessen. Anschließend wurde der zweite Kelch mit Wein gefüllt. Es folgte die Belehrung. Der jüngste Sohn fragte den Vater nach der Bedeutung all dieser Gesten und

---

[56] Hanspeter Obrist (Hrsg.), Feste Israels, a.a.O., S. 54. S. auch: WStb, Das zweite Buch Mose, Kapitel 1-18, a.a.O., S. 218

[57] Alfred Kuen, Das Mahl des Herrn, jota Publikationen, Hammerbrücke, 3. Auflage 2003, S. 28ff. S. auch: WStb, Das zweite Buch Mose, Kapitel 1-18, a.a.O., S. 211 ff

Symbole. Der Vater antwortete wie es im Gesetz vorgesehen war und erklärte den Kindern den Auszug aus Ägypten und den Sinn des ungesäuerten Brotes (s. 2. Mose 12,26-27; 13,7-8). Anschließend sang man im Wechselgesang die ersten Psalmen des Hallel (Ps 113-114).

4. **Trinken des zweiten Kelches:** Nach dem Essen von ungesäuertem Brot, den Erklärungen und dem ersten Psalmenlobgesang wurde der zweite Kelch getrunken. Er bedeutete das „Gericht über die Ägypter." Für Israel bedeutete es: „Ich rette euch", nach Luther: *„... und will euch erretten von ihrem Frondienst ..."* (2. Mose 6,6).

5. **Essen des Passalammes:** Nun folgte die Hauptmahlzeit. Vorher wusch man sich die Hände. Das zubereitete Lamm wurde zerlegt und so unter den Gästen aufgeteilt, dass nichts übrigblieb. Nach einem Dankgebet aß der Hausvater etwas vom ungesäuerten Brot und den bitteren Kräutern und reichte dann allen Teilnehmern am Mahl etwas davon. Jeder wiederholte das Dankgebet, bevor er das eingetauchte ungesäuerte Brot aß. Nun wurde das Lamm verspeist. Der Hausvater beschloss die Hauptmahlzeit und teilte nochmals ein Stück ungesäuertes Brot aus. Es kam vor, dass arme Leute kein Lamm zur Verfügung hatten. Dann begnügte man sich an dieser Stelle ebenfalls mit ungesäuertem Brot, bitteren Kräutern und Obstsoße.

6. **Trinken des dritten Kelches:** Nach der Hauptmahlzeit wurde der dritte Kelch gefüllt. Dieser Kelch bedeutete „Erlösung für Israel". *„... und will euch erlösen mit ausgerecktem Arm ..."* (2. Mose 6,6) Über diesem Kelch wurde das große Dankgebet gesprochen. Dann wurde der dritte Kelch getrunken. Da Jesus „den Kelch nach dem Mahl" nahm (Lk 22,20; 1. Kor 11,25), ist es naheliegend, dass es sich beim Abendmahl um diesen dritten Kelch handelte. Der Abendmahlskelch wurde von Paulus später als *„der gesegnete Kelch"* (1. Kor 10,16) bezeichnet.

7. **Trinken des vierten Kelches:** Nun füllte der Hausvater den vierten und letzten Kelch. Dieser Kelch bedeutete für Israel „Kelch des Lobpreises". Gott sagte zu ihnen: *„... ich will euch annehmen zu meinem Volk ..."* (2. Mose 6,7). Der zweite Teil des Hallel, des Psalmen-

lobgesangs (Ps 115-118) und das Trinken des vierten Kelches schlossen das Passamahl ab. Insbesondere der Psalm 118 war eine Einladung zu großer Freude. Damit war die Passafeier in der Regel zu Ende. Man kann davon ausgehen, dass eine solche Feier mehrere Stunden dauerte.

Der Elia-Kelch

Manchmal wurde nach dem Hallel ein fünfter Kelch eingegossen, der aber nicht getrunken werden durfte. Man nannte ihn den Elia-Kelch. Er sollte auf das Kommen des Elia und des Messias hinweisen und war Ausdruck der Hoffnung auf vollständige Erlösung.

2.7 Zusammenfassung zum Passa

Wir sind den Spuren des Passafestes in der Geschichte Israels nachgegangen und fassen die einzelnen Entwicklungsabschnitte hier zusammen:

Gott hatte das Volk Israel auf eine besondere Weise geprägt und es zu seinem Bundesvolk gemacht. Er stellte sich ihm als der HERR gegenüber. Er errettete es aus dem Frondienst in Ägypten, indem er den Pharao durch Plagen zum Einlenken zwang und den Auszug Israels aus Ägypten ermöglichte.

Vor diesem Auszug Israels aus Ägypten gebot der HERR das Passamahl. Es wurde in der Nacht vor dem Aufbruch gefeiert und bestand für jede Hausgemeinschaft aus einem männlichen, einjährigen, fehlerfreien Lamm. Dieses Lamm wurde geschlachtet und mit dessen Blut wurden die Türpfosten der Wohnhäuser der Israeliten bestrichen. Das Bestreichen der Türpfosten mit Blut war ein einmaliger Ritus beim Passa des Auszugs. Das Lamm wurde unzerteilt als Ganzes am offenen Feuer gebraten. Zusammen mit ungesäuertem Brot und bitteren Kräutern wurde es von der Hausgemeinschaft, evtl. auch mit einer Nachbarhausgemeinschaft zusammen, in der Nacht vom 14. zum 15. Tag des ersten Monats verzehrt. Verbleibende Reste wurden verbrannt. Dabei sollten alle reisefertig sein, um am Morgen aufzubrechen. An diesem Passamahl durften nur Israeliten teilnehmen, dazu auch Familien, deren männliche Mitglieder durch Beschneidung zu Israeliten geworden waren. In der Nacht des Auszugs starb in Ägypten alle Erstgeburt, während die durch das Blut des

Lammes bezeichneten Häuser der Israeliten vom Verderber verschont blieben. Passa bedeutet hier ein schonendes Vorübereilen. Das Passamahl wurde dem Volk Israel als eine ewige Ordnung geboten. Es war bereits das Mahl des Bundes, den Gott mit Israel schloss. Bei allen zukünftigen Passafeiern sollte sich Israel die Befreiung aus Ägypten vergegenwärtigen und des Auszugs gedenken. Am Tage des Auszugs erhielt Israel das Gebot, nach Ankunft im verheißenen Land alle Erstgeburt zu heiligen und dem HERRN zu weihen. Der Auszug Israels aus Ägypten ist das bedeutendste Ereignis in der Geschichte des Volkes. Die Einsetzung des Passamahles bleibt untrennbar mit dem Auszug aus Ägypten verbunden.

Beim Zug durch die Wüste erwies sich der HERR als Bewahrer vor Verfolgung und Bedrohung. Am Sinai schloss der HERR einen Bund mit Israel. Dieser Bund war eine gnädige Zuwendung, die vom HERRN ausging und von Israel bestätigt wurde. Durch Mose erhielt das Volk alle Gesetze und Verheißungen des Bundes. Der HERR erwählte Israel als Volk seines Eigentums. Er berief es zu einem Königreich von Priestern und zu einem heiligen Volk. Alle Völker sollten erkennen, dass der HERR mit Israel im Bunde war. Als Grundsatzregeln für diesen Bund erhielt Israel die Zehn Gebote. Weitere Rechtsordnungen dienten der praktischen Umsetzung des Bundes sowohl in der Wüste als auch im verheißenen Land. Die zehn Gebote und die Rechtsordnungen bilden zusammen das Buch des Bundes. Das ganze Volk stimmte dem Bund zu und gelobte, alle Ordnungen des HERRN einzuhalten. Der Bund wurde durch Mose mit einem Opfer bestätigt und das Blut der Opfertiere wurde als Blut des Bundes bezeichnet. Der Einhaltung des Bundes war Segen verheißen, dem Bruch des Bundes wurde schwere Strafe angedroht. Kurz nach dem Bundesschluss kam es zum ersten Bundesbruch beim Tanz ums goldene Kalb. Israel musste eine harte Strafe dafür ertragen. Der Bund vom Sinai ist der Bund des Gesetzes. Im Neuen Testament wird er der Alte Bund genannt.

Das erste Passamahl nach dem Auszug wurde in der Wüste am Sinai gefeiert. Seit diesem Passamahl in der Wüste entfiel das Bestreichen mit Blut. Für den Fall der rituellen Verunreinigung oder der Verhinderung durch eine weite Reise erließ der HERR Regeln für eine Nachfeier des Passa. Weitere Passafeiern hat es in der Wüste offenbar nicht gegeben. An der Grenze zu Kanaan verweigerte Israel dem HERRN den Gehorsam des Bundes und zog nicht in Kanaan ein. Aus diesem Grunde wurde es vom HERRN gestraft und musste vierzig Jahre in der Wüste zubringen. Erst nach Moses Tod führte Josua das Volk Israel in das Land der Verheißung.

Das Passamahl nach der Landnahme in Kanaan ist das nächste Passamahl, welches uns die Bibel bezeugt. Alle männlichen Israeliten mussten beschnitten werden, da dies während der Wüstenzeit offenbar vernachlässigt worden war. Erst danach durfte das Passa gefeiert werden. Nach dieser ersten Passafeier in Kanaan hörte die Wüstenspeise, das Manna, auf und Israel aß von der Ernte des Landes. Das Land Kanaan war die Bundesgabe des HERRN an sein Bundesvolk Israel. Solange Josua und die Ältesten am Leben waren, die das Wirken des HERRN miterlebt hatten, diente Israel dem HERRN in Treue.

Nach der Errichtung des ersten Tempels durch König Salomo durfte nach dem Gesetz des HERRN dass Passa nur noch am Tempel in Jerusalem gefeiert werden. Es fand von da an nicht mehr im Familienkreis statt, sondern wurde zu einem Wallfahrtsfest. An diesem Wallfahrtsfest durften nur männliche Israeliten teilnehmen. Das war eine gravierende Veränderung in Israel. Das Passalamm wurde im Kreis von Festpilgern verzehrt. Am Morgen nach dem Mahl zogen die Festpilger wieder nach Hause und feierten dann mit ihren Familien das Fest der ungesäuerten Brote. Der Bund mit dem HERRN wurde in der Folgezeit oft stark vernachlässigt. Nach Salomo zerbrach das Reich in das Nordreich Israel und das Südreich Juda. Beide Reiche gingen unter. Das Nordreich Israel wurde durch die Assyrer zerstört, das Südreich Juda durch die Babylonier. Aus der Zeit des ersten Tempels bezeugt uns die Bibel nur zwei Passafeiern. Es wird von einer Passafeier unter König Hiskia und einer besonders großen und fröhlichen Passafeier unter König Josia, kurz vor der babylonischen Gefangenschaft, berichtet. Es sind die einzigen biblischen Zeugnisse einer Passafeier am ersten Tempel. Da das Passa nur am Tempel in Jerusalem gefeiert werden durfte, war nach der Zerstörung des Tempels keine Passafeier mehr erlaubt.

Ein Rest der Bevölkerung des Südreiches Juda durfte nach siebzig Jahren Gefangenschaft wieder in das Land der Verheißung zurückkehren. Der Perserkönig Kyrus ordnete auf Gottes Geheiß den Wiederaufbau des Tempels an. Mit dem Aufbau des Brandopferaltars und der Feier des Laubhüttenfestes begann Israel, die Bundesordnungen wieder aufzunehmen. Nach dem Wiederaufbau des sogenannten zweiten Tempels wurde zu Beginn des jüdischen Jahres zum festgelegten Zeitpunkt das erste Passa gefeiert. Es war ein Passa voller besonderer Freude und Dankbarkeit über die Rückkehr und die Möglichkeit, den Dienst am Tempel wieder aufzunehmen.

Die seit der Exilzeit mündlich weitergegebenen Gesetzesauslegungen und Lebensregeln nannte man Mischna. In der Mischna finden wir den Ablauf des Passafestes in einer veränderten Form. Der Aufbruchscharakter des Passa war in den Hintergrund getreten und der Festcharakter stand deutlich im Vordergrund. Das Passamahl ließ sich in sieben Abschnitte teilen. Erstmalig wurde dabei das Trinken von Wein vorgeschrieben. Es wurden vier Kelche Wein getrunken, zwei vor dem Essen des Passalammes, zwei nach dem Essen des Passalammes. Nach dem ersten Kelch wurden die bitteren Kräuter und im Anschluss die ungesäuerten Brote gegessen. Dieser Teil wurde abgeschlossen mit den Psalmen 113 und 114, dem ersten Teil des Hallel. Darauf folgte der zweite Kelch, dem sich das Essen des Passalammes anschloss. Nach dem Mahl wurden der dritte und der vierte Kelch getrunken. Daran schlossen sich die Psalmen 115 bis 118 an, der zweite Teil des Hallel. Für jeden Abschnitt waren Erklärungen in Form von Frage und Antwort sowie bestimmte Segensworte vorgeschrieben.

Nach einer langen wechselvollen Geschichte bildete sich also die Praxis heraus, die Jesus vorfand. Es war ein Opferritual, welches auf Erlösung hinwies, diese aber noch nicht herbeiführen konnte.

3 Vergebung im „Alten Bund“

3.1 Allgemeines

Wir verwenden die Begriffe „Bund“ und „Testament“ manchmal wechselweise, obwohl sie nicht ganz genau das Gleiche ausdrücken. Der Begriff „Bund“ beschreibt stärker die Beziehung Gottes zu den Menschen, während der Begriff „Testament“ stärker das Vermächtnis Gottes an die Menschen beschreibt. Im allgemeinen Sprachgebrauch verstehen wir unter dem Begriff „Altes Testament“ eher die Zeit vor Jesus Christus und die Gruppe der Schriften aus dieser Zeit, während wir unter dem Begriff „Neues Testament“ im Allgemeinen eher die Zeit seit der Geburt Jesu Christi und die Zeit der ersten Apostel und die Gruppe der Schriften aus dieser Zeit verstehen. „Beide Begriffe zusammen umfassen erst annähernd den Inhalt und die Bedeutung der beiden Heilsordnungen Gottes, des alten und neuen Testamentes bzw. Bundes, denn Gott setzt seine Bundesbedingungen allein fest wie ein Testator sein Testament, und er bestimmt über die Teilhaberschaft an seiner Herrlichkeit wie über ein Erbe. ... So kann man vom Testament sprechen, weil es eine einseitige Verfügung über ein Vermögen ist, und vom Bund, weil das Verhältnis zwischen Lebenden geordnet wird.“[58]

In der Christenheit hat sich teilweise ein Grundverständnis verinnerlicht, welches davon ausgeht, dass Gott im Alten Testament als strenger und strafender Gott erfahren wurde, während er sich im Neuen Testament als liebender und vergebender Gott offenbarte. Jedoch spricht Gott zu dem immer wieder abirrenden Volk Israel: *„Ich, der HERR, wandle mich nicht“* (Mal 3,6). Wenn Gott aber immer derselbe ist und sich nicht wandelt, so ist er eben sowohl im Alten wie auch im Neuen Testament immer derselbe Gott. Seine Gerechtigkeit und Heiligkeit, wie seine Liebe, seine Gnade und Barmherzigkeit sind zu allen Zeiten Offenbarungen seines Wesens. Das Neue Testament ist im Gegensatz zum Alten Testament dadurch gekennzeichnet, dass in Jesus Christus der Erlöser erschien, der als einziger den Neuen Bund, eben den Bund der Erlösung, in Kraft setzen konnte. Der Erlöser wurde bereits während der gesamten Zeit des Alten Testaments durch Propheten verheißen und im Volk Israel ersehnt. Gott war in Jesus Christus den Menschen so nahegekommen, wie nie zuvor. So wie

[58] LzB, a.a.O., Sp. 1578

der Sohn den Vater offenbarte, konnte vor der Lebenszeit Jesu niemand das Wesen Gottes offenbaren.

Wir sehen in der Menschheitsgeschichte zwei besonders herausragende Ereignisse. Mit dem ersten dieser Ereignisse meinen wir den Sündenfall, wodurch die harmonische Beziehung zwischen Gott und den Menschen zerbrach. Mit dem zweiten besonders herausragenden Ereignis meinen wir das Kommen Jesu, der als Erlöser eine Heilung dieses Zerbruchs herbeiführte. Alle Gesetze des Alten Testaments hatten das Ziel, dem Volk Israel den Zusammenhang von Sünde und Vergebung aufzuzeigen und ihm die Verheißung der Erlösung ins Herz zu geben. Durch den vom HERRN aufgerichteten Bund brachte er sein Volk auf den Weg, der zum Heil führt. Er brachte es sozusagen in seine Spur. Das Volk Israel brauchte durch die Jahrhunderte hindurch immer wieder das Eingreifen Gottes, um diesen Weg nicht zu verlassen. Mit unendlicher Geduld verschaffte der HERR seinem Gesetz Geltung und drängte Israel, sich in seinen Willen einzuleben.

Im Folgenden soll an einigen Beispielen aufgezeigt werden, wie Gott sich im Alten Testament als gnädiger, barmherziger und vergebender Gott gegenüber Israel offenbart hatte. Ebenso soll verdeutlicht werden, welche Grenzen unüberwindbar blieben und welch überragende Dimension die Hoffnung auf den Erlöser Israels hatte.

3.2 Der gnädige Gott

Gott selbst offenbarte sich sowohl als eifernder und heimsuchender wie auch als barmherziger und gnädiger Gott. Als Mose die Zehn Gebote erhielt, hörte er bereits im zweiten Gebot:[59] *„... Denn ich, der HERR, dein Gott, bin ein eifernder Gott, der die Missetat der Väter heimsucht bis ins dritte und vierte Glied an den Kindern derer, die mich hassen, aber Barmherzigkeit erweist an vielen Tausenden, die mich lieben und meine Gebote halten“* (2. Mose 20,5-6).

[59] Wir folgen hier der Zählung, wie sie z.B. in der griechischen, anglikanischen und reformierten Kirche üblich ist (Heidelberger Katechismus). Darin gehört diese Verheißung zum zweiten Gebot. In der Zählung, wie sie z.B. in der Römisch-Katholischen und der Evangelisch-Lutherischen Kirche üblich ist, gilt dies als Erklärung zum ersten Gebot.

3.2.1 Offenbarungen des gnädigen Gottes

Nach dem Eklat des Bundesbruches mit dem Tanz ums goldene Kalb erhielt Mose ein zweites Mal die Zehn Gebote. Als er auf dem Sinai war, *„kam der* HERR *hernieder in einer Wolke"* (2. Mose 34,5). So durfte Mose hören, wie Gott sich ihm gegenüber selbst offenbarte. *„Und der* HERR *ging vor seinem Angesicht vorüber, und er rief aus:* HERR, HERR, *Gott, barmherzig und gnädig und geduldig und von großer Gnade und Treue, der da Tausenden Gnade bewahrt und vergibt Missetat, Übertretung und Sünde, aber ungestraft lässt er niemand, sondern sucht die Missetat der Väter heim an Kindern und Kindeskindern bis ins dritte und vierte Glied"* (2. Mose 34,6-7; s. 2.5.7). „Die viergliedrige Bezeichnung Gottes als ‚barmherzig und gnädig, geduldig und von großer Güte (und Treue)' findet sich außerdem in Ps 86,15; 103,8; 145,8 und Neh 9,17, wobei sie in Ps 103,10-13 besonders betont und ausgeführt wird."[60] So wie sich Gott selbst offenbarte, so wurde er auch immer wieder anbetend angesprochen. Die Gottesfürchtigen in Israel beriefen sich auf die Barmherzigkeit Gottes. Israel konnte sich gewiss sein, dass der HERR, der mit ihnen den Bund geschlossen hatte, nicht nur ein richtender, sondern auch ein barmherziger und vergebender Gott ist, weil der HERR es selbst so ausgesprochen hatte. Nur durch die Gnade und Barmherzigkeit Gottes konnte Israel existieren. Die Lebensordnungen Israels, z.B. die Feste, die Ordnungen in der Stiftshütte, die Opfergesetze waren als eine *„ewige Ordnung"* bestimmt (2. Mose 12,14; 27,21; 28,43; 3. Mose 3,17 u.v.a.). Der Bund Gottes mit Israel ist auf Ewigkeit angelegt. Deshalb sorgte Gott selbst für den Bestand des Bundes und trat dem Scheitern Israels mit seiner Gnade und Barmherzigkeit entgegen. „Dass Gott Sünde vergibt, ist somit allein in seinem Wesen begründet."[61] *„Die Güte des* HERRN *ist's, dass wir nicht gar aus sind, seine Barmherzigkeit hat noch kein Ende, sondern sie ist alle Morgen neu, und deine Treue ist groß"* (Klgl 3,22-23).

3.2.2 Bußpsalmen

Wir haben bereits gesehen, dass Israel eine sehr wechselvolle Geschichte hatte und dass auch über längere Zeiträume der von Gott errichtete Bund

---

[60] Eberhard Hahn, Ich glaube ... die Vergebung der Sünden, Vandenhoeck & Ruprecht, Göttingen 1999, S. 38, dort Fußnote 37

[61] Ebd., S.38

durch Israel sträflich missachtet wurde. Es gab aber auch herausragende Persönlichkeiten, die in ihrem ganzen Wesen dem HERRN, ihrem Gott, zugewandt waren und ihn ehrten und somit auch Einfluss auf das Geschick des ganzen Volkes nahmen. Eine dieser herausragenden Persönlichkeiten war König David. Obwohl David seiner Berufung mehrmals untreu wurde, den Versuchungen von Macht und Reichtum nicht widerstehen konnte und sich u.a. der Rechtsbeugung, des Ehebruchs und des Mordes schuldig machte, zeigt gerade sein Lebensweg beispielhaft den Zusammenhang von Sündenerkenntnis, Sündenbekenntnis und Vergebung auf.

Einige der Psalmen werden als Bußpsalmen bezeichnet. Die Lutherbibel überschreibt die Psalmen 6, 32, 38, 51, 102, 130, 143 als Bußpsalmen. Für die Psalmen 102 und 130 werden keine Verfasser genannt, die anderen Bußpsalmen werden David zugeschrieben. Die tiefe Demut, die aus diesen Psalmen spricht, das Bekenntnis der Sünde, die Bitte um Vergebung und die Bezeugung, Vergebung erfahren zu haben, geben Kunde von der Gewissheit der Barmherzigkeit Gottes.

- *„Denn da ich es wollte verschweigen, verschmachteten meine Gebeine durch mein tägliches Klagen. ... Darum bekannte ich dir meine Sünde, und meine Schuld verhehlte ich nicht. Ich sprach: Ich will dem HERRN meine Übertretungen bekennen. Da vergabst du mir die Schuld meiner Sünde“* (Ps 32,3.5).
- *„Gott, sei mir gnädig nach deiner Güte, und tilge meine Sünden nach deiner großen Barmherzigkeit. Wasche mich rein von meiner Missetat, und reinige mich von meiner Sünde; denn ich erkenne meine Missetat, und meine Sünde ist immer vor mir. An dir allein habe ich gesündigt und übel vor dir getan, auf dass du recht behaltest in deinen Worten und rein dastehst, wenn du richtest. Siehe, in Schuld bin ich geboren, und meine Mutter hat mich in Sünde empfangen. ... Entsündige mich mit Ysop, dass ich rein werde; wasche mich, dass ich weißer werde als Schnee“* (Ps 51,3-7.9).[62]
- *„Wenn du, HERR, Sünden anrechnen willst - HERR, wer wird bestehen?*

[62] Anmerkung: Wir erinnern an dieser Stelle, dass der Ysop bereits bei der Einsetzung des Passa eine besondere Rolle spielte. Damit wurde das Blut an die Schwelle und die Türpfosten der Häuser gestrichen (vgl. 2.3). Am Kreuz wurde Jesus ein an einem Ysoprohr befestigter Schwamm mit Essigwasser gereicht (vgl. 6.2.7).

Denn bei dir ist die Vergebung, dass man dich fürchte. ... Israel (hoffe) auf den HERRN! Denn bei dem HERRN ist die Gnade und viel Erlösung bei ihm. Und er wird Israel erlösen aus allen seinen Sünden" (Ps 130,3-4.7-8).

So bezeugen die Bußpsalmen, dass in Israel die Gewissheit eines barmherzigen und gnädigen Gottes durchaus verbreitet war.

3.2.3 Bußgebete

Es bedurfte auch in Israel einer persönlichen Gottesbeziehung, um die von Gott verordneten Lebensregeln als geltendes Recht anzuerkennen. Insofern zeigte sich der Gehorsam gegenüber dem HERRN in der Einhaltung der Gesetze, der Ungehorsam gegenüber dem HERRN in deren Vernachlässigung oder gar Verachtung. Unter den Persönlichkeiten in Israel mit einer innigen Gottesbeziehung seien hier neben den Königen David (s. 3.2.23.2.2), Hiskia (s. 2.6.6) und Josia der Prophet Daniel und der Statthalter Nehemia beispielhaft genannt, welche in den Verfehlungen gegenüber dem HERRN die Ursache der Not und des Elendes Israels erkannten. Ihnen wurde bewusst, dass diese Not nur der HERR selbst abwenden konnte. Sie taten vor ihm Buße, beriefen sich auf seine Gnade und Barmherzigkeit und erbaten Vergebung.

Daniel wird uns als ein sehr gottesfürchtiger Mensch bezeugt, der auch in Babylon täglich im Gebet die Verbindung zu Gott suchte. Während der babylonischen Gefangenschaft nahm er sich die Worte des Propheten Jeremia zu Herzen. *„Im ersten Jahr des Darius, des Sohnes des Ahasveros, ... verstand ich, Daniel, in den Büchern die Zahl der Jahre, die sich an Jerusalem erfüllen sollte. So war das Wort des HERRN an den Propheten Jeremia ergangen: Siebzig Jahre soll Jerusalem wüst liegen"* (Dan 9,1-2). In seinem tiefen Schmerz betete er: *„Ach, HERR, du großer und schrecklicher Gott, der du Bund und Gnade bewahrst denen, die dich lieben und deine Gebote halten! Wir haben gesündigt, Unrecht getan, sind gottlos gewesen und abtrünnig geworden; wir sind von deinen Geboten und Rechten abgewichen. ... Du, HERR, bist gerecht, wir aber müssen uns alle heute schämen, ... Bei dir aber, HERR, unser Gott, ist Barmherzigkeit und Vergebung"* (Dan 9,4-5.7.9). Daniel bekannte schonungslos seine und seines Volkes Verfehlungen. Nach diesem Bekenntnis berief er sich auf Gottes große Taten, auf dessen Gnade und Barmherzigkeit und erbat die

Abwendung der Not. *„Und nun, HERR, unser Gott, der du dein Volk aus Ägyptenland geführt hast mit starker Hand ... wende ab deinen Zorn und Grimm von deiner Stadt Jerusalem und deinem heiligen Berg. ... Neige deine Ohren, mein Gott, und höre, tu deine Augen auf und sieh an unsere Trümmer und die Stadt, die nach deinem Namen genannt ist. Denn wir liegen vor dir mit unserm Gebet und vertrauen nicht auf unsre Gerechtigkeit, sondern auf deine große Barmherzigkeit. Ach, HERR, höre! Ach, HERR, sei gnädig! Ach, HERR, merk auf und handle! Säume nicht – um deinetwillen, mein Gott! ...“* (Dan 9,15-16.18-19).

Daniel erhielt umgehend eine Antwort auf sein Gebet durch den Engel Gabriel, der zu ihm sprach: *„Daniel, jetzt bin ich ausgegangen, um dir zum rechten Verständnis zu verhelfen. ... So merke nun auf das Wort, damit du das Gesicht verstehst. Siebzig Wochen*[63] *sind verhängt über dein Volk und über deine heilige Stadt; dann wird dem Frevel ein Ende gemacht und die Sünde versiegelt und die Schuld gesühnt, und es wird ewige Gerechtigkeit gebracht und Gesicht und Weissagung besiegelt und das Allerheiligste gesalbt werden“* (Dan 9,22-24). Bibelausleger zählen diese Verse zu den schwierigsten Stellen des Danielbuches.[64] Doch eines ist ganz gewiss erkennbar. Daniel empfing eine Offenbarung, die weit in die Zukunft reichte. Er empfing weit mehr, als er zu erbitten in der Lage war. Seine Gewissheit der Gnade und Barmherzigkeit Gottes wurde bestätigt. Dass hier bereits eine ewige Gerechtigkeit angekündigt wurde, lässt uns denjenigen Bibelauslegern zustimmen, welche diese Prophetie auf das Kommen Christi deuten.

Nehemia erfuhr von einigen nach Jerusalem zurückgekehrten Juden, dass diese noch immer *„in großem Unglück und in Schmach“* lebten, denn sie berichteten ihm, *„die Mauern Jerusalems sind zerbrochen und seine Tore sind mit Feuer verbrannt“* (Neh 1,3). Nehemia war von diesem Bericht erschüttert. Ihm war bewusst, dass nur Gottes Barmherzigkeit dem ein Ende setzen konnte. Wie etwa 100 Jahre zuvor schon Daniel[65], so berief sich Nehemia auf den Bund Gottes, bekannte Gott seine Sünden und die seines Volkes und

---

[63] Die Lutherbibel merkt an dieser Stelle an: Gemeint sind Jahrwochen; jede umfasst sieben Jahre.

[64] WStb, Der Prophet Daniel, erklärt von Gerhard Maier, R. Brockhaus Verlag Wuppertal, 1982, S. 334ff

[65] Ebd., S. 326

betete: *„Ach, HERR, Gott des Himmels, du großer und schrecklicher Gott, der da hält den Bund und die Treue denen, die ihn lieben und seine Gebote halten! Lass doch deine Ohren aufmerken und deine Augen offen sein, dass du das Gebet deines Knechtes hörst, das ich jetzt vor dir bete Tag und Nacht für die Israeliten, deine Knechte, und bekenne die Sünden der Israeliten, die wir an dir getan haben; und ich und meines Vaters Haus haben auch gesündigt"* (Neh 1,5-6).

Er erbat sich Gnade vor dem König Artaxerxes und die Möglichkeit, mit dessen Erlaubnis nach Jerusalem zu reisen und die Stadt Jerusalem mit ihrer Stadtmauer wieder aufzubauen. Dies wurde ihm gewährt. Als die Zurückgekehrten nach mehr als 800 Jahren (s. 2.6.8) wieder miteinander nach dem Gesetz des HERRN das Laubhüttenfest feierten, fanden sie sich zu einem großen Bußgebet zusammen und bekannten miteinander ihre Sünden und priesen Gott für seine Barmherzigkeit: *„Aber nach deiner großen Barmherzigkeit hast du mit ihnen nicht ein Ende gemacht noch sie verlassen; denn du bist ein gnädiger und barmherziger Gott"* (Neh 9,31). So ließ der HERR den Aufbau der Stadtmauer gelingen *„und sie waren fröhlich, denn Gott hatte ihnen eine große Freude gemacht, sodass sich auch Frauen und Kinder freuten, und man hörte die Freude Jerusalems von ferne"* (Neh 12,43).

Insbesondere die Bußgebete lassen erkennen, worin Israel den Grund für die Gnade und Barmherzigkeit Gottes erkannte. Einzig und allein der Bund, den Gott mit Israel am Sinai geschlossen hatte, bot ihnen die Gewissheit seiner Gnade und Barmherzigkeit. Und nur durch die tiefe Gewissheit, dass der HERR ein gnädiger und barmherziger Gott ist, war es möglich, Buße zu tun, zu ihm zurückzukehren und erbetene Vergebung auch zu erhalten.

3.3 Opfer als Gottesbeziehung

Eine Opferpraxis wird uns bereits aus der Urgeschichte der Bibel berichtet (1. Mose 1-11). Schon Kain und Abel opferten. Wir erfahren kaum Details darüber, wie diese Opferungen vonstattengingen. Doch die unterschiedlichen Opfergaben und die gegensätzliche Reaktion Gottes lassen uns erste Erkenntnisse über das Wesen des Opfers gewinnen.

3.3.1 Von den Opfern in der Urgeschichte

Kain opferte *„von den Früchten des Feldes"* (1. Mose 4,3). Sein Opfer sah Gott nicht gnädig an. Es scheint, dass er gerade das opferte, was ihm als erstes in die Hände kam. Sein Opfer war im Gegensatz zu den anderen Opfern der Urgeschichte ein unblutiges Opfer (s. 3.4.3). Weiter erfahren wir, dass Abel das Opfer *„von den Erstlingen seiner Herde und von ihrem Fett"* (1. Mose 4,4) auswählte. Er opferte das Beste und dies schien für ihn selbstverständlich zu sein. Sein Opfer war stellvertretendes Leben, welches er sorgfältig auswählte. Das Opfer Abels sah Gott gnädig an. Die späteren Opferungen Israels waren dem Opfer Abels ähnlich.[66]

Das Opfer Noahs war ein Brandopfer (s. 3.4.2). Von seinem Opfer erfahren wir etwas mehr. *„Noah aber baute dem HERRN einen Altar und nahm von allem reinen Vieh und von allen reinen Vögeln und opferte Brandopfer auf dem Altar"* (1. Mose 8,20). Noah hatte unmittelbar nach dem Verlassen der Arche einen Altar gebaut und für sein Opfer reine Tiere ausgewählt. Auch dieses Opfer war Gott angenehm. Gott erkannte die Beweggründe Noahs an. Noah opferte aus der Dankbarkeit seines Herzens.[67] Im Zusammenhang mit Noahs Opfer wird in der Bibel zum ersten Mal ein Altar erwähnt. Es handelte sich um eine Aufschüttung aus Steinen und Lehm, in der Form eines Rechteckes, etwa einen halben Meter hoch. Darauf wurden die Opfergaben gelegt und verbrannt.[68]

Ein herausragendes Ereignis in der Urgeschichte war Gottes Aufforderung an Abraham, seinen Sohn Isaak zu opfern. Das geforderte Opfer Abrahams war in erster Linie ein Akt des Glaubens. Da es sich hier um eine einmalige unmittelbare Beziehung zwischen dem HERRN und Abraham handelte, braucht das Handeln Abrahams von niemandem nachvollzogen zu werden. Was Abraham aber zum Vorbild machte, war sein Glaube an das Handeln Gottes. Er hatte seine Vaterliebe zu Isaak nie aufgegeben, wie auch sein Glaube an Gott nie ins Wanken kam. Die ihn sicherlich sehr belastende Spannung zwischen der gegebenen Verheißung und der Opferaufforderung wurde von Gott selbst

---

[66] WStb, Das erste Buch Mose, Kapitel 1-11, erklärt von Hansjörg Bräumer, R. Brockhaus Verlag Wuppertal 1983, S. 114 ff

[67] Ebd., S. 184

[68] LzB, a.a.O. Sp. 64 ff

aufgehoben. Die Verheißung lautete: *„Sara, deine Frau, wird dir einen Sohn gebären, den sollst du Isaak nennen, und ich will meinen Bund mit ihm aufrichten als einen ewigen Bund für seine Nachkommen"* (1. Mose 17,19). Die Opferaufforderung lautete: *„Nimm Isaak, deinen einzigen Sohn, den du lieb hast, und geh hin in das Land Morija und opfere ihn dort zum Brandopfer auf einem Berge, den ich dir sagen werde"* (1. Mose 22,2). In der Wuppertaler Studienbibel heißt es: „Die Aufforderung ‚Geh!' ist so formuliert wie beim Beginn der Berufung Abrahams (1. Mose 12,1) und muss wie dort mit ‚Geh für dich allein' übersetzt werden. ... Abraham steht allein vor Gott!"[69] Auch diese sprachliche Feinheit verdeutlicht, dass es sich um ein ganz persönliches Verhältnis zwischen dem HERRN und Abraham handelte, welches unwiederholbar ist. Der geliebte einzige Sohn war von Gott als Opfer benannt worden. Doch Gott selbst enthob Abraham dieser Opferung und erwählte stattdessen ein anderes Opfer. Im letzten Augenblick löste Gott den Sohn Abrahams durch ein Opfertier aus.[70]

Die Bezeichnung „in das Land Morija" bedeutet so viel wie „in die Gegend um den Berg Morija".[71] „Für die jüdische Überlieferung gibt es keinen Zweifel daran, dass das Land Morija die Gegend um den späteren Tempelberg ist. Für die Christen geht der Blick weiter. Wie Morija damals ‚draußen vor der Stadt' lag, so wurde Jesus ‚draußen vor dem Tor' (Hebr 13,12) gekreuzigt. Die Schädelstätte lag zur Zeit Jesu außerhalb der Stadtmauern. Nur wenige hundert Meter von der Stätte Morija hat das Kreuz gestanden."[72] Mit ‚draußen vor der Stadt' ist hier bereits die alte Jebusiterstadt Jerusalem gemeint. In 2. Sam 24 wird geschildert, wie David vom HERRN beauftragt wurde, auf der Tenne Araunas zu opfern. *„Geh hinauf und errichte dem HERRN einen Altar auf der Tenne Araunas, des Jebusiters"* (2. Sam 24,18). Diese Tenne kaufte David. *„So kaufte David die Tenne und die Rinder für fünfzig Schekel Silber. Und David baute daselbst dem HERRN einen Altar und opferte Brandopfer und Dankopfer"* (2. Sam 24,24-25). Und genau an diesem Platz baute Salomo später den Tempel. *„Und Salomo fing an, das Haus des HERRN zu bauen in Jerusalem auf dem Berge Morija, wo der HERR seinem Vater David erschienen war, an der Stätte, die David*

[69] WStb, Das erste Buch Mose, Kapitel 12-36, erklärt von Hansjörg Bräumer, R. Brockhaus Verlag Wuppertal 1987, S. 192

[70] Ebd. S. 212 f

[71] Ebd. S. 193

[72] Ebd. S. 194

auf der Tenne Araunas, des Jebusiters, zubereitet hatte" (2. Chron 3,1). Auf einem Berg im Lande Morija wurde Abraham auf die Probe gestellt, ob er bereit wäre, seinen Sohn Isaak zu opfern. Auf diesem Berg wurde später der Tempel errichtet. Und unweit des Tempels, außerhalb Jerusalems wurde Jesus, der Sohn Gottes, für die Sünden der Welt geopfert. „Der Tempelplatz war bereits durch die Fesselung Isaaks und durch das Opfer Davids auf der von diesem erworbenen Tenne Araunas für den Tempel vorherbestimmt."[73] Es bleibt ein Geheimnis, wie der HERR die Heilsgeschichte gestaltet. Orte und Zeiten dieser Geschichte Gottes mit den Menschen sind nie zufällig, sondern haben einen tiefen Sinn.

Exemplarisch haben wir hier einige Opfer aus der Urgeschichte der Bibel betrachtet. Sie lassen keinen Sühnecharakter erkennen, sondern sind eher als besondere Geschenke an Gott anzusehen, wodurch Anbetung, Gehorsam, Dankbarkeit und Vertrauen zum Ausdruck gebracht wurden. Hier werden bereits die Opfer zu Gottes Wohlgefallen vorgebildet (s. 3.4).

Diese Opfer weisen darauf hin, dass es auf die innere Haltung gegenüber Gott ankommt. Als Opfergaben sollte nur das Beste infrage kommen. Die Opfertiere sollten die besten ausgewählten reinen Tiere sein. Im Gehorsam Abrahams können wir bereits eine Vorbildung des Opfers Jesu Christi sehen. Gott hat seinen einzigen Sohn gegeben, der sündlos, also absolut fehlerlos war. Er blieb jedoch nicht im Tode, sondern wurde der Erste unter den Auferstandenen. *„Ist Gott für uns, wer kann wider uns sein? Der auch seinen eigenen Sohn nicht verschont hat, sondern hat ihn für uns alle dahingegeben - wie sollte er uns mit ihm nicht alles schenken?"* (Röm 8,31-32).

3.3.2 Von den Opfern Israels

Die wichtigsten Opfergesetze Israels sind im Buch 3. Mose enthalten. Das gesamte Buch 3. Mose (Leviticus) fordert dem heutigen Leser das Äußerste ab. Es beschreibt die Wertvorstellungen des Volkes Israel, welche durch die Offenbarungen des HERRN gegeben waren. Der heilige Gott will unter seinem Volk wohnen. Deshalb war im Alten Bund der gesamte Gottesdienst davon bestimmt, dass sich das Volk heiligte und für seine Sünden entsühnt wurde.[74]

---

[73] WStb, Das zweite Buch der Chronik, a.a.O., S. 45

[74] GStb, Hänssler Verlag Holzgerlingen 1999, S. 186 f

Unsere heutigen Wertvorstellungen sind sehr stark davon abweichend. Christen haben ihre Wertvorstellungen aus dem Evangelium Jesu Christi gewonnen. Die gesamte Opferpraxis Israels mit ihren blutigen Opfern ist uns Christen fremd geworden. Wir haben auch bereits gesehen, dass die Feste, die Gottesdienste und so auch die gesamte Opferpraxis Israels von den Propheten heftig kritisiert wurden, weil die innere Beziehung zum HERRN über lange Zeiträume einfach zerbrochen war und somit dieser formale Opferdienst den HERRN anwiderte (z.B. Amos 5,21-23). Doch die gewaltige Größe und die überwältigende Bedeutung des Opfers Jesu lässt sich erst dann recht ermessen, wenn wir die über mehrere Jahrhunderte währende „Erziehungsarbeit" des HERRN an Israel, welche durch das Gesetz geschah, ein Stück weit erfassen können.

Die Grundlage der Gottesbeziehung in Israel war der Bund des HERRN, der bereits mit Abraham begann, und der am Sinai mit dem Blut des Bundes besiegelt wurde (s. 2.5.6). Dieser Bund vom Sinai war mit einer Fülle von Gesetzen und Verheißungen ausgestattet. Darin eingebunden war eine sehr vielfältige Opferpraxis. Die Beziehung Israels zum HERRN, seinem Gott, war ohne Opferungen nicht denkbar. Zur Wahrung dieses Bundes hatte das Blut der Opfertiere eine herausragende Bedeutung. *„Denn des Leibes Leben ist im Blut, und ich habe es euch für den Altar gegeben, dass ihr damit entsühnt werdet. Denn das Blut wirkt Entsühnung, weil das Leben in ihm ist"* (3. Mose 17,11). Jeder Israelit war ein Glied dieses Bundes und lebte somit seine persönliche Gottesbeziehung im Rahmen der vom HERRN verordneten Lebensregeln einschließlich aller Opferrituale. Wir wollen versuchen, einige Opfer näher zu betrachten, um vor allem den Zusammenhang zwischen Opfer und Vergebung herauszufinden. Es gab sowohl freiwillige Opfer, als auch eine Reihe von Pflichtopfern, welche die Israeliten nicht versäumen durften. Die meisten Opfer in Israel waren blutige Opfer, das heißt, es wurden Opfertiere geschlachtet. Es gab aber auch unblutige Opfer, bei welchen Früchte, Nahrungsmittel oder zubereitete Speisen geopfert wurden.

An dieser Stelle sei noch einmal an bereits betrachtete Opfergesetze erinnert. Vor dem Auszug aus Ägypten gebot der HERR die Einsetzung des Passafestes. Dafür war die Schlachtung des Passalammes geboten worden. Das Blut des Passalammes war das Zeichen für den Verderber, an den Häusern der Israeliten vorüberzugehen. Es war das Mahl der Erlösung aus der Knechtschaft Ägyptens und sollte jährlich gefeiert werden (s. 2.3). Am Tage des Auszugs erhielt

Israel das Gebot, im verheißenen Land alle Erstgeburt zu heiligen und dem HERRN zu weihen. Alle männliche Erstgeburt der Haustiere gehörte dem HERRN, sollte also ihm geopfert werden. Der Esel war als Last- und Reittier mit einem Lamm auszulösen. Das Kamel findet in diesem Zusammenhang keine Erwähnung. Es war zwar ein Haustier, galt aber als unrein. Es war weder zur Nahrung, noch als Opfertier zugelassen (3. Mose 11,4). Alle erstgeborenen Söhne sollten ausgelöst werden mit einem Opfertier (2. Mose 13,1-16; s. 2.4.2).

Nach dem Bundesschluss am Sinai hatte der HERR Mose den Bau eines Heiligtums geboten. Dieses Heiligtum ist uns unter der Bezeichnung „Stiftshütte"[75] bekannt. So wird das Heiligtum z.B. in der Lutherbibel genannt. Als „Stift" bezeichnete man früher eine Wohnstätte, z.B. für Senioren oder eine Begegnungsstätte, z.B. eine Kindertagesstätte. So bedeutet die in der Lutherbibel verwendete Bezeichnung „Stiftshütte", dass der HERR an dieser Stätte dem Hohenpriester, der die Israeliten vertrat, begegnen wollte. Für den Dienst an der Stiftshütte erhielt Israel umfangreiche Gesetze. Sie bestimmten u.a. ein tägliches Morgen- und Abendopfer. Es sollte für Israel eine ständig geübte Praxis sein, dem HERRN zu opfern. So wurden morgens und am späten Nachmittag jeweils ein einjähriges Lamm als Brandopfer geopfert. „Die Zeit des zweiten Opfers galt als die für das Beten günstige Zeit (1. Kön 18,36; Ps 141,2). Zur Zeit des Neuen Testaments war es die neunte Stunde (15 Uhr)."[76] Nach dem übereinstimmenden Zeugnis der synoptischen Evangelien starb Jesus am Kreuz um die neunte Stunde. Für das Morgen- und Abendopfer waren Aaron und seine Söhne angesprochen: *„Zwei einjährige Lämmer sollst du an jedem Tage darauf opfern, ein Lamm am Morgen, das andere gegen Abend. Und zu dem einen Lamm einen Krug feines Mehl, vermengt mit einer viertel Kanne zerstoßener Oliven, und zum Trankopfer eine viertel Kanne Wein. Mit dem andern Lamm sollst du tun gegen Abend wie mit dem Speisopfer und Trankopfer vom Morgen, zum lieblichen Geruch, ein Feueropfer für den HERRN. Das soll das tägliche Brandopfer sein bei euren Nachkommen am Eingang der Stiftshütte vor dem HERRN, wo ich euch begegnen und mit dir reden will"* (2. Mose 29,38-42). Speis- und Trankopfer wurden mit dem Brandopfer zusammen

---

[75] Anmerkung: Die Bezeichnung „Stiftshütte" verwenden neben der Lutherbibel auch Schlachter 1951 und 2000. Andere Übersetzungen sind z.B.: „Zelt der Begegnung": WStb, Elberfelder Bibel; „Offenbarungszelt": Einheitsübersetzung, Jerusalemer Bibel; „Heiligtum" oder „heiliges Zelt": Neues Leben, Gute Nachricht, Hoffnung für alle;

[76] WStb, Das zweite Buch Mose, Kapitel 19-40, a.a.O., S. 294

verbrannt. Ebenfalls täglich wurden morgens und abends je ein Räucheropfer dargebracht (2. Mose 30,7-10). Ein „lieblicher Geruch" bedeutete eine frohe und dankbare Anbetung des HERRN von ganzem Herzen. Es waren Opfer zu Gottes Wohlgefallen. Als Grund für die täglichen Opfer nannte der HERR seine Anwesenheit. *„Daselbst will ich den Israeliten begegnen, und das Heiligtum wird geheiligt werden in meiner Herrlichkeit"* (2. Mose 29,43; s. 2. Mose 29,38 – 30,10).

Beim Bundesschluss am Sinai erhielt Israel auch das Gesetz über die drei großen Hauptfeste im Jahr (s. 2.1). In diesem Zusammenhang war ihm geboten: *„Niemand erscheine mit leeren Händen vor mir!"* (2. Mose 23,15; s. auch 34,20; 5. Mose 16,16) Gottes Gebot beinhaltete, vom Segen, den die Israeliten erfahren hatten, einen Teil zu opfern in Form von Brand-, Speis-, Schlacht- und Trankopfern (3. Mose 23,37).

Es sei hier nur erwähnt, dass in 4. Mose 28 und 29 weitere regelmäßige Opfer geboten wurden. Außer den Opfern zu den drei großen Hauptfesten und dem bereits erwähnten täglichen Opfer gab es das wöchentliche Opfer am Sabbat sowie das monatliche Opfer am ersten Tag eines jeden Monats. Der siebente Monat ist ein festreicher Monat. Am ersten Tag war der Tag des Posaunenblasens, am zehnten Tag war der Große Versöhnungstag, am fünfzehnten Tag war das Laubhüttenfest. An all diesen Tagen waren besondere Opfer geboten.

Alle Opfergesetze waren vom HERRN selbst gegeben. Mose war nicht der Gesetzgeber, sondern nur der Überbringer. Wenn vom „Gesetz des Mose" die Rede ist, so bedeutet das, Israel hörte das Gesetz durch Mose. Mose wiederum hörte das Gesetz wie auch alle sonstigen Weisungen direkt vom HERRN (3. Mose 1,1). Die Opfergesetze Israels verweisen in prophetischer Weise darauf, wie ein Opfer vor dem HERRN beschaffen sein müsste. Die Summe der Opfergesetze sehen wir erst in dem vollkommenen und endgültig erlösenden Opfer Jesu Christi erfüllt. In jedem der einzelnen Opfer ist eine prophetische Vorschau auf das Opfer Jesu Christi enthalten (s. Hebr 9 u. 10).

3.4 Opfer zu Gottes Wohlgefallen

Die Opfer zu Gottes Wohlgefallen werden in der Lutherbibel als Opfer *„zum lieblichen Geruch für den Herrn"* bezeichnet. Als Opfer zu Gottes Wohlgefallen galten z.B. das Brandopfer, das Speisopfer und das Heilsopfer. Das Heilsopfer wird in verschiedenen Bibelübersetzungen auch mit unterschiedlichen Begriffen bezeichnet, z.B. auch als Dankopfer, als Friedensopfer, als Mahlopfer oder als Gemeinschaftsopfer.[77]

3.4.1 Die Einladung Gottes

Die Opfer zu Gottes Wohlgefallen waren freiwillige Opfer. Der HERR gestaltete diese Gesetze als eine Einladung und setzte bei den Israeliten eine große Opferbereitschaft voraus, dass sie aus freien Stücken und mit frohem Herzen opfern würden. Diese Gesetze beginnen einladend: *„Wer unter euch dem HERRN ein Opfer darbringen will, ..."* (3. Mose 1,2); *„Will er ein Brandopfer darbringen, ..."* (3. Mose 1,3); *„Wenn jemand dem HERRN ein Speisopfer darbringen will, ..."* (3. Mose 2,1); *„Willst du aber ein Speisopfer dem HERRN darbringen von den ersten Früchten, ..."* (3. Mose 2,14); *„Ist aber sein Opfer ein Dankopfer und will er ein Rind darbringen, ..."* (3. Mose 3,1). Wer ein solches freiwilliges Opfer bringen wollte, konnte selbst entscheiden, ob es ein Brandopfer, ein Speisopfer oder ein Heilsopfer sein sollte. Falls er ein Brand- oder Heilsopfer bringen wollte, so war ihm auch die Auswahl des Opfertieres überlassen. Er durfte also selbst entscheiden, ob er ein Rind, ein Schaf, eine Ziege oder ein paar Tauben opferte. Das richtete sich ganz nach den jeweiligen Bedürfnissen bzw. den Besitzverhältnissen. Doch wenn auch die Opferung selbst freiwillig war, so war die Form in jedem Fall strengstens an die gesetzlichen Vorgaben gebunden. Die Opfer hatten nur ihren Sinn, wenn sie Gottes Wohlgefallen fanden. Wir sehen hier zumindest angedeutet, wie sich Gott das Verhältnis zu seinem Volk wünschte. Es sollte ein Verhältnis inniger Gemeinschaft sein, worin das auserwählte Volk gesegnet war und der HERR allen Grund hatte, sich an seinem Volk zu freuen.

3.4.2 Das Brandopfer

Die Besonderheit des Brandopfers (3. Mose 1; 6,1-6) lag darin, dass das

[77] Anmerkung: Folgende Bezeichnungen werden in den unterschiedlichen Übersetzungen verwendet: „Dankopfer": Lutherbibel, Hoffnung für alle, Schlachter 1951; „Heilsopfer": Elberfelder Bibel, Einheitsübersetzung, Wuppertaler Studienbibel; „Friedensopfer": Neues Leben, Schlachter 2000; „Mahlopfer": Gute Nachricht; „Gemeinschaftsopfer": Jerusalemer Bibel

gesamte Tier vollständig auf dem Brandopferaltar verbrannt wurde, bzw. in Rauch aufging. Das Feuer auf dem Brandopferaltar vor der Stiftshütte sollte Tag und Nacht immer brennen und nie verlöschen (3. Mose 6,5-6). Alle blutigen Opfer, also Opfer, bei denen Opfertiere geschlachtet wurden, wurden immer am gleichen Platz, nämlich am Eingang zur Stiftshütte, in späterer Zeit am Eingang zum Tempel, vollzogen (3. Mose 1,3; 3,2; 6,18; 7,2). Der Opferritus war im Wesentlichen der gleiche. Bei Rindern, Schafen oder Ziegen war ein männliches fehlerloses Tier zu opfern. Beim Rind legte der Opfernde *„seine Hand auf den Kopf des Brandopfers, damit es ihn wohlgefällig mache und für ihn Sühne schaffe"* (3. Mose 1,4). Das Auflegen oder Aufstemmen der Hände auf den Kopf des Rindes war die Geste der Übertragung der eigenen Sünde auf das Opfertier. Dann wurde das Tier vom Opfernden geschlachtet und erst als das Blut des Tieres floss, begann die Aufgabe der Priester, nämlich das Blut aufzufangen und *„ringsum an den Altar* (zu) *sprengen, der vor dem Eingang der Stiftshütte ist"* (3. Mose 1,5). Die Priester zerteilten das Tier wie es vorgeschrieben war, und alle Teile wurden auf dem Brandopferaltar verbrannt. Die Tierhaut, bzw. das Fell gehörte den Priestern (3. Mose 7,8). Das Brandopfer war ein freiwillig erbrachtes Ganzopfer zum lieblichen Geruch für den HERRN, wodurch eine „neue oder vertiefte Gemeinschaft zwischen Gott und Mensch" hergestellt werden sollte. Aus neutestamentlicher Sicht können wir sagen, dass Jesus am Kreuz gestorben ist, um diese Gemeinschaft vollends zu ermöglichen.[78]

3.4.3 Das Speisopfer

Die Besonderheit des Speisopfers (3. Mose 2; 6,7-11) lag darin, dass es ein unblutiges Opfer war. Es wurde aus feinstem Mehl und Öl zubereitet. Darauf wurde Weihrauch gelegt. Es gab unterschiedliche Möglichkeiten, wie diese Speise zubereitet wurde. Sie konnte im Ofen gebacken, auf einer Pfanne oder in einem Topf bzw. Tiegel zubereitet sein. Wichtig war, dass kein Sauerteig und kein Honig darin enthalten waren (3. Mose 2,11). Alle Speisopfer sollten gesalzen sein mit dem *„Salz des Bundes deines Gottes"* (3. Mose 2,13). Salz „symbolisiert die Dauerhaftigkeit und die reinigende Kraft. Beides will also Gott ermöglichen: Eine dauerhafte und gereinigte Beziehung."[79] Das Speisopfer wurde den Priestern übergeben. Diese nahmen einen Teil davon und

[78] WStb, Das dritte Buch Mose, a.a.O., S. 59
[79] Ebd. S. 69

legten ihn mit dem ganzen Weihrauch auf den Altar, um es zu verbrennen. Eine Besonderheit war die Speise, die auf der Pfanne gebacken wurde. Diese Speise wurde vor dem Verbrennen in Stücke gebrochen. Das Brotbrechen beim Abendmahl Jesu erinnert an diese Praxis des Speisopfers.[80] Der Rest der Speise, welcher nicht verbrannt wurde, gehörte den Priestern (3. Mose 2,10). Bei den sogenannten Erstlingsopfern, den ersten Erträgen der Ernte, sollten Honig und Sauerteig nicht fehlen. Jedoch wurde davon kein Teil auf den Brandopferaltar gelegt, sondern diese Opfer gehörten vollständig den Priestern zu ihrer Verwendung (3. Mose 2,11). Beim Speisopfer von den Erstlingsfrüchten wurden die Körner des zuerst geernteten Getreides geröstet, zerstoßen und mit Öl vermischt. Davon wurde wie bei den anderen Speisopfern ein Teil mit dem dargebrachten Weihrauch verbrannt. Den Rest der Speise erhielten die Priester.

Eine endgültig dauerhafte und gereinigte Beziehung hat erst Jesus Christus bewirkt. „Insofern ist das Speisopfer in 3. Mose 2 ein Modell und eine Prophezeiung auf ‚das Opfer des Leibes Jesu Christi' (Hebr 10,10)."[81]

3.4.4 Das Heilsopfer (Dankopfer)

Die inhaltliche Bestimmung dieses Opfers ist mit dem Begriff „Heilsopfer" wohl treffender beschrieben als mit „Dankopfer". Im Vordergrund steht der Gedanke: Im HERRN ist Heil und Frieden.[82] Deshalb folgen wir hier nicht der Luther-Übersetzung, sondern der Übersetzung der Wuppertaler Studienbibel. Die Besonderheit des Heilsopfers (3. Mose 3; 7,11-38) lag darin, dass vom Opfertier nur einige Teile verbrannt wurden. Das Heilsopfer war kein Ganzopfer. Es wurden nur die Teile, welche als die besten angesehen wurden, nämlich die Nieren und die Fettstücke, auf dem Altar verbrannt. Die fehlerfreien Opfertiere wählte der Opfernde selbst aus. Es stand ihm frei, Rinder, Schafe oder Ziegen auszuwählen. Während beim Brandopfer nur männliche Tiere als Opfertiere in Frage kamen, durften beim Heilsopfer sowohl männliche als auch weibliche Tiere geopfert werden.

Beim Heilsopfer galt nicht nur beim Rind, sondern bei allen Opfertieren, dass

---

[80] Ebd. S. 65
[81] Ebd. S. 71
[82] Ebd. S. 71

der Opfernde ihnen die Hand auflegte, bzw. die Hand gegen die Stirn stemmte. Obwohl zur Bedeutung der Handauflegung beim Heilsopfer keine Angaben gemacht wurden, gehen wir davon aus, dass es wie beim Brandopfer die Übertragung der Sünde auf das Tier bedeutete. Anschließend wurde das Tier geschlachtet und die Priester fingen das Blut auf, um es ringsum an den Altar zu sprengen. Es ist im Einzelnen beschrieben, welche Teile jeweils vom Rind, vom Schaf oder von der Ziege auf dem Brandopferaltar zu verbrennen waren. Es sind immer die Nieren und alle Stücke mit Fett. Es war den Israeliten untersagt, von den Fettstücken zu essen. *„Das sei eine ewige Ordnung für eure Nachkommen, überall, wo ihr wohnt, dass ihr weder Fett noch Blut esst"* (3. Mose 3,17). Alle anderen Fleischstücke gehörten den Priestern.

Beim Heilsopfer bestand noch eine weitere Besonderheit. Der Opfernde konnte es als ein besonderes „Lobopfer" (3. Mose 7,12 ff) darbringen. Dazu wurden weitere Speisen zubereitet. Vom Fleisch der Opfertiere und von den Speisen gehörte dann nur ein Teil den Priestern. Der restliche Teil des Fleisches wurde vom Opfernden selbst verzehrt, offensichtlich mit Gästen, die er dazu einlud. Denn das Gesetz bestimmte: *„Und das Fleisch ihres Lob- und Dankopfers soll an demselben Tage gegessen werden, an dem es geopfert wird, und soll nichts übriggelassen werden bis zum Morgen"* (3. Mose 7,15). Wir können uns dies durchaus als fröhliches Gemeinschaftsmahl vorstellen. War das Lobopfer mit einem Gelübde verbunden, war der Verzehr auch am zweiten Tag noch erlaubt. Das Heilsopfer war die einzige Opferart, bei welcher der Opfernde selbst einen guten Teil des geopferten Fleisches verzehren durfte. Die Voraussetzung für dieses gemeinsame Festmahl war, dass alle Personen rein waren (3. Mose 7,19). Die Bestimmung: *„und soll nichts übriggelassen werden bis zum Morgen"* erinnert an die Bestimmung beim Passamahl (2. Mose 12,10) und an die Bestimmungen des Manna (2. Mose 16,19). Gott selbst sorgt allezeit für sein Volk. Auch an den folgenden Tagen wird er dafür sorgen. Wer aus irgendeinem Grund unrein geworden war, durfte an diesem Opfermahl nicht teilnehmen. Aß er dennoch vom Opferfleisch, wurde er mit dem Tode bestraft. *„Wer aber essen wird von dem Fleisch des Dankopfers, das dem HERRN gehört, und hat eine Unreinheit an sich, der wird ausgerottet werden aus seinem Volk"* (3. Mose 7,20). Israel hatte strengstens darauf zu achten, vor dem HERRN rein zu sein.

3.5 Opfer zur Sühne von Sünden

Weil der HERR das Recht bestimmte, war jede Rechtsverletzung in Israel eine Verletzung seiner Heiligkeit, seiner Herrlichkeit, seiner gesamten Autorität. Rechtsverfehlungen wurden zu Verfehlungen gegenüber dem HERRN, dem Gesetzgeber. Wer gegen das Gesetz Gottes verstieß, dem wurde es zur Pflicht gemacht, diese Verstöße durch Opfer zu sühnen. Solche Pflichtopfer waren die im Folgenden betrachteten Sündopfer und Schuldopfer. Das Sündopfergesetz (3. Mose 4; 5,1-13; 6,17-23) beginnt mit den Worten: *„Wenn jemand aus Versehen gegen irgendein Gebot des HERRN sündigte und täte, was er nicht tun sollte: ...“* (3. Mose 4,2). Es ist unverkennbar, dass ausschließlich Sünden, welche aus Versehen begangen wurden, gesühnt werden konnten. Es spielte dabei offenbar keine Rolle, um welche Sünde es sich handelte. Sünde ist Sünde, ohne Wenn und Aber. Daraus lässt sich ableiten, dass es müßig ist, „kleinere“ oder „größere“ Sünden gegeneinander aufrechnen zu wollen. Im Jakobusbrief wird genau auf diesen Sachverhalt hingewiesen: *„Denn wenn jemand das ganze Gesetz hält und sündigt gegen ein einziges Gebot, der ist am ganzen Gesetz schuldig“* (Jak 2,10). So wird hier lediglich benannt, dass gegen „irgendein“ Gebot verstoßen wurde.

3.5.1 Das Sündopfer

Beim Sündopfer hatte der Opfernde nicht mehr die freie Wahl des Opfertieres. Es war auch von Bedeutung für die Opferung, welche Personen es betraf. Je nachdem, in welcher Verantwortung der Betreffende stand, bzw. in welcher Beziehung er zum HERRN stand, wurde differenziert, auf welche Weise die Sühne herbeigeführt werden sollte. Dieser Gedanke wird uns durch Jesus selbst nahegebracht, *„Wem viel gegeben ist, bei dem wird man viel suchen; und wem viel anvertraut ist, von dem wird man umso mehr fordern“* (Lk 12,48). Ob das ganze Tier verbrannt werden musste oder ob Fleischstücke vom Priester verzehrt werden durften, hing von der vorgeschriebenen Verwendung des Blutes ab. *„Aber von allen Sündopfern, von deren Blut etwas in die Stiftshütte gebracht worden ist, um die Sühnung zu vollziehen im Heiligen, soll man nichts essen, sondern sie mit Feuer verbrennen“* (3. Mose 6,23).

3.5.2 Das Sündopfer für den Priester

„Wenn etwa der Priester, der gesalbt ist, sündigte, sodass er eine Schuld auf das Volk brächte, ...“ (3. Mose 4,3) ist eine Gesetzesbestimmung, die ganz klar benennt, dass jeder Priester eben auch ein sündiger Mensch war. Seine Sünde hatte nicht nur Auswirkung auf ihn selbst, sondern auf das ganze Volk. Hatte er versehentlich gesündigt und die Sünde wurde bekannt, so wurde von ihm die Schlachtung des größten Opfertieres verlangt, eines jungen fehlerfreien Stieres. Der Priester brachte den Stier selbst zur Stiftshütte, legte seine Hand auf den Kopf des Stieres zur Übertragung seiner Sünde und schlachtete ihn. Mit dem Blut wurde auf dreierlei Weise verfahren. Etwas vom Blut, also eine kleine Menge, wurde in die Stiftshütte gebracht und siebenmal vor dem HERRN gegen den Vorhang des Heiligtums gesprengt. Wiederum etwas von dem Blut wurde vor dem HERRN an die Hörner des Räucheraltars im Heiligtum gestrichen. Das ganze restliche Blut wurde vom Priester vor der Stiftshütte an den Fuß des Brandopferaltars gegossen. Die wiederkehrende Bezeichnung „vor dem Herrn“ verdeutlicht, wie wichtig das Bewusstsein war, beim Opfer vor Gott zu stehen. Vom Fleisch des Stieres wurden alle Fettstücke und die Nieren ausgelöst und wie beim Heilsopfer auf dem Brandopferaltar verbrannt. Alles Restliche wurde außerhalb des Lagers an einem reinen Platz, dem Ascheplatz verbrannt. Nichts vom Fleisch dieses Sündopfers durfte gegessen werden. *„Aber das Fell des Stieres mit allem Fleisch samt Kopf und Schenkeln und die Eingeweide und den Kot, das soll er alles hinaustragen aus dem Lager an eine reine Stätte, wo man die Asche hinschüttet, und soll's verbrennen auf dem Holz mit Feuer“* (3. Mose 4,11-12). Auch hierzu stellt der Schreiber des Hebräerbriefes einen deutlichen Bezug her und sieht hier eine Prophezeiung auf das Opfer Jesu außerhalb Jerusalems.[83] *„Denn die Leiber der Tiere, deren Blut durch den Hohenpriester als Sündopfer in das Heilige getragen wird, werden außerhalb des Lagers verbrannt. Darum hat auch Jesus, damit er das Volk heilige durch sein eigenes Blut, gelitten draußen vor dem Tor“* (Hebr 13,11-12).

3.5.3 Das Sündopfer für die ganze Gemeinde

Hatte sich die ganze Gemeinde Israel, also das heilige Volk, aus Versehen versündigt und die Sünde wurde bekannt, so war in gleicher Weise wie beim

[83] Ebd. S. 84

Priester ein junger Stier als Sündopfer vor der Tür der Stiftshütte vorgeschrieben. Voraussetzung für das Sündopfer der Gemeinde war die Erkenntnis, also das Bewusstwerden, und das Bekenntnis, also das deutliche öffentliche Aussprechen, der Sünde. *„Wenn aber die ganze Gemeinde Israel aus Versehen sich versündigte und die Tat vor ihren Augen verborgen wäre, wenn sie gegen irgendein Gebot des* HERRN *gehandelt hätten, was sie nicht tun sollten, und so sich verschuldet hätten, und sie würden danach ihrer Sünde inne, die sie getan hätten, so sollen sie einen jungen Stier darbringen als Sündopfer und vor den Eingang der Stiftshütte stellen"* (3. Mose 4,13-14). Die Ältesten der Gemeinde brachten den Stier zum Opfer vor die Stiftshütte. Als Vertreter der Gemeinde legten sie ihm die Hände auf den Kopf, um ihm so die Sünde zu übertragen und schlachteten ihn anschließend. Mit dem Beginn der Schlachtung begann die Aufgabe der Priester, die das Blut auffingen und das Opfertier zerlegten. Mit dem Blut und mit dem Fleisch wurde in gleicher Weise verfahren, wie beim Sündopfer für den Priester. Das Priestersündopfer und das Gemeindesündopfer waren die einzigen Tieropfer, bei denen etwas vom Opfertier ins Innere des Heiligtums getragen wurde.[84] Der Priester *„soll mit dem Stier tun, wie er mit dem Stier des Sündopfers getan hat. So soll der Priester die Sühnung für sie vollziehen, und ihnen wird vergeben. Und er soll den Stier hinaus vor das Lager tragen und verbrennen, wie er den vorigen Stier verbrannt hat. Das ist das Sündopfer der Gemeinde"* (3. Mose 4,20-21). Ganz deutlich ist hier formuliert, dass die begangene Sünde durch dieses Opfer und durch die Vermittlung des Priesters von Gott vergeben wurde.

3.5.4 Das Sündopfer für einen Stammesfürsten

„Wenn aber ein Stammesfürst sündigt und aus Versehen irgend etwas gegen des HERRN, *seines Gottes, Gebote tut, was er nicht tun sollte, und so sich verschuldet und wird seiner Sünde inne, die er getan hat, so soll er zum Opfer bringen einen Ziegenbock ohne Fehler und seine Hand auf den Kopf des Bockes legen und ihn schlachten an der Stätte, wo man die Brandopfer schlachtet vor dem Herrn; es ist ein Sündopfer"* (3. Mose 4,22-24). Der Stammesfürst zeigte damit öffentlich, dass er gegen Gottes Gesetz gehandelt und Sünde auf sich geladen hatte. Diese öffentliche Handlung war auch ein Bekenntnis zur Buße. Offensichtlich vollzog er die vorgeschriebenen Handlungen persönlich: das

[84] Ebd. S. 91

Tier vor den HERRN bringen; die Hände zur Übertragung der Sünde auf den Kopf des Ziegenbockes legen; es vor dem Eingang zur Stiftshütte schlachten.

An dieser Stelle begann wieder der Dienst des Priesters. Die folgende Zeremonie war deutlich kürzer als beim Sündopfer für den Priester oder für die Gemeinde. Es wurde kein Opferblut in die Stiftshütte gebracht, nichts an den Vorhang gesprengt, nichts an den Räucheraltar gestrichen. Etwas vom Blut des Opfertieres wurde an die Hörner des Brandopferaltars gestrichen, der Rest des Blutes an den Fuß des Brandopferaltars gegossen. Mit dem Fleisch wurde wie beim Heilsopfer verfahren. Die Nieren und die Fettstücke wurden verbrannt. Das restliche Fleisch gehörte dem Priester. *„Der Priester, der das Sündopfer darbringt, soll es essen an heiliger Stätte im Vorhof der Stiftshütte"* (3. Mose 6,19). Auch in diesem Zusammenhang ist ausdrücklich formuliert: *„So soll der Priester die Sühnung für ihn vollziehen, und ihm wird vergeben"* (3. Mose 4,26).

Es ist auffällig, dass das Sündopfer eines Fürsten ganz anders behandelt wurde wie bei einem Priester oder bei der Gemeinde. „In der Tat kann man davon ausgehen, dass der Schade, der durch die unbewusste Sünde eines Fürsten angerichtet wurde, geringer war als der Schade, den die Sünde eines Priesters oder der ganzen Gemeinde anrichtete."[85] Vermutlich, „weil die Sünde eines Fürsten nur das äußere, nicht aber das innere Heiligtum entweihte."[86]

3.5.5 Das Sündopfer für den einzelnen Israeliten

„Wenn aber sonst jemand aus dem Volk aus Versehen sündigt, dass er gegen irgendeines der Gebote des HERRN handelt, was er nicht tun sollte, und so sich verschuldet und seiner Sünde innewird, die er getan hat, ..." (3. Mose 4,27-28), der sollte eine fehlerfreie weibliche Ziege oder ein fehlerfreies weibliches Schaf als Sündopfer vor den HERRN bringen. Jeder Einzelne ist vor Gott verantwortlich. So hatte auch jeder einzelne Israelit die Verpflichtung, wenn er seine Sünde erkannte, dafür durch ein Opfer Sühne zu bewirken. Der Einzelne brachte das Opfertier vor den HERRN, legte seine Hand zur Übertragung seiner Sünde auf den Kopf des Tieres und schlachtete es vor der Stiftshütte.

---

[85] Ebd. S. 89
[86] Ebd. S. 89

Der Priester verfuhr in gleicher Weise wie beim Sündopfer des Stammesfürsten. *„So soll der Priester die Sühnung für ihn vollziehen, und ihm wird vergeben"* (3. Mose 4,31).

3.5.6 Besondere Bestimmungen zum Sündopfer

Wenn jemand aus dem Volk versehentlich irgendeine andere Sünde begangen hatte, z.B. unbesonnene Handlungen, die unrein machen oder die Berührung von Aas unreiner Tiere oder unreiner Gegenstände, unbesonnene Schwüre oder andere Verfehlungen, so sollte der Betreffende, wenn ihm seine Sünde bewusstwurde, seine Sünde bekennen. Er sollte von seinem Kleinvieh ein Muttertier von der Herde, also ein Schaf oder eine Ziege in der gleichen Weise als Sündopfer darbringen, wie es schon für den einzelnen Israeliten beschrieben war. Die Begründung des Opfers ist auch hier, *„dass der Priester die Sühnung für ihn vollziehe wegen seiner Sünde"* (3. Mose 5,6).

Handelte es sich um Menschen, welche nicht in der Lage waren, die Kosten für die Opfertiere aufzubringen, so sollten sie zwei Tauben opfern, eine zum Sündopfer und eine zum Brandopfer. Es wurde ausdrücklich Wert daraufgelegt, dass auch die kleinen Tiere ausbluteten. Etwas vom Blut sollte an die Seite des Altars gesprengt werden, der Rest an den Fuß des Altars. *„So soll der Priester die Sühnung für ihn vollziehen wegen seiner Sünde, die er getan hat, und ihm wird vergeben"* (3. Mose 5,10). Konnte der Betreffende aber auch keine Tauben aufbringen, so sollte er dem Priester ein Zehntel Scheffel feinstes Mehl bringen, ohne Öl und Weihrauch. Eine Handvoll hatte der Priester auf dem Altar zu verbrennen, der Rest gehörte ihm. *„So soll der Priester wegen seiner Sünde, die er in einem jener Fälle getan hat, die Sühnung für ihn vollziehen, und ihm wird vergeben"* (3. Mose 5,13).

3.5.7 Lehren aus dem Sündopfergesetz

Nachdem wir die Bestimmungen zum Sündopfer betrachtet haben, können wir insgesamt feststellen, dass das Sündopfergesetz ein sehr ausführliches Gesetz war. Es berücksichtigte mehrere unterschiedliche Situationen, auch verschiedene Einzelfälle im Leben der Israeliten. Auf die Armen in Israel wurde besondere Rücksicht genommen. Wir können erkennen, dass bis auf die Ausnahme für sehr arme Leute, das Blut der Opfertiere stellvertretend fließen musste. Unschuldig vergossenes Blut floss anstelle des Blutes des Sünders. Das Darbringen des Opfers bis hin zum Schlachten der Tiere vollbrachten die Opfernden. Der Umgang mit dem Blut, wie alle Handlungen am Altar und in der Stiftshütte, in späterer Zeit am Tempel, oblag ausschließlich den Priestern. Gott schuf die Möglichkeit, dass Sünde gesühnt werden konnte. Dabei handelte es sich durchweg um Sünden in der Form unbeabsichtigt begangener oder unterlassener Handlungen. Die Sünde der Gedanken oder die Sünde des Zerbruchs zwischen dem HERRN und den Menschen, also dessen sündhafte Natur, blieben bei der Opferpraxis weithin unberücksichtigt.

Jeder, der sich seiner Sünde bewusstwurde, hatte die Pflicht, persönlich vor dem HERRN an der Stiftshütte oder in späterer Zeit am Tempel zu erscheinen und sich öffentlich als Sünder zu zeigen. Nach dem Gesetz sollten begangene Sünden in Israel nicht geheim bleiben. Damit war es in Israel eine Selbstverständlichkeit, dass niemand vor Gott sündlos war. Und jeder, selbst wenn es der Hohepriester oder der König wäre, musste dem Gesetz Genüge tun und durch sein Opfer Sühne erwirken.

Die gesamte Opfergesetzgebung, insbesondere das Sündopfergesetz verdeutlicht, dass immer wieder Sünden angehäuft wurden und immer wieder Opfer nötig waren, um die Sünden dann zu vergeben. Dabei gab es keine grundsätzliche Versöhnung mit Gott. So verstehen wir auch dieses Opfer als eine Verheißung auf das vollkommene Sündopfer in Jesus Christus.

3.5.8 Das Schuldopfer

Das Schuldopfer weist einige Ähnlichkeiten mit dem Sündopfer auf. Manchmal ist es schwierig, einen Unterschied zu erkennen. Manche Ausleger rechnen z.B. 3. Mose 5,1-13 bereits zum Schuldopfergesetz. Wir folgen hier der Aufteilung, wie sie u.a. die Lutherbibel, die Elberfelder Bibel und die Wuppertaler Studienbibel vornehmen und rechnen diesen Teil zum Sündopfergesetz. Das Schuldopfergesetz (3. Mose 5,14-26; 7,1-10) benennt die Opfer, die zur Sühnung einer aufgeladenen Schuld nötig sind. *„Wenn jemand sich vergreift und aus Versehen sich versündigt an dem, was dem HERRN geweiht ist, so soll er für seine Schuld dem HERRN einen Widder ohne Fehler von der Herde als Schuldopfer bringen, geschätzt in Schekel Silber nach dem Münzgewicht des Heiligtums. Dazu soll er, was er gesündigt hat an dem Geweihten, erstatten* *und den fünften Teil hinzufügen und es dem Priester geben"* (3. Mose 5,15-16). Wir verstehen unter dem, *„was dem HERRN geweiht ist"*, Gegenstände, die Gott gehören oder Personen, die sich dem HERRN durch ein besonderes Gelübde geweiht haben (4. Mose 6). Es ging also beim Schuldopfergesetz um Sühnung eines unbewussten Eigentumsdeliktes gegenüber dem HERRN, darüber hinaus aber auch gegenüber anderen Israeliten, insbesondere den Gottgeweihten[87]. Des Weiteren ging es auch um Wiedergutmachung für die versehentlich entzogenen Dinge oder Ansprüche. Beim Opfertier handelte es sich immer um einen Widder, also einen Schafbock. Die Schlachtung des Schuldopfers erfolgte am Brandopferaltar. Der Opfernde legte dem Tier die Hände auf zur Übertragung der Sünde und schlachtete anschließend den Widder. Das Blut wurde vom Priester ringsum an den Altar gesprengt. Es wurde kein Blut ins Heiligtum gebracht oder an die Hörner des Altars gestrichen. Die Nieren und alle Fettstücke wurden verbrannt. Das Fell, das restliche Fleisch sowie zusätzlich geopferte Speisen gehörten dem Priester (3. Mose 7,1-10). Folgende Situationen wurden im Gesetz geregelt:

Bei materiellen Gegenständen waren drei Bestimmungen zu erfüllen, um Sühnung zu erlangen. Zuerst war ein fehlerloser Widder als Opfertier zu bringen, dessen Wert der Priester zuvor festlegen musste. Zum zweiten war das, was entzogen wurde, zu ersetzen. Und zum dritten war zum Wert des Ersatzes noch ein Fünftel, als Zuschlag zu entrichten. Der Ersatz und der Zuschlag gehörten dem Priester. Durch die Formulierung des Zuschlages in Höhe von einem Fünftel zur Ersatzleistung, ist davon auszugehen, dass der Ersatz in Geld erfolgte.

Bei nichtmateriellen Dingen, die den Anspruch des HERRN betrafen, konnte kein Geldwert ermittelt und somit kein solcher Zuschlag gefordert werden. So wurde nur der Widder als Schuldopfer gefordert. Der Priester *„soll die Sühnung für ihn vollziehen für das, was er versehen hat, ohne dass er es wusste, so wird ihm vergeben. Das ist ein Schuldopfer; verschuldet hat er sich an dem Herrn"* (3. Mose 5,18-19).

Bei der Beeinträchtigung der Rechte und Vermögenswerte von anderen

---

[87] Gemeint sind hier die Nasiräer, Menschen die sich Gott durch ein Gelübde geweiht hatten. Um solche Gottgeweihten kümmerte sich z.B. Paulus in Jerusalem (Apg 21,23ff) vgl. WStb, Die Apostelgeschichte, S. 389

Israeliten wurde der Widder als Schuldopfer gefordert. Der Ersatz und der geforderte Zuschlag waren vorher demjenigen zu entrichten, der den Verlust erlitten hatte. In diesem Fall sind auch bewusste Vergehen bei freiwilligem Schuldeingeständnis gemeint.[88] *„Aber für seine Schuld soll er dem HERRN einen Widder ohne Fehler von der Herde zu dem Priester bringen nach dem Schätzwert als Schuldopfer. So soll der Priester die Sühnung für ihn vollziehen vor dem HERRN und ihm wird alles vergeben, was er getan und womit er sich verschuldet hat"* (3. Mose 5,25-26).

„Insgesamt kann man sagen, dass beim Schuldopfer der Gedanke der Wiedergutmachung im Vordergrund steht, beim Sündopfer dagegen der Gedanke der Reinigung von der Sünde."[89]

3.5.9 Das Schuldopfer des Gottesknechtes

An dieser Stelle wollen wir auf die Prophezeiung Jesajas vom leidenden Gottesknecht hinweisen. Der Prophet Jesaja hatte vom leidenden Gottesknecht geweissagt. In Jesaja 53 ist ein wesentlicher Abschnitt dieser Prophezeiung aufgeschrieben. Mehrere Ausleger verweisen auf den Zusammenhang zwischen Schuldopfergesetz, dem leidenden Gottesknecht und der Sendung Jesu Christi.[90] Vom leidenden Gottesknecht war gesagt, dass er sein Leben zum Schuldopfer geben werde. Wenn das geschehen sein wird, so wird der, der die Sünden der Vielen trägt, Nachkommen haben und lange leben. Da er *„aus dem Lande der Lebendigen weggerissen"* ist (Jes 53,8), wäre von einem einsamen Tod in Gefangenschaft, isoliert von seinem Volk auszugehen. Doch im Gegensatz dazu wird der Gottesknecht der Beginn eines neuen Volkes sein. Ein solcher Neuanfang legt den Bezug zu Jesus Christus als dem Haupt seiner Gemeinde nahe.[91] *„Aber der HERR wollte ihn also zerschlagen mit Krankheit. Wenn er sein Leben zum Schuldopfer gegeben hat, wird er Nachkommen haben und lange leben, und des HERRN Plan wird durch ihn gelingen. Weil seine Seele sich abgemüht hat, wird er das Licht schauen und die Fülle haben. Durch seine Erkenntnis wird er, mein Knecht, der Gerechte, den Vielen Gerechtigkeit*

---

[88] Ebd. S. 106

[89] Ebd. S. 107

[90] Ebd. S. 107

[91] WStb, Der Prophet Jesaja, Kapitel 40-66, erklärt von Dieter Schneider, R. Brockhaus Verlag Wuppertal 1990, S. 221

schaffen; denn er trägt ihre Sünden" (Jes 53,10-11). Wer aber kann als Person sein Leben zum Schuldopfer geben? Wer kann als Gerechter vielen Menschen Gerechtigkeit schaffen und ihre Sünden tragen? Beim Sündopfer sahen wir, wie in aller Deutlichkeit darauf verwiesen wurde, dass kein Mensch vor Gott sündlos ist. Deshalb sehen wir in diesem vollkommenen Schuldopfer die Verheißung des Erlösers Jesus Christus, welcher *„nicht gekommen ist, dass er sich dienen lasse, sondern dass er diene und gebe sein Leben als Lösegeld für viele"* (Mt 20,28; s. Mk 10,45). Die Lutherbibel übersetzt seit der Revision 2017: *„als Lösegeld für viele"*. Vielen wird die vorherige Übersetzung *„zu einer Erlösung für viele"* noch geläufig sein.[92] Einen weiteren deutlichen Hinweis auf Jesus Christus erhalten wir im Bericht über die Krankenheilungen im Haus des Petrus. *„Am Abend aber brachten sie viele Besessene zu ihm; und er trieb die Geister aus durch sein Wort und machte alle Kranken gesund, auf dass erfüllt würde, was gesagt ist durch den Propheten Jesaja, der da spricht (Jesaja 53,4): ‚Er hat unsre Schwachheit auf sich genommen, und unsre Krankheiten hat er getragen'"* (Mt 8,16-17).

Es sei an dieser Stelle erwähnt, dass von einigen Auslegern ein solcher Bezug abgelehnt wird. So wird z.B. angenommen, dass der Text vom leidenden Gottesknecht zu einer Reihe von späteren Einschüben gehört, die nachträglich von einem unbekannten Verfasser eingefügt wurden.[93] Selbst die Passionsgeschichte Jesu wird mitunter aufgrund von Jesaja 53, von bibelkritischen Auslegern, als Komposition eines unbekannten urchristlichen Verfassers dargestellt.[94] Damit könnte dieser Text zum einen nicht in Beziehung zu Jesaja stehen und zum anderen auch nicht in Beziehung zu Jesus gebracht werden. Selbst wenn der Begriff „Gottesknecht" sowohl eine kollektive Deutung, also das ganze (zukünftige, ideale) Volk Israel bezeichnend, als auch eine individuelle Deutung, also einen einzelnen Erlöser bezeichnend, zulässt, sehen wir hierin - auf Basis des Gesamtzeugnisses der Bibel (s. 1) - keinen Grund, der eine Übertragung der Prophezeiungen auch auf Jesus Christus ausschließt.

---

[92] Anmerkung: In der Lutherbibel wurde bis zur Revision 1984 „zu einer Erlösung für viele" übersetzt. Ab Luther 2017 heißt es „als Lösegeld für viele". So übersetzen u.a. auch Elberfelder Bibel, Einheitsübersetzung, Neues Leben, Schlachter 2000.

[93] WStb, Der Prophet Jesaja, Kapitel 40-66, a.a.O., S. 212

[94] Ebd. S. 226

3.6 Das Gesetz für den Großen Versöhnungstag (Jom Kippur)

Wenn wir im Folgenden das Gesetz für den Großen Versöhnungstag betrachten, so wird daran deutlich, dass nicht nur die Menschen, sondern auch das gesamte Heiligtum zu entsühnen war. Die Stiftshütte bzw. der Tempel war der Ort, an welchem der Altar des HERRN stand. Nur dort sollte geopfert werden. Das bedeutete, dass zu jener Zeit, als kein Tempel existierte, nach den Vorschriften des Gesetzes keine Sühne mehr herbeigeführt werden konnte. Seit der Zerstörung des Tempels konnte kein Opfer mehr stattfinden, weil der Altar des HERRN nicht mehr vorhanden war. Daran wird die außerordentlich große Bedeutung des Opferkultes in Israel verständlich.

3.6.1 Gedanken zur Einführung in das Gesetz

Der Begriff der „Sühne" bzw. „Entsühnung" ist uns nicht mehr so vertraut. Doch die geläufigsten Bibelübersetzungen, wie z. B. die Lutherbibel, die Elberfelder Bibel und die Einheitsübersetzung wie auch die Wuppertaler Studienbibel verwenden diese Begriffe. In manchen Bibelübersetzungen werden andere Begriffe, z.B. „Befreiung von Unreinheit und Schuld" (Hoffnung für alle), „Reinigung von Sünde" (Gute Nachricht), „Wiedergutmachung" (Neues Leben) verwendet. Das kann vielleicht für das Gesamtverständnis hilfreich sein. In den folgenden Betrachtungen bleiben wir bei den Begriffen „Sühne" bzw. „Entsühnung".

Einmal im Jahr war dem Volk Israel ein Großer Versöhnungstag geboten, an welchem durch den Hohenpriester für alle Israeliten verpflichtend Sühneopfer zu bringen waren, und zwar am zehnten Tag des siebenten Monats, kurz vor dem Laubhüttenfest.[95] *„Auch soll euch dies eine ewige Ordnung sein: Am zehnten Tage des siebenten Monats sollt ihr fasten und keine Arbeit tun, weder ein Einheimischer noch ein Fremdling unter euch. Denn an diesem Tage geschieht eure Entsühnung, dass ihr gereinigt werdet; von allen euren Sünden werdet ihr gereinigt vor dem Herrn"* (3. Mose 16,29-30).

Der Große Versöhnungstag, auch Jom Kippur genannt, „bezieht sich nicht auf

---

[95] WStb, Das dritte Buch Mose, a.a.O., S. 299

historische Ereignisse oder Gegebenheiten, sondern allein auf das Verhältnis des Menschen zu seinem Schöpfer, vor dem er sein Leben und auch das seiner Mitmenschen zu verantworten hat."[96] Dieser Tag war ein Tag des Fastens und der Arbeitsruhe, *„ein hochheiliger Sabbat"* (3. Mose 16,31). Auch wenn seit der Zerstörung des Tempels keine Opferungen mehr stattfinden dürfen, ist er bis heute „der strengste Fastentag im jüdischen Jahr. Vom Fasten sind nur Schwerkranke, kleine Kinder und Wöchnerinnen ausgenommen."[97] Das Gesetz für den Großen Versöhnungstag ist das Zentrum aller Opfergesetze Israels. Man kann auch sagen, es handelt sich hier um eines „der zentralsten Kapitel des ganzen Alten Testaments."[98] Im Neuen Testament ist es der Hebräerbrief, welcher sich sehr intensiv mit dem Gesetz für den Großen Versöhnungstag auseinandersetzt und dem levitischen Hohenpriester den ewigen Hohenpriester Jesus Christus gegenüberstellt. Die große Bedeutung für die Israeliten lag darin, dass alle Sünden des gesamten Volkes, auch jene, an die man vielleicht das ganze Jahr nicht gedacht hatte, oder die niemandem bewusst geworden waren, an diesem Opfertag gesühnt wurden.

Das Gesetz für den Großen Versöhnungstag zeigt auf überragende Weise, wie der HERR die Voraussetzungen dafür schuf, dass entsprechend der Bundesverheißung, Israel als Gottes Eigentum, als ein Königreich von Priestern eben auch ein heiliges Volk bleiben sollte (s. 2.5.2). Freilich gilt auch hier, was beim Sündopfergesetz schon deutlich wurde. Es betrifft die Sünden im Sinne begangener oder unterlassener Handlungen. Diese Opfer hatten jedoch nach neutestamentlicher Erkenntnis den Makel, dass sie nur *„äußerlich rein",* (Luther 1984) bzw. *„leiblich rein"* (Luther 2017) machen konnten (Hebr 9,13).

3.6.2 Vorbereitungen für die Opfer

Der HERR gebot durch Mose, wie der Hohepriester Aaron sich an diesem Tage verhalten und auf welche Weise er in der Stiftshütte vor den HERRN treten sollte. Zu bedenken ist hierbei, dass dieses Gesetz auf den kurz vorher eingetretenen Tod der zwei ältesten Söhne Aarons Bezug nimmt. Diese wollten auf eigene Faust ein Opfer bringen und kamen dabei durch das Feuer ums Leben. Deshalb gebot der HERR, auf welche Weise Aaron die Stiftshütte betreten und

---

[96] Hanspeter Obrist (Hrsg.), Feste Israels, a.a.O., S. 30 ff

[97] Ebd. S. 31

[98] WStb, Das dritte Buch Mose, a.a.O., S. 278

sich in ihr verhalten sollte, um nicht zu sterben.

Da der biblische Text manchmal im zeitlichen Ablauf wieder zurückgeht, geben wir hier den Ablauf der Ereignisse in der mutmaßlichen Reihenfolge wieder, so wie er z.B. in der Wuppertaler Studienbibel beschrieben wird.[99] Es begann damit, dass Aaron sich waschen sollte, das heißt, er nahm ein Tauchbad. Daraufhin legte er leinene Kleider an, das sogenannte Weißzeug (3. Mose 16,4). Dass Aaron von der Kopfbedeckung bis zu den Beinkleidern weißes Leinen tragen sollte, statt des Prachtgewandes, symbolisierte, dass auch der Hohepriester ein einfacher und sündhafter Mensch war. Zugleich wiesen ihn diese Arbeitskleider als einen Diener aus. Er stand im Dienste des HERRN. Um die hohe Bedeutung dieses Dienstes hervorzuheben, heißt es im Gesetz: *„denn das sind die heiligen Kleider"* (3. Mose 16,4).

Die Opfertiere waren vorgeschrieben. Fünf Opfertiere waren bereit zu stellen. Für Aaron selbst und für die Priester waren ein Stier zum Sündopfer und ein Widder zum Brandopfer zu opfern. Für das ganze Volk waren zwei Ziegenböcke zum Sündopfer und ein Widder zum Brandopfer zu opfern (3. Mose 16,3.5-6). Zu Beginn der Opferzeremonie waren alle Tiere herbeizubringen. Zuerst wurden die beiden Ziegenböcke, welche als Sündopfer für das Volk vorgesehen waren, vor die Stiftshütte gebracht. Dann geschah eine einzigartige Zeremonie, die wir nur vom Großen Versöhnungstag kennen. Aaron *„soll das Los werfen über die zwei Böcke: ein Los dem HERRN und das andere dem Asasel"* (3. Mose 16,8). Die Bedeutung dieser Lose wie auch die Bedeutung des Begriffes „Asasel" wird uns im Zusammenhang mit dem Sündenbock deutlich werden (s. 3.6.5). Der für Asasel ausgeloste Ziegenbock wurde zunächst von einem Israeliten weggeführt und erst nach der Entsühnung des Heiligtums wieder vor die Stiftshütte gebracht.

3.6.3 Entsühnung im Allerheiligsten

Nach diesem Losentscheid begannen die Opferungen. Die Schlachtungen geschahen am Eingang zur Stiftshütte und verliefen, wie bereits im Kapitel über die Sündopfer für den Priester beschrieben (s. 3.5.2). Ein Priester in Israel musste immer zuerst an sich selbst denken und zuerst sich selbst reinigen. So

[99] Ebd. S.302

war es geboten. *„Und Aaron soll den jungen Stier seines Sündopfers herzubringen und sich und sein Haus entsühnen und soll ihn schlachten"* (3. Mose 16,11). Der Priester legte dem Stier seine Hände auf den Kopf zur Übertragung seiner Sünde. Dann wurde der Stier geschlachtet und das Blut aufgefangen. Doch von diesem Zeitpunkt an verlief das Sündopfer am Großen Versöhnungstag anders, als es sonst beim Sündopfer für den Priester üblich war. Der Hohepriester nahm glühende Holzkohlen vom Brandopferaltar, gab Räucherwerk dazu und ging damit ins Allerheiligste *„hinter den Vorhang"* (3. Mose 16,12). Das Gehen hinter den Vorhang war ansonsten strengstens verboten. Nur der Hohepriester durfte an diesem einen Tag im Jahr diesen Bereich der Stiftshütte betreten. Im Hebräerbrief wird dies mit dem Weg Jesu verglichen. Es heißt dort betreffs der Hoffnung auf die Verheißung des Heils: *„Diese haben wir als einen sicheren und festen Anker unsrer Seele, der hineinreicht in das Innere hinter dem Vorhang. Dahinein ist Jesus als Vorläufer für uns gegangen, er, der Hoherpriester geworden ist in Ewigkeit nach der Ordnung Melchisedeks"* (Hebr 6,19-20). Das Räucherwerk hatte den Sinn, durch die Rauchwolke die Gegenwart Gottes im Allerheiligsten zu verhüllen. Denn niemand kann Gott sehen, ohne zu sterben (3. Mose 16,12-13).

Ein zweites Mal ging Aaron hinter den Vorhang ins Allerheiligste, diesmal mit Blut vom geopferten Stier. *„Und soll etwas vom Blut des jungen Stieres nehmen und es mit seinem Finger gegen den Gnadenstuhl[100] sprengen; vor den Gnadenstuhl aber soll er siebenmal mit seinem Finger von dem Blut sprengen"* (3. Mose 16,14). Der Gnadenstuhl wird in anderen Bibelübersetzungen z.B. als Gnadenthron, Deckplatte, Versöhnungsplatte oder Sühndeckel bezeichnet. Gemeint ist die obere Deckplatte auf der Bundeslade, worauf zwei Cherubimfiguren einander gegenüberstanden. „In dem Wort ‚Deckplatte' steckt der Begriff ‚zudecken', ‚sühnen' (3. Mose 17,11), ‚mit Blut besprengen' (3. Mose 16,14). Die beiden Cherubim deuten die Nähe des lebendigen Gottes an. Hier versöhnte der Hohepriester das Volk Israel mit Gott und erwirkte die Begnadigung der Sünder (darum ‚Gnadenthron')."[101] Wir folgen hier wieder der

---

[100] Anmerkung: Die Übersetzung dieses Wortes mit „Gnadenstuhl" findet sich bei den gängigen deutschen Bibelübersetzungen nur in der Lutherbibel 2017. Andere Übersetzungen lauten z.B.: „Gnadenthron": Lutherbibel 1984; „Deckplatte": WStb, Elberfelder Bibel, Hoffnung für alle, Gute Nachricht, Neues Leben, Hermann Menge, Zürcher Bibel; „Versöhnungsplatte": Jerusalemer Bibel; „Sühndeckel": Schlachter 1951, Schlachter 2000; „Sühneplatte": Einheitsübersetzung

[101] LzB, a.a.O., Sp. 592

Wuppertaler Studienbibel und verwenden den Begriff „Deckplatte". Beim regulären Priestersündopfer wurde lediglich siebenmal vor dem HERRN gegen den Vorhang des Heiligtums gesprengt. Der Priester blieb also vor dem Vorhang. Hier, beim Priestersündopfer am Großen Versöhnungstag, ging der Hohepriester hinter den Vorhang ins Allerheiligste hinein. Dort sprengte er etwas vom Blut des Stieres auf die Deckplatte. Es wurde dabei einmal aufwärts gesprengt. Anschließend sprengte er sieben Mal etwas von diesem Blut vor die Deckplatte. Dabei wurde abwärts gesprengt. Diese Blutbesprengungen im Allerheiligsten bedeuteten eine besonders innige Verbindung zu Gott. „In direkter Gegenwart des Allmächtigen fand sozusagen die Sühne für alle Priestersünden statt."[102] Dem stellt der Hebräerbrief die unvergleichlich höhere Bedeutung Jesu Christi gegenüber. *„Er ist auch nicht durch das Blut von Böcken oder Kälbern, sondern durch sein eigenes Blut ein für alle Mal in das Heiligtum eingegangen und hat eine ewige Erlösung erlangt. Denn wenn schon das Blut von Böcken und Stieren und die Asche von der Kuh durch Besprengung die Unreinen heiligt, so dass sie leiblich rein sind, um wie viel mehr wird dann das Blut Christi, der sich selbst als Opfer ohne Fehl durch den ewigen Geist Gott dargebracht hat, unser Gewissen reinigen von den toten Werken, zu dienen dem lebendigen Gott!"* (Hebr 9,12-14).

Nach dem Sündopfer für die Priester schlachtete Aaron den Ziegenbock, der als Sündopfer für das Volk bestimmt war. Es war derjenige, auf welchen das Los für den HERRN gefallen war. Auch das geschah in der Weise, wie ein Sündopfer vorgeschrieben war. Aaron legte dem Bock die Hände auf den Kopf zur Übertragung der Sünde des Volkes. Er schlachtete den Ziegenbock und fing das Blut auf. Zum dritten Mal ging er nun hinter den Vorhang ins Allerheiligste, diesmal mit etwas Blut vom Ziegenbock. Und in gleicher Weise sprengte er etwas von dem Blut auf die Deckplatte und siebenmal vor die Deckplatte (3. Mose 16,15).

Der Hohepriester ging am Großen Versöhnungstag dreimal ins Allerheiligste: „Zur Räucherung, zum Blutsprengen für sich selbst und zum Blutsprengen für das Volk."[103] Mit dem Sündopfer für das Volk war zuerst das Allerheiligste, das innere Heiligtum, entsühnt.[104] Aaron *„soll so das Heiligtum entsühnen wegen*

---

[102] WStb, Das dritte Buch Mose, a.a.O., S. 290
[103] WStb, Das dritte Buch Mose, a.a.O., S. 291
[104] GStb, a.a.O., S. 213

der Verunreinigungen der Israeliten und wegen ihrer Übertretungen, mit denen sie sich versündigt haben. So soll er tun der Stiftshütte, die bei ihnen ist inmitten ihrer Unreinheit" (3. Mose 16,16). Die Priester und das Volk waren nach diesem Akt rein von Sünden und das Allerheiligste war gereinigt von der Unreinheit, welche durch die Sünden des Volkes verursacht war. Die Entsühnung des gesamten Heiligtums erforderte nach der Entsühnung des Allerheiligsten noch weitere Handlungen.

3.6.4 Entsühnung des Heiligtums und des Altars

„So soll er tun", bedeutete, dass Aaron ebenso mit der Stiftshütte, dem gesamten Heiligtum, verfahren sollte. Nach der Besprengung im Allerheiligsten sollte er die Besprengung des Vorhanges im Heiligtum genauso vollziehen, wie es für das allgemeine Sündopfer vorgeschrieben war. *„So soll er tun der Stiftshütte, die bei ihnen ist inmitten ihrer Unreinheit."* Es galt ein Verständnis, dass die Sünden des Volkes die Stiftshütte verunreinigt hatten. Deshalb musste sie entsühnt werden. Die Stiftshütte war die Wohnung des HERRN bei den Menschen. Sie musste rein sein. Dem HERRN wurde Unehre angetan durch die Sünde des Volkes. Wir selbst leiden z.B. an der Gewalt, die wir mitunter bei unseren Nächsten erleben. Es bedrängt uns sehr und kann uns ängstigen. Wie viel mehr wird der HERR bedrängt, seiner Ehre beraubt und in diesem Sinne seine Wohnstatt verunreinigt, wenn sich Menschen gegen das Leben, das aus ihm kommt, vergehen.

Solange sich Aaron innerhalb der Stiftshütte aufhielt, durfte diese von niemandem betreten werden. *„Kein Mensch soll in der Stiftshütte sein, wenn er hineingeht, Sühne zu schaffen im Heiligtum, bis er herauskommt. So soll er Sühne schaffen für sich und sein Haus und die ganze Gemeinde Israel"* (3. Mose 16,17). Es wurde damit noch einmal ausdrücklich betont, welch große Bedeutung der Große Versöhnungstag und das Handeln des Hohenpriesters hatte.

Zur völligen Entsühnung der Stiftshütte war die Entsühnung des Altars geboten: *„Und er soll hinausgehen zum Altar, der vor dem HERRN steht, und ihn entsühnen und soll vom Blut des jungen Stieres und vom Blut des Bockes nehmen und es ringsum an die Hörner des Altars streichen und soll mit seinem Finger vom Blut darauf sprengen siebenmal und ihn reinigen und heiligen von den*

Verunreinigungen der Israeliten" (3. Mose 16,18-19). Wiederum hatte Aaron einen Blutritus zu vollziehen. Das Blut beider Sündopfertiere, des Stieres und des Bockes, wurde vermischt. Davon sollte etwas genommen und an alle vier Hörner des Altars gestrichen werden. Mit dem Finger wurde siebenmal Blut auf den Altar gesprengt. Die Ausleger sind sich nicht einig, um welchen Altar es sich dabei handelte, ob es der Brandopferaltar oder der Räucheraltar war. Es gibt sowohl für den einen wie für den anderen Argumente. Wir müssen es offenlassen. Die Formulierung: *„Und er soll hinausgehen zum Altar, der vor dem HERRN steht, ..."* könnte für den Brandopferaltar sprechen. Bei den Gesetzen zur Stiftshütte finden wir allerdings eine Bestimmung zum Räucheraltar, die hier erwähnt sein soll: *„Ihr sollt kein fremdes Räucherwerk darauf tun, auch kein Brandopfer noch Speisopfer. Auch Trankopfer dürft ihr darauf nicht ausgießen. Und Aaron soll an den Hörnern dieses Altars einmal im Jahr die Sühnung vollziehen. Mit dem Blut des Sündopfers soll auf dem Altar die Sühnung jährlich einmal geschehen bei euren Nachkommen. Hochheilig ist er dem Herrn"* (2. Mose 30,9-10). Erst mit dieser Handlung war die Entsühnung des gesamten Heiligtums abgeschlossen. Schon bis hierher ist erkennbar, dass es Handlungen von größter Bedeutung waren, mit vielen aufwendigen Einzelschritten. Die Reinheit von Sünden, auch diese äußere Reinheit, ist nicht zum Nulltarif zu haben.

3.6.5 Der Sündenbock für Asasel

Nach der Sühne für die Priester und der Sühne für das Volk war der dritte Höhepunkt dieses Tages das Wegtragen der Sünde durch den Sündenbock. Als zu Beginn des Großen Versöhnungstages die Opfertiere zum Eingang der Stiftshütte gebracht worden waren, war über den beiden Ziegenböcken, dem Sündopfer für das Volk, das Los geworfen worden. Ein Losentscheid war in Israel nicht unbekannt. Die Kleidung des Hohenpriesters Aaron hatte eine Brusttasche, in welcher sich zwei Lose befanden. Diese Lose trugen die Bezeichnung „Urim" und „Tummim". Die Begriffe bedeuten so viel wie Licht oder Lichterscheinung bzw. Vollkommenheit, Rechtschaffenheit, Wahrhaftigkeit.[105] Die Lutherbibel nennt diese Lose „Licht" und „Recht". Dadurch wurde der HERR in besonderen Situationen über das Schicksal Israels befragt (2. Mose 28,29-30). Eine solche Befragung war in Israel nicht häufig. Doch sie

[105] WStb, Das dritte Buch Mose, a.a.O., S. 271ff

gehörte zum Dienst des Hohenpriesters.

Ob es sich hier ebenfalls um diese beiden Lose handelte, ist nicht gesagt. Doch es war eine vergleichbare Situation. Der erste Bock war ausgelost worden für den HERRN. Dieser war bereits als Sündopfer für das Volk geopfert worden. Der zweite Bock war ausgelost worden für Asasel. Dieser Bock blieb am Leben und war bis zum Ende des Sündopfers von einem Israeliten von der Stiftshütte weggeführt und beaufsichtigt worden. Dieser wurde nun wieder vor die Stiftshütte gebracht.

Über die Bedeutung des Begriffes „Asasel" gibt es keine eindeutige Erkenntnis. Durch den Losentscheid lässt sich schlussfolgern, dass es sich um einen Gegenspieler des HERRN handelte. Dieser grundsätzlichen Aussage folgen auch wir. Manche Ausleger nehmen an, dass damit ein Wüstendämon[106] gemeint war, zumindest eine finstere, dem HERRN entgegenstehende Macht. Manche Ausleger sehen in Asasel einen Vertreter Satans oder den Satan selbst, eine Macht, die „trotzig oder schamlos vorgibt, Gott zu sein."[107] Nun war der Zeitpunkt gekommen, dass dieser Bock zu Aaron gebracht wurde. *„Dann soll Aaron seine beiden Hände auf dessen Kopf legen und über ihm bekennen alle Missetat der Israeliten und alle ihre Übertretungen, mit denen sie sich versündigt haben, und soll sie dem Bock auf den Kopf legen und ihn durch einen Mann, der bereitsteht, in die Wüste bringen lassen, dass also der Bock alle ihre Missetat auf sich nehme und in die Wildnis trage; und man schicke ihn in die Wüste"* (3. Mose 16,21-22). Das Auflegen der Hände auf das Opfertier geschah auch beim Brandopfer, beim Heilsopfer und beim Sündopfer. Aaron bekannte öffentlich alle Verfehlungen des Volkes. Es handelte sich hier um ein öffentliches Bußgebet, in welchem alle Missetat, alle Übertretungen, alle Verfehlungen, womit sich das Volk versündigt hatte, öffentlich ausgesprochen und auf den Bock übertragen wurden. Wenn wir z.B. die Bußgebete Daniels und Nehemias (s. 3.2.3) damit vergleichen, so stellen wir fest, dass auch dort die Sünden des ganzen Volkes öffentlich bekannt wurden. Doch es gab keinen vergleichbaren Akt der Übertragung und des Wegtragens.

Der Bock trug nicht seine eigene, sondern fremde Sünde, die Sünde des Volkes. Dazu war er durchs Los bestimmt worden. Er wurde zum Sündenbock

---

[106] LzB, a.a.O., Sp. 137
[107] WStb, Das dritte Buch Mose, a.a.O., S. 296

gemacht. Dieses Wort kennen wir aus unserer Alltagssprache sehr gut. Hier in dieser biblischen Gesetzgebung liegt dessen Ursprung. Nach der Übertragung der Sünde musste Aaron den Bock in die Wüste bringen lassen. „Damit ist die Sünde aus Israel weggenommen. Sie darf Israel nicht mehr belasten."[108]

3.6.6 Das Schattenbild der Erlösung

Es erhebt sich die Frage, wohin sollte die Sünde gebracht werden? Es handelte sich hier nicht um etwas Gegenständliches, sondern um ein geistliches Geschehen, welches dem Volk bildhaft vor Augen geführt wurde. Sünde kann sich nicht einfach ins Nichts auflösen. Gott, der HERR, ist nicht ein vergesslicher Mensch, dem die Sünden der Menschen entfallen könnten. Aber er bringt sie an einen Ort, wo er an diese Sünden nicht mehr denkt. Zu seiner eigenen Ehre und zu seiner Herrlichkeit wird er die von ihm vergebenen Sünden niemals wieder ansprechen. Was gesühnt ist, ist gesühnt. *„Ich, ich tilge deine Übertretungen um meinetwillen und gedenke deiner Sünden nicht"* (Jes 43,25). *„Ich will ihnen ihre Missetat vergeben und ihrer Sünde nimmermehr gedenken"* (Jer 31,34). *„Er wird sich unser wieder erbarmen, unsere Schuld unter die Füße treten und alle unsere Sünden in die Tiefen des Meeres werfen"* (Micha 7,19). Die Propheten weissagten in den großen Nöten Israels den vergebenden Gott, der dem Volk Israel gnädig sein und mit ihm einen neuen Anfang machen werde.

Die Sünden Israels wurden also durch den Bock in die Wüste getragen an einen besonderen Ort. Nach der Wuppertaler Studienbibel wird für diesen Ort ein Hebräisches Wort verwendet, das im ganzen Alten Testament nur hier in 3. Mose 16,22 vorkommt. Dieses Wort könnte mit „abgesondert", „unfruchtbar", „getrennt vom Leben" übersetzt werden. In der Lutherbibel heißt es „Wildnis". Fast alle gängigen deutschen Übersetzungen verwenden hier verschiedene Begriffe.[109] An einen solchen Ort, einen ganz und gar lebensfeindlichen Bereich, wurde der Sündenbock getrieben. Dort sollte er auch bleiben. Selbst wenn diese äußeren Vorgänge als Bilder gelten können, vollzieht sich

---

[108] Ebd. S. 295

[109] Anmerkung: Die Bezeichnung „Wildnis" verwendet neben der Lutherbibel auch Schlachter (1951 und 2000). Andere Übersetzungen sind z.B.: „ödes Land": Elberfelder Bibel; „Einöde": Einheitsübersetzung; „Ödland": Neues Leben; „abgesonderte Gegend": Wuppertaler Studienbibel; „unbewohnte Gegend": Gute Nachricht; „abgelegene Gegend": Jerusalemer Bibel; „Wüste": Hoffnung für alle

hinter den Bildern ein geistliches Geschehen. Alle Unreinheit war damit von Israel genommen und zu Asasel gebracht worden. Wenn wir in Asasel die Gegenmacht Gottes sehen, dann wird alle Sünde, alles Böse dorthin zurückgebracht, woraus es entstanden ist. Satan, der Sündenverursacher muss in Ewigkeit sehen und ertragen, was er angerichtet hat.

Wie beim Schuldopfergesetz weisen uns auch hier die Ausleger wieder auf den Bezug zum leidenden Gottesknecht aus Jesaja 53 und der Sendung Jesu Christi hin. Vom Gottesknecht heißt es: *„Fürwahr, er trug unsre Krankheit und lud auf sich unsre Schmerzen. ... Die Strafe liegt auf ihm, auf dass wir Frieden hätten, und durch seine Wunden sind wir geheilt. ... Aber der HERR warf unser aller Sünde auf ihn."* ... Er wird *„den Vielen Gerechtigkeit schaffen; denn er trägt ihre Sünden"* (Jes 53,4.5.6.11). Der Gottesknecht trug die Krankheit und die Schmerzen des Volkes. Auf ihm lag die Strafe. Auf ihn hatte der HERR alle Sünden geworfen und er trug sie. Diesem Gottesknecht wurde wie dem Sündenbock zugemutet, die Sünden des ganzen Volkes zu tragen. Von Jesus Christus heißt es: *„Siehe, das ist Gottes Lamm, das der Welt Sünde trägt!"* (Joh 1,29). So sehen wir darin das barmherzige Handeln des HERRN, der die Sünden des von ihm berufenen Volkes wegnimmt. Im Sündenbock ist eine Vorbildung und im Gottesknecht eine Verheißung gegeben auf die vollkommene Erlösung in Jesus Christus, der als einziger alle Sünden tragen und überwinden konnte. Da Jesus alle Sünden der Menschen auf sich zog, gibt es seitdem bei allen, die ihm folgen keinen einzigen Grund mehr, dass Satan sie vor Gott verklagen könnte. Jesus Christus ist damit der Einzige, der dem Satan jedes Anrecht auf das Gottesvolk entzieht.

3.6.7 Brandopfer und abschließende Handlungen

Nachdem der Sündenbock weggeführt worden war, ging Aaron wieder in die Stiftshütte, zog die weißen Leinengewänder aus und verwahrte sie dort. Anschließend war es seine Pflicht, im Bereich der Stiftshütte *„an heiliger Stätte"* seinen Körper in einem Tauchbad gründlich zu waschen. Nach dieser Waschung zog er seine *„eigenen Kleider"*, sein Priestergewand, wieder an und ging aus der Stiftshütte heraus, um die für den Großen Versöhnungstag vorgeschriebenen Brandopfer zu opfern (3. Mose 16,24). Brandopfer waren als freiwillige Opfer zu Gottes Wohlgefallen möglich. Doch wie das tägliche Brandopfer morgens und abends, so war auch das Brandopfer am Großen

Versöhnungstag durchs Gesetz vorgeschrieben.

Zuerst opferte Aaron am Brandopferaltar den Widder als Brandopfer für sich als Priester, anschließend den Widder als Brandopfer für das Volk. Nach Abschluss der vollständigen Entsühnung der Priesterschaft, des Volkes und des Heiligtums wurde das Brandopfer zu Gottes Wohlgefallen, zum *„lieblichen Geruch"* dargebracht. Es betonte auf besonders deutliche Weise die Hingabe an den HERRN. Denn beim Brandopfer wurde das ganze Opfertier nach der Vorschrift des Brandopfergesetzes auf dem Brandopferaltar verbrannt.

In diesem Zusammenhang geschah in gleicher Weise auch die Verbrennung aller Fettstücke sowie der Nieren der Sündopfertiere. Alle weiteren Fleischstücke und Körperteile des Stieres und des Bockes vom Sündopfer wurden danach außerhalb des Lagers an einem reinen Platz, dem Ascheplatz, verbrannt (3. Mose 4,11-12).

Der Mann, welcher den Sündenbock in die Wüste gebracht hatte, musste seine Kleider und sich selbst außerhalb des Lagers waschen. Erst dann durfte er wieder ins Lager zurückkehren.

So haben wir im Gesetz für den Großen Versöhnungstag wiederum einen weiteren sehr umfassenden Gesetzestext, der uns verdeutlicht, wie der HERR selbst für die Wahrung seines Bundes sorgte und sich zugleich als heiliger und gerechter Gott wie auch als barmherziger und gnädiger Gott erwies. Vergebung geschieht nicht zum Selbstzweck, sondern damit der HERR sich verherrlicht. Sie wird auch niemals verschleudert, sondern setzt Sündenerkenntnis und Sündenbekenntnis voraus. Dass Tiere dafür stellvertretend ihr Leben lassen, verdeutlicht ein weiteres Mal, dass Vergebung einen hohen Preis kostet.

3.7 Das Priestertum im Alten Bund

Die gesamte Vergebungspraxis im Alten Testament, insbesondere die Opfer in Israel, machen es nötig, den Dienst und das Selbstverständnis des Priesters näher zu betrachten.

In der Wortbedeutung ist ein Priester einer, der als Mittler „dienend vor der

Gottheit steht".[110] Im Alten Testament gehörten die Priester zur Familie Aarons und versahen den Opferdienst an der Stiftshütte, später am Tempel.

3.7.1 Der Priesterdienst vor der Gesetzgebung

Das Priestertum Melchisedeks nimmt eine Sonderstellung ein. Melchisedek, der „König der Gerechtigkeit", kam Abram mit Brot und Wein entgegen und segnete ihn. Abram gab ihm den Zehnten und erkannte ihn somit als Priester an. Er war ein Priester des Höchsten, des einen großen Gottes, der Himmel und Erde geschaffen hat (1. Mose 14,18-20). Im Neuen Testament wird das Priestertum Melchisedeks auf Jesus Christus bezogen.

Priesterliche Dienste wurden schon wahrgenommen, bevor es dafür in Israel Gesetze gab. So heißt es z.B. bei der Einsetzung des Passafestes: *„Sagt der ganzen Gemeinde Israel: Am zehnten Tage dieses Monats nehme jeder Hausvater ein Lamm, je ein Lamm für ein Haus. ... und sollt es verwahren bis zum vierzehnten Tag des Monats. Da soll es die ganze Versammlung der Gemeinde Israel schlachten gegen Abend"* (2. Mose 12,3.6). Zu dieser Zeit übte jeder Hausvater als Hauspriester z.B. den Dienst der Schlachtung des Passalammes aus.[111] Diesen Dienst übernahmen später am Tempel die Leviten. Zwar schrieb das Gesetz dies nicht vor, doch nach der Erneuerung des Gottesdienstes unter König Hiskia (s. 2.6.6) erfahren wir, dass die Leviten die Passalämmer im Tempel schlachteten. *„Und die Priester nahmen das Blut aus der Hand der Leviten und sprengten es; denn es waren viele in der Gemeinde, die sich nicht geheiligt hatten; darum schlachteten die Leviten das Passa für alle, die nicht rein waren, dass sie dem HERRN geheiligt würden"* (2. Chron 30,16-17).

Eine andere Erwähnung von Priestern finden wir, als Mose auf den Berg Sinai stieg, um die Gebote zu empfangen. Es sollten nur er und Aaron auf den Berg kommen, *„aber die Priester und das Volk sollen nicht durchbrechen, dass sie hinaufsteigen zu dem HERRN, damit er nicht zwischen sie dreinfahre"* (2. Mose 19,24). Die hier genannten Priester könnten die Hausväter gewesen sein oder jene, die als Erstgeborene in den Familien den Priesterdienst ausübten.[112] Die jungen Männer, die Mose während des Bundesschlusses bei den Opfern

---

[110] LzB, a.a.O., Sp. 1254

[111] WStb, Das zweite Buch Mose, Kapitel 1-18, a.a.O., S. 181

[112] WStb, Das zweite Buch Mose, Kapitel 19-40, a.a.O., S. 35

halfen, lassen auf die Erstgeborenen schließen (2. Mose 24,5).[113] An diesen Beispielen erkennen wir, dass der Opferdienst in den Familien Israels auch vor der Zeit der Gesetzgebung nicht beliebig durchgeführt wurde, sondern eindeutig geregelt war. Es ist auch schon erkennbar, dass Opferdienst und Priesterdienst immer miteinander in Beziehung standen.

3.7.2 Die Auswahl der Priester nach dem Gesetz

Die Familie des Mose gehörte zum Stamm Levi. Mose selbst war vom HERRN zum Führer Israels berufen worden. Mit ihm sprach der HERR direkt, um ihm alle Weisungen für das Leben Israels zu überbringen. Moses Bruder Aaron war vom HERRN an dessen Seite gestellt worden. Das geschah bereits seit jener Zeit, als sie an den Pharao die Forderung des HERRN richteten, das Volk Israel aus Ägypten ziehen zu lassen. Beide waren trotz ihrer deutlichen menschlichen Schwächen vom HERRN ausgewählte Persönlichkeiten an der Spitze Israels (2. Mose 3-4).

Nach dem Bundesschluss am Sinai erhielt Mose auch die Gesetze für die Stiftshütte (2. Mose 25-31). Darin waren ihm alle Einzelheiten des Aufbaus sowie alle notwendigen Geräte, mit denen die Stiftshütte ausgestattet werden sollte, bekannt gemacht worden. Anschließend wurden die Priester berufen. *„Du sollst Aaron, deinen Bruder, und seine Söhne zu dir herantreten lassen aus der Mitte der Israeliten, dass er mein Priester sei, er und seine Söhne Nadab, Abihu, Eleasar und Itamar. Und du sollst Aaron, deinem Bruder, heilige Kleider machen, zur Ehre und als Schmuck …“* (2. Mose 28,1-2). Selbst die Kleidung der Priester wurde bereits in allen Einzelheiten festgelegt.

Das Priestergewand Aarons war ein besonderes Prachtgewand. Hervorzuheben ist dabei, dass die Namen der zwölf Söhne Israels in Edelsteine eingraviert waren. Je sechs Namen waren auf zwei Onyxsteinen eingraviert, die Aaron auf seinen Schulterteilen trug (2. Mose 28,9-14). Je ein Name war auf zwölf unterschiedlichen Edelsteinen eingraviert, mit denen die Brusttasche besetzt war (2. Mose 28,15-21). So repräsentierte er die zwölf Stämme Israels, wenn er vor Gott trat. An seinem Kopfbund war ein goldenes Schild angebracht mit der Aufschrift: „Heilig dem Herrn“ (2. Mose 28,36-38). *„Und es soll sein auf*

---

[113] Ebd. S. 229

der Stirn Aarons, damit Aaron bei allen ihren Opfern alle Sünde trage, die an den heiligen Gaben der Israeliten haftet. Und es soll allezeit an seiner Stirn sein, dass sie wohlgefällig seien vor dem Herrn" (2. Mose 28,38).

Doch auch die Priestergewänder seiner Söhne hoben sich von den Alltagsgewändern ab. Diese besonderen Gewänder hatten die Priester zu tragen, wenn sie zukünftig in die Stiftshütte gingen. *„Und Aaron und seine Söhne sollen sie anhaben, wenn sie in die Stiftshütte gehen oder hinzutreten zum Altar, um im Heiligtum zu dienen, damit sie keine Schuld auf sich laden und sterben müssen. Das soll für ihn und sein Geschlecht nach ihm eine ewige Ordnung sein"* (2. Mose 28,43). Die Auswahl der Priester in Israel erfolgte somit ausschließlich nach dem Wort des HERRN.

Es ist sicher hilfreich, sich in etwa die Zahl der Leviten im Verhältnis zu den Priestern und zum ganzen Volk vor Augen zu führen. In der Wüste wurden die Männer Israels ab einem Alter von 20 Jahren für das Heer gezählt. Ihre Zahl war 603.550 (4. Mose 1,45). Vor der Landnahme wurden 601.730 männliche Israeliten gezählt (4. Mose 26,51). Der größte Stamm war der Stamm Juda mit 74.600 wehrfähigen Männern in der Wüste (1. Mose 1,27) und 76.500 wehrfähigen Männern vor der Landnahme (4. Mose 26,22). Der Stamm Levi wurde in der Wüste nicht gezählt, da er nicht für das Heer vorgesehen war. Zu seinen Aufgaben gehörte es z.B., beim Weiterziehen des Volkes für den Abbau, den Transport und den Wiederaufbau der Stiftshütte zu sorgen (4. Mose 1,48-53). Vor der Landnahme wurde seine Zahl mit 23.000 männlichen Leviten angegeben, welche einen Monat alt oder älter waren (4. Mose 26,62). Als Priester wurden nur Aaron und seine Söhne berufen. Aaron hatte vier Söhne. Nach dem Tod der beiden ältesten Söhne waren es also nur drei Personen, die den Priesterdienst in der Wüste ausübten. Vor der Landnahme wurde keine Zahl angegeben. Da Aaron schon gestorben war und dessen Sohn Eleasar den Dienst des Hohenpriesters ausübte, stand auf jeden Fall nur eine kleine Zahl von Priestern zur Verfügung. Sie hatten demzufolge eine außerordentlich hohe und bedeutungsvolle Stellung in Israel.[114]

---

[114] Anmerkung: In wie weit die angegebenen Zahlen einer tatsächlichen Zählung oder einer ihnen innewohnenden Symbolik und Systematik (gem. dem jüdischen Zahlenverständnis) entsprechen, muss an dieser Stelle offenbleiben (s. 7.1). Auf jeden Fall gestatten sie uns heute einen Überblick über die damaligen Verhältnisse und Proportionen.

Zur Zeit Davids wurden die dienstfähigen Leviten gezählt. Es waren 38.000 Leviten, die älter als dreißig Jahre waren. Aus den beiden Söhnen Aarons, Eleasar und Itamar, waren insgesamt vierundzwanzig Familien hervorgegangen. Aus den Sippenhäuptern des Priestergeschlechts wurden die vierundzwanzig Abteilungen der Priester ausgelost (1. Chr 24,1-19). Die Zahl der Priester in Israel hatte also deutlich zugenommen. Diese Ordnung der vierundzwanzig Abteilungen bestand noch zur Zeit Jesu.[115]

3.7.3 Das Einsetzungsopfer für die Priester

Für die Einsetzung der Priester waren folgende Schritte vorgegeben: *„Und den Söhnen Aarons sollst du Untergewänder, Gürtel und hohe Mützen machen zur Ehre und als Schmuck und sollst sie deinem Bruder Aaron samt seinen Söhnen anlegen und sollst sie salben und ihre Hände füllen und sie weihen, dass sie meine Priester seien"* (2. Mose 28,40-41). Zuerst wurden sie gewaschen, anschließend mit den Prachtgewändern bekleidet und daraufhin gesalbt. Die Salbung geschah mit einem besonders zubereiteten heiligen Salböl (2. Mose 30,22-30)[116] und war ein Zeichen der Weihe für den Dienst Gottes. Das Füllen der Hand bedeutete allgemein die ausdrückliche Bevollmächtigung zu einem Dienst, hier insbesondere zum Dienst des Priesters. Die vollständige Weihe erhielten die Priester jedoch erst durch besondere Opfer zur Amtseinsetzung, welche für sie Sühne bewirkten und sie auf Lebenszeit zum Priester bestimmten. Zu diesen Opfern gehörten ein Stier als Sündopfer, ein Widder als Brandopfer, ein zweiter Widder als Einsetzungsopfer sowie vorbereitete Speisen als Speisopfer. Das Einsetzungsopfer wurde auf ähnliche Weise geopfert wie ein Heilsopfer, wovon Aaron und seine Söhne einen Anteil erhielten.

Zum Opfer des zweiten Widders als Einsetzungsopfer erfahren wir mehrere Besonderheiten. Nach dem Schlachten des Widders hatte Mose die Aufgabe, Aaron und seine Söhne mit Blut zu bestreichen. Dies sollte geschehen am

---

[115] WStb, Das erste Buch der Chronik, erklärt von Fritz Laubach, R. Brockhaus Verlag Wuppertal 2000, S. 238

[116] Das heilige Salböl nach 2. Mose 30,22-25 war eine „dickflüssige Streichsalbe zur Salbung des heiligen Zeltes aus Myrrhe, Zimt, Kalmus und Kassia bereitet. Das Rezept (Ex 20,23f) soll nie zu anderen Zwecken dienen; profane Verwendung wäre ein todeswürdiges Vergehen." BL, a.a.O., Sp. 1505. Nach 2. Mose 30,24-30 wurden diese Zutaten mit Olivenöl vermengt. Damit wurden sowohl die Stiftshütte, die Bundeslade wie auch alle heiligen Geräte gesalbt. Ebenso wurden Aaron und seine Söhne mit diesem Salböl zu Priestern gesalbt.

rechten Ohrläppchen, am Daumen der rechten Hand und am großen Zeh des rechten Fußes. „Die rechte Seite ist die Seite der Kraft, der Tätigkeit und der Gottverbundenheit."[117] Die Priester waren damit dauerhaft als dem HERRN gehörend bezeichnet worden. Hören, Handeln und Gehen sollten von diesem Zeitpunkt an ausschließlich vom HERRN bestimmt werden. Das übrige Blut wurde an den Altar gesprengt (2. Mose 29,20). Anschließend wurde *„von dem Blut auf dem Altar"* und vom Salböl etwas genommen und damit Aaron und dessen Kleider sowie Aarons Söhne und deren Kleider besprengt. *„So werden er und seine Kleider, seine Söhne und ihre Kleider geweiht"* (2. Mose 29,21). Dieser Weiheakt, in den ausdrücklich die Priesterkleider einbezogen waren, verdeutlichte, dass der öffentliche Dienst des Priesters nur im geweihten Gewand versehen werden durfte.

Nach diesem Weiheakt wurden die Fettstücke des zweiten Widders *„und die rechte Keule – denn es ist der Widder der Einsetzung"* sowie die vorbereiteten Speisopfer Aaron und seinen Söhnen zum Schwingen in die Hände gegeben. Erst nach diesem Schwingen wurden diese Fleischstücke sowie das Speisopfer auf dem Altar verbrannt (2. Mose 29,25). Diese symbolische Form der Darbringung wurde als Schwingopfer oder Hebopfer bezeichnet.[118] Bei den üblichen Heilsopfern „erhält der amtierende Priester die rechte Keule (3. Mose 7,32.34). Beim Einsetzungswidder gehört diese zu den zu opfernden Teilen. Mose erhält nur die Brust (2. Mose 29,26)."[119] Auch hiervon lässt sich ableiten, dass der Priester persönliche Ansprüche an den HERRN abzutreten hatte. Das besondere Prachtgewand Aarons sollte nach seinem Tode weiter vererbt werden an die nachfolgenden Hohenpriester. *„Und die heiligen Kleider Aarons sollen nach ihm seine Söhne haben, dass sie darin gesalbt und ihre Hände gefüllt werden. Wer von seinen Söhnen an seiner statt Priester wird, der soll sie sieben Tage anziehen, wenn er in die Stiftshütte geht, um im Heiligtum zu dienen"* (2. Mose 29,29-30).

Die Weihe der Priester war mit der Weihe des Altars verbunden. Die Schilderungen lassen erkennen, dass es sich hierbei um den Brandopferaltar handelte. Die Weihe der Priester war eine hochheilige Handlung und sehr aufwendig. Sie dauerte sieben Tage (2. Mose 29). *„So sollst du mit Aaron und*

---

117 WStb, Das erste Buch der Chronik, a.a.O., S. 289
118 Ebd. S. 291
119 Ebd. S. 290

seinen Söhnen alles tun, was ich dir geboten habe. Sieben Tage sollst du ihre Hände füllen und täglich einen jungen Stier zum Sündopfer schlachten zur Sühnung und sollst den Altar entsündigen, indem du die Sühnung an ihm vollziehst, und sollst ihn salben, dass er geweiht werde" (2. Mose 29,35-36). Damit hatte der HERR auf diese Weise festgelegt, wie in Israel die Priesterweihe zu erfolgen hatte. Zugleich waren Aaron und dessen Söhne und nach ihnen deren Söhne in Israel für alle Zeiten als Priester ausgewählt.

In besonderen Situationen gab es auch Ausnahmen hinsichtlich der Abstammung. Mitunter haben auch Personen, die nicht zur Familie Aarons zählten, Opfer dargebracht. Dies geschah einige Male in der Richter- und in der Königszeit. Alle diese Männer haben niemals willkürlich gehandelt. Sie hatten ein inniges Verhältnis zum HERRN und brachten die Opfer in Abhängigkeit zu ihm dar. Die Stellung des aaronitischen Priestertums wurde dabei nie in Frage gestellt. Das gilt z.B. für Gideon (Ri 6,17-21), Manoah (Ri 13,15-20), Samuel (1. Sam 7,9.10.17; 9,12.13; 10,8; 16,2-5), Elia (1. Kön 18,30-38).[120]

3.7.4 Das Gesetz für die Priester

Für die Priester galten in Israel noch strengere Regeln für das tägliche Leben als für das übrige Volk, denn sie waren dem HERRN geweiht. Das Gesetz für die Priester in 3. Mose 21 regelte mehrere solcher Fragen. Da waren zunächst die Regelungen für Trauerfälle. Ein Priester durfte nur bei der Bestattung der nächsten Angehörigen mitwirken, bei seinen Eltern, seinen Kindern, seinen Geschwistern. Eine verstorbene Schwester durfte er nur dann mit bestatten, wenn sie noch unverheiratet war. Jede Berührung eines Toten, der nicht zu diesem engsten Familienkreis gehörte, machte ihn unrein (3. Mose 21,1-4). Trat ein Trauerfall ein, so war es den Priestern untersagt, abergläubischen Sitten und Gebräuchen zu folgen.[121] Sie durften sich keine Glatze scheren, ihren Bart nicht stutzen und sollten sich keine Schnittwunden am Körper zufügen. Sie waren heilig dem HERRN und sollten sich nicht entheiligen, denn sie brachten dem HERRN die Opfer dar (3. Mose 21,5-6).

Ein Priester durfte nur eine Jungfrau aus Israel heiraten (3. Mose 21,7-8). Die Ehe mit einer Priesterwitwe war für die Priester offensichtlich erlaubt (vgl.

---

[120] LzB, a.a.O., Sp. 1255

[121] WStb, Das dritte Buch Mose, a.a.O., S. 372

Hes 44,22), für den Hohenpriester jedoch ausgeschlossen. Trieb die Tochter eines Priesters Hurerei, drohte ihr die Todesstrafe durch Verbrennen, *„denn sie hat ihren Vater entheiligt"* (3. Mose 21,9). Es sei hier noch einmal an den Abschnitt „Von den Opfern Israels" (s. 3.3.2) erinnert. Die hier aus christlicher Sicht absolut unverständliche Strafe zeigt die außergewöhnliche Situation, in welcher sich eine Priesterfamilie in Israel befand.

Für einen Hohenpriester waren die Regeln noch strenger. Er durfte keinen Toten berühren, nicht einmal seine Eltern. Demzufolge durfte er bei keiner Bestattung mitwirken. Da er auch nicht mit dem Grab oder dem Haus des Toten in Berührung kommen durfte, war offensichtlich die einzige Trauerfeier, an der er teilnehmen durfte, die seiner Ehefrau.[122] Seine Haare mussten geschnitten sein. Seine Kleider durfte er nicht zerreißen (3. Mose 21,10-11). Der Hohepriester durfte, während seines oft mehrtägigen Dienstes die Stiftshütte nicht verlassen, auch dann nicht, wenn ein naher Angehöriger gestorben war. Er durfte ausschließlich eine Jungfrau heiraten, denn die Familie des Hohenpriesters sollte makellos sein (3. Mose 21,12-15).

Eine der Voraussetzungen für den Priesterdienst war die körperliche Unversehrtheit. Behinderte und kranke Menschen erfuhren in Israel durchaus Achtung und Schutz (3. Mose 19,14; 5. Mose 27,18). Doch für den Priesterdienst waren sie nicht zugelassen. Das hatte zum einen mit der Symbolik zu tun, dass Unversehrtheit leichter mit Reinheit in Zusammenhang gebracht wurde. Zum anderen ist aber auch erkennbar, dass die Opferpraxis eine körperlich sehr schwere Arbeit war, die hohen körperlichen Einsatz erforderte. Die den Priestern zustehenden Speisen von den Opfern standen den behinderten Familienmitgliedern jedoch in gleicher Weise zu (3. Mose 21,16-24).

Der Genuss berauschender Getränke war den Priestern während ihres Dienstes verboten. *„Der HERR aber redete mit Aaron und sprach: Du und deine Söhne, ihr sollt weder Wein noch Bier trinken, wenn ihr in die Stiftshütte geht, damit ihr nicht sterbt. Das sei eine ewige Ordnung für alle eure Nachkommen"* (3. Mose 10,8-9). Es ist denkbar, dass die Söhne Aarons ungehorsam waren und deshalb starben, weil sie betrunken waren.

[122] Ebd. S. 376

Für die Priester gibt es keine Angabe betreffs ihres Dienstalters. Aaron übte sein Amt als Hoherpriester bis zu seinem Tode aus. Demgegenüber war die Dienstzeit für die Leviten begrenzt. Sie begann in der Wüstenzeit im Alter von 25 Jahren und endete im Alter von 50 Jahren. Waren sie über 50 Jahre alt, konnten sie ihren Brüdern helfen, soweit sie es vermochten (4. Mose 8,23-26). Beim Aufbruch des Lagers vom Sinai wurde eine Gruppe der Leviten gezählt, nämlich *„die Summe der Söhne Kehat aus den Söhnen Levi ... von dreißig Jahren an und darüber bis ins fünfzigste Jahr ..."* (4. Mose 4,2-3). Eine mögliche Erklärung für die Altersbegrenzung ist, dass offensichtlich die jüngeren Leviten für den Aufbruch und den Transport verschont worden waren, während sie für den späteren täglichen Dienst in Anspruch genommen wurden. David hat später den Beginn des Dienstalters der Leviten noch weiter herabgesetzt auf 20 Jahre. Dies geschah in Vorbereitung auf den Dienst am Tempel (1. Chr 23,24-28).

3.7.5 Die Versorgung der Priester

Für den Dienst vor der Stiftshütte wurde der Stamm Levi ausgewählt. *„Und der HERR redete mit Mose und sprach: Bringe den Stamm Levi herzu und stelle sie vor den Priester Aaron, dass sie ihm dienen. Sie sollen Sorge tragen für ihn und für die ganze Gemeinde vor der Stiftshütte und so ihren Dienst für die Wohnung versehen und sollen alles Gerät der Stiftshütte in ihre Obhut nehmen und Sorge für die Israeliten tragen und ihren Dienst für die Wohnung versehen"* (4. Mose 3,5-8).

Wenngleich Levi nicht der erstgeborene Sohn Jakobs bzw. Israels war, so wurde der Stamm Levi aber vom HERRN anstelle des Erstgeborenen ausgewählt. *„Und der HERR redete mit Mose und sprach: Siehe, ich habe die Leviten genommen aus den Israeliten statt aller Erstgeburt, die den Mutterschoß durchbricht in Israel, so dass die Leviten mir gehören sollen"* (4. Mose 3,11-12). Ruben, dem Erstgeborenen, war schon seit Jakobs Segen über seine Söhne das Erstgeburtsrecht entzogen worden (1. Mose 49,4).

Die Zuordnung des gesamten Stammes Levi und der Familie Aarons zueinander wurde durch den HERRN geordnet. *„Und der HERR sprach zu Aaron: Du und deine Söhne und deine Sippe, ihr sollt die Schuld tragen, wenn eine Verfehlung begangen wird am Heiligtum; und du und deine Söhne mit dir, ihr sollt die*

Schuld tragen, wenn eine Verfehlung begangen wird bei eurem Priesterdienst. Aber deine Brüder aus dem Stamme deines Vaters Levi sollst du zu dir nehmen, dass sie bei dir seien und dir dienen; du aber und deine Söhne mit dir sollen dienen vor der Hütte des Gesetzes. Und sie sollen Sorge tragen für dich und die ganze Stiftshütte. Doch zu dem Gerät des Heiligtums und zu dem Altar sollen sie sich nicht nahen, ..." (4. Mose 18,1-3). Die Männer der Familie Aarons, die Priester, trugen die ganze Verantwortung für den Dienst an der Stiftshütte. Sie allein versahen auch den Opferdienst, wie er in den Opfergesetzen angeordnet war. Doch für alle anderen Arbeiten und Hilfsdienste waren die Leviten zuständig. Sie unterstanden den Priestern. Das bedeutete eine enge Zusammenarbeit und ein gutes Einvernehmen miteinander.

Der Stamm Levi sollte kein eigenes Siedlungsgebiet im verheißenen Land haben. Sie wohnten in 48 ihnen zugewiesenen Städten in der Nähe Jerusalems. Davon wurden 13 Städte als Priesterstädte bezeichnet, in denen die Priester mit ihren Familien wohnen durften.[123] Der Stamm Levi wurde durch die anderen Stämme weitestgehend versorgt. Wie diese Versorgung aussah, wird in 4. Mose 18 bestimmt.

Im Priestergesetz wurde als erstes die Versorgung der Priester festgelegt. *„Und der HERR sagte zu Aaron: Siehe, dies überlasse ich dir bei dem Dienst an meinen Abgaben: von allen heiligen Gaben der Israeliten gebe ich dir einen Anteil, dir und deinen Söhnen, als ewiges Anrecht"* (4. Mose 18,8). Mit Ausnahme der Fleischstücke der Opfertiere, welche verbrannt werden mussten, erhielten die Priester alle Anteile vom Speis-, Sünd- und Schuldopfer, die für den HERRN bestimmt waren. Der HERR schenkte sie sozusagen an die Priester weiter. Diese Anteile waren von den Priestern im Vorhof der Stiftshütte zu verzehren. Die Frauen hatten daran keinen Anteil. Die zum Schwingopfer bestimmten Stücke des Heilsopfers gehörten der ganzen Priesterfamilie und durften zu Hause verzehrt werden. Dazu erhielten sie alle Erstlinge, die dem HERRN geweiht waren. Das Beste vom Fleisch, vom Öl und Wein wurde den Priestern übergeben (4. Mose 18,8-19*). „Und der HERR sprach zu Aaron: Du sollst in ihrem Lande kein Erbteil besitzen, auch keinen Anteil unter ihnen haben; denn ich bin dein Anteil und dein Erbteil inmitten der Israeliten"* (4. Mose

[123] LzB, a.a.O., Sp. 1255

18,20).

Im Weiteren wurde die Versorgung der Leviten, also des restlichen Stammes Levi festgelegt. *„Den Söhnen Levi aber habe ich alle Zehnten gegeben in Israel als Erbteil für ihren Dienst, den sie an der Stiftshütte tun"* (4. Mose 18,21). „Als ‚Zehnten' bezeichnet man ‚10% des ganzen Ertrags von Landwirtschaft und Viehzucht' ... Grob geschätzt kann man sagen, dass die Priester vom Opfer, die Leviten aber vom Zehnten lebten."[124] Die Leviten durften alle erhaltenen Gaben mit ihrer Familie an jedem Ort verzehren. Es war ihnen geboten, dass sie sich ebenfalls am Unterhalt der Priester beteiligten, indem sie wiederum den Zehnten an die Priester entrichteten. *„Und der HERR redete mit Mose und sprach: Sage den Leviten und sprich zu ihnen: Wenn ihr den Zehnten nehmt von den Israeliten, den ich euch von ihnen bestimmt habe als euer Erbteil, so sollt ihr davon eine Abgabe dem HERRN geben, je den Zehnten von dem Zehnten; ... und sollt diese Abgabe für den HERRN dem Priester Aaron geben"* (4. Mose 18,25-26.28). „Hier wird ein erheblicher Unterschied zum Priestertum sichtbar: der Levit ist zehntpflichtig, der Priester nicht!"[125]

All diese Ordnungen für die Versorgung der Priester und Leviten waren die Voraussetzung dafür, dass der Gottesdienst, die Opfer, die Feste usw. in Israel überhaupt stattfinden konnten. Ohne diese Ordnungen wäre dies nicht möglich gewesen. Wir sehen, dass das heute zum Teil abgelehnte, kritisierte oder nicht mehr praktizierte persönliche Opfer, das sich an die „Zehnten-Regelung" anlehnt, einer göttlichen Ordnung entspringt. Die vielfach vertretende Auffassung, dass das Opfer nicht zum Erhalt der Gottesdienste und der gemeindlichen Aktivitäten bestimmt sei, sondern einer mildtätigen Zuwendung, da es keinem „Selbstzweck" dienen solle, entspricht daher nicht dem Zeugnis der Bibel.

3.7.6 Zusammenfassung zu den Aufgaben der Priester

Die bisherigen Betrachtungen zu den Opfergesetzen Israels enthalten bereits eine Vielzahl von Aufgaben, die ausschließlich den Priestern galten. Wir

[124] WStb, Das vierte Buch Mose, erklärt von Gerhard Maier, R. Brockhaus Verlag Wuppertal 1989, S. 257
[125] Ebd. S. 259

versuchen, die wichtigsten Aufgaben der Priester hier zusammenzufassen.

Für das Passa war nicht unbedingt das Handeln der Priester nötig. Während der Zeit der Stiftshütte wurden die Passalämmer in den Familien geschlachtet und gegessen. Nach der Einweihung des Tempels geschah die Schlachtung der Passalämmer am Tempel und das Passamahl wurde mit Festpilgern in Jerusalem gehalten. Erst seit König Hiskia wurden die Passalämmer von den Leviten geschlachtet.

Im Zusammenhang mit Passa wurde das Fest der ungesäuerten Brote gefeiert, mit umfangreichen Opferzeremonien. Wie wir schon erfahren haben, konnten alle in Israel gebotenen Opfer nur von den Priestern dargebracht werden, da sie allein die Berechtigung hatten, am Altar zu dienen. Die Besprengung mit Blut und das Ausgießen des Blutes an den Brandopferaltar, das Verbrennen der Opfer, all das stand ausschließlich den Priestern zu. Bei den Opfern war immer der Priester derjenige, der nach dem Gebot des HERRN die Sühne herbeiführte. Nur deshalb konnte den Opfernden bzw. dem Volk vergeben werden. Nur die Priester durften das Heiligtum betreten. Sie zündeten das Räucherwerk auf dem Räucheraltar an und hielten das Feuer auf dem Brandopferaltar am Brennen. Die Geräte im Heiligtum, der Schaubrottisch und der siebenarmige Leuchter waren ebenso ausschließlich durch die Priester zu versorgen. Den Leviten war deren Berührung strengstens verboten.

Während der Wüstenzeit wurden das Volk oder die Fürsten des Volkes mit bestimmten Trompetensignalen vor der Stiftshütte zusammengerufen. Auch wenn Israel in den Krieg gegen seine Feinde ziehen sollte, oder wenn es seine großen Feste feierte, wurde es durch Trompetensignale dazu gerufen. Das Blasen der Trompetensignale war Aufgabe der Priester. *„Es sollen aber blasen mit den Trompeten die Söhne Aarons, die Priester; und das soll eine ewige Ordnung sein für euch und eure Nachkommen“* (4. Mose 10,8; vgl. 1. Kor 14,8).

Nach dem tragischen Unglück, wodurch die Söhne Aarons Nadab und Abihu verstarben, ermahnte der HERR die Priester eindringlich, dass sie das Volk unterweisen sollten in den Gesetzen, vor allem in den Reinheitsgesetzen. Erst mit der genauen Kenntnis der vom HERRN verordneten Lebensregeln wurden die Israeliten in die Lage versetzt, zu leben wie es Gott gefiel. *„Der HERR aber redete mit Aaron und sprach: Du und deine Söhne, ihr sollt weder Wein noch*

Bier trinken, wenn ihr in die Stiftshütte geht, damit ihr nicht sterbt. Das sei eine ewige Ordnung für alle eure Nachkommen. Ihr sollt unterscheiden, was heilig und unheilig, was unrein und rein ist, und Israel lehren alle Ordnungen, die der HERR ihnen durch Mose verkündet hat" (3. Mose 10,8-11).

In Israel hatten die Priester auch die Aufgabe, Krankheiten zu beurteilen und im Krankheitsfall Maßnahmen anzuordnen. Besonders gefürchtet war der Aussatz. Im 3. Mose 13-14 sind ausführliche Bestimmungen darüber enthalten. Die Priester beurteilten, ob jemand vom Aussatz befallen war. Dann mussten diejenigen das Lager verlassen. Ebenso urteilten sie darüber, wenn jemand vom Aussatz geheilt war. Dann durfte er zurückkommen. *„Und der HERR redete mit Mose und Aaron und sprach: Wenn bei einem Menschen an seiner Haut eine Erhöhung oder ein Ausschlag oder ein weißer Flecken entsteht und zu einer aussätzigen Stelle an der Haut wird, soll man ihn zum Priester Aaron führen oder zu einem seiner Söhne, den Priestern. ... Wenn der Priester das an ihm sieht, soll er ihn für unrein erklären"* (3. Mose 13,1-2.3).

Schwierige Rechtsangelegenheiten sollten den Priestern vorgelegt werden. Die Priester hatten eine Entscheidung zu treffen, woran die Parteien gebunden waren. *„Wenn eine Sache vor Gericht dir zu schwer sein wird, ... so sollst du dich aufmachen und hinaufgehen zu der Stätte, die der HERR, dein Gott, erwählen wird, und zu den levitischen Priestern kommen und zu dem Richter, der zu der Zeit sein wird, und sie befragen. Die sollen dir das Urteil sprechen. Und du sollst tun nach dem Spruch, den sie dir sagen an der Stätte, die der HERR erwählen wird, und sollst es halten, dass du tust nach allem, was sie dich lehren werden"* (5. Mose 17,8.9-10; vgl. 5. Mose 19,17; 21,5).

Die Priester in Israel sollten eine moralische Instanz sein. Sie sollten ganz dem HERRN ergeben sein, sodass die Israeliten sich darauf verlassen konnten, von ihnen wirklich den Willen des HERRN zu erfahren. Leider hatten die Priester dies oftmals nicht erfüllt. *„Und nun, ihr Priester, dieses Gebot gilt euch: ... Denn des Priesters Lippen sollen die Lehre bewahren, dass man aus seinem Munde Weisung suche; denn er ist ein Bote des HERRN Zebaoth. Ihr aber seid von dem Wege abgewichen und habt viele zu Fall gebracht durch falsche Weisung und habt den Bund mit Levi verdorben, spricht der HERR Zebaoth. Darum habe auch ich euch verächtlich und unwert gemacht vor dem ganzen Volk, weil ihr meine Wege nicht haltet und die Person anseht, wenn ihr Weisung gebt"*

(Mal 2,1.7-9).

Das Segnen war in Israel durchaus weit verbreitet und oblag nicht nur den Priestern. Wenn die Priester aber das Volk segneten, was auch zu ihren Aufgaben gehörte, so sollte gelten, dass sie den Namen des HERRN auf das Volk legten. Deshalb wurde ihnen der Segensspruch geboten. *"Und der HERR redete mit Mose und sprach: Sage Aaron und seinen Söhnen und sprich: So sollt ihr sagen zu den Israeliten, wenn ihr sie segnet: Der HERR segne dich und behüte dich; der HERR lasse sein Angesicht leuchten über dir und sei dir gnädig; der HERR hebe sein Angesicht über dich und gebe dir Frieden. So sollen sie meinen Namen auf die Israeliten legen, dass ich sie segne"* (4. Mose 6,22-27).

Im Krieg hatten die Priester die Aufgabe, das Volk zu ermutigen und im Vertrauen auf den HERRN zu bestärken. *„Wenn ihr nun auszieht zum Kampf, so soll der Priester herzutreten und mit dem Volk reden und zu ihnen sprechen: Israel, höre zu! Ihr zieht heute in den Kampf gegen eure Feinde. Euer Herz verzage nicht, fürchtet euch nicht und erschreckt nicht und lasst euch nicht grauen vor ihnen; denn der HERR, euer Gott, geht mit euch, dass er für euch streite mit euren Feinden, um euch zu helfen"* (5. Mose 20,2-4).[126]

3.8 Der Altar

Vom Wort her handelt es sich bei dem Begriff Altar um eine Opferstätte - das heißt, um einen besonders geweihten Ort, an dem der Mensch der Gottheit Opfer bringt - oder um einen Gedenkstein für eine Gottheit.[127] In den bisherigen Betrachtungen hatten wir unter 3.3.1 bereits gesehen, dass beim Opfer Noahs zum ersten Mal in der Bibel ein Altar erwähnt wurde (1. Mose 8,20).

Wenn es in den Vätergeschichten heißt, dass dem HERRN ein Altar gebaut wurde, so handelte es sich um eine Erdanhäufung, mit unbehauenen Steinen umgeben. Das tat z.B. Abraham während seiner Nomadenzeit. Er baute einen Altar und rief den Namen des HERRN an (1. Mose 12,7.8; 13,4.18; 22,9). Im Sinaibund gebot der HERR, dass er ausschließlich für sich Ehre und Anbetung fordert. Kein anderer Name ist anzurufen als der Name des HERRN. Keinem anderen sind Opfer zu bringen als dem HERRN (2. Mose 20). Nach dem Erhalt

[126] Zu den Aufgaben der Priester siehe auch: LzB, a.a.O., Sp. 1256

[127] LzB, a.a.O., Sp. 64 ff

der Zehn Gebote am Sinai war der Erdaltar vom HERRN als Opferstätte sogar ausdrücklich geboten worden (2. Mose 20,24-26).

Während der Richterzeit wurden in Einzelfällen als Ausnahmen Felsblöcke als Altar benutzt (Ri 6,20; 13,19; 1. Sam 6,14; 14,33).

Für die Stiftshütte war die Errichtung eines Brandopferaltars bestimmt worden. Er war aus Akazienholz mit vier Hörnern an den vier Ecken und mit einem geeigneten Metall, wahrscheinlich Kupfer oder Bronze[128] überzogen. Die Größe war ca. 2,30m mal 2,30m. Seine Höhe war ca. 1,38m[129] (2. Mose 27,1). Um ihn auf dem Weg ins verheißene Land tragen zu können, wurde er mit Tragstangen versehen. Die Tragstangen waren ebenfalls aus Akazienholz und mit Kupfer oder Bronze überzogen. Alle dazugehörigen Gegenstände waren aus Kupfer oder Bronze hergestellt (2. Mose 27,1-8).

Der Räucheraltar im Inneren der Stiftshütte war ebenfalls aus Akazienholz hergestellt, mit vier Hörnern an den vier Ecken und mit Gold überzogen. Seine Größe war ca. 0,46m mal 0,46m. Seine Höhe betrug ca. 0,92m.[130] Die Tragstangen für den Transport waren ebenfalls aus Akazienholz mit Gold überzogen (2. Mose 30,1-6). Mit der Errichtung der Stiftshütte entfiel die Notwendigkeit, einen Erdaltar zu errichten.

Im Tempel Salomos waren alle Gegenstände sehr prunkvoll. Der Brandopferaltar hatte eine Größe von ca. 9,20m mal 9,20m. Seine Höhe betrug ca. 4,60m[131] (2. Chron 4,1). Das bedeutete, dass die Opfergaben nur über eine aufgeschüttete Rampe auf den Altar gebracht werden konnten. Obwohl es

---

[128] In 2. Mose 27,2-3 wird das Material, womit der Brandopferaltar überzogen war, woraus auch die dazugehörigen Geräte hergestellt wurden und womit die Tragstangen überzogen waren mit unterschiedlichen Begriffen übersetzt. Den Begriff „Bronze“ verwenden z.B.: Luther 2017, Elberfelder Bibel, Zürcher Bibel, Hoffnung für alle, Gute Nachricht, Neues Leben, Neue evangelistische Übersetzung. Den Begriff „Kupfer“ verwenden z.B.: Luther 1956/64, Luther 1984, Einheitsübersetzung, Jerusalemer Bibel, Wuppertaler Studienbibel (Hansjörg Bräumer), Hermann Menge. Vgl. LzB, a.a.O., Sp. 65. Den Begriff „Erz“ verwenden z.B.: Luther 1912, F.E. Schlachter 2000.

[129] Als Maße sind hier angegeben: 5 mal 5 Ellen, 3 Ellen hoch. Nach den Angaben im Anhang der Lutherbibel rechnen wir 1 Elle = 46 cm

[130] Als Maße sind hier angegeben: 1 mal 1 Elle, 2 Ellen hoch.

[131] Als Maße sind hier angegeben: 20 mal 20 Ellen, 10 Ellen hoch.

hier nicht ausdrücklich benannt ist, ist davon auszugehen, dass der Brandopferaltar aus unbehauenen Steinen aufgebaut war (vgl. 2. Mose 20,25). Der obere Aufbau, worauf das Feuer brannte und die Opfertiere verbrannt wurden, war aus Kupfer oder Bronze hergestellt. Zum Räucheraltar im Tempel werden keine anderen Angaben gemacht.

Bereits am Sinai erhielt Mose Weisungen für das Leben in Kanaan. Alle dortigen Altäre sollten zerstört werden. *„Du sollst ihre Götter nicht anbeten noch ihnen dienen noch tun, wie sie tun, sondern du sollst sie umreißen und ihre Steinmale zerbrechen“* (2. Mose 23,24). Für Israel sollte gelten, dass es nur einen Altar, nur eine Opferstätte geben sollte. Dieser Platz war derjenige, den der HERR erwählt hatte, der Platz an der Stiftshütte, später am Tempel. *„Zerstört alle heiligen Stätten, wo die Heiden, die ihr vertreiben werdet, ihren Göttern gedient haben, ... und reißt um ihre Altäre und zerbrecht ihre Steinmale und verbrennt mit Feuer ihre heiligen Pfähle, zerschlagt die Bilder ihrer Götzen und vertilgt ihren Namen von jener Stätte. Ihr sollt dem HERRN, eurem Gott, so nicht dienen, sondern die Stätte, die der HERR, euer Gott, erwählen wird aus allen euren Stämmen, dass er seinen Namen daselbst wohnen lässt, sollt ihr aufsuchen und dahin sollst du kommen. Dorthin sollt ihr bringen eure Brandopfer und eure Schlachtopfer, eure Zehnten und eure heiligen Abgaben, eure Gelübdeopfer, eure freiwilligen Opfer und die Erstgeburt eurer Rinder und Schafe“* (5. Mose 12,2-6). Alle Stämme hatten ihre Opfer zum Heiligtum zu bringen. Damit war zugleich das Darbringen der Opfer an jedem anderen Ort verboten. In Kanaan galt dies für das ganze Besiedlungsgebiet.

Nach dem Zerfall des Reiches entstand eine tiefe religiöse Kluft zwischen dem Nordreich Israel und dem Südreich Juda. Das ist durchaus verständlich, da im Norden die Priester und Leviten vertrieben wurden und Götzendienst Einzug hielt. Später wurde auf dem Garizim ein weiteres Heiligtum errichtet (2. Chron 11,13-15; 1. Kön 12,28-32).

Mit der Zerstörung des Tempels in Jerusalem und damit auch des Brandopfer- und des Räucheraltars war kein Opferdienst mehr möglich. Nach der Rückkehr aus der babylonischen Gefangenschaft wurde der Brandopferaltar als erstes wieder aufgebaut, später auch der Tempel (s. 2.6.8). Seit der Zerstörung des Tempels durch die Römer ist der alttestamentliche Opferdienst für die Juden erloschen.

3.9 Übersicht über die wichtigsten Opferarten und Opferanlässe

Die wichtigsten Opferarten in Israel nach 3. Mose 1-7	
Freiwillige Opfer	**Pflichtopfer**
Opfer zu Gottes Wohlgefallen bzw. „zu einem lieblichen Geruch“ (Luth.)	*Opfer zur Sühne von Sünden*
Brandopfer (Ganzopfer) 3. Mose 1,1-7; 6,1-6	Sündopfer (Sühne) 3. Mose 4; 6,17-23
Speisopfer (unblutig) 3. Mose 2,1-16; 6,7-11	für einen Priester (Blut ins Heiligtum) 3. Mose 4,1-12
Speisopfer der Priester 3. Mose 6,12-16	für die ganze Gemeinde (Blut ins Heiligtum) 3. Mose 4,13-21
Heilsopfer (Luther: Dankopfer) 3. Mose 3,1-17	für einen Stammesfürsten 3. Mose 4,22-26
Anteile der Priester am Heilsopfer 3. Mose 7,28-36	für den einzelnen Israeliten 3. Mose 4,27-35
Heilsopfer als Lobopfer ist ein Fest 3. Mose 7,11-21	Sonderbestimmungen 3 Mose 5,1-13
	Schuldopfer (Sühne und Wiedergutmachung) 3. Mose 5,14-26; 7,1-10

Die wichtigsten Opferanlässe in Israel	
Opfer am Passafest	2. Mose 12,1-11; 12,21-28; 23,14-19 3. Mose 23,4-8; 5. Mose 16,1-8
Opfer am Wochenfest	2. Mose 23,14-19; 3. Mose 23,15-22 4. Mose 28,26-31; 5. Mose 16,9-12
Opfer am Laubhüttenfest	2. Mose 23,14-19; 3. Mose 23,33-44 5. Mose 16,13-15
Opfer aller Erstgeburt	2. Mose 13,1-2; 13,11-16
Tägliches Morgen- und Abendopfer	2. Mose 29,38-42; 30,7-10 4. Mose 28,1-8
Wöchentliches Opfer am Sabbat	4. Mose 28,9-10
Monatliches Opfer am ersten Tag jedes Monats	4. Mose 28,11-15
Einige Opfer des 7. Monats:	
01. Tag des 7. Monats: Tag des Posaunenblasens	4. Mose 29,1-6
10.Tag des 7. Monats: Großer Versöhnungstag	3. Mose 16; 23,26-32 4. Mose 29,7-11
15.Tag des 7. Monats: Laubhüttenfest	Siehe oben
Einsetzungsopfer für die Priester	2. Mose 29,10-37

3.10 Zusammenfassung zur Vergebung im Alten Bund

Es ist ein Irrtum, zu glauben, der Alte Bund kenne nur Vergeltung, der Neue Bund bringe die Vergebung. Das ist zu kurz gedacht. Allerdings ist die Vergebung im Alten Bund eingeschränkt. Sie ist nur mit Opfern und somit mit Opferaltären und Priestern vorstellbar. Die Sühnung von Sünde war keineswegs in jedem Fall möglich. Wenn Sünde gesühnt werden konnte, hatte dies einen hohen Preis. Manche Sünden konnten nicht vergeben werden, sondern forderten sofort die Todesstrafe. Wer z.B. das Passafest ohne anerkannten Grund versäumte, musste mit der Todesstrafe rechnen. *„Wer aber rein ist und wer nicht auf einer Reise ist und unterlässt es, das Passa zu halten, der soll ausgerottet werden aus seinem Volk, weil er seine Gabe nicht zur festgesetzten Zeit dem HERRN gebracht hat. Er soll seine Sünde tragen“* (4. Mose 9,13). Wer den Sabbat nicht einhielt, konnte ebenfalls wegen Sabbatschändung sofort mit dem Tode bestraft werden. *„Als nun die Israeliten in der Wüste waren, fanden sie einen Mann, der Holz auflas am Sabbattag. ... es war nicht klar bestimmt, was man mit ihm tun sollte. Der HERR aber sprach zu Mose: Der Mann soll des Todes sterben; die ganze Gemeinde soll ihn steinigen draußen vor dem Lager“* (4. Mose 15,32-35). Auch derjenige, welcher Vater oder Mutter verfluchte, statt sie zu ehren, musste mit der Todesstrafe rechnen. Ebenso wurde jede Form von Ehebruch mit dem Tode bestraft. *„Wer seinem Vater oder seiner Mutter flucht, der soll des Todes sterben. Seine Blutschuld komme über ihn, weil er seinem Vater oder seiner Mutter geflucht hat. Wenn jemand die Ehe bricht mit der Frau seines Nächsten, so sollen beide des Todes sterben, Ehebrecher und Ehebrecherin, weil er mit der Frau seines Nächsten die Ehe gebrochen hat“* (3. Mose 20,9-10; vgl. 5. Mose 22,22). In diesem Kapitel (3. Mose 20) werden noch weitere Sünden genannt, die ausschließlich mit der Todesstrafe geahndet wurden. Es gab also mehrere Sünden, die nach dem Gesetz keine Vergebung zuließen.

Andererseits konnten Sünden je nach den Bestimmungen durch Opfer (z.B. Sündopfergesetz) oder durch Opfer und zusätzliche Wiedergutmachung (z.B. Schuldopfergesetz) gesühnt werden. So müssen wir einschränken, dass Vergebung im Rahmen der Gesetze des Bundes möglich war. Jedoch gab es keinerlei Gewissheit dafür.

Die gesamte Vergebungspraxis im Alten Bund zeigt uns, dass dies nur eine eingeschränkte Vergebung war. Einige solcher Einschränkungen seien hier genannt:

- Eine erste Einschränkung bestand darin, dass die Vergebungszusagen aus dem Gesetz auf das Volk Israel beschränkt waren, da der Bund vom Sinai nur dem Volk Israel als dem auserwählten Volk galt. Die Heidenvölker waren davon ausgeschlossen.
- Eine zweite Einschränkung bestand darin, dass es immer um Handlungen ging, welche die Israeliten nicht hätten tun dürfen, bzw. um unterlassene Handlungen, welche sie hätten tun sollen. Damit blieb die grundsätzliche innere Haltung, z.B. die Sünde der Gedanken oder die Tatsache, als Sünder geboren zu sein (Ps 51,7) weitgehend unberücksichtigt. Deshalb spricht der Hebräerbrief von einer nur äußerlichen bzw. leiblichen Reinheit (Hebr 9,10-14).
- Eine dritte Einschränkung bestand darin, dass es dem Gesetz nach sehr schwer war, dass ein Sünder, ein Abweichler, bekehrt wurde. Nur in seltenen Fällen rang Mose um Gnade für vom HERRN Verworfene. Zum Beispiel wurde das gesamte Volk Israel zweimal vom HERRN bedroht, ausgerottet zu werden. Beide Male rang Mose um Vergebung. Das Volk wurde gestraft, durfte aber als Volk weiterleben (s. 2.5.7 und 2.6.2). Ebenso schrie er zum HERRN, als Mirjam aussätzig wurde und sie wurde wieder heil (4. Mose 12,1-15).

Die Opfergesetze zur Sühne verweisen immer wieder auf Sünden aus Versehen. Das setzt grundsätzlich die Anerkennung aller Gesetze voraus. Wer seine Sünde nicht als solche einsah, sondern gegen kultische oder sittliche Gesetze verstieß, hatte oftmals mit Verbannung oder mit der Todesstrafe zu rechnen.

Aus der Reihenfolge der Berufungen in Israel lässt sich eine göttliche Ordnung erkennen.

- Zuerst berief der HERR Mose als den Führer des Volkes,
- dann dessen Bruder Aaron als Hohenpriester,
- dann die Söhne Aarons als Priestergeschlecht und
- schließlich den Stamm Levi als Helfer der Priester für den gesamten Dienst an der Stiftshütte.

Man könnte sagen, die Berufung erfolgte von oben nach unten.

Schließlich wird auch deutlich, dass es unverzichtbar war, dass Israel diese göttliche Erziehung an sich erfuhr. Das Gesetz offenbarte, dass es bei aller Sehnsucht keine Erlösung gab, sondern immer und immer wieder geopfert werden musste. Da Israel als Volk oft über lange Zeiträume das Gesetz des HERRN verachtete, ist es nicht verwunderlich, dass der HERR über das ganze Volk Gericht hielt. Deshalb musste Israel die Gerichtsbotschaft hören: *„Das Reich Gottes wird von euch genommen und einem Volk gegeben werden, das seine Früchte bringt"* (Mt 21,43; s. auch Mk 12 und Lk 20). Gemeint sind damit das Volk des Neuen Bundes und die Früchte des Glaubens, erweckt aus dem Heiligen Geist.

Möglicherweise könnte eventuell die eine oder andere hier aufgeführte Schilderung über die Opfergesetze oder die Priester und den Priesterdienst im Alten Bund als überflüssig erscheinen. Doch werden wir mitunter mit Aussagen konfrontiert, die in christlichen Gemeinden angewendet werden, obwohl sie ausschließlich einen Bezug zum Opferdienst der Priester im Alten Bund haben und für christliche Gemeinden demnach nicht anwendbar sind. Deshalb bedarf die Gemeinde Jesu Christi der Orientierung am Gesamtzeugnis der Heiligen Schrift und einer wachsenden Erkenntnis, wie der Alte und der Neue Bund zueinander gestellt sind.

Das Evangelium Jesu Christi eröffnet neue, bis dahin ungeahnte Perspektiven. Christen leben im Neuen Bund, im Bund der Erlösung. Sie sind durch das Opfer Jesu Christi rein. Dies wird in den folgenden Kapiteln zu beleuchten sein.

4 Die Führung im erwählten Volk Israel

Nachdem wir den Spuren der Einsetzung und der weiteren Praxis des Passas nachgegangen sind, haben wir einige wesentliche Voraussetzungen zur Vergebung im Alten Bund betrachtet. An dieser Stelle wollen wir versuchen, uns einen Überblick zu verschaffen, wie das Volk Israel im Alten Bund geführt wurde, wer Entscheidungen traf und Verantwortung trug. Für die im Folgenden genannten Personen lässt sich hier kein Lebensbild entwerfen, sondern wir skizzieren nur kurz ihre Rolle in Israel. Dazu folgen wir den Spuren, wie das Volk Israel nach dem biblischen Zeugnis entstanden ist und wie es durch die Jahrhunderte im Auf und Ab der Geschichte geführt wurde. Es ist oft nicht klar erkennbar, wer in Israel das Sagen hatte. Viele Höhen und Tiefen im Verhältnis zu seinem Gott lassen das Volk entweder wachsen oder zusammenbrechen. Das Volk des Neuen Bundes wird daraus seine Lehren ziehen. Es hat die Möglichkeit, ein in Christus vollkommen erneuertes Volk zu werden.

Bei unseren Betrachtungen beziehen wir uns auf das Zeugnis der Bibel (s. 1). Wir wissen, dass andere Quellen zu anderen Schlussfolgerungen und Ergebnissen kommen. So wird z.B. von vielen Historikern jegliche Existenz eines israelitischen Volkes vor König Salomo ebenso wie ein Auszug aus Ägypten und „die Einnahme Kanaans durch ein Volk, das aus der Wüste kam"[132] bestritten. Auch wenn wir heute nicht mehr genau sagen können, was historisch exakt damals geschehen ist, so zeigen die Berichte der Bibel trotzdem das Wesen Gottes und sein Verhältnis zu seinem Volk und uns Menschen. Darin liegen der Schatz und die Weisheit, die uns helfen, auch heute noch die richtigen Entscheidungen zu treffen.

4.1 Abraham

Abraham gilt als der Urvater Israels. Zur Zeit seiner Berufung trug er den Namen Abram. Er war ein Nachfahre Sems (1. Mose 11,10-26) und stammte aus Ur in Südmesopotamien. Mit seinem Vater und der ganzen Verwandtschaft war er von Ur nach Haran ca. 1000 km nordwestlich gezogen.[133] In der alten Heimat, *„jenseits des Stroms"* Euphrat, dienten Abram und seine Familie *„andern Göttern"* (Jos 24,2). In Haran wurde Abram vom HERRN berufen. Damit

[132] Hans-Christian Huf, Das Bibelrätsel – Geheimnisse der Heiligen Schrift, Econ, S. 161
[133] Eugene H. Merrill, Die Geschichte Israels, a.a.O., S. 76

wurde er sowohl aus seiner Verwandtschaft als auch aus seiner heidnischen Umwelt herausgerufen. Er folgte von da an dem HERRN, der ihn berufen hatte und zog von Haran in das Land Kanaan, wo er als Nomade lebte.

Es sollte für alle Zeiten das wesentliche Kennzeichen des späteren Israel sein, dass alle Führung vom HERRN ausgehen werde. Bereits die Berufung Abrams beinhaltete die Verheißung, dass durch ihn alle Völker der Erde gesegnet werden sollten (1. Mose 12,3). Mit Abram schloss der HERR einen Bund im Land Kanaan mit der Verheißung, dass ihm und seinen Nachkommen dieses Land gehören werde (1. Mose 15,18). Später erneuerte der HERR diesen Bund (1. Mose 17,2) und erweiterte seine Verheißung. Damit verbunden war Abrams neuer Name Abraham. *„Siehe, ich habe meinen Bund mit dir, und du sollst ein Vater vieler Völker werden. Darum sollst du nicht mehr Abram heißen, sondern Abraham soll dein Name sein; denn ich habe dich gemacht zum Vater vieler Völker“* (1. Mose 17,4-5). Als Bundeszeichen galt seitdem die Beschneidung aller männlichen Nachkommen (1. Mose 17,10-14). Abraham hatte eine sehr große Familie, dazu viele Knechte und Mägde (1. Mose 12,16; 10,14). Er war der Patriarch, der mit anderen Völkern Bündnisse schloss (1. Mose 14,13; 21,22-32) und von den Hetitern „Fürst Gottes“ genannt wurde (1. Mose 23,6).[134] Er führte seine Sippe sowohl in religiöser (z.B. 1. Mose 12,7; 13,4), organisatorischer (z.B. 1. Mose 13,5-13), militärischer (z.B. 1. Mose 14,8-24) wie auch in rechtlicher (z.B. 1. Mose 23,1-20) Hinsicht. Das Wesen seiner Führung war dadurch bestimmt, nach dem Willen Gottes zu leben und für „Recht und Gerechtigkeit“[135] einzustehen. *„Denn dazu habe ich ihn auserkoren, dass er seinen Kindern befehle und seinem Hause nach ihm, dass sie des HERRN Wege halten und tun, was recht und gut ist, auf dass der HERR auf Abraham kommen lasse, was er ihm verheißen hat“* (1. Mose 18,19). „Gott macht Abraham nicht nur zu einem ‚reichen, mächtigen Emir‘, sondern zum ‚Erzieher‘, zum Lehrer des erwählten Volkes.“[136] Er war ein Prophet, der Gottes Stimme hören konnte (1. Mose 20,7). Seine Lebenszeit wird um 2000 v. Chr. angegeben. „Der grobe Rahmen ist die erste Hälfte des 2. Jt. v.Chr., Abraham

---

[134] LzB, a.a.O., Sp. 19ff

[135] In 1. Mose 18,19 übersetzt Luther 2017 „was recht und gut ist“; Neues Leben übersetzt ähnlich: „richtig und gerecht“. Mehrere Übersetzungen haben hier „Recht und Gerechtigkeit“, so z.B.: Elberfelder Bibel, Einheitsübersetzung, Zürcher Bibel, F.E.Schlachter 2000, Hermann Menge, Jerusalemer Bibel, Hoffnung für alle, Neue Evangelistische Übersetzung, WStb (Hansjörg Bräumer).

[136] WStb, Das erste Buch Mose, Kapitel 12-36, a.a.O., S. 153

wird etwa in der Spanne von 2000 bis 1850 v.Chr. gelebt haben."[137] Er wurde 175 Jahre alt (1. Mose 25,7).

4.2 Isaak

Von den Söhnen Abrahams wurde Isaak, der verheißene Sohn Abrahams und Saras, sowohl der Erbe als auch derjenige, an den alle Verheißungen übergingen (1. Mose 26,2-5). Prägend für sein Leben war sicher seine von Gott beauftragte, dann aber von Gott selbst ausgelöste Opferung. Sie zeigt seinen Gehorsam und sein Vertrauen (1. Mose 22,1-19). Für die Brautwerbung sandte Abraham seinen ältesten Knecht in seine alte Heimat, um für Isaak eine Frau aus seiner Verwandtschaft auszusuchen und nicht *„von den Töchtern der Kanaaniter, unter denen ich wohne"* (1. Mose 24,3). „Kanaan ist eine der ältesten Bezeichnungen Palästinas (1. Mose 11,31) und umfasst nur das Westjordanland."[138] Diese Bezeichnung geht zurück auf den Namen eines Sohnes von Ham (1. Mose 10,6) und somit eines Enkels von Noah, der den Namen Kanaan trug. Später wurde diese Bezeichnung auch auf andere Landesteile angewendet. Die Kanaaniter waren demzufolge Nachkommen Hams. Die Nachfahren Hams wurden von Noah verachtet und zu Sems Untertanen bestimmt. *„Gelobt sei der HERR, der Gott Sems, und Kanaan sei sein Knecht!"* (1. Mose 9,26). Wie schwer es uns auch fallen mag, die Segens- oder Fluchworte des Alten Testaments zu verstehen, so sei hier nur angemerkt, dass Abraham und seine Nachfahren sich keinesfalls mit den Kanaanitern vermählen wollten, weil sie deren religiöses Leben ablehnten. Zwischen den Nachfahren Sems und den Nachfahren Hams sollte es keine Vermischung geben.

Später erhielt Israel das Gesetz Gottes, welches folgende Verpflichtung enthielt: *„Hüte dich, einen Bund zu schließen mit den Bewohnern des Landes, damit sie, wenn sie ihren Göttern nachlaufen und ihnen opfern, dich nicht einladen und du von ihrem Opfer isst und damit du für deine Söhne ihre Töchter nicht zu Frauen nimmst und diese dann ihren Göttern nachlaufen und machen, dass deine Söhne auch ihren Göttern nachhuren!"* (2. Mose 34,15-16). „Die Religion der Kanaaniter war ein sinnlicher Fruchtbarkeitskult."[139] Die für Isaak ausgewählte Frau hieß Rebekka. Sie war eine Tochter Betuels, eines Neffen

---

[137] LzB, a.a.O., Sp. 20; vgl. Eugene H. Merrill, Die Geschichte Israels, a.a.O., S. 72
[138] LzB, a.a.O., Sp. 874f
[139] Ebd., Sp. 876

Abrahams (1. Mose 24,15ff).[140]

Die Führung Isaaks war geprägt dadurch, dass er gewaltsamen Auseinandersetzungen auswich und Frieden suchte. Er wurde sehr reich, *„sodass er viel Gut hatte an kleinem und großem Vieh und ein großes Gesinde. Darum beneideten ihn die Philister“* (1. Mose 26,14). Isaak ließ die Wasserbrunnen seines Vaters Abraham wieder aufgraben, welche die Philister verstopft hatten (1. Mose 26,15-18). Um den knappen Wasservorrat gab es immer wieder Streit. So ließ Isaak noch mehrere weitere Brunnen graben, bis es keinen Streit mehr um Wasser gab (1. Mose 26,22). Mit dem Philisterkönig Abimelech schloss Isaak einen Bund, man könnte sagen einen Friedensvertrag, dass man sich gegenseitig keinen Schaden zufügen werde (1. Mose 26,26-31). Ansonsten führte Isaak seine Großfamilie in gleicher Weise als Patriarch wie sein Vater Abraham. Er wurde vermutlich um 1900 v.Chr.[141] geboren und wurde 180 Jahre alt (1. Mose 35,28).

4.3 Jakob

Von Isaaks Söhnen Esau und Jakob sollte der jüngere der beiden Zwillingsbrüder der Träger der Verheißungen werden, denn der Ältere sollte dem Jüngeren dienen (1. Mose 25,23). Es ist bedeutungsvoll, dass auch Jakob, der Sohn Isaaks und Rebekkas, eine Frau aus der Familie Abrahams erhalten sollte. Er hatte den Erstgeburtssegen erhalten (1. Mose 27,26-29) und wurde zum Erben und Träger aller Verheißungen. Isaak entließ Jakob auf seinen Weg nach Haran mit seinem Segen (1. Mose 28,1-5). Der HERR selbst bestätigte Jakob die Verheißungen des Landbesitzes, einer großen Nachkommenschaft, sowie des Segens für alle Völker der Erde (1. Mose 28,13-15; vgl. 1. Mose 35,9-12). In der Gegend von Haran heiratete Jakob unter besonderen Umständen zwei Frauen aus der Verwandtschaft Abrahams. Es waren Lea und Rahel, Töchter seines Onkels Laban (1. Mose 28,5; 29,20-30).

Die Erzväter Israels – Abraham, Isaak und Jakob – waren durch die göttlichen Verheißungen die Führer ihrer großen Sippe. Diese Führerschaft schloss ein, Gott treu zu sein und seinem Willen zu gehorchen. Die nomadische Lebensweise setzte logistische Fähigkeiten voraus. Alle drei waren so gesegnet, dass

---

[140] Ebd., Sp. 258
[141] Ebd., Sp. 749

sie beim Umherziehen nichts verloren, sondern neue Güter dazugewannen. Israel war der neue Name, den Jakob erhielt, als er vor seiner Begegnung mit seinem Bruder Esau am Fluss Jabbok mit Gott um den Segen rang (1. Mose 32,29). Nach diesem Ringen gelang bei einer Begegnung der beiden ungleichen Brüder Jakob und Esau die Versöhnung zwischen ihnen. Der neue Name Israel wurde auf Jakobs weiterem Weg in Bethel bestätigt, dazu die Verheißungen (1. Mose 35,9-12). Der Name Israel wurde von da an der Name des auserwählten Volkes. Jakob hatte zwölf Söhne und eine Tochter von seinen beiden Frauen Lea und Rahel und deren Mägden Bilha und Silpa. Elf Söhne und die Tochter waren ihm in Mesopotamien geboren worden. Der jüngste Sohn, Benjamin, wurde ihm in Kanaan geboren, in der Nähe Bethlehems. Bei der Geburt starb dessen Mutter Rahel (1. Mose 29,31-30,24; 35,16-21). Die zwölf Söhne Jakobs wurden später die Stammväter des Volkes Israel. Jakob blieb Zeit seines Lebens der Patriarch über seine Großfamilie wie auch über die Großfamilien seiner Söhne. Seine Lebenszeit ist schwer einzuordnen. Er wurde 147 Jahre alt (1. Mose 47,28). Es wird angenommen, dass er um das 18./17. Jahrhundert v.Chr. lebte.[142]

4.4 Jakobs Söhne

Es ist zu spüren, dass Jakob zeitweise nur einen begrenzten oder auch gar keinen Einfluss auf seine Söhne hatte. Denn die Geschichte seiner Familie war durchwachsen. Die Namen der zwölf Söhne und somit der zwölf Stämme Israels sind nach der Reihenfolge ihrer Geburt: Ruben, Simeon, Levi, Juda, Dan, Naftali, Gad, Asser, Issachar, Sebulon, Josef, Benjamin (1. Mose 29,31-30,24; 35,16-19). Mit Lea hatte Jakob auch eine Tochter mit Namen Dina. Wir können davon ausgehen, dass ihm noch weitere Töchter geboren wurden. An Josefs Stelle traten später seine beiden Söhne Ephraim und Manasse (1. Mose 48,13-21). Nicht von allen Söhnen wird uns etwas berichtet. Einige besondere Ereignisse aus dem Leben seiner Söhne seien hier genannt:

Josef, ein Sohn Rahels, war Jakobs Lieblingssohn, was Jakob auch durch Geschenke zu erkennen gab (1. Mose 37,3). Entstandene Spannungen zwischen den Brüdern führten dazu, dass Josef von einigen gehasst wurde. Schließlich wurde Josef an Händler verkauft und damit zum Sklaven gemacht. Jakob

---

[142] Ebd., Sp. 772

gegenüber wichen Josefs Brüder durch Lüge aus (1. Mose 37,12-36). Doch das Leben Josefs sollte sich nach einer leidvollen Zeit zum Segen wenden. So erwies sich Gottes Handeln an Josef als Rettung für ganz Israel (1. Mose 50,19-21). Seine Führungsstärke zeigt sich in der Treue zu Gott (1. Mose 39,7-18; 40,8; 41,16) und in der Fähigkeit, für Ägypten und darüber hinaus für das ganze Umland Vorsorge zu treffen (1. Mose 41,47-57).

Ruben, der Erstgeborene, versündigte sich, indem er mit *„Bilha, seines Vaters Nebenfrau“* (1. Mose 35,22) schlief. Nach dem späteren Gesetz Israels wären beide mit dem Tode bestraft worden (3. Mose 18,8; 20,11). Jakob reagierte zunächst nicht. Doch aus diesem Grund entzog er Ruben bei seinem Sterbesegen das Erstgeburtsrecht (1. Mose 49,4).

Juda trennte sich zeitweise von seinen Brüdern. Damit trennte er sich auch von seinem Vater und vom Gott seiner Väter, vom HERRN. Er heiratete eine Kanaaniterin (1. Mose 38,2). „Damit setzte er sich bewusst in Gegensatz zu dem Schwur, den Abraham seinen Knecht Elieser ablegen ließ.“[143] Später war die Verbindung offensichtlich wieder hergestellt. Denn bei einer eintretenden großen Hungersnot reiste er gemeinsam mit seinen Brüdern nach Ägypten. Dabei trat er als Wortführer auf und verbürgte sich für seinen jüngsten Bruder Benjamin (1. Mose 42,22ff; 43,1-44,34). Er wurde beim Sterbesegen von Jakob besonders gesegnet: *„Juda, du bist's! Dich werden deine Brüder preisen ..., vor dir werden deines Vaters Söhne sich verneigen. Juda ist ein junger Löwe. ... Es wird das Zepter von Juda nicht weichen noch der Stab des Herrschers von seinen Füßen, bis dass der komme, dem es gehört, und ihm werden die Völker anhangen“* (1. Mose 49,8-10). Aus dem Stamm Juda ging König David hervor (Mt 1,1-6) und schließlich Jesus von Nazareth, der Christus (Mt 1,6-17).

Simeon und **Levi** rächen die Vergewaltigung ihrer Schwester Dina mit der Tötung aller Männer in der Stadt Sichem zum großen Leidwesen Jakobs (1. Mose 34,25-30). Dafür mussten sie beim Sterbesegen Jakobs das Urteil ertragen, dass ihre Stämme keinen Bestand haben sollen. *„Ich will sie versprengen in Jakob und zerstreuen in Israel“* (1. Mose 49,7). Die Männer des Stammes Levi

---

[143] WStb, Das erste Buch Mose, Kapitel 37-50, erklärt von Hansjörg Bräumer, R. Brockhaus Verlag Wuppertal 1990, S. 48; Obwohl der Name des Knechtes hier nicht genannt wird, geht Hansjörg Bräumer davon aus, dass es Elieser ist. Vgl. WStb, Das erste Buch Mose, Kapitel 12-36, a.a.O., S. 230

standen in der Wüste nach dem Tanz ums Goldene Kalb Mose zur Seite und führten die Bestrafung der Abgefallenen durch (2. Mose 32,26-29). Später wurde der ganze Stamm Levi für den Dienst zur Unterstützung der Priesterschaft und für allen Dienst an der Stiftshütte geweiht, denn der HERR hatte sie als die Erstgeborenen auserwählt (4. Mose 3ff). Wir erkennen daraus, dass Gottes Berufung eine ganz andere sein kann als menschliches Urteil. Jeder der Stammväter Israels agierte auch als Stammesältester. Er ordnete innerhalb seines Stammes religiöse Praktiken, wie die Beschneidung oder Opferungen. Er legte die Routen ihrer Wanderungen und ihre Lagerplätze fest und regelte Eheschließungen. Dabei hatten die zwölf Stämme Israels immer eine Beziehung zueinander. Diese war begründet in der Verheißung an Abraham.

Im Zusammenhang mit einer großen Hungersnot wird erstmals wieder nach längerer Zeit die Führung Jakobs bezeugt. Er ordnete zweimal als Patriarch für die gesamte Großfamilie an, dass seine Söhne nach Ägypten ziehen sollten, um Getreide zu kaufen (1. Mose 42,1-4; 43,1-2). Und die Söhne gehorchten. Während der zweiten Reise gab sich Josef seinen Brüdern zu erkennen (1. Mose 45). Es ist bemerkenswert, dass Josef seine Brüder vor ihrer Rückreise ermahnte: *„Zankt nicht auf dem Wege!“* (1. Mose 45,24). Er ging offenbar davon aus, dass es Auseinandersetzungen geben könnte.

In der Folge zogen Jakob und alle, die zu seiner Großfamilie gehörten, mit ihrem gesamten Eigentum nach Ägypten (1. Mose 46,1-26). Damit waren sie der Hungersnot entkommen und konnten in Ägypten eine Zeitlang ein normales Leben führen. „Als Jakob nach Ägypten zog, waren er und seine Söhne und Enkel 70 Männer (1. Mose 46,27), die jeder wieder seine eigene Familie und sein Gesinde hatten. Ihre Nachkommenschaft wuchs innerhalb von 430 Jahren, ohne sich mit den Ägyptern zu vermischen, zu einem Volk von rund 600.000 wehrfähigen Männern an.“[144]

4.5 Mose

Das Heranwachsen des Volkes Israel in Ägypten war überwiegend eine Zeit der Sklaverei. Die Verdienste Josefs, die er für Ägypten erworben hatte, waren bald vergessen und Israel wurde von den Ägyptern als eine Gefahr

[144] LzB, a.a.O., Sp. 1521

wahrgenommen. *„Da kam ein neuer König auf in Ägypten, der wusste nichts von Josef ...“* (2. Mose 1,8). Die Gefahr sollte durch Zwangsarbeit abgewendet werden. *„Und man setzte Fronvögte über sie, die sie mit schweren Diensten bedrücken sollten. Und sie bauten dem Pharao die Städte Pitom und Ramses als Vorratsstädte. Aber je mehr sie das Volk bedrückten, desto stärker mehrte es sich und breitete sich aus. Und es kam sie ein Grauen an vor den Israeliten. Da zwangen die Ägypter die Israeliten mit Gewalt zum Dienst und machten ihnen ihr Leben sauer mit schwerer Arbeit in Ton und Ziegeln und mit mancherlei Frondienst auf dem Felde, mit all ihrer Arbeit, die sie ihnen mit Gewalt auferlegten“* (2. Mose 1,11-14).

Aus dieser Zeit sind uns in den biblischen Schriften keine Ordnungen über das Leben des Volkes überliefert. Im Zusammenhang mit der Geburt des Moses wird der Stamm Levi genannt. *„Und es ging hin ein Mann vom Hause Levi und nahm eine Tochter Levis zur Frau“* (2. Mose 2,1). Es war das Ehepaar Amram und Jochebed, die Eltern von Mirjam, Aaron und Mose (2. Mose 6,14-20). Hier wird also sehr nüchtern und sehr knapp eine Hochzeit innerhalb des Stammes Levi erwähnt. Das verdeutlicht, dass durch diese gesamte Zeit hindurch Israel nach wie vor nach seinen Stämmen gegliedert war.

Wir verweisen hier nur darauf, dass Mose auf wunderbare Weise vor dem Tod bewahrt blieb, am Hofe des Pharaos erzogen wurde und später wegen eines Totschlages aus Ägypten fliehen musste. Im Lande Midian wurde er vom HERRN selbst berufen, wieder nach Ägypten zu ziehen und das Volk Israel aus der Sklaverei heraus zu führen. Der Auftrag lautete: *„So geh nun hin, ich will dich zum Pharao senden, damit du mein Volk, die Israeliten, aus Ägypten führst“* (2. Mose 3,10). Und weiter heißt es: *„Darum geh hin und versammle die Ältesten von Israel und sprich zu ihnen: Der HERR, der Gott eurer Väter, ist mir erschienen, der Gott Abrahams, der Gott Isaaks, der Gott Jakobs, und hat gesagt: Ich habe mich euer angenommen und ... will euch aus dem Elend Ägyptens führen ... in das Land ..., darin Milch und Honig fließt“* (2. Mose 3,16-17). Mose war der berufene Führer Israels. Es war seit Jakob das erste Mal, dass eine Einzelperson für alle zwölf Stämme zuständig war. Seine Berufung sollte er gemeinsam mit den Ältesten Israels umsetzen. Als er nach Ägypten zurückkehrte, sprach er zuerst mit seinem Bruder Aaron und berief dann eine Versammlung aller Ältesten ein. *„Und sie gingen hin und versammelten alle Ältesten der Israeliten. Und Aaron sagte alle Worte, die der HERR mit Mose geredet* *hatte, und Mose tat die Zeichen vor dem Volk. Und das Volk glaubte“* (2. Mose 4,29-31).

Mose trat mit seinem Bruder Aaron vor den Pharao und verhandelte mit ihm im Auftrag des HERRN stellvertretend für das ganze Volk. Seine Forderung war: *„Der HERR, der Gott der Hebräer, hat mich zu dir gesandt und lässt dir sagen: Lass mein Volk ziehen, dass es mir diene in der Wüste“* (2. Mose 7,16). Nachdem das Herz des Pharaos lange Zeit verstockt blieb und der HERR Ägypten durch zehn Plagen heimgesucht hatte, durfte das Volk endlich ausziehen.

Mose war derjenige, der Gottes Stimme hören konnte und alle seine Anordnungen weitergab. Aber der eigentliche Befehlshaber bzw. Führer war der HERR. So hieß es viele Male: *„Und der HERR redete mit Mose und sprach: Rede zu den Israeliten und sprich, ...“* (z.B. 2. Mose 14,1-2). Durch Mose wurde das Volk aus Ägypten geführt. Der HERR selbst aber war der Führer, welcher die Orientierung und den Schutz gab (2. Mose 13,17-22).

Durch Mose geschahen Wunder über Wunder: Der Durchzug durchs Schilfmeer (2. Mose 14), Verwandlung von bitterem Wasser in süßes und damit trinkbares Wasser (2. Mose 15,22-27), Wasser aus dem Felsen (2. Mose 15,5-7), Heilungen (4. Mose 12,13-16), Gebet um den Sieg im Kampf (2. Mose 17,8-16). Er kündigte große Wunder Gottes an: Speisung durch Wachteln und Manna (2. Mose 16). Damit sind nur einige der Wunder genannt.

Vor der Gesetzgebung kamen viele Israeliten direkt zu Mose, um von ihm Rechtsprechung zu erfahren. Dieser Aufgabe war er des großen Umfanges wegen bald nicht mehr gewachsen. Sein Schwiegervater Jitro gab ihm folgenden Rat: *„Aber gehorche meiner Stimme; ich will dir raten, und Gott wird mit dir sein. Vertritt du das Volk vor Gott und bringe ihre Anliegen vor Gott und schärfe ihnen die Satzungen und Weisungen ein, dass du sie lehrst den Weg, auf dem sie wandeln, und die Werke, die sie tun sollen. Sieh dich aber unter dem ganzen Volk um nach redlichen Leuten, die Gott fürchten, wahrhaftig sind und dem ungerechten Gewinn feind. Die setze über sie als Oberste über Tausend, über Hundert, über Fünfzig und über Zehn, dass sie das Volk allezeit richten. Nur wenn es eine größere Sache ist, sollen sie diese vor dich bringen, alle geringeren Sachen aber sollen sie selber richten. So mach dir's leichter und lass sie mit dir tragen“* (2. Mose 18,19-22). Mose war oberster Richter. Auf Jitros

Rat setzte er für vier Kategorien bzw. Leitungsebenen Richter ein. Damit wurde eine Dezentralisierung in der Rechtspflege herbeigeführt. Die vier Kategorien können so verstanden werden: „Oberste über Tausend“ sind Richter über einen Stamm. Sie sind direkt Mose unterstellt. „Oberste über Hundert, über Fünfzig und über Zehn“ könnten „entsprechend größere bzw. kleinere Sippenverbände und Familiengruppen“[145] sein. Die vier Kategorien sind Mose nachgeordnet. So konnte in allen Stämmen nach einheitlichem Recht verfahren werden und die Menge der Anfragen wurde bewältigt.

Durch Mose wurde die Gesetzgebung an das Volk gegeben, angefangen bei den zehn Geboten (2. Mose 20,1-17), weiterhin umfangreiche Rechtsordnungen des Bundesbuches (z.B. 2. Mose 20,22-23,19), die Gesetze für die Stiftshütte (2. Mose 25,1-31,11) und vieles mehr. Da Mose der Überbringer der Gesetze war, wurde später in Israel häufig vom „Gesetz des Mose“ gesprochen.

Ein reichliches Jahr nach dem Auszug Israels aus Ägypten ordnete der HERR die Zählung der wehrfähigen Männer an. Diese Zählung erfolgte nach ihren Geschlechtern und Sippen und Namen. Damit wird ein weiteres Mal bestätigt, dass die Stammesordnung ununterbrochen praktiziert worden war. *„Und der HERR redete mit Mose in der Wüste Sinai in der Stiftshütte am ersten Tage des zweiten Monats im zweiten Jahr, nachdem sie aus Ägyptenland gezogen waren, und sprach: Nehmt die Summe der ganzen Gemeinde der Israeliten auf nach ihren Geschlechtern und Sippen und Namen, alles, was männlich ist, Kopf für Kopf, von zwanzig Jahren an und darüber, alles, was mit dem Heer hinausziehen kann in Israel. Ihr sollt sie zählen nach ihren Heerscharen, du und Aaron. Und es soll euch beistehen je ein Mann von jedem Stamm, nämlich das Haupt seiner Sippe“* (4. Mose 1,1-4). Was muss man sich unter diesen Begriffen vorstellen? „Ein Geschlecht war die Zusammenfassung mehrerer verwandter Familien, eine Gruppe verwandter Geschlechter konstituierte den Stamm und Stämme das Volk.“[146] Jede Familie, jedes Geschlecht und jeder Stamm hatte ein Oberhaupt. Diese Oberhäupter waren die Ältesten Israels. Der Dienst der Ältesten ging also aus der natürlichen Entwicklung des Volkes hervor.

In religiöser Hinsicht hatte der HERR geboten, ein Zeltheiligtum, die Stiftshütte, zu errichten. Als Hoherpriester hatte Mose auf Geheiß des HERRN seinen

[145] WStb, Das zweite Buch Mose, Kapitel 1-18, a.a.O., S. 292
[146] LzB, a.a.O., Sp. 557

Bruder Aaron berufen. Die Söhne Aarons bzw. alle männlichen Nachkommen Aarons waren für den Priesterdienst bestimmt. Hier wird deutlich, dass Mose zwar den Personenkreis bestimmen sollte, jedoch war er selbst von diesem Zeitpunkt an nicht mehr an Opferungen oder anderen religiösen Zeremonien beteiligt. Der HERR hatte eine Teilung der Aufgaben und der Verantwortung vorgenommen. Die Stiftshütte selbst durfte er betreten und dort beten oder die Worte des HERRN hören (z.B. 2. Mose 33,7-11; 3. Mose 1,1; 9,23; 4. Mose 17,16-28). Die gesamte Thematik des Priesterdienstes beschreiben wir im Abschnitt 3.7 „Das Priestertum im Alten Bund".

Man kann ohne Übertreibung feststellen, dass Mose in fast allen Lebensbereichen als Führer auftrat. Trotz menschlicher Schwächen und mitunter auch fehlerhaften Handelns waren er und sein Bruder Aaron von Gott selbst zur Führung des Volkes berufen.

Mose selbst war ein Prophet (5. Mose 18,5; 34,10). Da der HERR mit Mose redete *„von Angesicht zu Angesicht, wie ein Mann mit seinem Freunde redet"* (2. Mose 33,11), wird verständlich, dass man ihn den größten Propheten nannte. Aaron wurde als Prophet Moses bestimmt (2. Mose 7,1). Von anderen Propheten zur Lebzeit Moses ist ab und an die Rede, aber außer Mose gab es keinen Propheten, der eine Botschaft Gottes auszurichten hatte. Moses Schwester Mirjam war ebenfalls eine Prophetin. Außer ihrem Lobgesang nach dem Durchzug durchs Schilfmeer wird jedoch keine prophetische Aussage von ihr bezeugt (2. Mose 15,20-21). Mose wurde – je nach Auffassung der Historiker – um 1350 v.Chr. oder um 1525 v.Chr.[147] geboren und wurde 120 Jahre alt (5. Mose 34,7). Eine Persönlichkeit wie Mose war in der Geschichte Israels einmalig. *„Und es stand hinfort kein Prophet in Israel auf wie Mose, den der HERR erkannt hätte von Angesicht zu Angesicht, mit all den Zeichen und Wundern, mit denen der HERR ihn gesandt hatte, ..."* (5. Mose 34,10-11)

4.6 Josua

Das Leben und der Dienst Josuas waren sehr eng mit der Führerschaft des Moses verbunden. Sein ursprünglicher Name war Hoschea, Mose aber nannte ihn Josua (4. Mose 13,16). Er gehörte zum Stamm Ephraim (4. Mose 13,8), war

[147] Ebd., Sp. 1085; vgl. „2.2.3 Das Passamahl des Auszugs" und „2.2.4 Der Auszug aus Ägypten"

also ein Nachfahre Josefs. Am Anfang der Wüstenwanderung war er Moses Diener (2. Mose 33,11), am Ende wurde er Moses Nachfolger (4. Mose 27,12-23; 5. Mose 31,1-8; vgl. 5. Mose 3,28).

Josua erfüllte seine Aufgaben zunächst als Untergebener. In der Wüste wurde er beauftragt, den Kampf gegen die Amalekiter zu führen und dazu selbst die Kämpfer auszuwählen. Offensichtlich besaß er gute Kampfeigenschaften wie z.B. Führungsstärke, Entschlossenheit, Weitsicht, Kampfkraft. Dabei erfuhr er in aller Deutlichkeit die Abhängigkeit des Sieges der Israeliten von der Zuwendung des HERRN (2. Mose 17,8-16). Als Mose auf den Berg gerufen wurde, um die steinernen Tafeln zu empfangen, nahm er Josua als Begleiter mit (2. Mose 24,13).

Bei der Aussendung der zwölf Kundschafter nach Kanaan war Josua einer von ihnen. Seine Einschätzung entsprach nicht der Einschätzung der Mehrheit der Kundschafter. Während zehn von ihnen die Angst vor der Übermacht der Bewohner schürten, versuchten er und Kaleb das Volk zu ermutigen, das Land Kanaan einzunehmen (4. Mose 13,25-33). Doch die Israeliten waren voller Angst und Verzweiflung. Nachdem Josua und Kaleb das Volk nochmals aufgerufen hatten, mutig den Verheißungen des HERRN zu vertrauen, wollte man sie sogar steinigen. Der HERR selbst griff ein und sprach ein Urteil über Israel. Für einen Zeitraum von vierzig Jahren sollte das Volk in der Wüste bleiben. Diejenigen, welche das Volk aufgewiegelt hatten, *„starben durch eine Plage vor dem Herrn“* (4. Mose 14,37). Alle Erwachsenen von zwanzig Jahren an sollten in der Wüste sterben. Nur Josua und Kaleb würden das verheißene Land erreichen (4. Mose 14,1-38). An diesem Ereignis zeigte sich besonders deutlich die Standhaftigkeit und Treue Josuas.

Mose erbat zu seinem Lebensende hin vom HERRN einen Nachfolger. *„Und Mose redete mit dem HERRN und sprach: Der HERR, der Gott des Lebensgeistes für alles Fleisch, wolle einen Mann setzen über die Gemeinde, der vor ihnen her aus und ein geht und sie aus und ein führt, damit die Gemeinde des HERRN nicht sei wie die Schafe ohne Hirten. Und der HERR sprach zu Mose: Nimm Josua zu dir, den Sohn Nuns, einen Mann, in dem der Geist ist, und lege deine Hände auf ihn; und lass ihn treten vor den Priester Eleasar und vor die ganze Gemeinde und bestelle ihn vor ihren Augen … Mose tat, wie ihm der HERR geboten hatte, und nahm Josua und ließ ihn treten vor den Priester Eleasar und vor* *die ganze Gemeinde und legte seine Hand auf ihn und bestellte ihn, wie der* HERR *durch Mose geredet hatte"* (4. Mose 27,15-19.22-23). So wurde mit Josua durch den Willen des HERRN wieder ein Führer für das ganze Volk eingesetzt. *„Josua aber, der Sohn Nuns, wurde erfüllt mit dem Geist der Weisheit; denn Mose hatte seine Hände auf ihn gelegt. Und die Israeliten gehorchten ihm und taten, wie der* HERR *es Mose geboten hatte"* (5. Mose 34,9). Wir erkennen daraus, dass einzig und allein der HERR die Nachfolge bestimmte. Er hatte Josua ein Leben lang dafür zugerüstet. Ähnliches finden wir später in der Gemeinde Jesu Christi. Da heißt es z.B., dass ein Bischof *„kein Neugetaufter"* sein soll (1. Tim 3,6). Das heißt, für einen verantwortungsvollen Dienst kommt kein Neuling in Frage. Das Auflegen der Hände von Mose auf Josua ist kein magisches Ereignis, sondern ein für das ganze Volk sichtbares, vom HERRN bestimmtes Zeichen der Übertragung göttlicher Vollmacht. Gott selbst hat diese Übergabe vorbereitet. So war auch Josua zu einem erfahrenen Leiter, d.h. Führer des Volkes herangereift.

Die eigentliche Aufgabe Josuas war die Führung des Volkes aus der Wüste in das verheißene Land. Dabei erlebte Israel wiederum viele Wunder. So wurde schon beim Durchzug durch den Jordan das Flussbett trocken, sodass Israel ungehindert hindurchziehen konnte (Josua 3-4). Als Israel den Jordan durchquert hatte, feierte es nach dem Gebot des HERRN das erste Passa nach der Landnahme (Jos 5,10). Es war Josua, dem alle Vorbereitungen für dieses Fest übertragen waren, einschließlich der notwendigen Beschneidungen. An diesem Tage endete die Versorgung mit Manna (Jos 5,11). Die Mauern der Stadt Jericho fielen ohne Kampf (Jos 6). Die Einnahme von Gibeon gelang den Israeliten nur, indem der HERR die Bitte Josuas erfüllte und den Tag verlängerte (Jos 10,12-13). Die Einnahme des verheißenen Landes war mit der Vertreibung der ansässigen Völker verbunden. Dies wurde von Israel aber nur halbherzig wahrgenommen, so dass auch später kanaanitische Völker durch ihren Götzendienst eine große Gefahr für Israel waren. Josua leitete die militärischen Operationen, war also zugleich oberster Feldherr. Seine Aufgabe war es, den Stämmen ihr jeweiliges zukünftiges Siedlungsgebiet zuzuweisen. Dies wurde nicht vollständig umgesetzt. Einige Stämme konnten ihr zugewiesenes Gebiet nicht beziehen (vgl. Jos 18,2).

Das Gesetz Gottes als geltendes Recht fand Josua vor und wahrte darin Kontinuität. Auch konnte er sich auf die bereits erfolgte Einteilung in vier

Leitungsebenen stützen und diese weiterführen (2. Mose 18,19-22). So war er in der Nachfolge Moses auch oberster Richter. Diese Funktion übte er im Zusammenwirken mit den Ältesten aus.

Die Stiftshütte mit Bundeslade wurde durch die Leviten mitgeführt. Sie wurde zuerst im Lager von Gilgal und später in Silo aufgebaut (Jos 18,1). In Silo war bis zum Tempelbau das Zentrum des Gottesdienstes. Zur Zeit Davids stand die Stiftshütte dann in Gibeon (1. Chr 16,39; 21,29). An der Stiftshütte fanden wahrscheinlich zu den jährlichen Hauptfesten (Passafest, Wochenfest, Laubhüttenfest) von Anfang an besondere Feierlichkeiten statt (Ri 21,19). Alle priesterlichen Dienste waren geregelt. Josua führte auch diese Teilung der Aufgaben konsequent weiter. Es war ihm bis zum Ende seines Lebens ein großes Anliegen, dem Willen des HERRN in Treue zu folgen. Allerdings ist es auffällig, dass die Priester in der Zeit Josuas kaum erwähnt werden und dass Josua selbst dem HERRN einen Altar baute (Jos 8,30), so wie es schon Mose tat. Lediglich vom Priester Eleasar, einem Sohn Aarons, erfahren wir seine Mitwirkung bei der Vergabe der insgesamt 48 Städte für die Leviten aus den Stämmen (Jos 21). Auch Tod und Begräbnis Eleasars werden uns genannt (Jos 24,33). Er versah schon in der Wüste Priesterdienst, kannte also auch die dort erfahrenen Wunder, den Weg nach Kanaan und die Zeit der Landnahme. Offensichtlich gab es Zeiten, in denen der Priesterdienst zurückgedrängt wurde.

Dass es unter Josua bereits eine ausgeprägte Struktur in Fragen der Führung des Volkes Israel gab, zeigen die Zeugnisse seines Lebensendes. *„Und nach langer Zeit, als der HERR Israel Ruhe gegeben hatte vor allen seinen Feinden ringsumher und Josua nun alt und hochbetagt war, berief er ganz Israel, seine Ältesten, Häupter, Richter und Amtleute und sprach zu ihnen …"* (Jos 23,1-2). Die Erwähnung von Ältesten, Häuptern, Richtern und Amtleuten zeigt, dass Josua, auch wenn sein Name am häufigsten genannt wird, kein absolutistischer Führer war, sondern einer gut gegliederten Struktur mit mehreren Führungsebenen vorstand. Dies wurde auch abschließend auf dem Landtag zu Sichem noch einmal bestätigt. *„Josua versammelte alle Stämme Israels nach Sichem und berief die Ältesten von Israel, seine Obersten, Richter und Amtleute. Und als sie vor Gott getreten waren, sprach Josua zum ganzen Volk: So spricht der HERR, der Gott Israels: …"* (Jos 24,1-2). Wiederum wurden die Ältesten, Obersten, Richter und Amtleute genannt. Ihnen hielt Josua noch einmal die

Erwählung des Volkes Israel durch den HERRN vor, angefangen von Abraham bis zu seinem Lebensende. So rief er sie erneut in die Entscheidung: *„So fürchtet nun den HERRN und dient ihm treulich und rechtschaffen und lasst fahren die Götter, denen eure Väter gedient haben jenseits des Stroms und in Ägypten, und dient dem HERRN. Gefällt es euch aber nicht, dem HERRN zu dienen, so wählt euch heute, wem ihr dienen wollt: den Göttern, denen eure Väter gedient haben jenseits des Stroms, oder den Göttern der Amoriter, in deren Land ihr wohnt. Ich aber und mein Haus wollen dem HERRN dienen"* (Jos 24,14-15).

Josua wurde von den Israeliten offenbar als Prophet angesehen wie Mose, obwohl nur das apokryphe Buch Jesus Sirach dies erwähnt (Sir 46,1). Er wurde 110 Jahre alt (Jos 24,29). Die Landnahme unter Josua wird meist nur ungenau entweder ins 13. Jh v.Chr. oder ins 15.Jh. v.Chr. datiert (siehe Datierung bei Mose). Eugene H. Merill datiert die Landnahme in die Zeit von 1406 v.Chr. bis 1399 v.Chr..[148]

4.7 Die Zeit der Richter

Die Zeit zwischen dem Tod Josuas und der Berufung Sauls zum König nennt man die Zeit der Richter. Dies war eine sehr schwierige Zeit. Anfangs lebte das Volk noch weitgehend nach Gottes Geboten. *„Als Josua das Volk entlassen hatte und die Israeliten hingezogen waren, ein jeder in sein Erbteil, um das Land einzunehmen, diente das Volk dem HERRN, solange Josua lebte und die Ältesten, die noch lange nach Josua lebten und das ganze große Werk des HERRN gesehen hatten, das er an Israel getan hatte"* (Ri 2,6-7). Doch in der Folgezeit geriet Israel in einen Strudel von Götzendienst und Gewalt. „Es waren vielfach harte und blutige Jahre voller Grausamkeiten (Ri 9) und Gewalttaten (Ri 19)."[149] *„Als auch alle, die zu der Zeit gelebt hatten, zu ihren Vätern versammelt waren, kam nach ihnen ein anderes Geschlecht auf, das den HERRN nicht kannte, noch das Werk, das er an Israel getan hatte. Da taten die Israeliten, was dem HERRN missfiel, und dienten den Baalen und verließen den HERRN, den Gott ihrer Väter, der sie aus Ägyptenland geführt hatte, und folgten andern Göttern nach von den Göttern der Völker, die um sie her wohnten, und beteten sie an und erzürnten den Herrn"* (Ri 2,10-12).

---

148 Eugene H. Merrill, Die Geschichte Israels, a.a.O., S. 240

149 LzB, a.a.O., Sp. 1312

Die Priester und die Ältesten Israels hatten die Verpflichtung, alle sieben Jahre gemeinsam dem Volk das Gesetz vorzulesen (5. Mose 31,9-13). Hier scheint ein komplettes Versagen der gesamten Führerschaft Israels vorzuliegen. Das Gesetz wurde nicht gelesen. Das Volk wurde nicht unterwiesen. Die großen Taten Gottes wurden nicht bezeugt. Nur so kann es dazu geführt haben, dass eine Generation heranwächst, die den HERRN nicht mehr kennt und nichts von ihm weiß.

Es werden mehrere Persönlichkeiten als Richter genannt. Eine zentrale Obrigkeit gab es nicht. Manche der Richter richteten nach dem Gesetz Gottes und waren ihrer Stellung würdig. Das heißt, es gab Einzelne, die das Gesetz noch kannten. Zumeist waren sie im Kampf gegen kanaanitische Völker oder ordneten den Kampf an. In diesem Zusammenhang hieß es dann: *„Und Israel hatte Ruhe vierzig Jahre!"* So hieß es z.B. in Ri 3,11 nach dem Sieg Otniels des jüngeren Bruders von Kaleb, in Ri 5,31 nach dem Sieg Deboras, in Ri 8,28 nach den Taten Gideons. Debora wurde auch Prophetin genannt (Ri 4,4). Doch außer der Wahrnehmung ihres Richteramtes und ihres Sieges gemeinsam mit Barak über den kanaanitischen Heerführer Sisera[150] (Ri 4,8-24), war ihr kein weiterer prophetischer Auftrag zuteilgeworden. Ein namentlich nicht genannter Prophet wurde zu den Israeliten gesandt, um sie in den Verheißungen des HERRN zu stärken (Ri 6,7-10).

Einige Richter aber scherten sich nicht um das Gesetz Gottes und richteten nach eigenem Gutdünken. Da heißt es dann: *„Zu der Zeit war kein König in Israel, und jeder tat, was ihn recht dünkte"* (Ri 17,6).

Da es hier weniger um die Geschichte Israels gehen soll und mehr um die Führung des Volkes, kann man sagen, dass es ein Auf und Ab war zwischen Gehorsam und Abfall, zwischen Treue zum HERRN und Götzendienst. Eine der tragischsten Personen ist Simson, der dazu berufen war, *„Israel zu erretten aus der Hand der Philister"* (Ri 13,5). Ihm war eine übernatürliche Kraft verliehen. Durch die Heirat mit der Philisterin Delila verriet er leichtfertig die Ursache seiner Kräfte, die nach dem biblischen Zeugnis in seinen Haaren lag. So wurde diese Tatsache den Philistern bekannt, Simson wurde überwältigt und wurde zum Sklaven (Ri 16,4-22). Dass er nach einiger Zeit wieder zu Kräften kam und

[150] Ebd., Sp. 1498

aus Rache einen Festsaal zum Einsturz brachte, unter dessen Trümmern er selbst mit begraben wurde, bessert absolut nichts (Ri 16,23-31).

Die unter Mose aufgebauten und von Josua weiter geführten guten Strukturen in der Führung des Volkes waren zerbrochen. So endet das Buch der Richter wiederholt mit der Feststellung: *„Zu der Zeit war kein König in Israel; jeder tat, was ihn recht dünkte"* (Ri 21,25). Das Volk Israel hatte sich dem ergeben, was um sie herum im Grunde „alle" taten. Diese Verhaltensweisen sollten sich im Laufe der Menschheitsgeschichte noch vielfach wiederholen.

Der letzte und wohl bekannteste Richter, der Israel immer wieder in die Ordnungen Gottes zurückrief, war Samuel. Er war der Sohn von Elkana und Hanna und stammte aus dem Stamm Ephraim (1. Sam 1,1-2). Seine Geburt erfolgte als eine Erhörung der Gebete Hannas. Samuel wuchs bei dem Priester Eli in Silo auf. Dort wurde er unterwiesen im Gesetz und im Wirken Gottes, sodass er später genau dies zur Grundlage für die Ausübung seines Richteramtes nehmen konnte. Er wurde als junger Mann von Gott berufen. *„Und ganz Israel von Dan bis Beerscheba erkannte, dass Samuel damit betraut war, Prophet des HERRN zu sein"* (1. Sam 3,20). Samuel scheint aber ein Einzelkämpfer gewesen zu sein. Auch er zog als Feldherr in den Kampf, brachte die zeitweise verloren gegangene Bundeslade wieder von den Philistern zurück und vertrieb die Philister aus dem Gebiet Israels (1. Sam 5-7). Er hatte offensichtlich keine Möglichkeit, die verloren gegangene Struktur für alle Stämme des Volkes für seinen Dienst zu nutzen. Sein Arbeitsgebiet, in welchem er sein Richteramt ausübte, war ein relativ kleines Gebiet im Westjordanland nordwestlich des Toten Meeres. *„Samuel aber richtete Israel sein Leben lang und zog Jahr für Jahr umher und kam nach Bethel und Gilgal und Mizpa. Und wenn er Israel an allen diesen Orten gerichtet hatte, kam er wieder nach Rama – denn da war sein Haus –, und dort richtete er Israel. Auch baute er dort dem HERRN einen Altar"* (1. Sam 7,15-17).

Da das Volk aber unter der schwierigen Situation litt, forderte es einen König. Dies dürfte eine der wenigen Situationen sein, in denen die Ältesten Israels ein gemeinsames Anliegen vor Samuel brachten. *„Da versammelten sich alle Ältesten Israels und kamen nach Rama zu Samuel und sprachen zu ihm: Siehe, du bist alt geworden, und deine Söhne wandeln nicht in deinen Wegen. So setze nun einen König über uns, der uns richte, wie ihn alle Völker haben"*

(1. Sam 8,4-5). Obwohl sich Samuel zunächst dagegen sperrte, spürte er, dass der HERR einen König berufen wollte. *„Der HERR aber sprach zu Samuel: Höre auf ihre Stimme und mache ihnen einen König"* (1. Sam 8,22). So wurde als erster König Israels Saul aus dem Stamm Benjamin erwählt und zum König gesalbt. Da er verworfen wurde (1. Sam 15), salbte Samuel David zum König. David war der jüngste Sohn von Isai und gehörte zum Stamm Juda. Seine Familie lebte in Bethlehem (1. Sam 16,1ff).

Samuel starb in Rama (1. Sam 25,1). Über sein Alter wird nichts berichtet. Seine Lebenszeit könnte um 1100 v.Chr. bis um 1000 v.Chr. gewesen sein.[151] Die gesamte Richterzeit vom Tod Josuas bis zur Herrschaft Sauls könnte in etwa von 1366 v.Chr. bis 1051 v.Chr. gedauert haben.[152] In der Lutherbibel wird der Beginn von Sauls Königtum im 1. Viertel des 10. Jahrhunderts angegeben.[153] Zu dieser Zeit war David bereits zum König gesalbt, aber Saul war noch immer König von Israel.

4.8 Die Zeit der Könige

Die Zeit der Könige beginnt mit der Berufung und Salbung Sauls zum König. Je nach Auffassung der Historiker könnte dies etwa Mitte des 11. Jahrhunderts v.Chr. oder im 1. Viertel des 10. Jahrhunderts v.Chr. begonnen haben (s.o.).

Wir wollen für diesen Abschnitt aus einer riesigen Fülle von Informationen nur einige wesentliche Aspekte benennen, die hauptsächlich König David betreffen. „Israel war im Unterschied zu allen Nachbarvölkern ein theokratischer Staat, Jahwe war Israels König."[154] Doch auch die Zeit der Könige war eine Zeit mit vielen Kriegen und Blutvergießen. Das Volk hatte immer nur einige Zeit lang Ruhe, bis wieder neue Nöte hereinbrachen. Das Königtum in Israel hatte eine klare Bestimmung, welche schon vor dem Einzug nach Kanaan im Gesetz verankert war. *„Wenn du in das Land kommst, das dir der HERR, dein Gott, geben wird, … und dann sagst: Ich will einen König über mich setzen, wie ihn alle Völker um mich her haben, so sollst du den zum König über dich setzen, den*

[151] Eugene H. Merrill, Die Geschichte Israels, a.a.O., S. 280 ff

[152] Ebd., S. 348

[153] Die Bibel nach Martin Luthers Übersetzung, revidiert 2017, Deutsche Bibelgesellschaft Stuttgart, NT S. 307

[154] LzB, a.a.O., Sp. 916

der HERR, dein Gott, erwählen wird" (5. Mose 17,14-15). Der König wurde verpflichtet, sich ganz an das Gesetz Gottes zu halten. Er sollte zu jeder Zeit Zugriff auf das geschriebene Gesetz haben, sich damit beschäftigen und es immer besser kennen lernen, damit er es auch anwenden kann. *„Und wenn er nun sitzen wird auf dem Thron seines Königreichs, soll er eine Abschrift dieses Gesetzes, wie es den levitischen Priestern vorliegt, in ein Buch schreiben lassen. Das soll bei ihm sein, und er soll darin lesen sein Leben lang, damit er den HERRN, seinen Gott, fürchten lernt, dass er halte alle Worte dieses Gesetzes und diese Rechte und danach tue"* (5. Mose 17,18-19). Das haben bei weitem nicht alle Könige in der Geschichte Israels so gehalten.

Der bekannteste König Israels war David. Von ihm heißt es: *„Der HERR hat sich einen Mann gesucht nach seinem Herzen, und der HERR hat ihn bestellt zum Fürsten über sein Volk"* (1. Sam 13,14). Als Verheißung galt für ihn: *„Aber dein Haus und dein Königtum sollen beständig sein in Ewigkeit vor dir, und dein Thron soll ewiglich bestehen"* (2. Sam 7,16).

David war in der Lage, demütig seine Verfehlungen einzusehen. Er hörte auf Nathan, als dieser ihm seinen Ehebruch vorhielt und nahm sein Urteil an (2. Sam 12).

David gelang es, im Laufe der Zeit alle Stämme Israels unter seiner Herrschaft zu vereinen und alle Ältesten kamen und unterstellten sich David (2. Sam 5,1-4). Er konnte Jerusalem einnehmen und als Hauptstadt des Reiches ausbauen. Dort errichtete er seinen Wohnpalast, holte die Bundeslade nach Jerusalem und baute dafür ein Zelt auf (2. Sam 6). David betätigte sich als Priester. Er tanzte im Priesterkleid und opferte Brandopfer und Dankopfer (2. Sam 6,12-19). Es ist nicht erkennbar, woraus David den Auftrag zum Priesterdienst hatte. Möglicherweise sah er sich als einen Priester nach der Ordnung Melchisedeks im Sinne von Psalm 110,4: *„Der HERR hat geschworen und es wird ihn nicht gereuen: ‚Du bist ein Priester ewiglich nach der Weise Melchisedeks'."* Auch Melchisedek war König und Priester. Hilfreich ist hier der Hinweis, dass auch die Erzväter „sowohl zivile als auch religiöse Führer ihrer Familien und Sippen gewesen"[155] waren. Davids Ziel war es, stets in der Gegenwart Gottes zu leben. Es war auch allen bewusst, dass der König der

[155] Eugene H. Merrill, Die Geschichte Israels, a.a.O., S. 404-405

Gesalbte Gottes war (1. Sam 10,1; 16,12-13). Seit langer Zeit war wieder eine Ordnungsmacht tätig, welche Gottesdienst und Recht nach dem Willen des HERRN gestaltete.

David ordnete den Gottesdienst, das heißt vor allem den Opferdienst am Zelt der Bundeslade, welches zu jener Zeit nicht die Stiftshütte war. Die Stiftshütte wurde erst später durch Salomo nach Jerusalem gebracht (2. Chr 1,1-6). „Priester, Sänger und die Leviten, die den Dienst an der Lade und am Zelt, als Torhüter und Verwalter der Weihegaben wie des Tempelschatzes versahen, wurden gezählt und in Dienstabteilungen mit geregelter Ablösung eingeteilt."[156] Über die Neuordnungen berichten 1. Chr 6,16-32 (die Sängerfamilien), 1. Chr 6,33-38 (die Priester), 1. Chr 6,39-66 (die Wohnorte der Leviten), 1. Chr 9,22-26 (die Torhüter), 1. Chr 16,4-6 (die Leviten vor der Bundeslade), 1. Chr 16,7-37 (Asaf und seine Brüder als Psalmensänger), 1. Chr 16,38-42 (Türhüter- und Priesterdienst).

Auch die Neuordnung des Rechtswesens und der Verwaltung nahm er in Angriff (1. Chr 26, 29-32), ebenso den Aufbau des Heeres, die Berufung der Stammesfürsten, weiterer Beamter und wohl noch vieles mehr (1. Chr 27).

Das Königreich Davids kann bei allen noch vorhandenen Mängeln als ein Vorbild für das israelitische Königtum gelten. Ähnlich wie bei Mose kann man sagen, dass David in allen Lebensbereichen als Führer auftrat. Seine Rechte als König reichten jedoch ungleich weiter.

Sein Sohn Salomo wurde von ihm als Nachfolger eingesetzt (1. Kön 1,32-40; 1. Chr 29,23-30). Dieser ließ in Jerusalem den Tempel aufbauen (2. Chr 3ff) und wurde durch große Weisheit bekannt (2. Chr 1,7-13).

Nach Salomo zerbrach das Reich und sowohl das Nordreich Israel wie das Südreich Juda gingen unter (vgl. 2.6.5 und 2.6.7). Bei mehreren Königen heißt es: *„Er tat, was dem HERRN missfiel."* Bei einigen heißt es auch: *„Er tat, was dem HERRN wohlgefiel."* Die Zeit der Könige endet mit dem Fall Jerusalems und damit dem Untergang des Südreiches Juda und somit einem Verlust der

---

[156] LzB, a.a.O., Sp. 330

Eigenstaatlichkeit Israels im Jahre 586 v.Chr. (vgl. 2.6.7).

4.9 Die Zeit bis zum Neuen Bund

Die Zeit nach den Königen ist für Israel überwiegend eine bedrückende Zeit. Sie soll hier nur kurz gestreift werden. Während der Zeit der Könige und besonders während der Zeit des Exils traten mehr und mehr die Propheten auf, die vor allem die Verfehlungen mancher Könige wie auch des Volkes anprangerten, die aber auch die Verheißungen des ewigen Königtums und des neuen Bundes, eines Bundes der Erlösung, dem Volk verkündeten. Sie waren überwiegend darauf angewiesen, dass sie auch gehört wurden und hatten selbst kaum die Macht, zu handeln.

Das Hohepriesteramt wurde zwar in der Richterzeit und in der Königszeit wahrgenommen, doch in der Richterzeit schien es nur geringe Bedeutung gehabt zu haben. David hatte den Priesterdienst wieder in der alten Würde hergestellt. Dennoch blieb der Priesterdienst etwas im Hintergrund. „Nach der babylonischen Gefangenschaft, während der das Hohepriesteramt ruhte (587-538 v.Chr.), kam der Hohepriester, da es keinen König gab, zu immer größerem Ansehen und wachsender Macht. ... Zur Zeit Jesu war der Hohepriester der Vorsitzende des Hohen Rates und, abgesehen von der römischen Besatzungsmacht, auch politisch der oberste Führer des Volkes."[157] Der Hohe Rat wiederum „war das höchste Regierungs- und Richterkollegium der Juden nach der babylonischen Gefangenschaft."[158] Wenn wir im Neuen Testament davon lesen, dass die Hohenpriester, Ältesten und Schriftgelehrten berieten oder zusammen auftraten, dann ist dieser Hohe Rat gemeint, auch Sanhedrin[159] genannt. Er bestand insgesamt aus 71 Mitgliedern. Den Vorsitz hatte der amtierende Hohepriester inne. (Mt 26,57; Mk 15,1; Lk 22,66).[160] Die Zahl der 71 Mitglieder könnte eine Anlehnung an 2. Mose 24,1 bzw. 24,9 sein, als Mose mit 70 Ältesten den Berg bestieg. Eine weitere Analogie könnte 4. Mose 11,16 sein, als Mose wegen eines großen Murrens des Volkes 70 Älteste vor die Stiftshütte berief.

---

[157] Ebd., Sp. 728

[158] Ebd., Sp. 1280

[159] BL a.a.O., Sp. 752

[160] LzB a.a.O., Sp. 1280

Der Hohe Rat in dieser Form könnte in der Makkabäerzeit entstanden sein. Im apokryphen Buch 1. Makkabäer 12,6 heißt es beispielsweise: *„Der Hohepriester Jonatan und die Ältesten des Volks und die Priester und das jüdische Volk entbieten ihren Brüdern, den Spartanern, ihren Gruß."* Da der Hohe Rat in den Gesetzen Israels in dieser Form nicht vorgesehen war, handelte es sich hier vermutlich um ein Zugeständnis der Besatzungsmacht. Der Hohe Rat, wie er im Neuen Testament auftrat, enthielt drei Klassen: „die der Ältesten (d.h. die angesehensten Vertreter des Volkes aus den nicht priesterlichen Geschlechtern), die Hohenpriester (d.h. die zurückgetretenen Hohenpriester und Mitglieder der vier Familien, aus denen damals gewöhnlich die Hohenpriester gewählt wurden ... (vgl. Apg. 4,5) und die Schriftgelehrten (meistens aus der Partei der Pharisäer)."[161] In der ganzen Geschichte Israels hatte der Hohepriester nicht eine solche Machtfülle wie in der Zeit Jesu. Im Rahmen der Religionsausübung bestimmte der Hohe Rat das Geschehen. Deshalb verurteilte der Hohe Rat Jesus zum Tode (vgl. 6.2.1).

[161] BL a.a.O., Sp. 752

5 Jesus Christus – Der ‚Neue Bund'

Das Abendmahl ist von den Handlungen, die wir in apostolischen Gemeinden als Sakrament feiern, die einzige Handlung, welche Jesus während seiner irdischen Lebenszeit eingesetzt hat. Diese Einsetzung erfolgte sozusagen in den letzten Stunden seines Lebens als Zeichen des „Neuen Bundes". Die Aufrichtung eines neuen Bundes, welchen er während seiner gesamten Wirkungszeit vorbereitet hatte, wurde am Ende seines Lebens Realität. Dieser Neue Bund ist die Erfüllung seiner Mission.

Wir wollen in den folgenden Betrachtungen aufzeigen, dass die Errichtung dieses neuen Bundes und die Feier des Abendmahles zusammengehören. Die Verheißungen eines neuen Bundes, der in die Herzen der Menschen geschrieben wird, die Verheißungen einer Erlösung für alle Völker, all das wurde mit Jesus Christus erfüllt. So soll erkennbar werden, warum wir das Abendmahl als ein Sakrament verstehen (s. SuG, Bd.1). Es ist eines der herausgehobenen Zeichen, mit denen wir den Neuen Bund Gottes mit uns Menschen feiern.

Da die neutestamentlichen Aussagen, denen wir im Folgenden nachgehen, von Bibelauslegern teilweise unterschiedlich, manchmal auch kontrovers ausgelegt werden, wird es uns immer wieder zur Aufgabe gemacht, Entscheidungen zu treffen. Hier wollen wir, wie auch bei den Betrachtungen zum Alten Bund, dem Gesamtzeugnis der Bibel folgen und unter Umständen Passagen des Bibeltextes, die wir nicht erklären können, in ihrer wörtlichen Aussage stehen lassen, in der Zuversicht, dass uns deren Inhalt einstmals offenbart werden wird (s. 1).

In diesem Verständnis werden wir in Einzelschritten versuchen, dem biblischen Zeugnis von der Aufrichtung des Neuen Bundes nachzugehen. Dazu haben wir neben biblischen Zitaten auch eine ganze Reihe Zitate von Bibelauslegern betrachtet. Da in der verwendeten Literatur oftmals weitere Bibelausleger zitiert werden, begnügen wir uns an manchen Stellen damit, lediglich die in der Literatur angegebenen Zitate zu verwenden. Hier kann der Leser bei Interesse gern in der hinzugezogenen Literatur weiterforschen.

5.1 Die Ankündigung des Neuen Bundes

Die Situation im Volk Israel war zur Zeit Jesu sehr bedrückend. Da von den Stämmen Israels weit überwiegend nur Angehörige des Stammes Juda übriggeblieben waren, ist im Folgenden häufig nur von den Juden die Rede. Die römischen Besatzer demütigten die Juden, sodass immer wieder Aufstände und Unruhen entstanden. Vom überwiegenden Teil des Volkes wurde ein Messias erwartet, der die Fremdherrschaft beenden und ganz Israel wieder zu Frieden, Ansehen und Wohlstand führen sollte. Nur wenige erwarteten den Messias so wie Simeon und Hanna es taten: als Israels Erlöser, den Gott offenbaren werde. Getrieben durch den Heiligen Geist konnte Simeon in seinem Gebet prophezeien, Jesus ist *„ein Licht zur Erleuchtung der Heiden und zum Preis deines Volkes Israel“* (Lk 2,32). In gleicher Weise war die Prophetin Hanna vom Heiligen Geist erfüllt. Sie *„pries Gott und redete von ihm zu allen, die auf die Erlösung Jerusalems warteten“* (Lk 2,38). Damit für Israel und die Völker der Heiden wirklich eine Erlösung möglich wurde, bedurfte es einer neuen Ordnung, eines neuen Bundes. Für dessen Errichtung war Jesus gekommen.

5.1.1 Die Ankündigung eines neuen Bundes durch die Propheten

Die Propheten hatten die Untreue Israels gegenüber dem HERRN vielfach beklagt. Durch sie hatte der HERR dem Volk dessen Bundesbruch immer wieder vorgehalten (s. 2.6.5 u. 2.6.7). Zugleich wurde mit mancher Gerichtsankündigung auch die Aufrichtung eines ewigen Bundes verkündet. Da es einen „ewigen Bund“ aber bereits gab, hatte der HERR etwas anderes als den bestehenden Bund im Sinn.

Mitten unter den Weggeführten in Babylon durfte Hesekiel die zukünftige Rückkehr in das Land Israels weissagen. Das ganze Israel werde aus der Zerstreuung wieder gesammelt werden und als *ein* Volk in *einem* Land wohnen dürfen: *„So spricht Gott der Herr: Ich will euch zusammenbringen aus den Völkern und will euch sammeln aus den Ländern, in die ihr zerstreut seid, und will euch das Land Israels geben“* (Hes 11,17). Seine Weissagung umfasste darüber hinaus die völlige Erneuerung des Gottesvolkes: *„Und ich will ihnen ein anderes Herz geben und einen neuen Geist in sie geben und will das steinerne Herz wegnehmen aus ihrem Leibe und ihnen ein fleischernes Herz geben, damit sie in meinen Geboten wandeln und meine Ordnungen halten und danach tun.*

Und sie sollen mein Volk sein, und ich will ihr Gott sein" (Hes 11,19-20; vgl. auch 36,26-27). Dieses neue Israel werde zugleich innerlich völlig erneuert sein, ein „neues" bzw. „einziges" Herz haben. „Die griechische Bibel übersetzt ‚ein anderes Herz'. Ihr folgt z.B. die Lutherbibel und die Neue Jerusalemer Bibel. Aber im Hebräischen heißt es tatsächlich ‚einzig' oder ‚ein'. Gemeint ist die Einheit des Gottesvolkes ... unter einem *einzigen* Hirten in innerer Einmütigkeit."[162] Jesus griff dieses Thema in seiner Hirtenrede auf und bestätigte, dass er derjenige ist, der als guter Hirte die Herde sammelt. Für alle Herden, die zu ihm gehören, kündigte Jesus an, dass er sie zu einer einzigen Herde zusammenführen wird: *„Und ich habe noch andere Schafe, die sind nicht aus diesem Stall; auch sie muss ich herführen, und sie werden meine Stimme hören, und es wird eine Herde und ein Hirte werden"* (Joh 10,16). Durch diese Verheißung des einen Hirten wird bereits der Ausblick zum Messias eröffnet.

An anderer Stelle weissagte Hesekiel: *„Ich will aber gedenken an meinen Bund, den ich mit dir geschlossen habe zur Zeit deiner Jugend, und will mit dir einen ewigen Bund aufrichten. ... Und ich will meinen Bund mit dir aufrichten, so dass du erfahren sollst, dass ich der HERR bin, damit du daran denkst und dich schämst und vor Schande deinen Mund nicht mehr aufzutun wagst, wenn ich dir alles vergeben werde, was du getan hast, spricht Gott der HERR"* (Hes 16,60.62-63). Die Treue Gottes wurde in dieser Weissagung wiederum bestätigt. Dass der HERR einen ewigen Bund aufrichten werde, weist in die Zukunft. Dieser hier verheißene Bund ist einzig und allein sein Werk. In diesem Bund wird dem Gottesvolk für alles Sühne geschaffen werden. „Das heißt, es geht ... um einen grundsätzlichen, endgültigen Sühneakt. Das aber ist bei der Aufrichtung des Neuen Bundes durch den Sühnetod Jesu geschehen."[163] In seiner Gerichtsrede an die schlechten Hirten Israels weissagte Hesekiel die Erneuerung des Volkes unter einem anderen Hirten. *„Denn so spricht Gott der Herr: Siehe, ich will mich meiner Herde selbst annehmen und sie suchen. ... Ich will das Verlorene wieder suchen und das Verirrte zurückbringen und das Verwundete verbinden und das Schwache stärken und, was fett und stark ist, behüten; ich will sie weiden, wie es recht ist"* (Hes 34,11.16). Die griechische Bibel spricht hier vom „Behüten", der Hebräische Text spricht hier vom „Vertilgen". Entscheidend ist hierbei die Tatsache: Gott wird sein Volk „weiden in

---

[162] WStb, Der Prophet Hesekiel, Kapitel 1-24, erklärt von Gerhard Maier, R. Brockhaus Verlag Wuppertal 1998, S., 165f

[163] Ebd., S. 232

Gerechtigkeit" bzw. „weiden, wie es recht ist."[164] Der HERR ließ sein Volk wissen: „Ich selbst" werde mich meines Volkes annehmen! Manches in diesem Wort des Propheten Hesekiel lässt schon an die zukünftige Heilszeit denken. Von dieser Heilszeit schreibt Gerhard Maier: „Sie stellt nämlich die Abschaffung des Unrechts, die Beachtung des Gottesrechts, die Herstellung der zerstörten Ordnungen, ja Recht und Gerechtigkeit im weitesten Sinne in Aussicht. Da ein solcher Zustand unter sündigen Menschen immer nur gebrochen verwirklicht werden kann, deutet Hesekiel 34,16 weit hinaus in eine Endzeit, in der ein neues Zeitalter und neue Schöpfung anbrechen."[165]

In seiner Hirtenrede kündigte Jesus an: *„Ich bin die Tür; wenn jemand durch mich hineingeht, wird er selig werden und wird ein und aus gehen und Weide finden. ... Ich bin gekommen, damit sie das Leben haben und volle Genüge"* (Joh 10,9.10). In Jesus Christus erfüllte sich die Verheißung des guten Hirten. *„Und ich will ihnen einen einzigen Hirten erwecken, der sie weiden soll, nämlich meinen Knecht David. Der wird sie weiden und soll ihr Hirte sein, und ich, der HERR, will ihr Gott sein. Und mein Knecht David soll der Fürst unter ihnen sein; das sage ich, der HERR"* (Hes 34,23-24). Der HERR selbst hatte angekündigt, diesen einzigen Hirten erstehen zu lassen bzw. zu erwecken. König David hatte durch den Propheten Nathan die Verheißung erhalten: *„Aber dein Haus und dein Königtum sollen beständig sein in Ewigkeit vor dir, und dein Thron soll ewiglich bestehen"* (2. Sam 7,16; vgl. 1. Chr 17). König David, der Fürst „unter ihnen" bzw. „in ihrer Mitte"[166] verkörpert die Königsherrschaft Gottes. Es geht hier um den Repräsentanten des ewigen Königtums. Als solcher wurde geboren *„Christus, der Herr, in der Stadt Davids"* (Lk 2,11). Dies geschah, weil Josef, der Verlobte Marias *„von dem Hause und Geschlechte Davids war"*

---

[164] Zitat: „Der Hebr. Text lautet jedoch so: ‚Das Fette und Starke aber will ich vertilgen.' Mit N. Lohfink ist dieser Hebr. Text als ursprünglich zu betrachten. Der Sinn der Aussage ist dann der, dass Gott die Mächtigen, die ihre Macht missbrauchen, in Israel vernichtet. Er erlöst sein Volk von ihrer Herrschaft. Dann aber, wenn das Böse besiegt ist, wird er sein Volk ‚weiden in Gerechtigkeit'." In der Lutherbibel wird übersetzt: „weiden, wie es recht ist". WStb, Der Prophet Hesekiel, Kapitel 25-48, erklärt von Gerhard Maier, R. Brockhaus Verlag Wuppertal 2000, S. 162. Dem griechischen Text folgen z.B.: Lutherbibel, Einheitsübersetzung, Hermann Menge, Jerusalemer Bibel, Hoffnung für alle. Dem Hebräischen Text folgen z.B. Elberfelder Bibel, Schlachter 2000, Neues Leben, Die Gute Nachricht.

[165] WStb, Der Prophet Hesekiel, Kapitel 25-48, a.a.O., S. 162

[166] In der Lutherbibel wird übersetzt: „der Fürst unter ihnen". Gerhard Maier übersetzt: „der Fürst in ihrer Mitte".

(Lk 2,4; vgl. Mt 1,1-17; Lk 3,23-38). Maria war eine Verwandte von Elisabeth (Lk 1,36), der Frau des Priesters Zacharias. Da Elisabeth aus einer Priesterfamilie stammte (Lk 1,5), lässt sich daraus schließen, dass Maria vielleicht auch eine Priestertochter gewesen sein könnte. Auf jeden Fall gehörte sie zum Stamm Levi. Sie war jedoch durch das Verlöbnis mit Josef bereits an ihn gebunden und zählte deshalb in gleicher Weise zum Geschlecht Davids, welches aus dem Stamm Juda hervorgegangen war. Josef wurde vom Engel des HERRN im Traum ausdrücklich als *„Josef, du Sohn Davids"* (Mt 1,20) angesprochen. „Josef ist der rechtliche Vater Jesu. Durch ihn gehört er dem Recht nach, ‚rechtmäßig' zur Sippe Davids."[167] Das ewige Königtum Davids steht im Zusammenhang mit dem ewigen Bund des Friedens.

„Und ich will mit ihnen einen Bund des Friedens schließen, der soll ein ewiger Bund mit ihnen sein. Und ich will sie erhalten und mehren, und mein Heiligtum soll unter ihnen sein für immer" (Hes 37,26). Immer wieder ging es um einen Bund des Friedens, der Barmherzigkeit, der Erlösung, welcher durch eine Herzensbindung, einer tiefen und innigen Beziehung zwischen Gott und den Menschen geprägt sein werde.

Ähnlich weissagte Jesaja: *„Ich habe dich einen kleinen Augenblick verlassen, aber mit großer Barmherzigkeit will ich dich sammeln. Ich habe mein Angesicht im Augenblick des Zorns ein wenig vor dir verborgen, aber mit ewiger Gnade will ich mich deiner erbarmen, spricht der HERR, dein Erlöser. ... Denn es sollen wohl Berge weichen und Hügel hinfallen, aber meine Gnade soll nicht von dir weichen, und der Bund meines Friedens soll nicht hinfallen, spricht der Herr, dein Erbarmer"* (Jes 54,7-8.10). Ewige Gnade und Barmherzigkeit sollte das Zentrum eines zukünftigen Bundes sein. *„Neigt eure Ohren her und kommt her zu mir! Höret, so werdet ihr leben! Ich will mit euch einen ewigen Bund schließen, euch die beständigen Gnaden Davids zu geben. Siehe, ich habe ihn den Völkern zum Zeugen bestellt, zum Fürsten für sie und zum Gebieter. Siehe, du wirst Völker rufen, die du nicht kennst, und Völker, die dich nicht kennen, werden zu dir laufen um des HERRN willen, deines Gottes, und des Heiligen Israels, der dich herrlich gemacht hat"* (Jes 55,3-5). Mit den beständigen Gnaden Davids sind die Gnadenzusagen an das Königtum Davids gemeint. Dieser hier angekündigte ewige Bund sollte ein Bund für das Volk der Juden und für die

---

[167] Joseph Ratzinger, Benedikt XVI, Jesus von Nazareth, Prolog – Die Kindheitsgeschichten, Verlag Herder, Freiburg im Breisgau, 2012, S. 18

Heidenvölker sein. Wir erinnern hier daran, dass der Bund vom Sinai ausschließlich ein Bund mit dem Volk Israel war, an welchem die Heidenvölker keinen Anteil hatten.

In diesem Zusammenhang gab der HERR die Verheißung eines neuen Bundes, welcher sich vom bisherigen Bund unterscheiden sollte. So wurde die Zeit reif, dass Jeremia diesen neuen Bund weissagte: *„Siehe, es kommt die Zeit, spricht der HERR, da will ich mit dem Hause Israel und mit dem Hause Juda einen neuen Bund schließen, ... das soll der Bund sein, den ich mit dem Hause Israel schließen will nach dieser Zeit, spricht der Herr: Ich will mein Gesetz in ihr Herz geben und in ihren Sinn schreiben, und sie sollen mein Volk sein, und ich will ihr Gott sein"* (Jer 31,31.33). Dieses Wort Jeremias haben wir in unseren Betrachtungen mehrfach erwähnt. Im Hebräerbrief wird es zitiert und die Erfüllung dieser Prophetie in Jesus Christus wird dort eindrucksvoll bestätigt (vgl. Hebr 8,8-13).

Der Prophet Sacharja weissagte eine vollkommene geistliche Erneuerung Israels. Er sah bereits den durchbohrten Messias und die Ausgießung des Heiligen Geistes. *„Aber über das Haus David und über die Bürger Jerusalems will ich ausgießen den Geist der Gnade und des Gebets. Und sie werden mich ansehen, den sie durchbohrt haben, und sie werden um ihn klagen, wie man klagt um das einzige Kind, und werden sich um ihn betrüben, wie man sich betrübt um den Erstgeborenen"* (Sach 12,10). Sacharja schaute bereits die Zeit des Messias, in dem die Fülle des Geistes wohnen sollte (Jes 11,1-2, evtl. zitieren). Aus der Zeit der Erfüllung können wir erkennen, dass derjenige, *„den sie durchbohrt haben"* (vgl. Offb 1,7) den Neuen Bund aufrichtete. Es ist Jesus Christus, der Erlöser. *„Zu der Zeit werden das Haus David und die Bürger Jerusalems einen offenen Quell haben gegen Sünde und Befleckung"* (Sach 13,1). Gegen Sünde und Befleckung waren im Alten Bund Reinigungsriten und Tieropfer vorgeschrieben. Wenn hier von einem offenen Quell die Rede ist, so weist dieses Wort darauf hin, dass Gott selbst die Quelle lebendigen Wassers ist. *„Zu der Zeit"* weist hin auf die Zeit der Versöhnung, in der es keiner Reinigungsriten und Tieropfer mehr bedarf. Der offene Quell, der immer zugänglich ist, wurde erfüllt in Jesus Christus. „Die Quelle gegen Sünde und Unreinheit ist für alle Menschen durch den Kreuzestod Jesu erschlossen: ‚Das Blut

Jesu macht uns rein von aller Sünde' (1. Joh 1,7)."[168]

5.1.2 Die Ankündigung des Neuen Bundes durch Jesus Christus

Doch die deutlichste Ankündigung des Neuen Bundes geschah durch Jesus selbst. Beim letzten Mahl mit seinen Jüngern bezeichnete er sein Blut als *„mein Blut des Bundes"* (Mt 26,28; Mk 14,24). Von diesem Bund bezeugte er, er sei *„der neue Bund in meinem Blut"* (Lk 22,20; 1. Kor 11,25; s. 5.4.3).

Erst nach Vollendung des Neuen Bundes durch Tod und Auferstehung Jesu, Himmelfahrt und Pfingsten, wurde erkennbar, was es mit dem Neuen Bund auf sich hatte. Erst mit dem Erkennen dieser neuen Wirklichkeit, der völlig erneuerten Beziehung zu Gott in Jesus Christus, konnte dies in den Berichten und Briefen des Neuen Testaments bezeugt werden. Erst im Nachhinein konnte erfahren werden, was mit dem neuen Gebot, der neuen vollmächtigen Lehre, der Neugeburt und schließlich mit dem Blut des Neuen Bundes bezeichnet wurde. Schließlich wurden erst im Nachhinein alle diese Ankündigungen verständlich.

Die Wesensmerkmale des Neuen Bundes zeigten sich in verschiedenen Zusammenhängen, von denen wir hier nur einige wenige benennen. Ganz zu Anfang seines öffentlichen Wirkens heilte Jesus zum Entsetzen aller Anwesenden am Sabbat einen Besessenen in der Synagoge in Kapernaum. *„Und sie entsetzten sich alle, so dass sie sich untereinander befragten und sprachen: Was ist das? Eine neue Lehre in Vollmacht! Er gebietet auch den unreinen Geistern, und sie gehorchen ihm!"* (Mk 1,27). Hier spürten die Menschen, dass mit Jesus etwas ganz Neues begann, was ihnen bis dahin noch nicht begegnet war.

Im Gespräch mit Nikodemus erklärte Jesus die Neugeburt, ohne die niemand ins Reich Gottes kommen kann. *„Jesus antwortete und sprach zu ihm: Wahrlich, wahrlich, ich sage dir: Wenn jemand nicht von Neuem geboren wird, so kann er das Reich Gottes nicht sehen. ... Wundere dich nicht, dass ich dir gesagt habe: Ihr müsst von Neuem geboren werden. Der Wind bläst, wo er will, und du hörst sein Sausen wohl; aber du weißt nicht, woher er kommt und*

[168] WStb, Der Prophet Sacharja, erklärt von Fritz Laubach, R. Brockhaus Verlag Wuppertal, 1984, S. 150

wohin er fährt. So ist ein jeder, der aus dem Geist geboren ist" (Joh 3,3.7-8).

Der Neue Bund sollte auch eine neue Basis haben. Diese Basis schuf Jesus Christus durch seine Versöhnungstat am Kreuz. Die Basis des Neuen Bundes liegt also in Gott selbst begründet. Er stiftet den Bund. Die Versöhnung wurde geboren aus der Liebe Gottes, aus welcher sich ein neues Zusammenleben der Menschen speist. *„Ein neues Gebot gebe ich euch, dass ihr euch untereinander liebt, wie ich euch geliebt habe, damit auch ihr einander lieb habt. Daran wird jedermann erkennen, dass ihr meine Jünger seid, wenn ihr Liebe untereinander habt"* (Joh 13,34-35).

Die entstehende Spannung zwischen dem bestehenden Bund vom Sinai, welcher ja erst später z.B. von Paulus oder dem Schreiber des Hebräerbriefes der Alte Bund genannt wurde, und dem Neuen Bund in Jesus Christus, wird von Jesus selbst aufgehoben, indem er sich als die Erfüllung des Alten Bundes offenbart. *„Ihr sollt nicht meinen, dass ich gekommen bin, das Gesetz oder die Propheten aufzulösen; ich bin nicht gekommen aufzulösen, sondern zu erfüllen. Denn wahrlich, ich sage euch: Bis Himmel und Erde vergehen, wird nicht vergehen der kleinste Buchstabe noch ein Tüpfelchen vom Gesetz, bis es alles geschieht"* (Mt 5,17-18). Wir können also sagen, dass der Alte Bund nicht etwa abgeschafft wurde, sondern im Neuen Bund völlig aufgegangen ist.

Doch bei allem, was Jesus direkt oder indirekt zum Neuen Bund ankündigte, der Neue Bund musste von den Menschen erfahren werden. Jesus tat deshalb alles, um diesen Neuen Bund aufrichten zu können. Dafür musste er seine Sündlosigkeit bewahren und seine göttliche Autorität offenbaren. Er widerstand allen Anfechtungen (s. 6.2) und predigte die Botschaft der Erlösung, das Evangelium. Schließlich feierte er mit seinen Jüngern im Rahmen seines letzten Passamahles das Mahl des Neuen Bundes, das Mahl der Erlösung, welches wir das Abendmahl bzw. das Herrenmahl nennen (s. 5.4).

5.2 Das letzte Mahl Jesu – Das Mahl des Neuen Bundes

Für die Jünger war das Zusammensein mit Jesus bei gemeinsamen Mahlzeiten eine Normalität. Jesus nahm gerne Einladungen zum Essen an. Er war Gast bei frohen Feiern, z.B. bei Hochzeiten (Joh 2,1-11). Er war bei den angesehenen Leuten, z.B. den Pharisäern (Lk 7,36; 11,37; 14,1) ebenso zu Gast wie bei beargwöhnten Außenseitern, den Zöllnern und Sündern (Mt 9,11; 11,19; Lk 15,1) und wurde deshalb von seinen Gegnern auch Fresser und Weinsäufer genannt (Mt 11,19; Lk 7,34). Auch an den Festmahlen der Wallfahrten nahm Jesus teil. Sie gehörten zu seinem Leben. So geschah auch beim letzten Passamahl für die Jünger nichts Außergewöhnliches bis zu dem Augenblick, als Jesus mit neuen Worten aus dem Passa ein neues Mahl werden ließ.

5.2.1 Das Essen am Abend

Das Abendessen galt als die wichtigste Mahlzeit des Tages. Es war möglich, Gäste einzuladen und sich Zeit zum Gespräch zu nehmen. Bereits während seines öffentlichen Wirkens wählte Jesus die Mahlzeiten am Abend, nach der Arbeit des Tages, um seinen Jüngern oder den Menschen, mit denen er aß, Gottes Willen und Wesen bekannt zu machen.

Beispielsweise belehrte er einen „Oberen der Pharisäer", bei dem er zum Essen eingeladen war: *„Wenn du ein Mittags- oder Abendmahl machst, so lade weder deine Freunde noch deine Brüder noch deine Verwandten noch reiche Nachbarn ein, ... Sondern wenn du ein Mahl machst, so lade Arme, Verkrüppelte, Lahme und Blinde ein, ..."* (Lk 14,12-13).

Unmittelbar im Anschluss erklärte er in einem Gleichnis: *„Es war ein Mensch, der machte ein großes Abendmahl und lud viele dazu ein. Und er sandte seinen Knecht aus zur Stunde des Abendmahls, den Geladenen zu sagen: Kommt, denn es ist schon bereit!"* (Lk 14,16-17).

In eindrücklicher Weise nutzte Jesus das gemeinsame Mahl, um das Dienen in seiner Nachfolge zu verdeutlichen. Das tat er auch beim letzten gemeinsamen Mahl mit seinen Jüngern. So bezeugt uns das Johannes-Evangelium: *„Vor dem Passafest aber erkannte Jesus, dass seine Stunde gekommen war, dass er aus dieser Welt ginge zum Vater. ... Und nach dem Abendessen ... da stand er vom Mahl auf, legte seine Kleider ab und nahm einen Schurz und umgürtete sich. Danach goss er Wasser in ein Becken, fing an, den Jüngern die Füße zu waschen und zu trocknen mit dem Schurz, mit dem er umgürtet war"* (Joh 13,1-5).

Diese wenigen Beispiele sollen lediglich verdeutlichen, dass die Abendmahlzeit eine wichtige Mahlzeit, ja für die meisten Menschen die Hauptmahlzeit war. Sie war geeignet für Gespräche und Belehrungen.

5.2.2 Jesus und das Passafest

Jesus lebte ganz selbstverständlich in den Ordnungen und Festen seines Volkes und hielt diese nach ihrem Inhalt ein. Zugleich zeigte er aber, dass er manche dieser Ordnungen in den Hintergrund rückte, wenn sie den göttlichen Sinn verdeckten, z. B. bei der Sabbatheiligung. Manchen Bestimmungen in den Gesetzen Israels gab er sogar einen neuen Inhalt, z.B. gilt bei Jesus die Nächstenliebe auch als Feindesliebe. Wir werden noch sehen, dass gerade das Passamahl von Jesus einen ganz neuen Inhalt erhielt und somit das Mahl des von Jesus in Kraft gesetzten Neuen Bundes wurde.

Zu den Hauptfesten erschien Jesus als Pilger in Jerusalem, genauso wie es das Gesetz vorsah. Hinsichtlich der Passafeste wird uns bezeugt, dass seine Eltern Maria und Josef als gesetzestreue Juden jährlich das Passafest besuchten. Als Zwölfjähriger nahm Jesus offiziell an dieser Pilgerreise teil. *„Und seine Eltern gingen alle Jahre nach Jerusalem zum Passafest. Und als er zwölf Jahre alt war, gingen sie hinauf nach dem Brauch des Festes“* (Lk 2,41-42). Man kann davon ausgehen, dass Jesus diese gesetzlich geforderte Regelmäßigkeit auch in den Folgejahren gewissenhaft einhielt, denn er war ohne Sünde (vgl. Joh 8,46). „Dabei sind solche Wallfahrten nach Jerusalem keine stöhnend ertragene Gesetzeslast, sondern Ausdruck der Liebe zu der ‚Wohnung des Herrn‘ gewesen (Ps 84).“[169]

In den synoptischen Evangelien Matthäus, Markus und Lukas wird uns darüber hinaus jeweils nur das letzte Passafest geschildert, woran Jesus teilnahm. Im Zusammenhang mit diesem letzten Passafest setzte Jesus das Abendmahl ein. Nach Abschluss des Mahles wurde Jesus verhaftet, mehrfach verhört, verurteilt, gegeißelt und schließlich gekreuzigt.

Im Johannes-Evangelium werden in der Zeit des öffentlichen Auftretens Jesu drei Passafeste erwähnt. Die erste Erwähnung eines Passafestes geschieht im Zusammenhang mit der Hochzeit zu Kana. *„Das ist das erste Zeichen, das Jesus tat. Es geschah zu Kana in Galiläa, und er offenbarte seine Herrlichkeit. Und*

---

[169] EdC NT, Gerhard Maier, Lukas-Evangelium 1. Teil, Hänssler Verlag Neuhausen-Stuttgart 1996, S. 111

seine Jünger glaubten an ihn. Danach zog er hinab nach Kapernaum, er, seine Mutter, seine Brüder und seine Jünger, und sie blieben nur wenige Tage dort. Und das Passafest der Juden war nahe, und Jesus zog hinauf nach Jerusalem" (Joh 2,11-13).

Die zweite Erwähnung eines Passafestes finden wir im Zusammenhang mit der Speisung der Fünftausend. *„Und es zog ihm viel Volk nach, weil sie die Zeichen sahen, die er an den Kranken tat. Jesus aber ging hinauf auf einen Berg und setzte sich dort mit seinen Jüngern. Es war aber kurz vor dem Passa, dem Fest der Juden"* (Joh 6,2-4). Eine große Menschenmenge, „etwa fünftausend Männer" lagerte sich dort. Und Jesus speiste sie (Joh 6,1-15).

Die dritte Erwähnung eines Passafestes ist das letzte Passafest Jesu und steht im Zusammenhang mit der Auferweckung des Lazarus aus Betanien (Joh 11,1-45) und dem Einzug in Jerusalem (Joh 12,12-19). Als der Hohepriester Kaiphas von der Auferweckung des Lazarus erfuhr, war er sehr aufgebracht und sprach: *„Es ist besser für euch, ein Mensch sterbe für das Volk, als dass das ganze Volk verderbe. ... Von dem Tage an war es für sie beschlossen, dass sie ihn töteten"* (Joh 11,50.53). Der Beschluss zur Tötung Jesu war demzufolge schon einige Zeit vor dem Passafest gefasst worden.

Jesus zog sich noch einmal zurück und ging von Betanien aus in die kleine Stadt Ephraim am Rande der Wüste Juda. Er wartete auf seine Stunde, die der Vater ihm zeigte. Die Zeit vor dem Passafest war voller Spannung. *„Es war aber nahe das Passafest der Juden; und viele aus der Gegend gingen hinauf nach Jerusalem vor dem Fest, dass sie sich reinigten. Da suchten sie Jesus und redeten miteinander, als sie im Tempel standen: Was meint ihr? Er wird doch nicht zum Fest kommen? Die Hohenpriester und Pharisäer aber hatten geboten, wenn jemand wüsste, wo er wäre, sollte er's anzeigen, damit sie ihn ergreifen könnten"* (Joh 11,55-57). Die Zeit dieses Rückzuges war die letzte Vorbereitung auf seine Stunde, sein Leiden und Sterben. *„Sechs Tage vor dem Passafest kam Jesus nach Betanien, wo Lazarus war, den Jesus auferweckt hatte von den Toten"* (Joh 12,1). Nun begannen die letzten Tage Jesu, die sogenannte Passionswoche (vgl. Joh 11 u. 12).

5.2.3 Die Situation vor dem letzten Mahl Jesu

Während die Geburt Jesu in Bethlehem und sein Aufenthalt in Nazareth bis zu seiner öffentlichen Wirksamkeit eher unauffällig in der Abgeschiedenheit geschahen, war die Öffentlichkeit der heiligen Stadt Jerusalem zugleich Höhepunkt und Abschluss seiner irdischen Mission. *„Er nahm aber zu sich die Zwölf und sprach zu ihnen: Seht, wir gehen hinauf nach Jerusalem, und es wird alles vollendet werden, was geschrieben ist durch die Propheten von dem Menschensohn. Denn er wird überantwortet werden den Heiden, und er wird verspottet und misshandelt und angespien werden, und sie werden ihn geißeln und töten; und am dritten Tage wird er auferstehen. Sie aber verstanden nichts davon, und der Sinn der Rede war ihnen verborgen, und sie begriffen nicht, was damit gesagt war“* (Lk 18,31-33; vgl. Mt 20,17-19; Mk 10,32-34). Jesus offenbarte das, was kommen würde. Die Verbindung seines letzten Mahles mit dem Passamahl eröffnete den Neuen Bund, der erst durch seinen Tod am Kreuz aufgerichtet und durch Auferstehung, Himmelfahrt und Pfingsten bestätigt werden sollte. Wir werden noch sehen, dass alle Vorbereitungen und alle Besonderheiten dieses letzten Mahles Jesu in Jerusalem dies bereits zum Mahl des Neuen Bundes machten.

Da wir im Neuen Testament mehrere Zeugnisse dieses letzten Mahles haben, wollen wir versuchen, daraus ein Gesamtbild zu gewinnen. Die biblischen Schriften fordern uns insofern einiges ab, da sie nicht in allen Aussagen miteinander harmonieren. Die größten Übereinstimmungen finden wir in den synoptischen Evangelien Matthäus, Markus und Lukas. Sie geben uns übereinstimmend das Zeugnis, dass Jesus mit seinen Jüngern bei diesem letzten Mahl das Passamahl feierte. Wir werden noch sehen, dass dies nach dem Zeugnis des Johannes-Evangeliums nicht in dieser Weise bestätigt wird.

Nach dem Johannes-Evangelium war Jesus bereits sechs Tage vor dem Passa in Betanien. *„Sechs Tage vor dem Passafest kam Jesus nach Betanien, wo Lazarus war, den Jesus auferweckt hatte von den Toten“* (Joh 12,1). Von da aus besuchte er mehrmals die Stadt Jerusalem, zog sich aber an den Abenden vor dem Passamahl wieder in das nahegelegene Betanien zurück (vgl. Mk 11,11; 11,19; Lk 21,37; 22,39).

Die Vorbereitungen für das Mahl werden sehr ausführlich im Markus- und im

Lukas-Evangelium beschrieben. In mehreren Unterweisungen hatte Jesus seine Jünger bereits darauf vorbereiten wollen, dass er sterben werde. Nun stand der Zeitpunkt unmittelbar bevor. *„Es waren noch zwei Tage bis zum Passafest und den Tagen der Ungesäuerten Brote. Und die Hohenpriester und Schriftgelehrten suchten, wie sie ihn mit List ergreifen und töten könnten. Denn sie sprachen: Ja nicht bei dem Fest, damit es nicht einen Aufruhr im Volk gebe"* (Mk 14,1-2; vgl. Mt 26,4; Lk 22,1; Joh 11,53). Aufstände gegen die römische Besatzung ereigneten sich häufig am Passafest.[170] Die Situation war also sehr ernst. Der Beschluss zur Tötung Jesu war durch *„die Hohenpriester und Schriftgelehrten"* zwei Tage vor dem Passa nochmals bekräftigt worden.

Der Personenkreis entsprach genau den Bestimmungen der Mischna (s. 2.6.9). Darin war bestimmt, dass mindestens zehn Festpilger miteinander ein Passalamm essen sollten. Da uns bezeugt wird, dass Jesus und die Zwölf miteinander das Mahl hielten, so waren mindestens dreizehn Personen anwesend. Es ist durchaus möglich, dass noch weitere Personen an diesem Mahl teilnahmen. „Die aus Galiläa mitgewanderten Frauen ..., vielleicht auch der Hausbesitzer mit seinen Angehörigen, könnten anwesend gedacht sein"[171] (vgl. Mk 15,40-41).

Solange das Passa in den Familien stattgefunden hatte, oblag die Leitung des Passamahles dem Familienoberhaupt (s. 2.6.10). Nachdem es zum Wallfahrtsfest geworden war, wurde diese Aufgabe einem anerkannten Oberhaupt in einer Pilgergemeinschaft zuteil. Jesus war derjenige, der als Rabbi (z.B. Mk 9,5; 11,21; Joh 4,31; 6,25) und als Lehrer (z.B. Mt 23,10; Joh 3,2) angesprochen wurde, ja der bereits als der Christus erkannt worden war (z.B. Mt 16,16; Mk 8,29; Lk 9,20). So war es selbstverständlich, dass er das Passamahl für sich und seine Jünger leitete. Es war seine Verantwortung, für die vom Gesetz vorgeschriebene Durchführung zu sorgen. Deshalb wurde er von seinen Jüngern gefragt, wo das Passa stattfinden sollte: *„Und am ersten Tage der Ungesäuerten Brote, da man das Passalamm opferte, sprachen seine Jünger zu ihm: Wo willst du, dass wir hingehen und das Passalamm bereiten, damit du es essen kannst?"* (Mk 14,12; vgl. Mt 26,17; Lk 22,7-9). Den Jüngern wurden genaue

---

[170] Joachim Jeremias, Die Abendmahlsworte Jesu, Verlag Vandenhoeck & Ruprecht Göttingen, 4., durchgesehene Auflage 1967, S.199

[171] WStb, Das Evangelium des Markus (Ergänzungsband), erklärt von Adolf Pohl, R. Brockhaus Verlag Wuppertal, 1986, S. 504

Anweisungen gegeben, was sie tun sollten, zwei erhielten Anweisung, das Haus zu finden, wo sie sich in Jerusalem zum Passamahl zusammenfinden konnten. Denn das Passamahl musste innerhalb der Stadt Jerusalem gefeiert werden. *„Und er sandte zwei seiner Jünger und sprach zu ihnen: Geht hin in die Stadt, und es wird euch ein Mensch begegnen, der trägt einen Krug mit Wasser; folgt ihm, und wo er hineingeht, da sprecht zu dem Hausherrn: Der Meister lässt dir sagen: Wo ist die Herberge für mich, in der ich das Passalamm essen kann mit meinen Jüngern? Und er wird euch einen großen Saal zeigen, der schön ausgelegt und vorbereitet ist; und dort richtet für uns zu. Und die Jünger gingen hin und kamen in die Stadt und fanden's, wie er ihnen gesagt hatte, und bereiteten das Passalamm"* (Mk 14,13-16; vgl. Mt 26,18-19; Lk 22,8-13). Nach dem Lukas-Evangelium handelte es sich bei diesen beiden Jüngern um Petrus und Johannes (Lk 22,8).

5.2.4 Die Bedingungen für das letzte Mahl Jesu

Wir versuchen, den vielen Einzelheiten nachzugehen, die diese Schilderung beinhaltet, ohne dass sie in der Bibel ausdrücklich benannt sind. Die Stadt Jerusalem war durch die angereisten Pilger offensichtlich total überfüllt. Alfred Edersheim geht sogar davon aus, dass es mehr als 2,5 Millionen Menschen gewesen sein könnten und beruft sich dabei auf Angaben von Flavius Josephus.[172] Nach Joachim Jeremias könnten sich in der Stadt Jerusalem weit über 100.000 Festfeiernde aufgehalten haben.[173] Es ist uns nicht möglich, diese Angaben zu beurteilen. Dadurch wird aber deutlich, dass es wirklich nicht selbstverständlich war, überhaupt einen Saal für das Passamahl zu finden. „Bei der großen Zahl der Passafestpilger war der Raum in der Passanacht so eng, dass ein großer Teil der Feiernden gezwungen war, trotz der kühlen Jahreszeit (vgl. Mk 14,54) das nächtliche Passamahl in den Höfen, ja auf den Dächern der heiligen Stadt einzunehmen."[174] Jesus hatte Vorsorge getroffen, dass das Passamahl, mit dem er eine besondere Absicht verband, in einer dafür angemessenen Umgebung gefeiert werden konnte.

Die Wahl des Hauses war Sache Jesu. Während die beiden Jünger noch

---

[172] Alfred Edersheim, Der Tempel – Mittelpunkt des geistlichen Lebens zur Zeit Jesu, R. Brockhaus Verlag Wuppertal 1997, S. 144

[173] Joachim Jeremias, Die Abendmahlsworte Jesu, a.a.O., S. 36

[174] Ebd., S. 37

ahnungslos waren, auf welchen Menschen sie treffen und welches Haus ihnen gezeigt werden würde, hatte Jesus die Person und das Haus längst ausgewählt. Judas Iskariot kannte das Haus offenbar nicht. Er hatte zu diesem Zeitpunkt bereits mit den Hohenpriestern die Auslieferung Jesu vereinbart. Es hätte ganz und gar den Zielen der Hohenpriester entsprochen, wenn sie Jesus so schnell wie möglich hätten ergreifen können. *„Und er suchte, wie er ihn bei guter Gelegenheit verraten könnte"* (Mk 14,11). Doch die Stunde des Verräters war noch nicht gekommen. „Der Gehorsam aller Beteiligten, der Mut des Hausbesitzers, der sich in riskanter Lage als Anhänger bewährte, und der einladende Saal – das alles waren Signale aus der Höhe: Gott sitzt im Regiment!"[175]

An folgendes ist noch zu denken: Es musste sichergestellt sein, dass im Haus kein Sauerteig mehr vorhanden war (2. Mose 12,15). Die Beauftragten aus dem Jüngerkreis hatten auf dem Tempelvorplatz für die Schlachtung eines einjährigen fehlerfreien Lammes, des Passalammes, zu sorgen. „Ferner galt es, Wasser und Wein und auch einen Leuchter zu besorgen. Auch Grünkräuter, Bitterkräuter und die Fruchtmustunke für die Vorspeise musste beschafft, ferner ungesäuerte Brotfladen gebacken werden. Schließlich war abends das Lamm zu braten."[176]

Was in diesen von Adolf Pohl genannten Einzelheiten zum Ausdruck kommt, macht vor allem eins deutlich: Die Familien Jerusalems hatten in erster Linie für sich selbst zu sorgen und waren vollauf beschäftigt. Darüber hinaus waren sie verpflichtet, den feiernden Pilgern Räume in ihren Häusern zur Verfügung zu stellen. Die große Zahl der Festpilger hatte in eigener Verantwortung die umfangreichen Vorbereitungen für ihr Passamahl zu treffen. Als Jesus am Abend mit den Jüngern den Saal für das Festmahl betrat, war alles vorbereitet. Das Passamahl war mit einer üblichen Abendmahlzeit nicht zu vergleichen. Es erstreckte sich über mehrere Stunden bis tief in die Nacht.

Auf folgende Zusammenhänge wollen wir noch verweisen: Nach 5. Mose 16,5-6 hatte die Schlachtung der Passalämmer am Tempel zu erfolgen (s. 2.6.4). Diese Bestimmung hatte Jesus mit seinen Jüngern eingehalten. Doch im Weiteren waren nach 5. Mose 16,7 auch die Zubereitung und der

[175] WStb, Das Evangelium des Markus (Ergänzungsband), a.a.O., S. 502
[176] Ebd., S. 502

Verzehr des Passamahles an der gleichen Stelle geboten. Dies war zur Zeit Jesu nicht mehr üblich. Wie oben schon erwähnt, war die Zahl der Festpilger derart angestiegen, dass im Laufe der Zeit das Passamahl nicht nur in den Vorhöfen des Tempels, sondern im gesamten Bereich der Stadt Jerusalem eingenommen wurde. Aufgrund der Erfordernisse trugen die Gesetze dem Rechnung. Man war „aus Raummangel gezwungen, Schlachtort und Mahlort zu trennen."[177] Deshalb feierte Jesus mit seinen Jüngern das Mahl nicht im Bereich des Tempels, sondern in einem dafür ausgesuchten Festsaal. Doch außerhalb Jerusalems war die Feier des Passamahles selbst nach den Bestimmungen der Mischna nach wie vor streng verboten.

Ebenso war nach 5. Mose 16,7 der Verbleib am Ort des Mahles bis zum Morgen geboten. Doch letzteres war undurchführbar geworden. „Es war unmöglich, dass die Wallfahrer sämtlich in Jerusalem unterkamen; vielmehr musste der Großteil in Zelten übernachten, die rings um Jerusalem, namentlich in der Ebene, d.h. im Norden der Stadt aufgeschlagen wurden. ... man war daher gezwungen, für die Übernachtung in der Passanacht (nicht für das Passamahl!) die nächste Umgebung Jerusalems freizugeben."[178] In den Tagen vor dem Passa verließ Jesus die Stadt Jerusalem am Abend. Doch in der Nacht des Passamahles war es Jesus und seinen Jüngern untersagt, die Stadt zu verlassen. Sie blieben deshalb in dem für diese Nacht erweiterten Stadtgebiet Jerusalems und hielten sich im Garten Gethsemane am Ölberg auf. Es war Jesus offensichtlich seit Jahren zur Gewohnheit geworden, an manchen Abenden, insbesondere nach dem Passamahl, zum Ölberg zu gehen und die folgende Nacht dort im Freien zu verbringen (Mt 26,30.36; Mk 14,26.32; Lk 22,39; Joh 18,1-2).

Jesus ließ alle Vorbereitungen so treffen, wie sie zu seiner Zeit üblich waren. Die Veränderungen, die im Verlauf der Geschichte Israels eingeführt worden waren, kritisierte er nicht. Er benannte sie nicht einmal. Ihm geht es immer um den Wesenskern der göttlichen Ordnungen, dem die Formen dienen müssen. In Anlehnung eines Wortes über den Sabbat können wir hier durchaus sagen: Das Passa ist um des Menschen willen gemacht und nicht der Mensch um des Passa willen (vgl. Mk 2,27).

---

[177] Joachim Jeremias, Die Abendmahlsworte Jesu, a.a.O, S. 37
[178] Ebd., S. 36 u. 37

5.2.5 Das letzte Mahl Jesu war ein Passamahl

Die hier so bestimmt formulierte Überschrift lässt schon vermuten, dass diese Aussage bei Bibelauslegern umstritten ist. Die Ursache für die unterschiedlichen Auffassungen liegt in der Frage, ob das letzte Mahl Jesu in der Nacht vom 14. zum 15. Nisan oder bereits in der Nacht vom 13. zum 14. Nisan stattfand. Dieser Frage wollen wir im Folgenden nachgehen und dann die Sichtweise begründen, zu der wir uns entschieden haben.

Zur Zeit Jesu wurde das Passamahl in der Form gefeiert, wie es die Mischna vorschrieb. Nachdem alle Vorbereitungen getroffen waren, hatten sich Jesus und die Zwölf wieder zusammengefunden. Sie kamen am Abend gemeinsam zum Festsaal. Darin waren Polster vorbereitet, worauf sie zu Tisch lagen.[179] Wenn auch das „zu Tisch liegen" ansonsten in Israel nicht üblich war, so war es nach der Mischna für das Passamahl ausdrücklich vorgeschrieben (s. 2.6.9).

Jesus feierte das Passamahl am ersten Tag der Ungesäuerten Brote. Nach dem Zeugnis der Synoptiker war es der Tag, an welchem das Passalamm geschlachtet wurde. An diesem Tag musste bis zum Nachmittag aller Sauerteig aus den Häusern entfernt und es mussten Brotfladen aus ungesäuertem Teig gebacken werden. Matthäus benennt konkret den ersten Tag, erwähnt aber nicht ausdrücklich die Schlachtung des Passalammes. *„Aber am ersten Tag der Ungesäuerten Brote traten die Jünger zu Jesus und sprachen: Wo willst du, dass wir dir das Passalamm zum Essen bereiten?"* (Mt 26,17).[180] Markus macht

---

[179] Anmerkung: Lk 22,14 wird unterschiedlich übersetzt. Luther 1984 und 2017: „setzte er sich nieder und die Apostel mit ihm"; Elberfelder Bibel, Edition C und Ulrich Wilckens: „legte er sich zu Tisch und die Apostel mit ihm"; Wuppertaler Studienbibel: „legte er sich zu Tische nieder und die Apostel mit ihm"; Einheitsübersetzung: „begab er sich mit den Aposteln zu Tisch"; Neues Leben: „nahmen Jesus und die Jünger miteinander am Tisch Platz"; Hoffnung für alle: „nahm Jesus mit seinen Jüngern an der Festtafel Platz"; Gute Nachricht und Hermann Menge: „setzte sich Jesus zu Tisch und die Apostel mit ihm"; Schlachter 2000: „setzte er sich zu Tisch und die zwölf Apostel mit ihm"; Neue Genfer Übersetzung: „setzte sich Jesus mit den Aposteln zu Tisch"; Heinz Schumacher: „ließ er sich zum Male nieder und die Apostel mit ihm"; Klaus Berger/Christiane Nord: „Begab sich Jesus mit den Aposteln zu Tisch"

[180] Anmerkung: Mt 26,17 wird unterschiedlich übersetzt. In den geläufigen deutschen Bibelübersetzungen findet sich die Bezeichnung „Passalamm" nur in der Lutherbibel. Andere Übersetzungen sind z.B.: „Passamahl": Einheitsübersetzung, Schlachter 2000, Jerusalemer Bibel, Hoffnung für alle, Neues Leben, Gute Nachricht, Heinz Schumacher, Klaus Berger/Christiane Nord, Hermann Menge, Ulrich Wilckens, Wuppertaler Studienbibel (Fritz

beide Angaben. *„Und am ersten Tage der Ungesäuerten Brote, da man das Passalamm opferte, sprachen seine Jünger zu ihm: Wo willst du, dass wir hingehen und das Passalamm bereiten, damit du es essen kannst?"* (Mk 14,12). Bei Lukas werden ebenfalls beide Angaben gemacht. Da heißt es: *„Es kam nun der Tag der Ungesäuerten Brote, an dem man das Passalamm opfern musste. Und er sandte Petrus und Johannes und sprach: geht hin, und bereitet uns das Passalamm, damit wir's essen"* (Lk 22,7-8).

Jesus wurde in der Nacht nach dem Mahl gefangen genommen und verhört. Zuerst brachte man ihn vor den Hohen Rat (Mt 26,57-68; Mk 14,53-65; Lk 22,63-71) bzw. vor den Hohenpriester (Joh 18,12-24), dann vor Pilatus (Mt 27,1-14; Mk 15,1-5; Lk 23,1-5; Joh 18,28-40). Pilatus sandte Jesus zu Herodes (Lk 23,6-11), der ließ ihn wieder zu Pilatus zurückbringen (Lk 23,11). Nach diesen Angaben war der Todestag Jesu der 15. Nisan. Es war der Tag vor dem Sabbat, ein Freitag. Die synoptischen Evangelien bezeugen also übereinstimmend, dass Jesus mit seinen Jüngern das Passamahl gefeiert hat.

Aus dem Johannes-Evangelium wiederum geht hervor, dass die Juden, welche Jesus zu Pilatus brachten, das Passamahl noch nicht gegessen hatten. Sie gingen nicht ins Prätorium hinein, um sich vor dem Passamahl nicht zu verunreinigen. *„Da führten sie Jesus von Kaiphas vor das Prätorium; es war aber früh am Morgen. Und sie gingen nicht hinein in das Prätorium, damit sie nicht unrein würden, sondern das Passamahl essen könnten"* (Joh 18,28). Daraus kann man schließen, dass zum Zeitpunkt des Verhörs vor Pilatus das Passamahl in Jerusalem noch nicht stattgefunden hatte, sondern noch bevorstand. Dann hätte das letzte Mahl Jesu bereits in der Nacht vom 13. zum 14. Nisan stattgefunden und wäre kein Passamahl gewesen.

Übereinstimmend bezeugen alle vier Evangelien, dass Jesus am Rüsttag verurteilt und gekreuzigt wurde und auch starb. Markus, Lukas und Johannes nennen diesen Tag den Rüsttag, also den Vorbereitungstag vor dem Sabbat (Mk 15,42; Lk 23,54; Joh 19,31). Johannes nennt diesen Tag zusätzlich den Rüsttag für das Passafest (Joh 19,14). Matthäus verweist auf den Tag nach dem Rüsttag, den Sabbat. Am Sabbat erbaten die Hohenpriester und Pharisäer bei Pilatus eine Wache für das Grab Jesu (Mt 27,62 ff). Es handelte sich

Rienecker); „Passa": Elberfelder Bibel; „Passaessen": Edition C (Gerhard Maier); Ähnlich ist es bei den folgenden Bibelstellen Mk 14,12 und Lk 22,7-8

bei diesem Sabbat um einen besonders hohen Festtag (Joh 19,31). Offenbar fiel im Todesjahr Jesu das Passafest auf einen Sabbat.

Nach den Synoptikern haben wir eine zeitliche Beschreibung für den Verlauf des Todestages Jesu. Jesus wurde in der dritten Stunde gekreuzigt, etwa gegen 9.00 Uhr (Mk 15,25). Von der sechsten bis zur neunten Stunde setzte eine Finsternis ein, etwa von 12.00 Uhr bis 15.00 Uhr (Mt 27,45; Mk 15,33; Lk 23,44). Um die neunte Stunde verstarb Jesus, etwa gegen 15.00 Uhr (Mt 27,46-50; Mk 15,34-37; Lk 23,44-46). Folgen wir dem Zeugnis des Johannes-Evangeliums, dann wurden die Passalämmer in Jerusalem am Freitag in den Tempelvorhöfen geschlachtet. Nach dem Johannes-Evangelium wurde Jesus um die sechste Stunde gekreuzigt (Joh 19,14). Die Todesstunde ist bei Johannes nicht ausdrücklich genannt. Die neunte Stunde war die Zeit des Abendopfers, während der die Lämmer im Tempel geschlachtet wurden. „Während im Tempel die Passalämmer zu Hunderten und Tausenden geschlachtet wurden, starb vor den Toren der Stadt unerkannt das wahre Passalamm, dem nach Gottes Willen kein Knochen gebrochen werden durfte.“[181] (Joh 19,36; vgl. 2. Mose 12,46; 4. Mose 9,12). Der Leichnam Jesu wurde noch vor Beginn des Sabbats abgenommen. Die Abnahme vom Kreuz und die Grablegung mussten mit Beginn des Sabbats, also gegen 18.00 Uhr beendet gewesen sein.

Damit bestätigen alle vier Evangelien als Todestag Jesu den Freitag. Dennoch bleibt nach all diesen Überlegungen die Frage offen, ob der Todestag Jesu der 14. Nisan oder der 15. Nisan war, d.h. ob das letzte Mahl Jesu ein Passamahl war oder nicht. Die Unstimmigkeit zwischen den Synoptikern Matthäus Markus und Lukas einerseits und Johannes andererseits, wurde von Bibelauslegern auf vielfache Weise zu erklären versucht. Aber alle sogenannten Harmonisierungsversuche bleiben unbefriedigend.

Die in den synoptischen Evangelien beschriebenen Vorbereitungen sowie das ausdrücklich ausgesprochene Verlangen Jesu nach dem Passamahl (Lk 2,15-16) bezeugen übereinstimmend, dass das letzte Mahl Jesu ein Passamahl war.

Joachim Jeremias benennt mehrere Einzelheiten im Johannesevangelium,

---

[181] Joachim Jeremias, Die Abendmahlsworte Jesu, a.a.O., S. 76

welche mit den Zeugnissen der Synoptiker übereinstimmen und diese bestärken. So bezeugt auch das Johannesevangelium beim letzten Mahl Jesu, dass das Mahl trotz Überfüllung innerhalb der Stadt Jerusalem stattfand (Joh 18,1), dass der Verräter bezeichnet wurde (Joh 13,21 ff) und das Mahl zu ungewöhnlicher Stunde bis in die Nacht hinein gefeiert wurde (Joh 13,30). Die Gespräche weisen darauf hin, dass es sich um den engsten, vertrauten Kreis der Jünger handelte (Joh 13 ff). Es war ein festliches Mahl, bei dem man zu Tische lag (Joh 13,12; 13,23)[182] und es wurde in levitischer Reinheit eingenommen (Joh 13,10). Nach dem Mahl ging Jesus mit seinen Jüngern *„über den Bach Kidron; da war ein Garten, …“* (Joh 18,1).[183]

Eine Erklärungsmöglichkeit liegt in der Annahme zweier unterschiedlicher Kalender, die beide um einen Tag variierten. Alfred Kuen bezieht sich auf eine Untersuchung von Th. Huser und verweist darauf, dass Kalenderfragen zur Zeit Jesu sehr wichtig waren und dass diese Fragen immer wieder Streit zwischen Sadduzäern und Pharisäern auslösten. Nach dieser Annahme haben sich Jesus und seine Jünger nach einem anderen Kalender gerichtet als die Führer des Volkes. Dieser Kalender war einen Tag weiter als es der offizielle Kalender war. Nach diesem Kalender richteten sich auch die Synoptiker bei ihren Berichten. Johannes folgte bei seinem Bericht dem offiziellen Kalender, nach welchem das Passa einen Tag später stattfand.[184] „Die Existenz verschiedener Kalender je nach Gruppierung des Judentums ist von verschiedenen Verfassern belegt worden. Das ist die Lösung, der sich die meisten heutigen Verfasser angeschlossen haben.“[185]

Hansjörg Bräumer beschreibt eine weitere Erklärung: „Fiel zum Beispiel der 14./15. Nisan auf einen Sabbat, wie zum Beispiel im Todesjahr Jesu (30 n.Chr.), so musste die Schlachtung des Osterlammes aufgrund des Gebots der

---

[182] Anmerkung: Die Lutherbibel 1984 und 2017 übersetzt Joh 13,12: „Als er nun ihre Füße gewaschen hatte, nahm er seine Kleider und setzte sich wieder nieder und sprach zu ihnen:“ Diese Stelle wird unterschiedlich übersetzt. Mehrere Übersetzungen haben hier „liegen“ statt „sitzen“ und harmonieren so mit Joh 13,23. Wuppertaler Studienbibel: „und sich wieder niedergelegt hatte“; Jerusalemer Bibel: „und sich wieder zu Tisch gelegt hatte“; Elberfelder Bibel: „legte er sich wieder zu Tisch“; Klaus Berger/Christiane Nord: „legte sich wieder zu Tisch“; vgl. Anmerkung 129

[183] Joachim Jeremias, Die Abendmahlsworte Jesu, a.a.O., S. 75 f

[184] Alfred Kuen, Das Mahl des Herrn, a.a.O., S. 318

[185] Ebd., S. 27

Sabbatruhe am 13. Nisan erfolgen. Feierten die Pharisäer die Passanacht gleich nach der Schlachtung des Passalammes, so ist von den Sadduzäern bekannt, dass diese das Passa zum üblichen Termin in der Nacht vom 14. auf den 15. feierten."[186]

Wir haben diese Überlegungen hier aufgegriffen, weil diese Frage nach dem Passamahl aus den biblischen Aussagen selbst erwachsen ist. Auch wenn sich nicht alle Schwierigkeiten zweifelsfrei auflösen lassen, sehen wir in den Evangelien ein klares Zeugnis dafür, dass das letzte Mahl Jesu mit seinen Jüngern ein Passamahl war. Das entscheidende ist jedoch die Bedeutung, die Jesus diesem Mahl gab. Deshalb bezeichnen einige Bibelausleger das letzte Mahl Jesu als „sein Passa".

Es sei an dieser Stelle erwähnt, dass die Westkirche (Römisch-Katholische Kirche) und die Ostkirchen (Orthodoxe Kirchen) unterschiedliche Auffassungen vertreten. Da die Westkirche im Verlauf der Kirchengeschichte die Überzeugung vertrat, das letzte Mahl Jesu war ein Passamahl, feiert sie das Abendmahl mit ungesäuertem Brot. Da die Ostkirchen die Überzeugung vertraten, es war kein Passamahl, feiern sie das Abendmahl mit gesäuertem Brot.[187] Heutige Auffassungen ihrer Kirchenvertreter weichen mitunter davon ab. In Folge der Reformation bekam die Frage nach gesäuertem oder ungesäuertem Brot dann eine neue Ausrichtung. Während die Reformatoren um Luther beim Abendmahl weiterhin Hostien - also ungesäuertes Brot - verwendeten, wurde es später in den reformatorischen Gemeinden wichtig, zum Abendmahl alltagsübliches Brot zu nehmen, das sättigt und nährt. Die Frage nach der Art des Teigs war somit nicht mehr von Bedeutung.

5.3 Der Verlauf des letzten Mahles Jesu

Das Johannesevangelium berichtet uns die Einsetzung des Abendmahles nicht. Dort wird im Zusammenhang mit dem Passafest von jenem Abendessen berichtet, in dessen Verlauf Jesus den Jüngern die Füße wusch (Joh 13,1-20). Danach bezeichnete Jesus während des Essens den Verräter Judas, Sohn des Simon Iskariot (Joh 13,21-27). Das Johannesevangelium bezeugt uns, dass Judas während des Mahles aufstand und hinausging (Joh 13,30). Jesus gab

[186] WStb, Das zweite Buch Mose, Kapitel 1-18, a.a.O., S., 210
[187] Joachim Jeremias, Die Abendmahlsworte Jesu, a.a.O., S. 14 ff

seinen Jüngern noch eine ganze Reihe von Belehrungen und Ermutigungen. Nach dem hohenpriesterlichen Gebet (Joh 17,1-26) ging Jesus mit seinen Jüngern hinaus nach Gethsemane (Joh 18,1). Dieses Abendessen war das letzte Mahl Jesu mit seinen Jüngern. Warum Johannes die Einsetzung des Abendmahles nicht berichtet, wissen wir nicht. Eine mögliche Erklärung ist die u.a. von Joachim Jeremias vertretene Ansicht, dass Johannes „den Wortlaut der heiligen Formel nicht der Öffentlichkeit preisgeben wollte."[188] Nicht alle heiligen Dinge durften in Israel ausgesprochen werden, schon gar nicht vor Heiden. Beispielsweise konnte bzw. durfte Paulus nicht aussprechen, was er bei seiner Entrückung ins Paradies hörte (2. Kor 12,4). Alle vier Evangelien berichten übereinstimmend davon, dass Jesus nach dem Mahl mit seinen Jüngern hinaus zum Ölberg ging, und dass er in dieser Nacht durch Verrat ergriffen wurde. Johannes berichtet also von dem gleichen letzten Mahl Jesu mit seinen Jüngern, in dessen Rahmen die Synoptiker von der Einsetzung des Abendmahles berichten.

Von der Einsetzung des Abendmahles berichten uns die synoptischen Evangelien Matthäus, Markus und Lukas sowie der erste Korintherbrief des Apostels Paulus.

Das Passamahl war nach den vier Kelchen Wein gegliedert, die im Verlaufe des Mahles getrunken werden mussten und lief in sieben einzelnen Etappen ab. Da wir uns im Folgenden immer wieder auf den Abschnitt 2.6.10 „Die Bestimmungen der Mischna für das Passamahl" beziehen, geben wir hier die Ziffern der einzelnen Etappen in Klammern an, auf welche wir Bezug nehmen. Wir folgen hier wiederum der Gliederung, wie sie Alfred Kuen vorgenommen hat.[189]

5.3.1 Die Eröffnung des Mahles bis zum ersten Kelch

Jesus wich in einigen Passagen zur Überraschung der Jünger vom üblichen Ritus ab. Der übliche Ritus begann mit dem Segensspruch für den Festtag und dem Segensspruch über dem ersten Kelch. Doch Jesus begann das Mahl mit den Worten: *„Mich hat herzlich verlangt, dies Passalamm mit euch zu essen, ehe ich leide. Denn ich sage euch, dass ich es nicht mehr essen werde, bis es*

[188] Ebd., S. 119
[189] Alfred Kuen, Das Mahl des Herrn, a.a.O., S. 28 ff;

erfüllt wird im Reich Gottes" (Lk 22,15-16).[190] Er verdeutlichte den Ernst der Stunde. Mit göttlicher Gewissheit und Klarheit hatte der Vater für den Sohn diesen Zeitpunkt, genau dieses Fest, ausgesucht. Es war das letzte irdische Passamahl, ja das letzte irdische Mahl überhaupt, welches Jesus feierte. Die Worte *„dieses Passa"* deuteten auf die Besonderheit dieses letzten Mahles hin. Noch war es den Jüngern nicht bewusst, dass auf dieses Mahl das Leiden und Sterben Jesu folgen, ja dass die Gemeinschaft mit dem irdischen Jesus nur noch wenige Stunden dauern sollte. Das Fest der Befreiung aus der Sklaverei in die Freiheit war der geeignete Augenblick, den Höhepunkt und Abschluss des Lebens Jesu einzuleiten.

Erst im Anschluss an diese Einleitung sprach Jesus das übliche Dankgebet mit dem Segensspruch für den Festtag und dem Segen über dem ersten Kelch (Etappe 1). Nachdem er diese Segensworte gesprochen hatte, nahm er *„den Kelch, dankte und sprach: Nehmt ihn und teilt ihn unter euch; denn ich sage euch: Ich werde von nun an nicht trinken von dem Gewächs des Weinstocks, bis das Reich Gottes kommt"* (Lk 22,17-18). Sie tranken den ersten Kelch. Wieder war Jesus vom üblichen Ritus abgewichen und betonte, dass er erst im vollendeten Gottesreich auf eine ganz neue Weise *„von dem Gewächs des Weinstocks"* trinken werde. Über Formen oder Zeiten dieser Erfüllung lassen sich von uns keine Angaben machen. Wohl aber lässt sich sagen, dass Jesus ganz bewusst von einer völlig neuen Art des Essens (Lk 22,16) und einer völlig neuen Art des Trinkens (Lk 22,18) sprach, welche er selbst an die Vollendung des Reiches Gottes band.

Der Wein wurde üblicherweise mit Wasser gemischt. Ob alle Mahlteilnehmer aus einem Kelch tranken oder ob aus einem Kelch die Kelche der Teilnehmer gefüllt wurden, wird von Bibelauslegern unterschiedlich beurteilt. Es lassen sich für beide Möglichkeiten Argumente finden. Da das Trinken von vier Kelchen Wein beim Passa ausdrücklich vorgeschrieben war, könnte man von Einzelkelchen ausgehen.[191] Leider finden wir dazu keine klare Aussage in der

---

[190] Lk 22,15 wird unterschiedlich übersetzt. vgl. Anmerkung 130; Hier gilt Ähnliches für den Begriff „Passalamm".

[191] Alfred Kuen, Das Mahl des Herrn, a.a.O., S. 28; vgl. dazu im Gegensatz: EdC NT, Gerhard Maier, Lukas-Evangelium 2. Teil, Hänssler-Verlag Neuhausen-Stuttgart 1996, S. 565; ebenso: EdC NT, Gerhard Maier, Markus-Evangelium, Hänssler-Verlag Neuhausen-Stuttgart 1996, S. 599

Bibel. Deshalb sehen wir in dieser Frage keine ausschlaggebende Bedeutung.

5.3.2 Der Fortgang des Mahles bis zum zweiten Kelch

Nach der Eröffnung des Mahles und dem Trinken aus dem ersten Kelch wurden vom Hausherrn ein Salat aus Gemüse und bitteren Kräutern mit Obstsoße in einer Schüssel gebracht. Er tunkte die bitteren Kräuter als erster in die Soße und alle aßen davon (Etappe 2). Da Jesus als Oberhaupt der Pilgergemeinschaft das Mahl leitete, also die Aufgaben des Hausherrn bzw. Familienoberhauptes wahrnahm, war es auch seine Aufgabe, für die Verteilung der Speisen zu sorgen. Die bitteren Kräuter erinnerten an die bittere Sklaverei in Ägypten.

Im Anschluss wurde ungesäuertes Brot gebracht und verteilt. Nach einem Gebet wurde es in die Schüssel getaucht und mit den bitteren Kräutern gegessen. Der zweite Kelch wurde mit Wein gefüllt. Dies war auch der Augenblick, in welchem in den Familien die Kinder den Vater fragten, was die Gesten und Speisen bedeuteten. So fragten hier die Mahlteilnehmer und Jesus antwortete. Er erklärte den Sinn des ungesäuerten Brotes als Brot des Auszuges aus dem Elend und den Sinn des Lammes, dessen Blut sie errettete (2. Mose 12,26; 13,7-8). Es gab festgelegte Texte dafür, die man „Haggada" nennt. Das Wort „Haggada" bedeutet „Erklärung."[192] Nach dieser Erklärung, der „Passahaggada", wurde der erste Teil des Hallel, die Psalmen 113 und 114, gesungen (Etappe 3). An das Hallel schloss sich das Trinken des zweiten Kelches an (Etappe 4).

5.3.3 Die Unterbrechung durch die Fußwaschung

Bevor die Hauptmahlzeit begann, wusch man sich die Hände. Im Johannes-Evangelium wird uns berichtet, dass Jesus während des letzten Mahles den Jüngern die Füße wusch (Joh 13,1-20). Auch darin wich er vollkommen vom üblichen Ritus ab. Die Mahlfeier war bereits im Gang.[193] Der Verräter war noch

---

[192] Alfred Kuen, Das Mahl des Herrn, a.a.O., S. 108; siehe auch BL, a.a.O., Sp. 655

[193] Der Zeitpunkt ist nicht genau erkennbar. Joh 13,2-4 wird unterschiedlich übersetzt, z.B.: Luther 2017: „Und nach dem Abendessen ... da stand er vom Mahl auf"; Luther 1984: „Und beim Abendessen ... da stand er vom Mahl auf"; Elberfelder 2008: „Und bei einem Abendessen, ... steht Jesus ... von dem Abendessen auf"; Schlachter 2000: „Und während des Mahls, ... stand er vom Mahl auf"; Einheitsübersetzung 2016: „Es fand ein Mahl statt ... Jesus ... stand vom Mahl auf"; Hoffnung für Alle 2015: „An diesem Abend aß Jesus ... Da stand er

nicht bezeichnet. Mit vielen Einzelschritten bereitete Jesus seine engsten Jünger auf die Errichtung des Neuen Bundes vor. *„Und nach dem Abendessen – als schon der Teufel dem Judas, dem Sohn des Simon Iskariot, ins Herz gegeben hatte, dass er ihn verriete; ... – da stand er vom Mahl auf, legte seine Kleider ab und nahm einen Schurz und umgürtete sich. Danach goss er Wasser in ein Becken, fing an, den Jüngern die Füße zu waschen und zu trocknen mit dem Schurz, mit dem er umgürtet war"* (Joh 13,2.4-5). Das Waschen der Füße geschah üblicherweise zu Beginn des Mahles und war Sklavenarbeit bzw. Aufgabe der Hausdienerschaft. Zweifach wich Jesus hier von der Regel ab. Zum einen hatte das Mahl schon begonnen und zum anderen war es Jesus selbst, der während des Mahles dafür aufstand, den Jüngern die Füße zu waschen. Er überließ diese Aufgabe keinem anderen. Die Unterbrechung des Mahles war ungewöhnlich, aber die Fußwaschung durch ihren Herrn und Meister war für die Jünger viel mehr als das. Sie war außergewöhnlich, ja geradezu undenkbar. Es löste ihr Entsetzen aus, welches Petrus in seiner Zurückweisung zum Ausdruck brachte (Joh 13,6-11). Doch Jesus verwies darauf, dass für ihn die Zeit kommt, in welcher er die Bedeutung dieser Handlung erfahren werde. *„Was ich tue, das verstehst du jetzt nicht; du wirst es aber hernach erfahren"* (Joh 13,7).

Nach dem Waschen der Füße seiner Jünger legte sich Jesus wieder zu Tisch und belehrte die Jünger über das Geschehene. *„Wer gewaschen ist, bedarf nichts, als dass ihm die Füße gewaschen werden; er ist vielmehr ganz rein. Und ihr seid rein, aber nicht alle"* (Joh 13,10). Jesus ist es, der seine Gemeinde reinwäscht. Er ist der Einzige, der dies tun kann. Er ist zugleich auch derjenige, der es mit großer Liebe tun will. Zugleich ordnete er damit das Verhältnis der Jünger zueinander. *„Denn ein Beispiel habe ich euch gegeben, damit ihr tut, wie ich euch getan habe"* (Joh 13,15). Keiner sei sich zu schade für den niedrigsten Dienst aneinander.

---

vom Tisch auf"; Neue Genfer Übersetzung 2011: „Er war mit seinen Jüngern beim Abendessen. ... Er stand vom Tisch auf"; Gute Nachricht: „Jesus aß mit seinen Jüngern zu Abend. ... Da stand er vom Tisch auf"; Neues Leben 2006: „Es war Zeit für das Abendessen, ... Er stand vom Tisch auf";

5.3.4 Die Bezeichnung des Verräters

Im Anschluss an die Fußwaschung begann die Hauptmahlzeit. An deren Beginn eröffnete Jesus seinen Jüngern den bevorstehenden Verrat. Nach Matthäus, Markus und Johannes erfolgte die Bezeichnung des Verräters vor der Einsetzung des Abendmahls (Mt 26,20-25; Mk 14,17-21; Joh 13,21-30). Bei Lukas ist sie nach der Einsetzung erwähnt (Lk 22,21-23). In allen vier Evangelien wird jedoch deutlich zum Ausdruck gebracht, dass die Bezeichnung des Verräters während dieses letzten Mahles, d.h. während des Essens geschah. Nachdem Judas seinen Bissen erhalten hatte, beeilte er sich, zu gehen. Er ging *„alsbald hinaus"* (Joh 13,30). Über die Bezeichnung des Verräters wird folgendes berichtet: *„Und als sie aßen, sprach er: Wahrlich, ich sage euch: Einer unter euch wird mich verraten"* (Mt 26,21). *„Und als sie bei Tisch waren und aßen, sprach Jesus: Wahrlich, ich sage euch: Einer unter euch, der mit mir isst, wird mich verraten"* (Mk 14,18). *„Doch siehe, die Hand meines Verräters ist mit mir am Tisch"* (Lk 22,21).

Nie zuvor hatte Jesus auch nur mit einer Andeutung darüber gesprochen, dass Judas zum Verräter werden würde. Außer Judas selbst hatte kein anderer der Zwölf auch nur den Schimmer einer Ahnung. Doch nun war der Augenblick gekommen, offen auszusprechen, dass Jesus über den beabsichtigten Verrat genau Bescheid wusste und dass er auch denjenigen kannte, der ihn ausliefern würde. Es erhob sich also die Frage, wer es sein würde. Alle waren schockiert. *„Und sie wurden sehr betrübt und fingen an, jeder einzeln zu ihm zu sagen: Herr, bin ich's?"* (Mt 26,22; vgl. Mk 14,19; Lk 22,23; Joh 13,22-25).

Nach Johannes antwortete Jesus auf die Frage nach dem Verräter: *„Der ist's, dem ich den Bissen eintauche und gebe. Und er nahm den Bissen, tauchte ihn ein und gab ihn Judas, dem Sohn des Simon Iskariot. ... Als er nun den Bissen genommen hatte, ging er alsbald hinaus. Und es war Nacht"* (Joh 13,26.30). Die deutliche Benennung eines Bissens lässt hier an das Brot nach dem zweiten Becher Wein, also zu Beginn der Hauptmahlzeit denken (Etappe 5). Das bedeutet, dass das Segenswort zu Beginn der Hauptmahlzeit bereits gesprochen wurde. Mit diesem Segenswort verband Jesus das Einsetzungswort zum Brot und deutete das Brot als seinen Leib.

In ähnlicher Weise wie bei Johannes beantwortete Jesus die Frage nach dem Verräter nach Matthäus und Markus. *„Er antwortete und sprach: Der die Hand mit mir in die Schüssel taucht, der wird mich verraten. ... Da antwortete Judas, der ihn verriet, und sprach: Bin ich's, Rabbi? Er sprach zu ihm: Du sagst es“* (Mt 26,23.25; vgl. Mk 14,20). Bei Lukas endet der Bericht über den Verrat mit der bangen Frage *„wer es wohl wäre unter ihnen, der das tun würde“* (Lk 22,23).

Aus dem gemeinsamen Zeugnis ist folgendes erkennbar: Judas hatte am Mahl teilgenommen, es aber vor dem Ende verlassen. Wie wir bereits sahen, hatte Jesus die Hauptmahlzeit mit Gebet begonnen. Er hatte ungesäuertes Brot in die Schüssel mit den bitteren Kräutern getaucht und den Teilnehmern davon gegeben. Der Beginn der Hauptmahlzeit wird wohl in Übereinstimmung mit Mt 26,23 und Joh 13,26 genau der Augenblick gewesen sein, zu welchem Jesus und Judas zugleich ihre Hände in die Schüssel tauchten und Jesus dem Judas ein Stück eingetauchtes Brot reichte.

In vielen Kirchen beginnen die Einsetzungsworte bei der Abendmahlsfeier sinngemäß mit dem Satz: *„Der Herr Jesus, in der Nacht, da er verraten ward, ...“* (1. Kor 11,23). Für alle Zeiten bis zum Kommen des Herrn wird dieser Zusammenhang bestehen bleiben, dass die Einsetzung des christlichen Abendmahles in der Nacht des Verrats geschah.

5.3.5 Das Einsetzungswort des Brotes nach dem zweiten Kelch

Nachdem Jesus seinen Jüngern die Füße gewaschen hatte, legte er sich wieder zu Tisch. Das gebratene Lamm wurde auf die Teilnehmer aufgeteilt, so dass nichts übrigblieb. Ungesäuertes Brot wurde verteilt. Nun konnte die Hauptmahlzeit beginnen (Etappe 5). Jesus nahm das Brot in seine Hände und erhob es. Damit leitete er das Segensgebet für das Brot ein. Hier wäre jetzt ein Segensgebet für das Brot und das Lamm gesprochen worden. Die Synoptiker und Paulus berichten jedoch nur vom Segensgebet für das Brot. Die Tischgemeinschaft antwortete mit Amen. Anschließend riss er, wie es üblich war, Stücke von den Brotfladen, den Mazzen, ab und verteilte sie an die Jünger. Das alles wäre nichts Ungewöhnliches gewesen. Doch was er mit diesem Wort zum Brot meinte, war so ungewöhnlich, so völlig unbegreiflich, dass es sich in die Herzen der Jünger tief einprägte. Er sprach vom Brot und bezeichnete es als seinen Leib. *„Das ist mein Leib“* (Mt 26,26; Mk 14,22; Lk 22,19; 1. Kor 11,24). An dieser Stelle hätten im Segensgebet die folgenden Worte gesprochen werden müssen: „Das ist das Brot der Trübsal, das unsere Väter gegessen haben, als sie aus dem Land Ägypten auszogen."[194] Vom Lamm sprach er offensichtlich nicht. „In dem Augenblick, in dem Jesus vom Lamm hätte reden sollen, sprach er von seinem Leib."[195] Sowohl im Matthäus- wie auch im Markusevangelium wird beim Brotbrechen auf die Mahlzeit Bezug genommen. Da heißt es: *„Als sie aber aßen, nahm Jesus das Brot, dankte und brach's und gab's den Jüngern ..."* (Mt 26,26), bzw. *„... gab's ihnen ..."* (Mk 14,22). Bei Lukas und Paulus heißt es nur: *„... er nahm das Brot, dankte und brach's ..."* (Lk 22,19; vgl. 1. Kor 11,23-24). Keiner der biblischen Zeugen erwähnt an dieser Stelle etwas vom Lamm. Das veranlasst einige Bibelausleger zu der Vermutung, dass beim letzten Mahl Jesu mit seinen Jüngern kein Lamm gegessen wurde, so z.B. Gerhard Maier.[196] Andere gehen jedoch fest davon aus, dass beim letzten Mahl Jesu zur Hauptmahlzeit das Passalamm gegessen wurde. Diese Auffassung vertreten z.B. auch Fritz Rienecker[197], Adolf Pohl,[198] und Ulrich Wilckens[199].

Der Text der Einsetzungsworte im ersten Korintherbrief gilt als der literarisch älteste.[200] Das bedeutet jedoch nur, dass er nach heutigem Wissensstand früher als die der synoptischen Evangelien aufgeschrieben wurde. Es bedeutet nicht, dass er zugleich der liturgisch älteste ist. Wir versuchen, die Texte gemeinsam zu betrachten, vor allem unter dem Aspekt, wie sie sich gegenseitig ergänzen. *„Der Herr Jesus, in der Nacht, da er verraten ward, nahm er das Brot, dankte und brach's und sprach: Das ist mein Leib für euch; das tut zu meinem Gedächtnis"* (1. Kor 11,23-24). Paulus bezieht sich auf die Nacht des Verrats, bzw. der Auslieferung. Zu Beginn der Hauptmahlzeit deutete Jesus das gebrochene, also auseinandergerissene Brot als seinen Leib. Nach Matthäus und Markus forderte Jesus seine Jünger dazu auf, die Brotstücke zu nehmen. Matthäus fügt noch an, sie zu essen. *„Als sie aber aßen, nahm Jesus das Brot,*

---

[194] Alfred Kuen, Das Mahl des Herrn, a.a.O., S. 31

[195] Ebd., S. 30

[196] EdC NT, Gerhard Maier, Matthäus-Evangelium 2. Teil, Hänssler-Verlag, Neuhausen-Stuttgart 1996, S. 372; vgl. EdC NT, Markus-Evangelium, a.a.O., S. 601; EdC NT, Lukas-Evangelium 2. Teil, a.a.O., S. 506

[197] WStb, Das Evangelium des Lukas, erklärt von Fritz Rienecker, R. Brockhaus Verlag Wuppertal, 5. Auflage 1974, S. 499

[198] WStb, Das Evangelium des Markus (Ergänzungsband), a.a.O., S. 508

[199] Ulrich Wilckens, Theologie des Neuen Testaments, Bd. I/2, Neukirchener Verlagsgesellschaft Neukirchen-Vluyn, 3.Auflage 2011, S. 68

[200] Alfred Kuen, Das Mahl des Herrn, a.a.O., S.55; vgl. auch: Joachim Jeremias, Die Abendmahlsworte Jesu, a.a.O., S. 180; vgl. auch: EdC NT, Heiko Krimmer, 1. Korintherbrief, Hänssler-Verlag, Neuhausen-Stuttgart 1996, S. 257

dankte und brach's und gab's den Jüngern und sprach: Nehmet, esset; das ist mein Leib" (Mt 26,26). Doch auch wenn das Nehmen und Essen nicht in allen Evangelien ausdrücklich erwähnt ist, kann es als Selbstverständlichkeit vorausgesetzt werden, denn die Brotstücke zu nehmen und sie zu essen, gehörte zum normalen Ablauf des Passamahles. Dass jeder ein Stück vom ganzen Brot erhält, macht ihn zum Teilhaber am Ganzen. Darauf weist auch Paulus in der Auseinandersetzung mit dem Götzendienst hin. *„Das Brot, das wir brechen, ist das nicht die Gemeinschaft des Leibes Christi? Denn ein Brot ist's. So sind wir, die vielen, ein Leib, weil wir alle an einem Brot teilhaben"* (1. Kor 10,16-17).

Worte mit dieser Bedeutung bezeugt an anderer Stelle auch das Johannesevangelium. Kurze Zeit nach der Speisung der Fünftausend redete Jesus in der Öffentlichkeit in Kapernaum vor allem Volk: *„Ich bin das Brot des Lebens"* (Joh 6,35.48). *„Ich bin das lebendige Brot, das vom Himmel gekommen ist. Wer von diesem Brot isst, der wird leben in Ewigkeit. Und das Brot, das ich geben werde, ist mein Fleisch – für das Leben der Welt. ... Denn mein Fleisch ist die wahre Speise, und mein Blut ist der wahre Trank. Wer mein Fleisch isst und trinkt mein Blut, der bleibt in mir und ich in ihm"* (Joh 6,51.55-56). Bei diesen Worten besteht im Johannes-Evangelium zwar kein Zusammenhang mit dem Abendmahl, doch sie stimmen inhaltlich mit den Einsetzungsworten weitgehend überein.

Nach dem Lukasevangelium und dem ersten Korintherbrief fügte Jesus an das Einsetzungswort des Brotes die Deutung seiner Hingabe und den Wiederholungsauftrag an. *„Das ist mein Leib, der für euch gegeben wird; das tut zu meinem Gedächtnis"* (Lk 22,19; vgl. 1. Kor 11,24). Der Leib Jesu, das heißt er selbst, der im Tode gebrochen werden wird, ist das Lebensbrot der Jünger. Das Essen des zerrissenen und von Jesus als dem Leiter des Mahles ausgeteilten Brotes bindet in eine Gemeinschaft zusammen. Die Jünger gehören damit zur Gemeinschaft des leidenden Herrn. Deshalb sprach Jesus davon, dass sein Leib für die Jünger hingegeben werden wird. Diesen Tod sollten sich seine Jüngerinnen und Jünger immer vergegenwärtigen. Seines Todes sollten sie immer gedenken. Der Auftrag der Erinnerung, des Gedenkens in Verbindung mit dem Brechen des Brotes, wird auch im ersten Korintherbrief bekräftigt: *„Denn sooft ihr von diesem Brot esst und von dem Kelch trinkt, verkündigt ihr den Tod des Herrn, bis er kommt"* (1. Kor 11,26).

Bibelausleger sind weitestgehend der Auffassung, dass Jesus aramäisch, möglicherweise auch hebräisch sprach. Im Aramäischen verwendet man kein Zeitwort in diesem Satz. Demzufolge heißt es im Aramäischen nur: „Das mein Leib“, oder „Dies: mein Leib“.[201]

5.3.6 Das Einsetzungswort des Weines beim dritten Kelch

Die Berichte im Matthäus- und Markusevangelium benennen unmittelbar nach der Deutung des Brotes die Deutung des Weines. Wie wir bisher gesehen haben, tranken die Mahlteilnehmer nach dem üblichen Ablauf des Passamahles jedoch an dieser Stelle keinen Wein. Nach dem Essen von ungesäuertem Brot und bitteren Kräutern am Beginn der Hauptmahlzeit wurde nun das Lamm gegessen (Etappe 5). Im Lukasevangelium und im ersten Korintherbrief wird der *„Kelch nach dem Mahl“* (Lk 22,20; 1. Kor 11,25) im Zusammenhang mit dem Einsetzungswort zum Wein genannt. Das ist der dritte Kelch (Etappe 6). Die Hauptmahlzeit war also bei diesem Kelch bereits beendet. Nachdem das Lamm verzehrt worden war, war es üblich ein Tischgebet als Dankgebet zu sprechen. „Das Tischgebet vor und nach der Passahauptmahlzeit hat Jesus also zur Anfügung seiner Deuteworte über Brot und Wein benutzt.“[202]

Nach Matthäus heißt es: *„Und er nahm den Kelch und dankte, gab ihnen den und sprach: Trinket alle daraus; ...“* (Mt 26,27). Nach Markus heißt es: *„... und sie tranken alle daraus“* (Mk 14,23).

Übereinstimmend bezeugen die Synoptiker und Paulus, dass Jesus den Kelch austeilte und dass alle aus diesem Kelch tranken. Sie erhielten alle Anteil am gleichen Kelch. Wenngleich das Trinken der vier Kelche Wein beim Passa ausdrücklich vorgeschrieben war, finden wir in den Einsetzungsberichten des Abendmahles keine direkte Erwähnung des Weines. Sondern immer dann, wenn es um das Trinken des Weines geht, wird der Kelch bzw. der Becher genannt. Das entscheidende ist also das Verständnis, den Wein gemeinsam aus einem Kelch zu trinken, bzw. seinen Kelch aus dem gleichen Gefäß gefüllt zu bekommen.

---

[201] Alfred Kuen, Das Mahl des Herrn, a.a.O., S. 35; siehe auch: EdC NT, Lukas-Evangelium 2. Teil, a.a.O., S. 568; siehe auch: WStb, Das Evangelium des Lukas, a.a.O., S. 500

[202] Joachim Jeremias, Die Abendmahlsworte Jesu, a.a.O., S. 81

„Desgleichen nahm er auch den Kelch nach dem Mahl und sprach: Dieser Kelch ist der neue Bund in meinem Blut; das tut, sooft ihr daraus trinkt, zu meinem Gedächtnis" (1. Kor 11,25). Der Kelch nach dem Mahl war der dritte Kelch während des Passamahles. Nach der Tradition des Passafestes war dies der Kelch der Danksagung und Erlösung (vgl. 2.6.10).[203] Über diesem Kelch, dem Kelch der Danksagung und Erlösung, sprach Jesus diese neue Deutung. In der gleichen Weise wie er die Initiative beim Brot ergriffen hatte und das Brot nahm, brach und austeilte, so ergriff er nach Beendigung der Hauptmahlzeit auch den Kelch mit dem Wein, sprach das Segensgebet und anschließend die Worte, die für die Jünger unbegreiflich waren. *„Dieser Kelch ist der neue Bund in meinem Blut, das für euch vergossen wird"* (Lk 22,20; vgl. 1. Kor 11,25). Nach Matthäus und Markus heißt es: *„Das ist mein Blut des Bundes"* (Mt 26,28; Mk 14,24). Weil über dem dritten Kelch das Segensgebet gesprochen wurde, nannte man ihn auch den Kelch des Segens oder den gesegneten Kelch. Darauf bezog sich Paulus bei seiner Kritik an der Mahlfeier der Korinther. *„Der Kelch des Segens, den wir segnen, ist der nicht die Gemeinschaft des Blutes Christi?"* (1. Kor 10,16).

Hier werden mehrere entscheidende Aussagen gemacht. Jesus nannte diesen Kelch Blut des Bundes. Blut des Bundes wurde jenes Blut genannt, mit welchem durch Mose der Bund am Sinai besiegelt worden war (siehe 2.5.5 und 2.5.6). *„Da nahm Mose das Blut und besprengte das Volk damit und sprach: Seht, das ist das Blut des Bundes, den der HERR mit euch geschlossen hat aufgrund aller dieser Worte"* (2. Mose 24,8). Wenn Jesus aber den Inhalt des dritten Kelches als Blut des Bundes bezeichnete, so wurde deutlich, dass er den Sinaibund nicht meinen konnte. Denn der am Sinai geschlossene Bund war mit dem Blut von Opfertieren geschlossen worden. Daran wurde Israel immer wieder erinnert. Hier aber sprach Jesus in aller Deutlichkeit von seinem eigenen Blut. *„Das ist mein Blut des Bundes, ..."* (Mt 26,28; Mk 14,24). Sein eigenes Blut war *„der neue Bund"* (Lk 22,20; 1. Kor 11,25).

Eine weitere neue Deutung war die Bezeichnung des „Neuen Bundes". Da der Sinaibund nicht gemeint war, konnte es nur um einen völlig neuen Bund gehen, den die Jünger bisher nicht kannten. Das Wort: *„Dieser Kelch ist der neue Bund in meinem Blut"*, überstieg alles, was die Jünger bis dahin kannten. Es ist

---

[203] Hanspeter Obrist (Hrsg.), Feste Israels, a.a.O., S. 13 u. 54

der durch den Propheten Jeremia verheißene neue Bund, den Jesus hier meinte. Es sei an dieser Stelle nur angedeutet, was Jeremia prophezeite: *„Siehe, es kommt die Zeit, spricht der HERR, da will ich mit dem Hause Israel und mit dem Hause Juda einen neuen Bund schließen, nicht wie der Bund gewesen ist, den ich mit ihren Vätern schloss, ... sondern das soll der Bund sein, den ich mit dem Hause Israel schließen will nach dieser Zeit, spricht der Herr: Ich will mein Gesetz in ihr Herz geben und in ihren Sinn schreiben, und sie sollen mein Volk sein, und ich will ihr Gott sein"* (Jer 31,31-33). Diese Verheißung wurde jetzt durch Jesus erfüllt. Zum Neuen Bund soll weiter unten noch einiges ausgeführt werden.

Die Bezeichnung *„der neue Bund in meinem Blut"* könnte auch übersetzt werden mit den Worten „auf Kosten meines Blutes", „um den Preis meines Blutes" oder „der mein Blut kostet".[204] „Wie der Alte Bund durch Blut gegründet wurde (2. Mose 24,8), so wurde der Neue Bund, von welchem Jeremia weissagte (Jer 31,31-34), durch das Blut Christi zustande gebracht und besiegelt."[205] Alle diejenigen, die gemeinschaftlich aus dem gleichen Kelch trinken, haben auch Anteil am gleichen Geschehen. In jenem Kelch war kein Blut, sondern Wein. Aber da der Kelch für das Blut Jesu stand, hatten alle, die aus dem Segenskelch tranken, Anteil am Sühneblut Jesu.

„Das Bild des Kelches war den Juden vertraut. Im Alten Testament ist oft von Bechern des Segens oder des Fluchs, vom Kelch des Heils (Ps 116,13) die Rede oder vom Kelch des Zorns, aus dem Gott seine Feinde trinken lässt (Ps 75,9; Jes 51,17.22; Jer 25,15-18.28; 49,12 ...) ... Aus einem Kelch zu trinken hieß, das Schicksal zu teilen, oder sogar: Das Trinken aus dem Kelch überträgt dieses Geschick (vgl. Mk 10,38; 14,36; Joh 18,11)."[206]

Die synoptischen Evangelien berichten beim Kelchwort, dass das Blut Jesu vergossen werden wird. Nach Matthäus heißt es dort vom Blut des Bundes: *„das vergossen wird für viele zur Vergebung der Sünden"* (Mt 26,28); nach Markus: *„das für viele vergossen wird"* (Mk 14,24); nach Lukas: *„das für euch vergossen wird"* (Lk 22,20). In Parallelität zum gebrochenen Leib steht hier das vergossene Blut für den Tod Jesu. Dieses Sterben, und damit die Errichtung des

---

[204] EdC NT, 1. Korintherbrief, a.a.O., S. 257
[205] WStb, Das Evangelium des Lukas, a.a. O., S. 501
[206] Alfred Kuen, Das Mahl des Herrn, a.a.O., S.32

Neuen Bundes, geschah zur Erlösung und zwar zur Erlösung *„für viele"* (Mt, Mk), bzw. *„für euch"* (Lk). Es ist auffällig, das in keinem der Einsetzungsworte steht: „für alle". Vom leidenden Gottesknecht hieß es: *„Wenn er sein Leben zum Schuldopfer gegeben hat, wird er Nachkommen haben und lange leben, und des HERRN Plan wird durch ihn gelingen. ... Durch seine Erkenntnis wird er, mein Knecht, der Gerechte, den Vielen Gerechtigkeit schaffen; denn er trägt ihre Sünden. Darum will ich ihm die Vielen zur Beute geben, und er soll die Starken zum Raube haben dafür, dass er sein Leben in den Tod gegeben hat und den Übeltätern gleichgerechnet ist und er die Sünde der Vielen getragen hat ..."* (Jes 53, 10-12). Die Verheißung des leidenden Gottesknechtes findet seine Erfüllung in Jesus Christus. „Die Vielen" sind nach dem Zeugnis des Neuen Testaments alle diejenigen, die durch den Glauben zu Jesus kommen und von ihm in den Neuen Bund, den Erlösungsbund hineingenommen werden. „Für euch" bedeutet, dass Jesus diejenigen anspricht, die ihren Anteil erhalten an seinem Kelch. „Für viele" bedeutet in gleicher Weise die unüberschaubar große Zahl derer, die sich zum Bund Jesu Christi bekennen werden. „So hat das vergossene Blut nicht nur eine begrenzte Möglichkeit zur Vergebung der Sünden, sondern es ist im Grunde genommen „für alle" vergossen. Jesus schaut im Geist die von Jesaja angekündigten Myriaden von Gläubigen aus allen Nationen, die bis in die kommenden Zeiten das Mahl des Herrn zu seinem Gedächtnis feiern."[207]

Auch im Zusammenhang mit der Einsetzung des Weines erinnern wir an die Aussagen im Johannes-Evangelium. *„Denn mein Fleisch ist die wahre Speise, und mein Blut ist der wahre Trank. Wer mein Fleisch isst und trinkt mein Blut, der bleibt in mir und ich in ihm"* (Joh 6,55-56).

Im ersten Korintherbrief nennt Paulus sowohl beim Brotwort als auch beim Kelchwort den Wiederholungsauftrag. Beim Kelch ist es ausdrücklich auf das Trinken bezogen. *„Dieser Kelch ist der neue Bund in meinem Blut; das tut, sooft ihr daraus trinkt, zu meinem Gedächtnis"* (1. Kor 11,25). Das Mahl des Herrn mit dessen Deutung des Brotes als seinen Leib und des Kelches als sein Blut sollte nicht in Vergessenheit geraten, sondern immer wieder erfolgen. Die Vergegenwärtigung des Erlösungshandelns Jesu sollte bei jedem künftigen Abendmahl, bzw. Herrenmahl im Mittelpunkt stehen. Damit ist auch jedes

[207] WStb, Das Evangelium des Lukas, a.a. O., S. 501

Abendmahl die Verkündigung des Todes und der Auferstehung Jesu mit der hoffnungsvollen Gewissheit seines Kommens. *„Denn sooft ihr von diesem Brot esst und von dem Kelch trinkt, verkündigt ihr den Tod des Herrn, bis er kommt"* (1. Kor 11,26).

Wir betrachten hier noch einmal die Sprache Jesu (s. 5.3.5). Bibelausleger sind weitestgehend der Auffassung, dass Jesus aramäisch, möglicherweise auch hebräisch sprach. Im Aramäischen verwendet man kein Zeitwort in diesem Satz. Demzufolge heißt es im Aramäischen nur: „Das mein Blut", oder „Dies: mein Blut".[208] Im Matthäus- und Markus-Evangelium steht am Ende des Kelchwortes jener Satz, der im Lukas-Evangelium bei der Eröffnung des Mahles genannt wird. Es ist durchaus vorstellbar, dass diese Schau in die vollendete Heilsgemeinschaft beide Male so ausgesprochen wurde.

„Ich sage euch: Ich werde von nun an nicht mehr von diesem Gewächs des Weinstocks trinken bis an den Tag, an dem ich aufs Neue davon trinken werde mit euch in meines Vaters Reich" (Mt 26,29; vgl. Mk 14,25). Das *„Gewächs des Weinstocks"*, bzw. die *„Frucht des Weinstocks"* steht für den Wein selbst. *„Bis an den Tag"*, bzw. *„bis an jenen Tag"* meint den „Tag der Vereinigung Jesu mit seiner auferstandenen und verwandelten Gemeinde (Mt 25,1 ff; 1. Kor 15,12 ff.51 f; 1. Thess 4,13 ff; Offb 19,7 ff)."[209] *„Mit euch"* meint alle diejenigen, die am Kelch des neuen Bundes teilhaben, welcher das Blut Jesu kostete.

5.3.7 Die Ankündigung der Verleugnung und das Ende des Mahles

Nach dem Passaritus wurde im Anschluss an das Segenswort zum dritten Kelch der vierte und letzte Kelch, der Kelch des Lobpreises, eingegossen. Daran schloss sich der zweite Teil des Hallel, der Gesang der Psalmen 115 bis 118 an. Nach diesem Lobgesang wurde der vierte Becher Wein getrunken. (Etappe 7). Damit war die Feier des Passamahles abgeschlossen. In den Berichten vom letzten Mal Jesu finden wir den Hinweis auf diesen zweiten Teil des Hallel. Dort heißt es: *„Und als sie den Lobgesang gesungen hatten, gingen sie hinaus an den Ölberg"* (Mt 26,30; Mk 14,26). Wir hatten schon darauf hingewiesen, dass Jesus an den Tagen vor dem Passafest abends die Stadt Jerusalem verließ

---

[208] Alfred Kuen, Das Mahl des Herrn, a.a.O., S. 35; siehe auch: EdC NT, Lukas-Evangelium 2. Teil, a.a.O., S. 568; siehe auch: WStb, Das Evangelium des Lukas, a.a.O., S. 500

[209] EdC NT, Matthäus-Evangelium 2. Teil, a.a.O., S. 371;

und nach Betanien zog. Doch in der Nacht des Passa war dies nicht erlaubt. Für diese Nacht war das Stadtgebiet erweitert worden und umschloss auch den Ölberg. Deshalb blieb Jesus im Stadtgebiet von Jerusalem, auch in dem Wissen, dass er dort ausgeliefert und verhaftet werden wird. Er ließ sich auch nicht im Geringsten irritieren. Lukas erwähnt den Lobgesang nicht, beschreibt aber ebenfalls das gemeinsame Hinausgehen aus dem Festsaal zum Ölberg: *„Und er ging nach seiner Gewohnheit hinaus an den Ölberg. Es folgten ihm aber auch die Jünger"* (Lk 22,39). Von Johannes erfahren wir im Zusammenhang mit dem letzten Mahl Jesu den Bericht der Fußwaschung, die Bezeichnung des Verräters, die Ankündigung der Verleugnung des Petrus, mehrere Abschiedsreden und das wunderbare Gebet, welches wir das „hohepriesterliche Gebet" nennen. Die inhaltlich zusammengestellten Berichte im Johannes-Evangelium müssen nicht unbedingt in zeitlichem Zusammenhang stehen. Johannes berichtet, dass Jesus nach dem hohepriesterlichen Gebet hinausging. *„Als Jesus das geredet hatte, ging er hinaus mit seinen Jüngern über den Bach Kidron; da war ein Garten, in den gingen Jesus und seine Jünger"* (Joh 18,1). Somit bezeugen alle vier Evangelien, dass Jesus und seine Jünger nach dem letzten Mahl hinausgingen zum Ölberg.

Im Zusammenhang mit dem Ende des letzten Mahles kündigte Jesus an, dass ihn Petrus verleugnen werde. Wann diese Ankündigung genau erfolgte, kann aus den biblischen Zeugnissen nicht eindeutig geschlossen werden. Erkennbar ist aber, dass diese Ankündigung zeitlich sehr eng mit dem Ende des letzten Mahles und dem Gang zum Ölberg verbunden war. Nach Lukas geschah dies noch im Festsaal. Während eines Gespräches mit den Jüngern wandte sich Jesus an Petrus. *„Petrus, ich sage dir: Der Hahn wird heute nicht krähen, ehe du dreimal geleugnet hast, dass du mich kennst"* (Lk 22,34). Erst im Anschluss an das Gespräch heißt es: *„Und er ging nach seiner Gewohnheit hinaus an den Ölberg. Es folgten ihm aber auch die Jünger"* (Lk 22,39). Nach Matthäus und Markus geschah dies nicht mehr im Festsaal, sondern nachdem sie hinausgegangen waren. Jesus kündigte den Elf an, dass sie alle an ihm Ärgernis nehmen würden. Das bedeutet, sie würden irritiert sein, ihr Vertrauen in Jesus würde erschüttert werden. Adolf Pohl übersetzt: „Und es sagte ihnen Jesus: Alle werdet ihr abfallen, ..."[210] (Mk 14,27). Die Jünger bestritten dies, am heftigsten Petrus. *„Jesus sprach zu ihm: Wahrlich, ich sage dir: In dieser Nacht, ehe der*

[210] WStb, Das Evangelium des Markus (Ergänzungsband), a.a.O., S. 514

Hahn kräht, wirst du mich dreimal verleugnen. Petrus sprach zu ihm: Und wenn ich mit dir sterben müsste, werde ich dich nicht verleugnen. Das Gleiche sagten auch alle Jünger" (Mt 26,34- 35; vgl. Mk 14,30-31). Bei Johannes wird diese Ankündigung im Rahmen der Abschiedsreden Jesu berichtet, also auch wie bei Lukas vor dem Hinausgehen zum Ölberg (Joh 13,38). Alle vier Evangelien bezeugen die Ankündigung der Verleugnung in enger zeitlicher Nähe zum Ende des letzten Mahles Jesu.

Diese Begebenheit erinnert an das Volk Israel, welches am Sinai mehrmals gelobte, alles zu tun, was der HERR sagt (2.5.2; 2.5.4; 2.5.5). Alle Jünger, insbesondere Petrus gelobten dem HERRN Treue und versprachen, ihn niemals zu verleugnen. Doch noch in dieser Nacht, in der Nacht des Verrats, wie auch am folgenden Tag, dem Todestag Jesu, hatten sie versagt. Die Errichtung des Neuen Bundes war bis zum letzten Augenblick ein heftiger Kampf, den Jesus siegreich zu Ende brachte.

Der zweite Teil des Hallel, mit dem das Mahl beendet wurde, ist eine Fülle von Lob- und Dankgebeten. Jesus betete diese Psalmen mit seinen Jüngern wohl im Wechselgesang. Diese Gesänge am Ende des Passamahles lassen erkennen, „dass das Passafest zur Zeit Jesu keineswegs nur als Erinnerungsmahl gefeiert wurde, sondern dass es zugleich, ja primär, Vergegenwärtigung der Stunde der Enderlösung war."[211] *„Nicht uns, HERR, nicht uns, sondern deinem Namen gib Ehre ..."* (Ps 115,1). *„Ich will den Kelch des Heils erheben und des HERRN Namen anrufen"* (Ps 116,13). *„Lobet den HERRN, alle Heiden! Preiset ihn, alle Völker!"* (Ps 117,1) *„Danket dem HERRN; denn er ist freundlich, und seine Güte währet ewiglich. ... Tut mir auf die Tore der Gerechtigkeit, dass ich durch sie einziehe und dem HERRN danke. ... Der Stein, den die Bauleute verworfen haben, ist zum Eckstein geworden. ... Dies ist der Tag, den der HERR macht; lasst uns freuen und fröhlich an ihm sein. O HERR, hilf! O HERR, lass wohl gelingen! Gelobt sei, der da kommt im Namen des HERRN! Wir segnen euch vom Haus des HERRN"* (Ps 118,1.19.22.24-26). Insbesondere der Psalm 118 wurde eindrucksvoll hervorgehoben.

Wir werden dabei an den Einzug Jesu in Jerusalem erinnert, als Jesus auf dem Eselsfüllen in die Stadt ritt und die Menschen voller Jubel ihre Kleider und

---

[211] Joachim Jeremias, Die Abendmahlsworte Jesu, a.a.O., S. 251

Palmzweige vor ihm ausbreiteten. Mit diesem Lobgesang erwarteten die Menschen ihren Messias. Es ist ein Zitat aus Psalm 118, nämlich die Verse 25 und 26. Alle vier Evangelien berichten davon: *„Hosianna dem Sohn Davids! Gelobt sei, der da kommt in dem Namen des HERRN! Hosianna in der Höhe!“* (Mt 21,9). *„Hosianna! Gelobt sei, der da kommt in dem Namen des HERRN! Gelobt sei das Reich unseres Vaters David, das da kommt! Hosianna in der Höhe!“* (Mk 11,9-10). *„Gelobt sei, der da kommt, der König, in dem Namen des HERRN! Friede sei im Himmel und Ehre in der Höhe!“* (Lk 19,38). *„Hosianna! Gelobt sei, der da kommt im Namen des HERRN, der König von Israel!“* (Joh 12,13). Das „Hosianna“ bedeutet nichts anderes als „HERR hilf doch“. Das alles lag ja nur wenige Tage zurück.

Joachim Jeremias kommt zu dem Schluss, dass dieser Psalm als Gesang verstanden wurde, mit dem der Messias bei seinem Kommen begrüßt werden wird. „Der Schluss des 118. Psalms ist das Letzte gewesen, was er gebetet hat, ehe er den Gang nach Gethsemane antrat. Diese Feststellung, dass er mit seinen Jüngern das letzte Mahl mit der Vorwegnahme des jubelnden Wechselchors beendet hat, der ihn bei seiner Wiederkehr grüßen würde, eröffnet den tiefsten Sinn dieser Stunde und damit des Abendmahls überhaupt: Es ist Vorweggabe der Vollerfüllung.“[212]

5.4 Die Bedeutung des letzten Mahles Jesu

In der Literatur werden die Einsetzungsworte Jesu weitgehend als Deuteworte bezeichnet. Da es im Folgenden um die Deutung des letzten Mahles geht, haben wir statt des Begriffes Einsetzungsworte ebenfalls den Begriff Deuteworte verwendet. Was bedeutet es also, was Jesus beim letzten Mahl mit seinen Jüngern tat?

5.4.1 Die Veränderungen beim letzten Mahl Jesu

Bei den Vorbereitungen zu diesem letzten Passamahl wussten die Jünger Jesu genau, was zu tun war. Im Vorfeld des Festes gab es keine Frage, keine Anweisung, die auf ein anderes Mahl oder einen anderen Verlauf schließen ließen. In diesem Zusammenhang scheint alles genauso gewesen zu sein wie in den

[212] Ebd., S. 251

Jahren vorher. Lediglich das Haus, in welchem das Mahl stattfinden sollte, wurde von Jesus vorherbestimmt. Die Jünger stellten die Frage: *„Wo willst du, dass wir hingehen und das Passalamm bereiten, damit du es essen kannst?"* (Mk 14,12). Das lässt darauf schließen, dass Jesus auch in den Vorjahren das Haus mit dem Festsaal selbst ausgesucht hatte.

Vergessen wir nicht: Das Passa war eines der drei Hauptfeste in Israel. Es war vom HERRN als eine ewige Ordnung bestimmt worden (s. 2.1; 2.4.1). Das Besondere dieses letzten Mahles lag in den Veränderungen mit den neuen Deutungen einzelner Elemente des Passa. Diese Veränderungen wurden von Jesus erst während des Mahles vorgenommen. Jesus griff also in die gebotene ewige Ordnung ein. Er unterstrich damit seine göttliche Autorität.

Einige Veränderungen, die wir aus den Evangelien erfahren, betrafen z. B. die Eröffnung des Mahles mit der Äußerung des Verlangens Jesu nach diesem Passamahl sowie seine Aussage, er werde erst in der Vollendung des Reiches Gottes dieses Mahl wieder zu sich nehmen. Vor der Hauptmahlzeit wusch Jesus seinen Jüngern die Füße. Zu Beginn der Hauptmahlzeit bezeichnete Jesus den Verräter Judas Iskarioth. Ebenfalls am Beginn der Hauptmahlzeit ergriff Jesus Brot, brach es und bezeichnete es als seinen Leib. Zum Ende der Hauptmahlzeit ergriff Jesus den Kelch mit Wein und bezeichnete ihn als sein Blut des Neuen Bundes. Vor allem diese beiden Deutungen haben die Jünger nicht verstehen können. Zu gravierend, zu umwälzend waren sie. Am Ende des Mahles kündigte er die Verleugnung an. Wahrscheinlich hat er am Schluss noch einmal darauf hingewiesen, dass er erst im vollendeten Gottesreich ein vergleichbares Mahl feiern werde. In Verbindung mit den bitteren Kräutern oder mit dem Lamm werden uns beispielsweise keine neuen Deuteworte Jesu bezeugt. Sicher hat Jesus „beim letzten Mahl mehr gesagt, als die wenigen in den liturgischen Formeln aufbewahrten Worte."[213]

Was aber war der Auslöser, dass ausgerechnet durch diese beiden neuen Deutungen aus dem Passamahl, dem Bundesmahl Israels, ein neues Bundesmahl wurde? Die beiden Deuteworte zum Brot und zum Wein gehörten zum

[213] Ebd., S. 229

Ungewöhnlichsten, was die Jünger jemals gehört hatten. Jesus selbst war es, der den Jüngern zum Verständnis seines Handelns verhalf.

Sowohl mit der Deutung des Brotes als seinen Leib, wie auch mit der Deutung des Kelches Wein als sein Blut und damit als Blut des Neuen Bundes, verband er den Wiederholungsauftrag zum Gedenken an ihn. Es lässt sich feststellen, dass nur die Deuteworte, verbunden mit dem Wiederholungsauftrag den Kern für das Mahl des Neuen Bundes bilden. Im 1. Korintherbrief ist der Wiederholungsauftrag an beide Deuteworte angefügt. *„Der Herr Jesus, in der Nacht, da er verraten ward, nahm er das Brot, dankte und brach's und sprach: Das ist mein Leib für euch; das tut zu meinem Gedächtnis. Desgleichen nahm er auch den Kelch nach dem Mahl und sprach: Dieser Kelch ist der neue Bund in meinem Blut; das tut, sooft ihr daraus trinkt, zu meinem Gedächtnis"* (1. Kor 11,23-25). Im Lukas-Evangelium ist der Wiederholungsauftrag nur an das Deutewort des Brotes angefügt. *„Und er nahm das Brot, dankte und brach's und gab's ihnen und sprach: Das ist mein Leib, der für euch gegeben wird; das tut zu meinem Gedächtnis. Desgleichen auch den Kelch nach dem Mahl und sprach: Dieser Kelch ist der neue Bund in meinem Blut, das für euch vergossen wird!"* (Lk 22,19-20). Bei Matthäus und Markus findet sich der Wiederholungsauftrag nicht.

Der Wiederholungsauftrag steht nicht im Zusammenhang mit irgendeiner kalendarischen Einordnung. Er bedeutet nur: Wenn ihr so esst und trinkt, dann denkt immer wieder daran, was ich für euch tat. Die Gute Nachricht Bibel übersetzt z.B. beim Brotwort: *„Tut das immer wieder, damit unter euch gegenwärtig ist, was ich für euch getan habe!"* (Lk 22,19; 1. Kor 11,24). Beim Kelchwort heißt es: *„Tut das, so oft ihr von ihm trinkt, damit unter euch gegenwärtig ist, was ich für euch getan habe"* (1. Kor 11,25).

Hier wird schon erkennbar, dass die immer wiederkehrende Vergegenwärtigung der Hingabe von Leib und Blut Jesu der Kern eines neuen Mahles wird. Zugleich bedeutet es, dass dieses neue Mahl zu einem neuen Bund gehört. Ein Bund ist etwas Dauerhaftes. So werden die Gestalten Brot und Wein in ihrer Bedeutung von Leib und Blut Jesu Christi dauerhaft das Mahl des Neuen Bundes sein. Das Passamahl, das Mahl des Alten Bundes, repräsentierte die Herausführung des Volkes Israel aus der Sklaverei Ägyptens in die Freiheit des verheißenen Landes Kanaan. Das von Jesus gestiftete Mahl des Neuen

Bundes, später u.a. Abendmahl oder Herrenmahl genannt, repräsentiert die Erlösung der Menschheitsfamilie aus der Sklaverei der Sünde in die ewige Freiheit des Reiches Gottes. „Damit tritt ‚die Verbindung zwischen altem und neuem Bund, zwischen Weissagung und Erfüllung in helles Licht'. Gleichzeitig hat Jesus das von ihm vorgefundene Passa durch die Einsetzung eines neuen Sinnes gewandelt. ... Das Passafest, das Jesus mit seinen Jüngern feierte, leitet den Anbruch der Enderlösung ein."[214]

5.4.2 Die Deutung des Brotes als Leib Jesu Christi

Im Rahmen der Vorbereitung des Passamahles ließ Jesus dem Eigentümer des Hauses ausrichten: *„Der Meister lässt dir sagen: Meine Zeit ist nahe"* (Mt 26,18). Damit meinte er seinen nahen Tod (vgl. Mt 26,2.12). Die neue Deutung von Brot und Wein während des Passamahles machte deutlich, dass Jesus mit „Leib" und „Blut" Worte der Opfersprache benutzte. Er übertrug diese Worte der Opfersprache auf sich selbst. „Mit anderen Worten: Jesus redet von sich als Opfer."[215] Adolf Pohl erklärt: „Wenn Jesus also hier das Brot als seinen ‚Leib' austeilte, setzte er den Gedanken an die Tötung seines irdischen, physischen Lebens voraus, und zwar eindeutig im Sinne eines Opfers für die Feiernden."[216]

An die Stelle des ungesäuerten Brotes setzte Jesus seinen Leib. Diese Deutung hatte Jesus schon vorbereitet. Nach der Speisung der Fünftausend sprach Jesus in der Auseinandersetzung mit den Juden: *„Da sprach Jesus zu ihnen: Wahrlich, wahrlich, ich sage euch: Nicht Mose hat euch das Brot vom Himmel gegeben, sondern mein Vater gibt euch das wahre Brot vom Himmel. Denn dies ist das Brot Gottes, das vom Himmel kommt und gibt der Welt das Leben. Da sprachen sie zu ihm: Herr, gib uns allezeit solches Brot. Jesus aber sprach zu ihnen: Ich bin das Brot des Lebens. Wer zu mir kommt, den wird nicht hungern; und wer an mich glaubt, den wird nimmermehr dürsten"* (Joh 6,32-35). Jesus nannte sich selbst das Brot des Lebens, das vom Himmel gekommen ist und der Welt das Leben gibt. Und er sprach weiter: *„Ich bin das Brot des Lebens. Eure Väter haben in der Wüste das Manna gegessen und sind gestorben. Dies ist das Brot, das vom Himmel kommt, damit, wer davon isst, nicht sterbe.*

---

[214] WStb, Das zweite Buch Mose, Kapitel 1-18, a.a.O., S. 221
[215] Ebd., S. 213
[216] WStb, Das Evangelium des Markus (Ergänzungsband), a.a.O., S. 510

Ich bin das lebendige Brot, das vom Himmel gekommen ist. Wer von diesem Brot isst, der wird leben in Ewigkeit. Und das Brot, das ich geben werde, ist mein Fleisch – für das Leben der Welt" (Joh 6,48-51). Und im gleichen Zusammenhang sprach er weiter: *„Denn mein Fleisch ist die wahre Speise, und mein Blut ist der wahre Trank. Wer mein Fleisch isst und trinkt mein Blut, der bleibt in mir und ich in ihm. Wie mich gesandt hat der lebendige Vater und ich lebe um des Vaters willen, so wird auch, wer mich isst, leben um meinetwillen. Dies ist das Brot, das vom Himmel gekommen ist. Es ist nicht wie bei den Vätern, die gegessen haben und gestorben sind. Wer dies Brot isst, der wird leben in Ewigkeit"* (Joh 6,55-58). In dieser sehr ausführlichen Rede vom Brot des Lebens ließ Jesus keinen Zweifel daran, dass er selbst das Brot vom Himmel ist. Er sollte es nicht erst später werden, sondern er war es bereits, seit der Vater ihn gesandt hatte. Diese Worte stimmen inhaltlich mit den Deuteworten Mt 26,26; Mk 14,22 und Lk 22,19 überein. Sein Fleisch steht für seinen Leib. Er werde ihn geben für das Leben der Welt. So sprach er auch im Deutewort von seinem Leib, der für die Mahlteilnehmer gegeben werde. Dass Jesus sich selbst auch während seiner öffentlichen Wirkungszeit das wahre Brot nannte, welches vom Himmel gekommen ist, bedeutete von Anfang an, dass jeder, der das Gehörte annahm, Speise des Himmels zu sich nahm. In diesem Sinne betete Jeremia: *„Dein Wort ward meine Speise, sooft ich's empfing, und dein Wort ist meines Herzens Freude und Trost; denn ich bin ja nach deinem Namen genannt, HERR, Gott Zebaoth"* (Jer 15,16).

So hatte Jesus seine Jünger schon eine längere Zeit darauf vorbereitet, dass er seinen Leib hingeben werde. In der Rede vom Brot des Lebens wurde schon sehr deutlich, dass Jesus hier nicht nur von seiner Verkündigung, sondern viel mehr von seinem Sterben sprach. Dieses Sterben geschah für alle, die an ihn glauben, zu einer ewigen Erlösung. Es bedeutet: Ihr müsst mich ganz und gar annehmen, meine Worte, mein Handeln, mein ganzes Wesen, mein Opfer. Der Leib, den Jesus *„für euch"* (Lk 22,19; 1. Kor 11,24), *„zu einer Erlösung für viele"* (Mt 20,28), *„als Lösegeld für viele"* (Mk 20,45) bzw. *„für das Leben der Welt"* (Joh 6,51) gab, geht aber über das Aufnehmen seiner Worte und Taten weit hinaus. Es bedeutet ein ewig gültiges Opfer, welches „die Vielen" bzw. „die Welt" nur anzunehmen braucht.

5.4.3 Die Deutung des Weines als Blut Jesu Christi

In den Opfergesetzen hatte der HERR bestimmt, dass es für Blut nur eine einzige Verwendung geben durfte, nämlich als Entsühnung beim Opfer. Dies galt aber ausschließlich für das Blut der Opfertiere (3. Mose 17,11; s. 2.5.6). Das Blut des Lammes an den Türpfosten beim Passa des Auszuges aus Ägypten bewirkte das Vorüberziehen des Verderbers und so die Verschonung der Israeliten (s. 2.4.1). Der Bundesschluss am Sinai war mit dem Blut von Opfertieren besiegelt worden. Der Begriff *„Blut des Bundes"* (2. Mose 24,8) war den Jüngern also vertraut (s. 2.5.6). Aber die Begriffe *„mein Blut des Bundes"* (Mt 26,28; Mk 14,24) oder *„der neue Bund in meinem Blut"* (Lk 22,20; 1. Kor 11,25) konnten sie noch nicht verstehen. Doch genau diese Bedeutung gab Jesus dem Kelch mit dem Wein. Obwohl Jesus seine Jünger über längere Zeit unter anderem mit der bereits erwähnten Brotrede (Joh 6,22-59) vorbereitet hatte, konnten sie die Bedeutung erst dann nach und nach erfassen, als das Blut Jesu am Kreuz geflossen, der Neue Bund geschlossen war.

Jesus sprach also nicht nur vom Aufnehmen seines Leibes, sondern auch vom Aufnehmen seines Blutes. *„Wer mein Fleisch isst und mein Blut trinkt, der hat das ewige Leben, und ich werde ihn am Jüngsten Tage auferwecken. Denn mein Fleisch ist die wahre Speise, und mein Blut ist der wahre Trank. Wer mein Fleisch isst und trinkt mein Blut, der bleibt in mir und ich in ihm"* (Joh 6,54-55). Beim Alten Bund wurde das Mahl des Bundes bereits in der Nacht vor dem Auszug aus Ägypten gefeiert, obwohl der Bund erst am Sinai, nach dem vollzogenen Auszug geschlossen wurde. Ebenso wurde das Mahl des Neuen Bundes von Jesus bereits in der Nacht vor seinem Tod vollzogen, obwohl der Neue Bund erst mit dem Tod Jesu am Kreuz, dem Hingeben von Leib und Blut, in Kraft treten konnte. Erst nach seinem Tod konnte Jesus z. B. den Emmausjüngern sagen: *„Musste nicht der Christus dies erleiden und in seine Herrlichkeit eingehen?"* (Lk 24,26). In der Folge lernten sie zu verstehen, was es heißt: *„Dieser Kelch ist der neue Bund, der mein Blut kostet"* (1. Kor 11,25).[217] So lässt sich sagen, dass das letzte Mahl Jesu auch bereits das Bundesmahl des Neuen Bundes ist. Es ist der Auftakt zum Bundesschluss am Kreuz.

---

[217] in Anlehnung an EdC NT, 1. Korintherbrief, a.a.O., S. 257

Der Kreuzestod war extrem qualvoll, aber in der Regel unblutig. Jesu Leib blutete nicht aus. Doch keine andere Formulierung beschreibt sein Sterben besser, als zu sagen: sein Blut floss am Kreuz. Es floss aus unzähligen Wunden der Geißelung, wonach sein Leib vom Blut überströmt war. Es floss aus den Verletzungen von der Dornenkrone, aus den Verletzungen an Händen und Füßen durch die eingeschlagenen Nägel sowie aus der Wunde seiner Seite, welche durch die Lanze des Soldaten aufgerissen wurde, der seinen Tod feststellte. Es ging also nicht um die Menge, sondern um die Tatsache des vergossenen Blutes. Das „Vergießen des Blutes" und das „Brechen des Leibes" sind Umschreibungen des gewaltsamen Sterbens Jesu. Es handelte sich um keinen natürlichen Tod, sondern ein gehorsames „sich Hingeben". *„Er erniedrigte sich selbst und ward gehorsam bis zum Tode, ja zum Tode am Kreuz"* (Phil 2,8). Das Vergießen des unschuldigen Blutes Jesu besiegelte den Neuen Bund. Er selbst machte sich zu *„Gottes Lamm, das der Welt Sünde trägt"* (Joh 1,29). Das Blut Jesu schafft Vergebung der Sünden. Es hindert den Verderber, jenen Menschen Schaden zuzufügen, die das Blut Jesu in Anspruch nehmen, an ihn glauben. Im 1. Korintherbrief heißt es: *„Denn auch unser Passalamm ist geopfert, das ist Christus"* (1. Kor 5,7). Und im 1. Petrusbrief wird ausgeführt: *„... denn ihr wisst, dass ihr nicht mit vergänglichem Silber oder Gold erlöst seid von eurem nichtigen Wandel nach der Väter Weise, sondern mit dem teuren Blut Christi als eines unschuldigen und unbefleckten Lammes"* (1. Petr 1,18-19). Im Hebräerbrief wird der Unterschied zwischen dem Blut der Opfertiere und dem Blut Christi deutlich hervorgehoben. *„So ist Christus nun der Hohe Priester für all das Gute geworden, das gekommen ist. Er hat das große, vollkommene Heiligtum im Himmel betreten, das nicht von Menschen erbaut wurde und nicht Teil dieser Schöpfung ist. Ein einziges Mal brachte er Blut in jenes Allerheiligste, aber nicht das Blut von Böcken und Kälbern, sondern sein eigenes Blut, durch das er uns die Rettung brachte, die für alle Zeiten gilt. Früher konnte die Besprengung mit dem Blut von Böcken und Stieren oder mit der Asche einer jungen Kuh den Körper des Menschen von ritueller Unreinheit reinigen. Wie viel mehr kann dann das Blut des Christus bewirken, denn durch die Kraft von Gottes ewigem Geist brachte Christus sich selbst Gott als vollkommenes Opfer für unsere Sünden dar. Er befreit unser Gewissen, indem er uns freispricht von unseren Taten, für die wir den Tod verdienen. Nun können wir dem lebendigen Gott dienen!"* (Hebr 9,11-14; NLB). Hier bezieht sich der Hebräerbrief auf das Gesetz für den Großen Versöhnungstag (3. Mose 16; s. 3.6) und das Opfer der jungen roten Kuh für die Herstellung des Reinigungswassers (4. Mose 19).

Wir hatten bereits darauf hingewiesen, dass das Blut des Alten Bundes Gott und Israel zu einer Gemeinschaft zusammenfügte (s. 2.5.6). So fügt das Blut des Neuen Bundes Gott und „die Vielen" zusammen, für die dieses Blut geflossen ist, die es also in Anspruch nehmen. Es ist das Volk des Neuen Bundes.

5.4.4 Die Deutung Jesu Christi als das Lamm

Es ist auffällig, dass die Evangelien beim letzten Mahl Jesu keine Worte zum Lamm enthalten, obwohl das Mahl sicherlich mit Verwendung eines Lammes stattgefunden hat (s. Mt 26, 17-19). Trotz unterschiedlichster Deutungen von Bibelauslegern, warum das Lamm nicht erwähnt wird, können wir den Grund dafür nicht wissen. Die Einsetzungsworte bzw. Deuteworte in den Evangelien überliefern jeweils das, was die Zeugen wahrnahmen und sie tief berührt hatte, bzw. was ihre Recherchen ergaben (vgl. Lk 1,1-4). So ergänzen sie einander, bedienen aber nicht alle unsere Fragen oder Wünsche. Ihre aufgeschriebenen Zeugnisse sind genau das, was der Heilige Geist in ihnen zum Zeugnis für uns erweckt hat. Einige Aussagen lassen sich zusammenfassen, nach denen Jesus selbst als das Passalamm, ja mehr noch, als das vollkommene Opferlamm galt.

Obwohl uns von Jesus keine Selbstaussage zum Lamm überliefert ist, war dies die feste Überzeugung der ersten Jünger. Paulus schreibt im 1. Korintherbrief: *„Denn auch unser Passalamm ist geopfert, das ist Christus"* (1. Kor 5,7). Er setzte sich mit Unzucht in der Gemeinde Korinth auseinander und verglich den Sauerteig mit der Sünde und den ungesäuerten Teig mit der Reinheit, die durch das Passalamm empfangen wurde. Da Jesus selbst an die Stelle des Passalammes trat, konnte von da an nicht mehr das Passalamm im Mittelpunkt stehen, sondern das, was an dessen Stelle trat, nämlich der Leib und das Blut Jesu Christi. Dies geschah in der Gestalt, welche Jesus dafür bestimmt hatte, in Brot und in Wein.

Als Jesus zu Johannes an den Jordan kam, um sich taufen zu lassen, sprach Johannes: *„Siehe, das ist Gottes Lamm, das der Welt Sünde trägt!"* (Joh 1,29). Hier ist nicht das Passalamm, sondern das vollkommene Opferlamm gemeint. Während der Begegnung zwischen Philippus und dem Kämmerer aus Äthiopien las der Kämmerer aus dem Propheten Jesaja, und zwar aus Jesaja 53 vom leidenden Gottesknecht: *„Wie ein Schaf, das zur Schlachtung geführt wird,* *und wie ein Lamm, das vor seinem Scherer verstummt, so tut er seinen Mund nicht auf"* (Apg 8,32). Auf die Frage des Kämmerers, von wem der Prophet denn spricht, antwortete ihm Philippus. Er *„fing mit diesem Schriftwort an und predigte ihm das Evangelium von Jesus"* (Apg 8,35). So verkündigte Philippus die Erfüllung dieses Prophetenwortes durch Jesus und zugleich deutete er damit Jesus als das Opferlamm.

In ähnlichem Zusammenhang verweist Petrus darauf, dass die junge Christengemeinde ihren Lebenswandel nicht in Eigennutz und Gier führt, sondern in der Gnade. *„Denn ihr wisst, dass ihr nicht mit vergänglichem Silber oder Gold erlöst seid von eurem nichtigen Wandel nach der Väter Weise, sondern mit dem teuren Blut Christi als eines unschuldigen und unbefleckten Lammes"* (1. Petr 1,18-19). Auch hier geht es nicht um das Passalamm, sondern um das vollkommene Opferlamm. Deshalb nimmt Jesus nicht nur die Stelle des Passalammes ein, sondern mehr noch, die Stelle des vollkommenen, alle Sünden sühnenden Opferlammes. Doch dies wurde erst durch seinen Tod am Kreuz vollständig sichtbar.

Ein zukunftsweisender Aspekt sei hier noch erwähnt. Die Schlachtung des Passalammes war an den Tempel in Jerusalem gebunden. Nach der Zerstörung des Tempels durch die Römer konnte demnach kein Passalamm mehr geschlachtet werden. Da Jesus für das Lamm, welches die zentrale Bedeutung beim Passa hatte, keine Deuteworte sprach, und für die christliche Gemeinde seit der Einsetzung des Neuen Bundes keinerlei Opferrituale mehr notwendig waren, gab es weder für Judenchristen, noch für Heidenchristen einen Anlass, beim christlichen Mahl des Herrn ein Lamm zu verzehren. So sind auch Brot und Wein nicht nur Zeichen für ein Passalamm, sondern Zeichen für das vollkommene Opfer Jesu am Kreuz, welches jedes andere Opfer überflüssig macht. Dies gibt der zukünftigen Mahlfeier für alle Völker aller Zeiten ein großes Maß an Freiheit.

5.4.5 Das vollkommene Opfer Jesu Christi

Wir hatten schon darauf hingewiesen, dass Jesus in seinen Deuteworten sich selbst als stellvertretendes Opfer beschrieb, indem er Begriffe der Opfersprache auf sich übertrug. Lukas und Paulus formulieren die Stellvertretung bereits beim Deutewort zum Brot: *„Das ist mein Leib, der für euch gegeben wird"*

(Lk 22,19). *„Das ist mein Leib für euch“* (1. Kor 11,24). Matthäus, Markus und Lukas formulieren die Stellvertretung beim Deutewort zum Kelch: *„... das ist mein Blut des Bundes, das vergossen wird für viele zur Vergebung der Sünden“* (Mt 26,28). *„Das ist mein Blut des Bundes, das für viele vergossen wird“* (Mk 14,24). *„Dieser Kelch ist der neue Bund in meinem Blut, das für euch vergossen wird!“* (Lk 22,20).

Die mit den Deuteworten verbundenen Aussagen *„für euch gegeben“* (Lk), *„für euch“* (1. Kor), *„für euch vergossen“* (Lk), *„vergossen für viele“* (Mt, Mk), *„zur Vergebung der Sünden“* (Mt) sind wohl der wichtigste Aspekt des Mahles, den wir nun an dieser Stelle noch betrachten wollen.

Wir haben uns im Kapitel 3 ausführlich mit dem Thema „Vergebung im Alten Testament“ beschäftigt. Dabei wurde deutlich, dass im Rahmen des Alten Bundes nur eine eingeschränkte Vergebung möglich war. Diese Vergebung hatte einen hohen Preis. Im Rahmen der Opfergesetze konnten die Priester in einer aufwendigen Opferzeremonie Sühne herbeiführen, so dass den Israeliten vergeben wurde. Vergeben wurden dabei immer nur Handlungen, welche die Israeliten nicht hätten tun dürfen, bzw. unterlassene Handlungen, welche sie hätten tun sollen (s. 3.9). In den Opfergesetzen finden sich bereits prophetische Aussagen, die auf das eine Opfer hindeuten, welches alle Sünde sühnen kann. Dem versuchen wir hiermit nachzugehen.

Beim Bundesschluss am Sinai wurde vom HERRN der Umgang mit dem Blut der Opfertiere bestimmt. *„Ich habe es euch für den Altar gegeben, dass ihr damit entsühnt werdet“* (3. Mose 17,11). Zur Entsühnung wurde nur das Blut reiner Tiere verwendet. So musste der erwartete Erlöser rein sein von allen Sünden (Joh 8,46; s. 2.5.6).

Das Passafest selbst war die Vergegenwärtigung der Erlösung aus der Sklaverei Ägyptens in die Freiheit des verheißenen Landes Kanaan. Das Blut des Passalammes bewahrte vor dem Verderber und errettete so das Volk Israel. So errettet das Blut Jesu vor dem Verderber und führt zum Heil in Ewigkeit (s. 2.3; 5.4.4).

Die Opfer zu Gottes Wohlgefallen wurden auch als Opfer *„zu einem lieblichen Geruch“* bezeichnet (s. 3.4). Es handelte sich hierbei um das Brandopfer, das

Speisopfer und das Heilsopfer (Dankopfer). Das Brandopfer war ein Ganzopfer. Das ganze Opfertier wurde vollständig auf dem Opferaltar verbrannt. Jesus hat sich „im Dienst der Versöhnung ganz geopfert und hingegeben."[218] Im Epheserbrief heißt es dazu: *„So ahmt nun Gott nach als geliebte Kinder und wandelt in der Liebe, wie auch Christus uns geliebt hat und hat sich selbst für uns gegeben als Gabe und Opfer, Gott zu einem lieblichen Geruch"* (Eph 5,1-2). Ausdrücklich verglich Paulus die völlige Hingabe Jesu mit dem lieblichen Geruch der Opfer zu Gottes Wohlgefallen. Diese Opfer geschahen freiwillig. Jesus war gehorsam bis zum Kreuz. Er unterwarf seinen Willen dem des Vaters. *„Vater, willst du, so nimm diesen Kelch von mir; doch nicht mein, sondern dein Wille geschehe!"* (Lk 22,42). Auch in der Hirtenrede erklärte er seinem Volk *„Darum liebt mich der Vater, weil ich mein Leben lasse, dass ich's wieder empfange. Niemand nimmt es von mir, sondern ich selber lasse es. Ich habe Macht, es zu lassen, und habe Macht, es wieder zu empfangen. Dies Gebot habe ich empfangen von meinem Vater"* (Joh 10,17-18). Gott selbst hatte diese Möglichkeit zu einer neuen und vertieften Gemeinschaft so bestimmt. So steht Jesus für das vollkommene Ganzopfer (vgl. 3.4.2).

Das Speisopfer verdeutlichte, dass Gott seinem Volk eine dauerhafte und gereinigte Beziehung ermöglichen wollte. Die brotähnlich gebackenen Speisen wurden den Priestern übergeben. Der Anteil des Speisopfers, der für den Brandopferaltar bestimmt war, wurde vorher in Stücke gebrochen. Das Brotbrechen beim Abendmahl erinnert an das Brotbrechen beim Speisopfer. Auch hier steht Jesus, der sich selbst hingegeben hat, für das vollkommene Opfer und die wahre Speise des Himmels (vgl. 3.4.3).

Das Heilsopfer hatte insofern Ähnlichkeit mit dem Brandopfer, dass es sich um Tieropfer handelte. Wiederum hatte es insofern auch Ähnlichkeit mit dem Speisopfer, dass nicht alles auf dem Altar in Rauch aufging, sondern ein Teil als Speise bestimmt war. So verbinden sich der liebliche Geruch mit dem in sich aufnehmen des Opfers. Jesus sagte, dass sein Leib die rechte Speise und sein Blut der rechte Trank sei. Er muss also ganz aufgenommen werden (vgl. 3.4.4).

---

[218] WStb, Das dritte Buch Mose, a.a.O., S. 59

Die verpflichtenden Opfer zur Sühne von Sünden (s. 3.5) verdeutlichen, dass jede bekannt gewordene Sünde mit dem Blut von Opfertieren zu sühnen war. Wir haben bereits gesehen, dass der Opferritus Sache der Priester war. Nur sie konnten durch das Opferblut Sühne herbeiführen. Verpflichtende Opfer waren das Sündopfer und das Schuldopfer.

Beim Sündopfer ging es um die Reinigung des Einzelnen wie des ganzen Volkes von der Sünde (s. 3.5.1 bis 3.5.7). Beim Schuldopfer ging es vorrangig um Wiedergutmachung bei Eigentumsdelikten, bzw. um Wiedergutmachung bei unrechtmäßiger Aneignung von Gegenständen oder Handlungen, wodurch dem HERRN etwas entzogen wurde (s. 3.5.8).

Während die Priester immer wieder opfern mussten, auch für ihre eigenen Sünden, so ist das hingebende Opfer Jesu ein einmaliges Opfer und es sühnt die Sünden der ganzen Welt, das heißt, die Sünden aller Völker aller Zeiten. *„Und er selbst ist die Versöhnung für unsre Sünden, nicht allein aber für die unseren, sondern auch für die der ganzen Welt“* (1. Joh 2,2).

Wir sahen bereits bei der Betrachtung des Schuldopfers des leidenden Gottesknechtes, dass kein Mensch die Sünden der Vielen tragen kann. Erst Jesus der Christus, der Sohn Gottes, konnte dies erfüllen, der *„nicht gekommen ist, dass er sich dienen lasse, sondern dass er diene und gebe sein Leben als Lösegeld für viele“* (Mt 20,28; s. auch Mk 10,45). So verkörpert Jesus eben auch das vollkommene Sündopfer und das vollkommene Schuldopfer.

Alle erstgeborenen Söhne waren dem HERRN geweiht. So weist auch die Geburt Jesu darauf hin, dass er als Erstgeborener der Familie dem HERRN geweiht wurde (Lk 2,22-24). Er wurde mit dem Opfer für arme Leute ausgelöst, nämlich mit zwei Turteltauben, die eine zum Brandopfer, die andere zum Sündopfer (3. Mose 12,8). Der fromme Simeon nannte ihn das Heil Gottes. Die Prophetin Hanna sprach alle diejenigen an, welche auf die Erlösung Israels warteten (Lk 2,29-38). Jesus ist mehr als ein Erstgeborener seiner Familie. Er wurde offenbart als *„der Erstgeborene vor aller Schöpfung“* (Kol 1,15; s. 2.4.2).

Jesus selbst nahm zugleich die Stellung eines vollkommenen Hohenpriesters ein. Da er selbst rein und sündlos war, waren für ihn selbst keine Opfer nötig. *„Denn einen solchen Hohenpriester mussten wir auch haben, der heilig,* *unschuldig, unbefleckt, von den Sündern geschieden und höher ist als die Himmel. Er hat es nicht nötig wie jene Hohenpriester, täglich zuerst für die eigenen Sünden Opfer darzubringen und dann für die des Volkes; denn das hat er ein für alle Mal getan, als er sich selbst opferte"* (Hebr 7,26-27).

Er war das letzte Opfer, welches nötig war. Das Kreuz war in diesem übertragenen Sinne der letzte Altar. Deshalb wird von diesem Zeitpunkt an das Blut von Tieren keine Rolle mehr spielen, sondern einzig und allein das Blut Jesu Christi. An die Stelle des Kelches mit Wein setzte Jesus beim letzten Mahl sein Blut. Wer das Opfer Jesu für sich annimmt, der erhält Anteil an seinem Kelch, der für sein erlösendes Blut steht. Er hat Anteil am Neuen Bund, an der erlösenden Gemeinschaft mit Jesus Christus. „Gerade an der Sündenvergebung kann man am deutlichsten erkennen, dass Jesus nicht nur Mensch, sondern auch Gott ist."[219]

5.5 Zusammenfassung zur Ankündigung und zum Mahl des Neuen Bundes

Als der Heiland der Welt geboren war, wurde der alte Simeon durch den Heiligen Geist zu einem Gebet gedrängt, welches als eine wunderbare und sehr eindrückliche Zusammenfassung aller Prophetie verstanden werden kann. Er konnte beten: *„Meine Augen haben deinen Heiland gesehen, das Heil, das du bereitet hast vor allen Völkern, ein Licht zur Erleuchtung der Heiden und zum Preis deines Volkes Israel"* (Lk 2,30-32).

Dies hatte der Herr durch seine Propheten über einen langen Zeitraum von mehreren Jahrhunderten immer wieder verheißen. Es sollte ein ewiger Bund entstehen, welcher das Heil für alle Völker bedeutete. Schon mit Abraham begann der ewige Bund, den der Herr verheißen hatte (1. Mose 17,7). Dieser ewige Bund galt auch für Isaak, den Sohn Abrahams (1. Mose 17,19), für Jakob, den Sohn Isaaks (1. Chr 16,17), und schließlich für das ganze Volk Israel (2. Mose 19,5-6; 31,16; 1. Chr 16,14-17). Da der göttliche Bund, welcher am Sinai für das Volk Israel bestätigt wurde, bereits als ewiger Bund geschlossen war, mussten die Verheißungen, die Gott durch seine Propheten kundtat, auf einen umfassenderen Bund verweisen. All diese Verheißungen beschrieben

[219] Ebd., S. 87

diesen ewigen Bund als einen Bund des Friedens, der sowohl Israel als auch alle Völker der Welt einschließen wird. Die Propheten weissagten einen neuen Bund, dessen Gesetz nicht auf steinerne Tafeln, sondern in die Herzen der Menschen geschrieben wird. Dies wird durch einen neuen Geist geschehen, den Gott selbst in die Herzen der Menschen hineingeben bzw. ausgießen wird. So wird schließlich ein neues Gottesvolk entstehen. Dieses neue Gottesvolk wird aus dem ewigen Königtum Davids hervorgehen. Ein einziger und ewiger Hirte war verheißen, der ewige Sühne und ewiges Heil schaffen wird (s. 5.1.1).

Jesus Christus ist die Erfüllung all dieser Verheißungen. Jesus von Nazareth, in Bethlehem geboren, ist der verheißene Hirte aus dem Hause Davids. Er ist der Träger des ewigen Königtums, der Christus, der Erlöser für alle Völker, der Heiland der Welt. In ihm, dem Sohn Gottes, ist das neue Gottesvolk begründet. Er selbst kündigte diesen Neuen Bund mehrfach an und verdeutlichte, dass es nötig ist, von neuem geboren zu werden aus Wasser und aus Geist (Joh 3,3-8). Seinen Jüngerinnen und Jüngern gab er ein neues Gebot, ihr Verhältnis zueinander zuerst auf Liebe zu gründen (Joh 13,34-35; s. 5.1.2). Den Höhepunkt erreichte seine Verkündigung des Neuen Bundes während seines letzten Mahles, als er sein Blut das Blut des Bundes nannte. Sein Blut macht frei von allen Sünden. Danach muss kein Blut mehr fließen, müssen keine Opfer mehr gebracht werden.

Wir nennen diesen Bund den Neuen Bund (2. Kor 3,6; Hebr 9,15; 12,24). Er ist die Vollendung des göttlichen Bundes mit seiner Schöpfung. Als Garant für die Erfüllung dieses Bundes steht Jesus Christus, Gottes eingeborener Sohn, selbst ein. Er selbst erfüllt alle Bedingungen als der ewige Hohepriester und als das einzige reine und vollkommene Opferlamm. Niemand muss mehr dafür Sorge tragen, ob er alle Bedingungen erfüllen kann, ob seine Opfer oder seine Leistungen ausreichen, ob er die richtigen Formen einhält und vieles mehr. Der Alte Bund wurde nicht abgeschafft, sondern er ist im Neuen Bund völlig aufgegangen. Gott selbst sorgte dafür, dass sein Bund des ewigen Heils aufgerichtet werden konnte. Jesus blieb ohne Sünde, offenbarte seine göttliche Herkunft und Autorität, widerstand allen Anfechtungen und gab freiwillig sein Leben als vollkommenes Opfer hin. In Jesus Christus hat Gott es uns leicht gemacht, sein geliebtes und erlöstes Volk zu sein (s. 5.1.2).

Jesus hielt alle Regelungen des Alten Bundes nach ihrem Inhalt genau ein, lebte aber bereits das Wesen des Neuen Bundes. Die Aufrichtung des Neuen Bundes war die Erfüllung seiner Mission. Jesus feierte das Passafest als Pilgerfest in Jerusalem, so wie es vorgeschrieben war. Das Passamahl war das Bundesmahl Israels. Als Zwölfjähriger besuchte er mit seiner Familie erstmals ein Passafest in Jerusalem. Wir gehen davon aus, dass er jährlich dieses besondere Fest mitfeierte. Während der Zeit seines öffentlichen Auftretens nahm Jesus nach dem Zeugnis des Johannes-Evangeliums an drei Passafesten teil. Bei seinem letzten Passamahl mit seinen Jüngern setzte er das Mahl des Neuen Bundes ein (s. 5.2.2). Der Neue Bund selbst wurde erst danach mit seinem Opfertod am Kreuz geschlossen, bzw. aufgerichtet.

Nach dem Zeugnis der synoptischen Evangelien Matthäus, Markus und Lukas feierte Jesus während seines letzten Mahles mit seinen Jüngern das Passamahl. Diese Mahlfeier, wie sie in den biblischen Schriften bezeugt wird, nennen wir die „Einsetzung des Abendmahles". Das Johannes-Evangelium berichtet diese Einsetzung nicht, beschreibt aber einige Details des letzten Mahles und jener Nacht, die mit den Zeugnissen der Synoptiker vom letzten Mahl übereinstimmen: Die Mahlfeier fand innerhalb der Stadtgrenzen Jerusalems statt. Die Mahlteilnehmer lagen bei Tisch und feierten das Mahl in levitischer Reinheit. Das Mahl dauerte vom Abend an bis tief in die Nacht. Während des Mahles wurde der Verräter bezeichnet. Dieser stand daraufhin auf und ging hinaus. Nach dem Mahl gingen alle gemeinsam hinaus aus der Stadt zum Ölberg in den Garten Gethsemane. Dort wurde Jesus in der Nacht gefangen genommen (s. 5.2.5 und 5.3).

Die synoptischen Evangelien Matthäus, Markus und Lukas sowie der erste Korintherbrief des Apostels Paulus berichten von der Einsetzung des Abendmahles. Gegenüber dem ersten Passamahl in Ägypten hatten viele Veränderungen stattgefunden. Nach einer langen wechselvollen Geschichte Israels hatte sich jene Praxis herausgebildet, die Jesus vorfand. Auf diese Veränderungen ging Jesus mit keiner Silbe ein. Er feierte das Passamahl nach der vorgegebenen Ordnung, der sogenannten Passa Haggada, so wie sie in der Gesetzessammlung der Mischna festgelegt war (s. 2.6.9 und 2.6.10).

Die biblischen Zeugnisse enthalten nicht alle Einzelheiten des Ablaufes, sondern sie enthalten die entscheidenden Ereignisse jener Nacht und die besonderen Veränderungen, die aus dem Passamahl das Mahl des Neuen Bundes werden ließen. Es war vorgeschrieben, dass die Mahlteilnehmer zu Tisch lagen und jeder Mahlteilnehmer im Verlauf des Mahles vier Becher Wein trank. Üblicherweise wurde der Wein mit Wasser gemischt. Während dieses Mahles veränderte Jesus entscheidende Aussagen und machte es damit zum Mahl des Neuen Bundes. Er eröffnete das Mahl indem er seinen Jüngern seine Sehnsucht nach diesem Mahl verdeutlichte. Dann sprach er das Dankgebet und den Segen über den ersten Kelch, welcher anschließend von allen getrunken wurde (s. 5.3.1 und 5.3.2)

Nach dem ersten Kelch wurde ein Salat aus Gemüse, bitteren Kräutern und Obstsoße aufgetragen und davon gegessen. Anschließend wurde ungesäuertes Brot verteilt, in die Schüssel getaucht und mit den bitteren Kräutern gemeinsam verzehrt. In diesem Zusammenhang wurde die Bedeutung der bitteren Kräuter und des ungesäuerten Brotes erklärt. Die bitteren Kräuter galten als Erinnerung an die bittere Sklaverei in Ägypten und das ungesäuerte Brot galt als Brot des Elends beim Auszug aus jener Sklaverei. Daran schloss sich der Gesang der Psalmen 113 und 114 (erster Teil des Hallel) und das Trinken des zweiten Kelches an (s. 5.3.3)

Nach dem zweiten Kelch begann die Hauptmahlzeit. Das Johannes-Evangelium bezeugt uns, dass Jesus während des Mahles aufstand und seinen Jüngern die Füße wusch. Nach dem Zeugnis aller vier Evangelien eröffnete er ihnen während des Mahles, dass ihn einer aus dem engsten Jüngerkreis verraten wird. Die Einsetzung des Abendmahles geschah also in der Nacht des Verrats bzw. in der Nacht der Auslieferung. Als Jesus auf den Verräter Judas Iskariot gewiesen hatte, stand dieser auf und ging hinaus (s. 5.3.3 und 5.3.4).

Zu Beginn der Hauptmahlzeit wurde das Lamm auf die Teilnehmer aufgeteilt, dazu gab es noch einmal ungesäuertes Brot und bittere Kräuter. An dieser Stelle nahm Jesus die erste entscheidende Veränderung vor. Er nahm Brot, hob es hoch, sprach ein Dankgebet, brach das Brot in Stücke und verteilte es. Dabei sprach er nicht wie vorgeschrieben vom Brot der Trübsal und vom Lamm, sondern von sich selbst. *„Das ist mein Leib, der für euch gegeben wird“* (Lk 22,19). Damit verband er den Wiederholungsauftrag: *„das tut zu meinem Gedächtnis“* (Lk 22,19; 1. Kor 11,24). Zum Lamm wird uns keine Aussage überliefert. Zu Beginn der Hauptmahlzeit deutete Jesus das gebrochene Brot als seinen Leib. Wir nennen diese Aussage das Einsetzungswort oder auch das

Deutewort des Brotes (s. 5.3.5).

Mit dem Essen des Lammes wurde das Mahl fortgeführt. Am Ende der Hauptmahlzeit sollte ein Dankgebet gesprochen werden. Dies nahm Jesus zum Anlass, den dritten Kelch, den Kelch nach dem Mahl zu erheben. Hier geschah die nächste entscheidende Veränderung, die Jesus vornahm. Nach dem Dank- und Segensgebet nannte er diesen Kelch den neuen Bund. *„Dieser Kelch ist der neue Bund in meinem Blut, das für euch vergossen wird"* (Lk 22,20; 1. Kor 11,25). Auch hier gibt es einen Wiederholungsauftrag. Er lautet: *„Das tut, sooft ihr daraus trinkt, zu meinem Gedächtnis"* (1. Kor 11,25). Wir nennen es das Einsetzungswort oder auch das Deutewort des Kelches bzw. des Weines (s. 5.3.6). Die Deuteworte zu Brot und Kelch als Leib und Blut des Neuen Bundes sind die gravierenden Veränderungen, die Jesus vornahm.

Am Beginn und am Ende der Hauptmahlzeit nutzte Jesus die Tischgebete um seine Deuteworte über Brot und Wein auszusprechen. Anschließend wurde der dritte Kelch getrunken. Daran schloss sich nun der Abschluss des Mahles an. Der vierte Kelch wurde eingegossen und die Psalmen 115 bis 118 (zweiter Teil des Hallel) wurden gesungen. Nach dem letzten Lobgesang wurde das Mahl beendet. Im Zusammenhang mit dem Ende des Mahles kündigte Jesus dem Petrus an, dass er ihn in dieser Nacht verleugnen wird. Petrus hatte das vehement bestritten, musste es aber wenig später bitter an sich erfahren. Nach Beendigung des Mahles gingen sie hinaus zum Ölberg in den Garten Gethsemane (5.3.7).

Wir konnten wahrnehmen, dass Jesus an bestimmten Stellen in die gebotene ewige Ordnung eingriff und so seine göttliche Autorität unterstrich. Die neuen Deuteworte zum Brot und zum Wein veränderten das Mahl so grundlegend, dass es ein neues Mahl wurde, das Mahl des Neuen Bundes. Diese beiden Worte verband Jesus mit einem Wiederholungsauftrag. Damit verdeutlichte er: Immer, wenn seine Jüngerinnen und Jünger das Mahl in dieser Weise feiern werden, sollte es zu seinem Gedächtnis geschehen, das heißt, sie sollten immer wieder daran denken und sich vergegenwärtigen, was Jesus für sie getan hat. Jesus setzte bereits seinen eigenen Tod voraus und bezeichnete das Brot als seinen Leib, der gegeben wird, und den Kelch als sein Blut, das vergossen wird. Sein Blut floss aus den Wunden durch die Geißelung, aus den Wunden durch die Dornenkrone sowie aus den Wunden der Nagelmale. Er gab sich selbst in seiner ganzen Person, seinem ganzen Wesen, als Opfer hin zur Erlösung für das Leben der Welt. Ihn so voll und ganz anzunehmen, bedeutet für alle, die es tun, die notwendige und bleibende Nahrung für das ewige Leben anzunehmen.

Auch wenn Jesus keine Selbstaussage zum Lamm machte, wird deutlich, dass er sich selbst an die Stelle des Lammes setzte. Er ist das reine Passalamm wie auch das absolut vollkommene Opferlamm (5.4.4). Paulus bekräftigte: Das Passalamm der Gemeinde ist Christus (1. Kor 5,7). Johannes der Täufer erkannte in Jesus das Lamm, welches der Welt Sünde trägt (Joh 1,29). Philippus verkündigte, dass das Lamm aus dem Gottesknechtslied Jesus Christus ist (Apg 8,35). Darüber hinaus ist Jesus die Erfüllung aller bis dahin notwendigen Opfer. Damit erfüllte sich auch, dass es für Gesetzesverfehlungen keine Strafen mehr gibt. *„Die Strafe liegt auf ihm, auf dass wir Frieden hätten und durch seine Wunden sind wir geheilt“* (Jes 53,5). Jesus erfüllt mit seinem Opfer alle Opfervorschriften für die freiwilligen Opfer wie Brandopfer, Speisopfer, Dankopfer und für die verpflichtenden Opfer wie Sündopfer und Schuldopfer sowie darüber hinaus für alle weiteren gebotenen Opfer. Er allein ist die Versöhnung für die Sünden der ganzen Welt (1. Joh 2,2).

Der Bund konnte erst dann in Kraft treten, als das Blut vergossen war. So wurde auch dann erst deutlich, dass dieses Blut eine ewige Versöhnung mit Gott ermöglichte. Alle Völker aller Zeiten dürfen an diesem Bund teilhaben. Sie sind dazu eingeladen. Das Blut Jesu ist das Blut des Neuen Bundes. Es fügt Gott und das Volk des Neuen Bundes, seine Gemeinde, zusammen (s. 5.4.5).

6 Die Anfänge des Neuen Bundes

6.1 Anfechtungen gegen den Neuen Bund

Bevor es zur Aufrichtung des Neuen Bundes kommen konnte, hatte Jesus einige sehr starke Anfechtungen auszuhalten. Gegen die Macht des Bösen und die dadurch hervorgerufene Verblendung der Menschen suchte er immer wieder die Verbindung mit seinem Vater, um sich seines Willens zu vergewissern. Die Aufrichtung des Neuen Bundes war kein triumphales Ereignis, sondern verbunden mit Angst, mit Zittern und Zagen.

6.1.1 Einige Berichte der Synoptiker von Anfechtungen

Diese Anfechtungen reichen vom ersten bis zum letzten Tag des Lebens Jesu. So wurde schon kurz nach seiner Geburt sein Leben bedroht. Matthäus berichtet, dass nach der Geburt Jesu in Bethlehem Sterndeuter aus dem Orient kamen und den neugeborenen König der Juden anbeten wollten. So geschah es auch. Da Herodes davon Kenntnis hatte und seinen Thron in Gefahr sah, hatte er vor, Jesus zu töten. Nach der Heimreise der Sterndeuter griff Gott selbst ein, dem zu wehren. *„Als sie aber hinweggezogen waren, siehe, da erschien der Engel des HERRN dem Josef im Traum und sprach: Steh auf, nimm das Kindlein und seine Mutter mit dir und flieh nach Ägypten und bleib dort, bis ich dir's sage; denn Herodes hat vor, das Kindlein zu suchen, um es umzubringen"* (Mt 2,13). So wurde Jesus gerettet und die Familie zog erst dann wieder von Ägypten nach Hause, als Herodes gestorben war. Der von Herodes angeordnete Kindermord in Bethlehem lässt sich nur als ein satanisches Wüten gegen den Heilsplan Gottes begreifen (Mt 2,1-23).

Eine frühe Anfechtung im Leben Jesu war die Versuchung in der Wüste (Mt 4,1-11; Mk 1,12; Lk 4,1-13). Die drei synoptischen Evangelien berichten davon. Während Markus nur die Tatsache selbst erwähnt, berichten Matthäus und Lukas etwas ausführlicher von der dreifachen Versuchung. Dem Satan ging es von Anfang an darum, den Gehorsam Jesu zu seinem Vater zu untergraben oder sogar zu zerstören. Wäre Jesus ungehorsam geworden, dann wäre die Sünde in ihn eingezogen. Damit hätte Jesus keine einzige Voraussetzung erfüllen können, um als das vollkommene Opfer die Sünden der Welt hinweg zunehmen. Da Jesus aber widerstand und die Versuchungen mit dem Wort

Gottes widerlegte (5. Mose 8,3; 6,16; 6,13), ließ der Satan von ihm ab. *„Da verließ ihn der Teufel. Und siehe, da traten Engel herzu und dienten ihm“* (Mt 4,11). Doch dieses Ablassen war nicht von Dauer. Die Anfechtungen sollten bis in den letzten Augenblick seines Lebens immer wieder geschehen. Besonders deutlich formuliert das Lukas. *„Und als der Teufel alle Versuchung vollendet hatte, wich er von ihm bis zur bestimmten Zeit“* (Lk 4,13).

Lukas berichtet von einer langen Reise Jesu von Galiläa nach Jerusalem, während der er in mehreren Regionen unterwegs war und am Ende zu seinem letzten Passa in Jerusalem ankam. In diesem Zusammenhang sind eine Fülle von Ereignissen und Predigten Jesu zusammengefasst. Der Abschnitt Lk 12,49-53 wirft ein helles Licht auf die Befindlichkeit Jesu. Dieser Abschnitt wird überschrieben mit: „Entzweiungen um Jesu willen“[220] oder: „Am Messias scheiden sich die Geister“[221]. Jesus sagte: *„Ich bin gekommen, Feuer auf die Erde zu werfen; was wollte ich lieber, als dass es schon brennte! Aber ich muss mich taufen lassen mit einer Taufe, und wie ist mir so bange, bis sie vollendet ist!“* (Lk 12,49-50). Jesus forderte eine Entscheidung. Insofern ist das hier gemeinte Feuer eine Scheidung, ein Gericht, welches er auf die Erde bringen musste. Nach der Revision der Lutherbibel von 1984 hieß es: *„Ich bin gekommen, ein Feuer anzuzünden auf Erden.“* Häufiger wird jedoch so übersetzt wie in der Revision Lutherbibel von 2017: *„Ich bin gekommen, ein Feuer auf die Erde zu werfen.“*[222] Beispielhaft seien hier noch einige weitere Übersetzungen zitiert: So lautet die Übersetzung der Elberfelder Bibel an dieser Stelle: *„Ich bin gekommen, Feuer auf die Erde zu werfen, und wie wünschte ich, es wäre schon angezündet! Ich habe aber eine Taufe, womit ich getauft werden muss, und wie bin ich bedrängt, bis sie vollbracht ist.“* Ulrich Wilckens übersetzt es so: *„Feuer bin ich gekommen auf die Erde zu werfen, und wie sehr wünschte ich, es hätte schon Flammen geschlagen! Aber mit einer Taufe muss ich getauft werden, und wie ist mir so bange, bis sie vollzogen ist!“* In der Übersetzung von F.E. Schlachter heißt es: *„Ich bin gekommen, Feuer auf die Erde zu bringen, und wie wünschte ich, es wäre schon entzündet! Aber ich muss mich taufen lassen mit einer Taufe, und wie drängt es mich, bis sie vollbracht ist.“* Dieses

---

[220] Diese Überschrift verwenden z.B. Luther 1984 (Einzahl), Luther 2017 (Mehrzahl), Elberfelder Bibel, Neue Genfer Übersetzung, Heinz Schumacher.

[221] Diese Überschrift verwendet z.B. Ed C NT (Gerhard Maier).

[222] Diese Übersetzung verwenden z.B. WStb (Fritz Rienecker), Einheitsübersetzung, Elberfelder Bibel, Hermann Menge, Ulrich Wilckens, Heinz Schumacher.

Gerichtsfeuer stand zu diesem Zeitpunkt noch bevor. Es sollte dazu führen, dass jeder eine Entscheidung für oder gegen Jesus treffen muss. Doch das setzte voraus, dass Jesus selbst der Überwinder werden musste. Als er von einer Taufe sprach, sprach er von seiner Blutstaufe, seinem Tod am Kreuz. Sein Innerstes war aufgewühlt. Statt der gewohnten und doch etwas vorsichtig klingenden Worte *„wie ist mir so bange, bis sie vollendet ist"*, werden auch folgende Übersetzungen gewählt: *„wie werde ich bedrängt, bis sie vollzogen ist"*[223], *„wie schwer ist mir das Herz, bis sie vollzogen ist"*[224], *„ich bin sehr bedrückt, solange sie noch nicht vollzogen ist"*.[225] „Diese Verse sind eine Art Vorläufer von Gethsemane. ... Schon vor dem Kreuz erlebte Jesus seinen Weg als Kampf, Anfechtung, Qual und Bedrängnis von allen Seiten. ... Jesus ging keineswegs als ein unanfechtbarer Held über diese Erde. Er erlitt alle Qualen der Angst, er stieg in alle Tiefen der Anfechtung hinab. Erst nach seinem Sühnetod konnte er alle Macht im Himmel und auf Erden übernehmen (Mt 28,18)."[226]

6.1.2 Die Leidensankündigungen Jesu

Die Leidensankündigungen Jesu, mitunter auch Leidensweissagungen[227] oder Leidensbelehrungen[228] genannt, verdeutlichen die Härte dieses Kampfes. Bei Matthäus, Markus und Lukas wird jeweils eine erste, zweite und dritte Leidensankündigung benannt. Matthäus bezeugt uns noch eine vierte Leidensankündigung. Diese uns vertrauten Bezeichnungen sind weitgehend in den Bibelübersetzungen so zu finden. Wir können jedoch davon ausgehen, dass Jesus darüber hinaus mehrere Ankündigungen seines Leidens und Sterbens machte.[229] Dabei ist hinzuzufügen, dass es sich bei den Leidensankündigungen auch um Auferstehungsankündigungen handelte. In der zweiten Leidensankündigung bei Lukas und der vierten Leidensankündigung bei Matthäus ist die Auferstehung zwar nicht erwähnt. Es ist aber insgesamt deutlich

---

[223] EdC NT, Lukas-Evangelium 2. Teil, a.a.O., S. 185; vgl. auch: WStb, Das Evangelium des Lukas, a.a.O., S. 324; Elberfelder Bibel; Heinz Schumacher;

[224] Neue Genfer Übersetzung

[225] Einheitsübersetzung

[226] EdC NT, Lukas-Evangelium 2. Teil, a.a.O., S. 186 f.

[227] EdC NT, Matthäus-Evangelium 2. Teil, a.a.O., S. 10; S. 42; S. 125

[228] WStb, Das Evangelium des Markus (Ergänzungsband), a.a.O., S. 321, S. 350, S. 387

[229] EdC NT, Lukas-Evangelium 2. Teil, a.a.O., S. 410

erkennbar: „Der Sieg Gottes in der Auferweckung Jesu Christi von den Toten ist der Zielpunkt der Perspektive."[230]

Die erste Leidensankündigung erfolgte nach dem öffentlichen Bekenntnis des Petrus: *„Du bist der Christus, des lebendigen Gottes Sohn!"* (Mt 16,16; vgl. Mk 8,29; Lk 9,20) Es heißt: *„Seit der Zeit fing Jesus an, seinen Jüngern zu zeigen, dass er nach Jerusalem gehen und viel leiden müsse von den Ältesten und Hohenpriestern und Schriftgelehrten und getötet werden und am dritten Tage auferstehen"* (Mt 16,21; vgl. Mk 8,31; Lk 9,22). Petrus widersprach und wollte Jesus davor bewahren. *„Und Petrus nahm ihn beiseite und fuhr ihn an und sprach: Gott bewahre dich, Herr! Das widerfahre dir nur nicht! Er aber wandte sich um und sprach zu Petrus: Geh weg von mir, Satan! Du bist mir ein Ärgernis; denn du meinst nicht, was göttlich, sondern was menschlich ist"* (Mt 16,22-23; vgl. Mk 8,32-33). Jesus war ständig in höchster Wachsamkeit, selbst gegenüber Petrus, dem Fels, dem Sprecher des Zwölferkreises. Derjenige, welcher kurz davor das Christusbekenntnis abgelegt hatte, musste sich wenig später Satan nennen lassen. Welch eine dramatische Zuspitzung der Auseinandersetzung.

Nach der zweiten Leidensankündigung traute sich keiner der Jünger nach der Bedeutung dieser Worte zu fragen (Mt 17,22-23; Mk 9,30-32; Lk 9,43-45).

Die dritte Leidensankündigung gegenüber seinen Jüngern machte Jesus während seines letzten Weges nach Jerusalem zum Passafest. Es ist davon auszugehen, dass auf jeden Fall die zwölf Apostel mit ihm gingen, denn die Zwölf sprach er unmittelbar an. Weitere Jüngerinnen und Jünger folgten ihnen. *„Sie waren aber auf dem Wege hinauf nach Jerusalem, und Jesus ging ihnen voran; und sie entsetzten sich; die ihm aber nachfolgten, fürchteten sich. Und er nahm abermals die Zwölf zu sich und fing an, ihnen zu sagen, was ihm widerfahren werde: Siehe, wir gehen hinauf nach Jerusalem, und der Menschensohn wird überantwortet werden den Hohenpriestern und Schriftgelehrten, und sie werden ihn zum Tode verurteilen und den Heiden überantworten, und die werden ihn verspotten und anspeien und geißeln und töten, und nach drei Tagen wird er auferstehen"* (Mk 10,32-34; vgl. Mt 20,17-19; Lk 18,31-34). Nichts, was geschehen sollte, war ihm verborgen, nichts geschah aus Zufall. Alles war Jesus

---

[230] EdC NT, Markus-Evangelium, a.a.O., S. 441

bereits offenbart. Gerade weil er ganz genau wusste, was auf ihn zukam, war er innerlich so aufgewühlt. Dass alle, die auf diesem Wege mit Jesus unterwegs waren, sich entsetzten oder sogar fürchteten, gibt wiederum einen Einblick in die innere Verfassung der gesamten Pilgergruppe. Hier in der dritten Leidensankündigung sprach Jesus das erste Mal davon, dass er den Heiden übergeben werden wird. „Wie Jesus für Israel und die Nationen, Juden und Nichtjuden, starb, so sind auch beide in gleichem Maße schuldig an seinem Kreuzestod. Alles Hin- und Herschieben der Schuld ändert nichts an diesem Tatbestand."[231]

Im Matthäus-Evangelium wird eine vierte Leidensankündigung bezeugt. *„Und es begab sich, als Jesus alle diese Reden vollendet hatte, sprach er zu seinen Jüngern: Ihr wisst, dass in zwei Tagen Passa ist; und der Menschensohn wird überantwortet werden, dass er gekreuzigt werde"* (Mt 26,1-2). Die Lehrtätigkeit Jesu war abgeschlossen. Er wurde hier ganz konkret. Er benannte das Passafest als Zeitpunkt seines Todes. Er wusste es besser als die Hohenpriester und die Ältesten. *„Da versammelten sich die Hohenpriester und die Ältesten des Volkes im Palast des Hohenpriesters, der hieß Kaiphas, und hielten Rat, Jesus mit List zu ergreifen und zu töten. Sie sprachen aber: Ja nicht bei dem Fest, damit es nicht einen Aufruhr gebe im Volk"* (Mt 26,3-5). Denn ihr Anliegen war es, dass Jesus keinesfalls am Passafest hingerichtet werden sollte. Die Furcht vor Aufständen war groß. Der Zeitpunkt war jedoch allein Gottes Plan. Der Vater selbst hatte den Sohn zum Passalamm des Neuen Bundes bestimmt. Nach dem Matthäus-Evangelium hatte Jesus auch die Art seines Todes genannt: die Kreuzigung (vgl. Mt 20,19).

Zwischen der dritten Leidensankündigung und dem Einzug in Jerusalem berichten Matthäus und Markus von einem sehr menschlichen Anliegen der beiden Zebedäussöhne Jakobus und Johannes. Sie traten an Jesus heran und baten ihn, er möge ihnen geben, worum sie ihn bitten. Es wundert nicht, dass Jesus sich darauf nicht einlassen konnte und so fragte er sie nach ihrem Anliegen. *„Sie sprachen zu ihm: Gib uns, dass wir sitzen einer zu deiner Rechten und einer zu deiner Linken in deiner Herrlichkeit. Jesus aber sprach zu ihnen: Ihr wisst nicht, was ihr bittet. Könnt ihr den Kelch trinken, den ich trinke, oder euch taufen lassen mit der Taufe, mit der ich getauft werde? Sie sprachen zu ihm:*

---

[231] EdC NT, Matthäus-Evangelium, 2. Teil, a.a.O., S. 126

Ja, das können wir. Jesus aber sprach zu ihnen: Ihr werdet zwar den Kelch trinken, den ich trinke, und getauft werden mit der Taufe, mit der ich getauft werde; zu sitzen aber zu meiner Rechten oder zu meiner Linken, das zu geben steht mir nicht zu, sondern das wird denen zuteil, für die es bestimmt ist" (Mk 10,37-40; vgl. Mt 20,20-23). Matthäus formuliert hier: *„Das wird denen zuteil, für die es bestimmt ist von meinem Vater"* (Mt 20,23).

Da Jesus wusste, dass er in wenigen Tagen sterben werde, kam er in seiner Antwort an die Zebedäussöhne unmittelbar auf seinen Tod zu sprechen. Im Bild der Taufe und im Bild des Kelches fragte er sie, ob sie seinen Weg in gleicher Weise gehen könnten. Ihm war bewusst, dass ihm eine Taufe zugedacht war, die sein tiefstes Hinabtauchen in die Todesfinsternis bedeuten sollte, bevor er wieder neu ins Licht der Herrlichkeit aufsteigen werde. Ihm war ein Leidenskelch zugedacht, welcher ihn den ganzen Zorn Gottes über die Sünde der Menschheit spüren lassen werde. Im Bild des Kelches, der ihm von seinem Vater gereicht werden wird, wird das Heilshandeln Gottes beschrieben (s. 5.3.6). Es ist spürbar, wie tief betroffen Jesus war. Die Antwort der Jünger ist verblüffend. Adolf Pohl formuliert treffend: „Wir können! kommt die Antwort – naiv zum Aufschreien."[232] Die beiden Jünger waren sich der Tragweite ihrer Antwort nicht bewusst. Jesus antwortete dennoch sehr ernsthaft und bestätigte ihnen, dass sie seinen Kelch trinken werden und mit seiner Taufe getauft werden. Dies ist zu verstehen im Sinne der Nachfolge. Auch sie werden getötet werden (Mk 8,34-38; vgl. Mt 16,24-28; Lk 9,23-27). Anschließend erfolgte die entscheidende Antwort. Jesus benannte die eindeutig festgelegten Kompetenzen zwischen ihm und dem Vater. Er verwies sie in die Schranken, indem er ihnen eindeutig antwortete: *„Das zu geben steht mir nicht zu"* (Mk), bzw. *„Das wird denen zuteil, für die es bestimmt ist von meinem Vater"* (Mt). Er ließ sich in keiner Weise verunsichern oder provozieren. Auch hier wird noch einmal deutlich, dass die innige Verbindung zwischen Jesus und seinem Vater von allergrößter Wichtigkeit war. Jesus blieb immer gehorsam und eins mit dem Vater. Selbst seine Jünger durchschauten diese Anfechtungen nicht.

[232] WStb, Das Evangelium des Markus (Ergänzungsband), a.a.O., S. 392

6.1.3 Ein Bericht des Johannes von Anfechtungen

Im Anschluss an das letzte Mahl Jesu mit seinen Jüngern berichten die synoptischen Evangelien den Gang nach Gethsemane, den Gebetskampf Jesu und seine Auslieferung. Johannes schildert die Einzelheiten des Gebetskampfes in Gethsemane nicht. Er erwähnt aber eine ähnliche Auseinandersetzung am Beginn der Passionswoche. Im Anschluss an den Einzug in Jerusalem bekannte Jesus ein tiefes Verzagtsein. Inhaltlich ging es immer wieder um die gleiche Anfechtung. Es ging darum, ob er sich aus dem Überwindungskampf gegen Sünde und Tod zurückziehen durfte oder ihn ganz konsequent zu Ende führen sollte. Es war für Jesus möglich, den Vater zu bitten, ihm die Todesstunde zu ersparen. Diese Freiheit hatte er. Doch Jesus rang sich im Gebet dazu durch, die Todesstunde auszuhalten. Nachdem Jesus auf dem Eselsfüllen in Jerusalem eingezogen war, wollten ihn einige griechische Festpilger gerne sehen. Er antwortete nicht nur dieser kleinen Gruppe, sondern der ganzen umstehenden Menge: *„Die Stunde ist gekommen, dass der Menschensohn verherrlicht werde. Wahrlich, wahrlich, ich sage euch: Wenn das Weizenkorn nicht in die Erde fällt und erstirbt, bleibt es allein; wenn es aber erstirbt, bringt es viel Frucht. ... Jetzt ist meine Seele voll Unruhe. Und was soll ich sagen? Vater, hilf mir aus dieser Stunde? Doch darum bin ich in diese Stunde gekommen. Vater, verherrliche deinen Namen! Da kam eine Stimme vom Himmel: Ich habe ihn verherrlicht und will ihn abermals verherrlichen"* (Joh 12,23-24.27-28). Jesu Wort *„Jetzt ist meine Seele voll Unruhe"* bzw. *„erschüttert"*[233] bezieht sich auf Psalm 6,4: *„Meine Seele ist sehr erschrocken. Ach du, HERR, wie lange!"*[234]

Hier handelte Gott. Er verherrlichte seinen Namen. Die Bitte Jesu um Verherrlichung des Vaters erinnert zugleich an die erste und die dritte Bitte im Vaterunser: *„Dein Name werde geheiligt, ... Dein Wille geschehe ..."* (Mt 6,9.10).[235] „Aber es steckt noch mehr darin. Denn wenn der Vater ‚verherrlicht' wird, wird auch der Sohn ‚verherrlicht'. Und die Verherrlichung des Sohnes bedeutet nach Joh 12,23 gerade seinen Tod und seine Auferweckung. So bittet Jesus

---

[233] Die Übersetzung „Jetzt ist meine Seele erschüttert." verwenden z.B. WStb (Werner de Boor), EdC NT (Gerhard Maier), Einheitsübersetzung, Schlachter 2000, Hermann Menge.

[234] EdC NT, Gerhard Maier, Johannes-Evangelium 2. Teil, Hänssler-Verlag Neuhausen-Stuttgart 1996, S. 38

[235] Ebd., S. 38

also darum, dass er gehorsam den Weg zu Kreuz und Auferstehung gehen darf."[236]

6.1.4 Anfechtungen in Gethsemane

Als Jesus mit seinen Jüngern nach dem Ende des Mahles in den Garten Gethsemane ging, war es bereits tiefe Nacht. Es ist nicht verwunderlich, dass die Jünger nach einer Reihe von aufregenden Ereignissen der letzten Tage und nach einem so ausgiebigen Festmahl, wie dem Passa, zu dieser Nachtstunde müde waren. Sie hatten keinerlei Vorstellung davon, was in dieser Nacht alles geschehen sollte. Sie waren es bereits gewohnt, mit Jesus hinaus zum Ölberg zu gehen (Lk 22,39). Es wunderte sie nicht.

Dass die Ankündigung des Verrats und der Auslieferung unmittelbar in Erfüllung gehen sollte, konnten sie sich nicht vorstellen. Als Jesus sie bat, sich zu setzen, schliefen sie sehr bald ein. Selbst seine drei vertrautesten Jünger Petrus, Jakobus und Johannes, mit denen er noch ein Stück weiter ging (Mt 26,37; Mk 14,33), konnten sowohl die Bedeutung als auch die Last des Augenblicks nicht ermessen. Sie sahen die menschliche Angst Jesu, wie er anfing *„zu trauern und zu zagen"* (Mt 26,37) bzw. *„zu zittern und zu zagen"* (Mk 14,33). Dennoch waren sie nicht in der Lage, ihm beizustehen. *„Da sprach Jesus zu ihnen: Meine Seele ist betrübt bis an den Tod; bleibt hier und wachet mit mir!"* (Mt 26,38; Mk 14,34). Jesus betete gern mit Worten aus den Psalmen. Das wird insbesondere in seiner Leidenszeit deutlich. So geht dieses Gebet „auf Psalm 42,6.12; 43,5 zurück."[237] Dort heißt es: *„Was betrübst du dich, meine Seele, und bist so unruhig in mir? Harre auf Gott; denn ich werde ihm noch danken, dass er meines Angesichts Hilfe und mein Gott ist."* Hier in Gethsemane steuerte der Überwindungskampf auf einen Höhepunkt zu. Dass Jesus hier in so großer Angst war, zeigt die Einmaligkeit und Außergewöhnlichkeit dieses Kampfes. So hatten die Jünger den Herrn bis dahin noch nie gesehen. Es war der Überwindungskampf gegen die Macht des Todes.

Den entscheidenden Kampf musste Jesus allein kämpfen. Aus den Evangelien Matthäus, Markus und Lukas erfahren wir einige Details dieses Gebetes. *„Und er ging ein wenig weiter, fiel nieder auf sein Angesicht und betete und sprach:*

---

[236] Ebd., S. 38

[237] EdC NT, Matthäus-Evangelium 2. Teil, a.a.O., S. 381

…“ (Mt 26,39). Nach Markus heißt es: *„Und er ging ein wenig weiter, fiel nieder auf die Erde und betete, …“* (Mk 14,35). Lukas formuliert: *„Und er riss sich von ihnen los, etwa einen Steinwurf weit, und kniete nieder, betete und sprach: …“* (Lk 22,41). In großer Todesangst und tiefer Demut lag Jesus auf den Knien und hatte das Gesicht auf der Erde. Offensichtlich haben Petrus, Jakobus und Johannes nur die ersten Worte seines Gebetes gehört und sind dann einer nach dem anderen eingeschlafen. Die Entfernung „einen Steinwurf weit“ könnte etwa 30 Meter betragen.[238]

Am eindrucksvollsten schildert Markus den Gebetsanfang: *„Abba, Vater, alles ist dir möglich; nimm diesen Kelch von mir; doch nicht, was ich will, sondern was du willst!“* (Mk 14,36; vgl. Mt 26,39; Lk 22,42). Bevor Jesus seine Bitte aussprach, rief er seinen Vater an mit der liebevollen Bezeichnung „Abba, Vater“. So erinnert diese Anrede wieder an das Vaterunser, insbesondere an die dritte Bitte: *„Dein Wille geschehe“* (Mt 6,10). Als erstes sollte der Vater angerufen und geehrt werden. Seinem Namen gilt alle Anbetung. Was immer Gott tut, ist gut. Dieses tiefe Urvertrauen spricht aus dem Wort: *„Alles ist dir möglich.“* Dann folgte seine eindringliche Bitte: *„Nimm diesen Kelch von mir.“* Doch die innige Verbindung zum Vater war so intensiv, dass er sich ihm direkt wieder unterordnete: *„Doch nicht, was ich will, sondern was du willst!“* Alle drei synoptischen Evangelien bezeugen diesen innigen Gebetskampf, in welchem Jesus die Verschonung aus der Todesstunde erbat. Er hatte die Freiheit, alles zu erbitten. Zugleich hatte er volles Vertrauen in den Willen des Vaters. Drei Mal rang Jesus im Gebet, dreimal waren die Jünger überfordert. Sie schliefen und konnten ihm nicht beistehen. Die Möglichkeit der Verschonung bestand nicht. Er musste diesen Kelch trinken. So erhielt er ebenso wie nach der Versuchung in der Wüste von himmlischen Mächten Beistand. *„Es erschien ihm aber ein Engel vom Himmel und stärkte ihn. Und er geriet in Todesangst und betete heftiger. Und sein Schweiß wurde wie Blutstropfen, die auf die Erde fielen“* (Lk 22,43-44). Durch die innige Verbindung im Gebet wurde er *„gehorsam bis zum Tode“* (Phil 2,8). So konnte er sagen: *„Es ist genug; die Stunde ist gekommen. Siehe der Menschensohn wird überantwortet in die Hände der Sünder“* (Mk 14,41; vgl. Mt 26,45). Dieser äußerst schwere Kampf war ausgestanden. Jesus, das Opferlamm war bereit, das Opfer zu vollbringen, so dass es seinen Mund nicht auftat (vgl. Jes 53,6-7; Apg 8,32). Judas aber führte *„eine*

---

[238] EdC NT, Markus-Evangelium, a.a.O., S. 616

große Schar mit Schwertern und mit Stangen, von den Hohenpriestern und Ältesten des Volkes" an (Mt 26,47 vgl. Mk 14,43; Lk 22,47; Joh 18,3), die Jesus gefangen nahmen und in das Haus des Hohenpriesters brachten.

Ein letztes Aufbegehren der Jünger wies Jesus scharf zurück. Einer der Jünger, nach Johannes war es Petrus (Joh 18,10), hieb dem Knecht des Hohenpriesters ein Ohr ab. Jesus heilte den Verwundeten und erklärte: *„Oder meinst du, ich könnte meinen Vater nicht bitten, und er würde mir sogleich mehr als zwölf Legionen Engel schicken? Wie würde dann aber die Schrift erfüllt, dass es so geschehen muss? ... Aber das ist alles geschehen, auf dass erfüllt würden die Schriften der Propheten. Da verließen ihn alle Jünger und flohen"* (Mt 26,53-54.56). Dies war das Ergebnis des Gebetskampfes. Ja, der Vater hätte die Macht des Himmels mobilisieren können, auch noch zu diesem Zeitpunkt. Doch damit Jesus der Messias, der Christus, der Erlöser blieb, hatte er sich stärken lassen und erfüllte, wozu er gesandt war. Dass er das vollkommene Opfer werden konnte (vgl. 5.4.5) schließt ein, dass er in der innigen Verbindung mit dem Vater allen quälenden Anfechtungen bis zum letzten Augenblick standhielt. So erfüllten sich die Verheißungen der Propheten in den heiligen Schriften (Mt 26,56; Mk 14,49).

In Gethsemane erfüllten sich bereits sowohl der beim letzten Mahl angekündigte Verrat wie auch die in den Leidensankündigungen vorausgesagte Auslieferung an die Hohenpriester und Schriftgelehrten.

6.2 Die Aufrichtung des Neuen Bundes

Nachdem wir der Ankündigung des Neuen Bundes und dem Verlauf sowie der Deutung des letzten Mahles Jesu nachgegangen waren, konnten wir uns gewiss werden, dass sich Jesus selbst als Opfer hingab. Durch seine Deuteworte verkündigte er den Jüngern, dass er selbst das Opfer war, welches die Erlösung bewirkte. Es war sein freier Wille, als Sohn dem Vater gegenüber gehorsam zu sein, und diesen einzig möglichen Weg der Erlösung der Menschheit zu gehen. Keiner Versuchung, keiner Anfechtung war er erlegen. Er blieb sündlos.

Im Folgenden wollen wir uns der Aufrichtung des Neuen Bundes zuwenden. Hierzu betrachten wir, in chronologischer Reihenfolge, die Ereignisse nach Jesu Festnahme bis hin zu seinem Tod am Kreuz.

6.2.1 Das Messiasbekenntnis vor dem Hohen Rat

Nachdem Jesus in das Haus des Hohenpriesters gebracht worden war, wurde er verhört. Dazu waren trotz der frühen Morgenstunde ein großer Teil des Hohen Rates (vgl. 4.9) einschließlich geladener Zeugen versammelt. Einige hatten dieses Handeln des Hohen Rates offensichtlich nicht gebilligt. Man kann davon ausgehen, dass die Ratsmitglieder Josef von Arimathäa und Nikodemus nicht an diesem Prozess teilnahmen (Lk 23,50-53; Joh 7,50; 19,38-42). Die Verhandlung war gut vorbereitet und es bestand das eindeutige Ziel, Jesus zu töten. Der Prozess sollte wenigstens der Form nach korrekt ablaufen. Es waren viele Zeugen aufgeboten worden, die sich aber als falsche Zeugen erwiesen, denn es gelang ihnen einfach nicht, übereinstimmende Zeugenaussagen zu machen (Mt 26,59-61; Mk 14,56-59).

Jesus antwortete auf keine der vorgetragenen Anschuldigungen. Er rechtfertigte sich nicht. Die vielen Falschaussagen quittierte er mit Schweigen. Nur eine einzige Frage war für ihn von Bedeutung. Diese Frage war das Bekenntnis seiner Identität.

„Und der Hohepriester sprach zu ihm: Ich beschwöre dich bei dem lebendigen Gott, dass du uns sagst, ob du der Christus bist, der Sohn Gottes. Jesus sprach zu ihm: Du sagst es. Doch sage ich euch: Von nun an werdet ihr sehen den Menschensohn sitzen zur Rechten der Kraft und kommen auf den Wolken des Himmels. Da zerriss der Hohepriester seine Kleider[239] und sprach: Er hat Gott gelästert! Was bedürfen wir weiterer Zeugen? Siehe, jetzt habt ihr die Gotteslästerung gehört. Was meint ihr? Sie antworteten und sprachen: Er ist des Todes schuldig“ (Mt 26,63-66; vgl. Mk 14,61-63; Lk 22,67-71).

[239] Das Zerreißen von Kleidern machte in der jüdischen Welt die Gefühlsregungen Verzweiflung, Zerknirschung, große Empörung aber auch Betroffenheit gedemütigt zu werden und tiefe Trauer, öffentlich sichtbar. Hier ist davon auszugehen, dass der Hohepriester Empörung zum Ausdruck bringen wollte.

Der Hohepriester Kaiphas benannte in seiner Frage zwei Titel Jesu, nämlich den Christus[240] bzw. Messias[241] und den Sohn Gottes. In der Antwort bestätigte Jesus eindeutig seine Identität: *„Du sagst es."* (Mt) *„Ich bin's."* (Mk) *„Ihr sagt es, ich bin es."* (Lk) Die Zeit war reif geworden, sich als Messias zu bekennen. Jesus ging noch weiter. Er bezeichnete sich vor allen anwesenden Ratsmitgliedern als Menschensohn. Jeder wusste, worauf Jesus sich bezog. Der Prophet Daniel hatte in einer großen Vision den Menschensohn kommen sehen. *„Ich sah in diesem Gesicht in der Nacht, und siehe, es kam einer mit den Wolken des Himmels wie eines Menschen Sohn und gelangte zu dem, der uralt war, und wurde vor ihn gebracht. Ihm wurde gegeben Macht, Ehre und Reich, dass ihm alle Völker und Leute aus so vielen verschiedenen Sprachen dienen sollten. Seine Macht ist ewig und vergeht nicht, und sein Reich hat kein Ende"* (Dan 7,13-14). „Damit tritt neben Messias und Gottessohn der dritte zentrale Titel .... Alle drei vereinen sich an dieser zentralen Stelle und schlüsseln sich gegenseitig auf. ... Er ist der leidgezeichnete Messias und wird erscheinen als der hoheitsvolle Menschensohn."[242]

Während seiner Wirkungszeit hatte Jesus vor allem seinen Jüngern gegenüber oft vom Menschensohn gesprochen. Offensichtlich hatte er diesen Titel sehr gern verwendet, da er „am ehesten seine göttliche Herkunft und zugleich seine Menschwerdung ausdrückt."[243] Auch brachte die Bezeichnung Menschensohn mehr die himmlische Herkunft für die Heilung der Völker zum Ausdruck, während die Bezeichnung Messias beim Volk stärker die Sehnsucht nach nationaler Befreiung weckte.

---

240 Die Bezeichnung „Christus" ist abgeleitet vom griechischen Wort *christos*. Es ist die griechische Übersetzung des Begriffes „Messias" und bedeutet „Gesalbter". LzB, a.a.O., Sp.803 Anmerkung: In manchen Bibelübersetzungen wird die Bezeichnung „Christus" verwendet, so z.B. nach Martin Luther, WStb (Fritz Rienecker), Elberfelder Bibel, F.E. Schlachter, Gute Nachricht, Hermann Menge, Heinz Schumacher. Andere verwenden die Bezeichnung „Messias", so z.B. EdC NT (Gerhard Maier), Einheitsübersetzung, Jerusalemer Bibel, Neue Genfer Übersetzung, Ulrich Wilckens. Wieder andere verwenden je nach Zusammenhang wechselweise beide Begriffe, so z.B. WStb, Hoffnung für alle, Klaus Berger/Christiane Nord.

241 Die Bezeichnung „Messias" ist abgeleitet vom aramäischen *meschicha* bzw. vom hebräischen *maschiach* und bedeutet „Gesalbter". LzB, a.a.O., Sp.803

242 WStb, Das Evangelium des Markus (Ergänzungsband), a.a.O., S. 534

243 EdC NT, Matthäus-Evangelium 2. Teil, a.a.O., S. 406

Dass Jesus der von Gott gesandte Messias sei, hatte er während seiner öffentlichen Wirkungszeit nur zurückhaltend verbreitet. Bis auf wenige Situationen wollte er damit warten, bis seine Stunde kommen werde. Den Suchenden und Glaubenden offenbarte sich Jesus direkt. Dies bezeugt insbesondere das Johannes-Evangelium. Doch denen, die ihn aus der Distanz herausfordern wollten, begegnete er mit Zurückhaltung. Einige Beispiele mögen das verdeutlichen.

Der Frau am Jakobsbrunnen antwortete Jesus auf die Messiasfrage: *„Ich bin's, der mit dir redet"* (Joh 4,26). Der von Jesus geheilte Blindgeborene erfuhr auf die Frage nach dem Menschensohn die Antwort: *„Du hast ihn gesehen, und der mit dir redet, der ist's"* (Joh 9,37).

Seine engsten Jünger hatten Jesus bereits als den Messias erkannt. So bekannte der Fischer Andreas seinem Bruder Simon: *„Wir haben den Messias gefunden, ... Und er führte ihn zu Jesus"* (Joh 1,41-42). Vor der Auferweckung des Lazarus antwortete Martha auf die Frage Jesu, ob sie an ihn glaube: *„Ja, Herr, ich glaube, dass du der Christus bist, der Sohn Gottes, der in die Welt kommt"* (Joh 11,27). Die herausfordernde Frage der Juden im Tempelvorhof, ob er der Christus sei: *„Wie lange hältst du uns im Ungewissen? Bist du der Christus, so sage es frei heraus"* beantwortete er eher schroff: *„Ich habe es euch gesagt, und ihr glaubt nicht"* (Joh 10,24-25).

Petrus hatte auf die Frage Jesu stellvertretend für die anderen Jünger geantwortet: *„Du bist der Christus, des lebendigen Gottes Sohn!"* (Mt 16,16; vgl. Mk 8,29; Lk 9,20). Unmittelbar nach dem Christusbekenntnis des Petrus gebot Jesus seinen Jüngern in dieser Sache Zurückhaltung. *„Da gebot er den Jüngern, niemandem zu sagen, dass er der Christus sei"* (Mt 16,20; vgl. Mk 8,30; Lk 9,21). Auch nach der Verklärung hatte Jesus seinen Jüngern Schweigen auferlegt, damit seine Gottessohnschaft nicht im Volk verbreitet würde. *„Und als sie vom Berge hinabgingen, gebot ihnen Jesus und sprach: Ihr sollt von dieser Erscheinung niemandem sagen, bis der Menschensohn von den Toten auferstanden ist"* (Mt 17,9 vgl. Mk 9,9; Lk 9,36). Als er in Kapernaum die Schwiegermutter des Petrus geheilt hatte, dazu viele Kranke und Besessene, verhinderte er die Ausbreitung des messianischen Zeugnisses. *„Von vielen fuhren auch die Dämonen aus, schrien und sprachen: Du bist der Sohn Gottes! Und er bedrohte* *sie und ließ sie nicht reden; denn sie wussten, dass er der Christus war"* (Lk 4,41; vgl. Mk 1,34).

Jetzt aber war die Zeit gekommen, ganz offiziell ein eindeutiges Bekenntnis als Messias abzulegen. Die Aussage Jesu war in den Augen des Hohen Rates Gotteslästerung. Deshalb zerriss der Hohepriester sein Kleid. Das Zerreißen seines Kleides war dem Hohenpriester nach dem Priestergesetz normalerweise verboten (z.B. 3. Mose 21,10; siehe auch 3.7.4). Doch als Gebärde des Entsetzens bei Gotteslästerung war es nach rabbinischen Bestimmungen einem frommen Juden sogar geboten, dies zu tun (vgl. 2. Kön 18,37-19,1; Apg 14,14).[244] In diesem Zusammenhang verweisen wir auf ein Wort des Propheten Joel, der Israel zur Buße rief. *„Zerreißt eure Herzen und nicht eure Kleider und kehrt um zu dem HERRN, eurem Gott! Denn er ist gnädig, barmherzig, geduldig und von großer Güte, und es reut ihn bald die Strafe"* (Joel 2,13). Nicht selten hatten starke äußere Gesten eine oberflächliche innere Haltung überdeckt. Dem HERRN ging es jedoch zu aller Zeit immer zuerst um ein demütiges Herz. Dies erst macht den Sinn aller Rituale deutlich.

Allein auf dieses Bekenntnis Jesu hin, der Sohn Gottes, der Messias zu sein, erfolgte seine Verurteilung. Keine andere Aussage, kein falsches Zeugnis, sondern einzig und allein das Messiasbekenntnis Jesu führte das Todesurteil herbei. Während der Gebetskampf in Gethsemane mit der Entscheidung endete, dass Jesus als das Opferlamm für das vollkommene Opfer bereit war, so war sein Messiasbekenntnis: *„Ihr sagt es, ich bin's."*, gleichbedeutend damit, sich als Opferlamm zur Verfügung zu stellen. Und so urteilte der Hohe Rat: *„Er ist des Todes schuldig"* (Mt 26,66; vgl. Mk 14,64). Mit dem Ausspruch des Todesurteils machten die Anwesenden ihrem Zorn Luft und fingen an, ihn zu schlagen. *„Da spien sie ihm ins Angesicht und schlugen ihn mit Fäusten. Einige aber schlugen ihn ins Angesicht und sprachen: Weissage uns, Christus, wer ist's, der dich schlug?"* (Mt 26,67-68; vgl. Mk 14,65; Joh 19,22).

Während des Verhörs und der Verurteilung durch den Hohen Rat, befand sich Petrus im Hof des Hohenpriesters und leugnete dreimal, dass er Jesus überhaupt kenne. Damit erfüllte sich die von Jesus während des letzten Mahles

---

[244] WStb, Das Evangelium des Markus (Ergänzungsband), a.a.O., S. 536;
Vgl. EdC NT, Matthäus-Evangelium 2. Teil, a.a.O., S. 406; ebenso EdC NT, Markus-Evangelium, a.a.O., S. 637

angekündigte Verleugnung durch Petrus, noch bevor der Hahn krähte (s. 5.3.7). Weiterhin erfüllte sich die Ankündigung Jesu, dass die Hohenpriester und Schriftgelehrten ihn zum Tode verurteilen werden.

6.2.2 Jesus vor den Heiden

Die Ratsversammlung beschloss nach dem gefällten Todesurteil, so schnell wie möglich auch die Vollstreckung herbeizuführen. Dies stand aber nach den damaligen politischen Verhältnissen nur der römischen Besatzungsmacht zu. Deshalb überstellten sie Jesus dem römischen Statthalter Pilatus. Ihn mussten sie von der Schuld Jesu überzeugen. Auch dieser verhörte ihn. Und wieder beantwortete Jesus nur eine einzige Frage mit knappen Worten. *„Und Pilatus fragte ihn: Bist du der König der Juden? Er aber antwortete ihm und sprach: Du sagst es. Und die Hohenpriester beschuldigten ihn hart. Pilatus aber fragte ihn abermals und sprach: Antwortest du nichts? Siehe, wie hart sie dich verklagen! Jesus aber antwortete nichts mehr, so dass sich Pilatus verwunderte"* (Mk 15,2-5; vgl. Mt 27,11-14; Lk 23,2-5). Im Johannes-Evangelium ist dieses Gespräch etwas ausführlicher berichtet. Zur entscheidenden Frage heißt es da: *„Da sprach Pilatus zu ihm: So bist du dennoch ein König? Jesus antwortete: Du sagst es: ich bin ein König. Ich bin dazu geboren und in die Welt gekommen, dass ich die Wahrheit bezeuge. Wer aus der Wahrheit ist, der hört meine Stimme"* (Joh 18,37). Pilatus hielt Jesus für unschuldig und versuchte, sich der Sache zu entledigen. Doch es gelang ihm nicht.

Im Lukas-Evangelium wird berichtet, dass Pilatus Jesus zu Herodes bringen ließ. Gemeint ist hier der Vierfürst[245] Herodes Antipas, ein Sohn Herodes des Großen.[246] Dieser herrschte über Galiläa und war somit die irdische Obrigkeit Jesu. Er befand sich in diesen Tagen in Jerusalem. Doch ihm gegenüber verlor

---

[245] Die Bezeichnung „Vierfürst" bzw. „Tetrarch" (griech.) bezeichnete ursprünglich den „Verwalter des vierten Teils eines bestimmten Gebiets, ... Im Römischen Reich wurde der Titel den von den Römern abhängigen Regenten in Kleinasien und Syrien zuerkannt, deren Gebiet zu klein war, um als Königreich gelten zu können." Vgl. BL, a.a.O., Sp. 1735

[246] Die Herodes-Familie waren keine Israeliten, sondern Idumäer. Als Idumäer werden in hellenistischer Zeit die Edomiter bezeichnet, welche Nachkommen Esaus sind (vgl. 1. Mose 25,30; 36,1.8.9). Sie lebten südlich von Judäa. Das Siedlungsgebiet der Idumäer war, bedingt durch kriegerische Auseinandersetzungen, nicht genau das gleiche wie das der Edomiter. Die Edomiter waren gegen Ende des 2. Jh.s v.Chr. zwangsbeschnitten und nach Judäa einverleibt worden. Vgl. LzB, a.a.O., Sp. 364 u. 745

Jesus kein Wort. Er strafte ihn regelrecht mit Verachtung. Herodes fragte und Jesus schwieg. *„Und er fragte ihn mancherlei. Er antwortete ihm aber nichts"* (Lk 23,9). Herodes blieb nichts übrig, als Jesus zu Pilatus zurückzuschicken. Er tat dies mit einem Zeichen großer Verachtung und bekleidete Jesus mit einem Prunkgewand, um seinen Königsanspruch zu verspotten (Lk 23,11).

Pilatus hatte den Juden gegenüber einen Brauch, am Passafest einen Gefangenen freizugeben und wollte deshalb Jesus von Nazareth anlässlich des Passafestes freigeben, denn das Ergebnis seines Verhörs lautete: *„Ich finde keine Schuld an ihm"* (Joh 18,38; vgl. Mt 27,23-24; Mk 15,14-15; Lk 23,14-15.23). Nach dem Lukas-Evangelium fragte Pilatus die Vertreter des Hohen Rates dreimal nach der Schuld Jesu. *„Er aber sprach zum dritten Mal zu ihnen: Was hat denn dieser Böses getan? Ich habe keine Schuld an ihm gefunden, die den Tod verdient; darum will ich ihn züchtigen lassen und losgeben"* (Lk 23,22). Doch die Führer des Volkes, die Hohenpriester und ihr Anhang, sie schrien und verlangten die Freilassung des Barabbas: *„Da schrien sie wiederum: Nicht diesen, sondern Barabbas! Barabbas aber war ein Räuber"* (Joh 18,40; vgl. Mt 27,15-26; Mk 15,6-15; Lk 23,13-25).

Pilatus fürchtete sich vor dem Zorn des Hohen Rates und der aufgewiegelten Menge. Nach Johannes versuchte er noch einmal mit Jesus zu sprechen. *„Woher bist du? Aber Jesus gab ihm keine Antwort. Da sprach Pilatus zu ihm: Redest du nicht mit mir? Weißt du nicht, dass ich Macht habe, dich loszugeben, und Macht habe, dich zu kreuzigen? Jesus antwortete: Du hättest keine Macht über mich, wenn es dir nicht von oben gegeben wäre. Darum hat, der mich dir überantwortet hat, größere Sünde"* (Joh 19,10-11). Jesus verdeutlichte, dass es nicht die Macht des Pilatus war, sondern eine übertragene, sozusagen geliehene Macht. Und er verdeutlichte auch, dass seine Macht von oben verliehen wurde. Hier kann man an die vom Kaiser verliehene Macht denken. Es liegt aber auch nahe, dass Jesus die von Gott verliehene Machtposition ansprach. Beispielsweise hatte Johannes in einer früheren Auseinandersetzung zwischen den Jüngern des Johannes und einem Juden über die Taufpraxis bei Johannes und Jesus eindeutig geantwortet: *„Ein Mensch kann nichts nehmen, wenn es ihm nicht vom Himmel gegeben ist"* (Joh 3,27). Das entspricht wieder der festen Gewissheit, dass nichts einer fremden Willkür überlassen war, sondern dass genau das geschah, was zur Erfüllung der Schrift geschehen musste. So war letzten Endes auch im Todesurteil und in der Geißelung Gott selbst derjenige, welcher diese Handlungen und Erniedrigungen zuließ. Wenn Jesus seinen Auslieferern, insbesondere dem Judas Iskariot, eine größere Sünde zuschrieb als Pilatus, so war damit zugleich gesagt, dass auch Pilatus ein Sünder war.[247] Bei aller Knappheit war alles in Jesu Worten Wahrheit.

Die religiösen Argumente der Juden beeindruckten Pilatus weniger als der Volkszorn. Schließlich versuchten die Juden, mit einem politischen Argument Druck auszuüben: *„Die Juden aber schrien: Lässt du diesen frei, so bist du des Kaisers Freund nicht; wer sich zum König macht, der ist gegen den Kaiser. ... Und er spricht zu den Juden: Sehet, euer König! Sie schrien aber: Weg, weg mit dem! Kreuzige ihn! Spricht Pilatus zu ihnen: Soll ich euren König kreuzigen? Die Hohenpriester antworteten: Wir haben keinen König außer dem Kaiser. Da überantwortete er ihnen Jesus, dass er gekreuzigt würde"* (Joh 19,12.14-16). Pilatus blieb dabei, dass er Jesus für unschuldig hielt, gab aber dem Drängen nach. *„Da gab er ihnen Barabbas los, aber Jesus ließ er geißeln und überantwortete ihn, dass er gekreuzigt werde"* (Mt 27,26; vgl. Mk 15,15; Lk 23,25; Joh 19,16).

Die Geißelstrafe durfte bei römischen Bürgern nicht angewendet werden (vgl. Apg 16,37). Sie wurde nur an Unfreien und Unterworfenen vollzogen. „Der Verurteilte wurde entkleidet, an einen kurzen Pfahl oder an eine Säule gebunden und von den Folterknechten so lange geschlagen, bis er blutüberströmt am Boden lag. Die Strafe wurde mit Peitschen ausgeführt, deren Lederriemen mit Stacheln, Knochenstücken oder Bleikugeln versehen waren."[248] Hier begann Jesus bereits, sein Blut zu vergießen. Blutüberströmt wurde er den Soldaten zur weiteren Demütigung übergeben.

„Da nahmen die Soldaten des Statthalters Jesus mit sich in das Prätorium und versammelten um ihn die ganze Kohorte" (Mt 27,27; vgl. Mk 15,16). Was nun folgte, war ein dramatisches Schauspiel und geschah vor der ganzen Kohorte der Soldaten. Als „Kohorte" bezeichnete man eine römische Abteilung der Soldaten, etwa 400-600 Mann.[249] Vor diesem grölenden Publikum wurde Jesus verspottet und gequält. Purpurmantel, Dornenkrone und Rohr verstärken die

---

[247] EdC NT, Johannes-Evangelium 2. Teil, a.a.O., S. 291f
[248] Ebd., S. 282; Vgl. Gerhard Kroll, Auf den Spuren Jesu, St. Benno Buch- und Zeitschriftenverlagsgesellschaft Leipzig, 12. Auflage 2002, S. 352
[249] EdC NT, Markus-Evangelium, a.a.O., S. 659

Verachtung ihm gegenüber. *„... und zogen ihn aus und legten ihm einen Purpurmantel an und flochten eine Dornenkrone und setzten sie auf sein Haupt und gaben ihm ein Rohr in seine rechte Hand und beugten die Knie vor ihm und verspotteten ihn und sprachen: Gegrüßet seist du, der Juden König! und spien ihn an und nahmen das Rohr und schlugen damit auf sein Haupt. Und als sie ihn verspottet hatten, zogen sie ihm den Mantel aus und zogen ihm seine Kleider an und führten ihn ab, um ihn zu kreuzigen"* (Mt 27,28-31; vgl. Mk 15,17-20; Joh 19,2-16). Der Purpurmantel könnte ein Soldatenmantel gewesen sein. Auch der Kaiser trug bei Kriegszügen einen Purpurmantel. So waren der Mantel und die Dornenkrone eine Verspottung des Königs der Juden. Zugleich ist die rote Farbe die Farbe der Sünde. *„Wenn eure Sünde auch blutrot ist, soll sie doch schneeweiß werden, und wenn sie rot ist wie Purpur, soll sie doch wie Wolle werden"* (Jes 1,18). Jesus wurde hier mit den Symbolen der Sünde bezeichnet. So konnte später Paulus bezeugen: *„Denn er hat den, der von keiner Sünde wusste, für uns zur Sünde gemacht, auf dass wir in ihm die Gerechtigkeit würden, die vor Gott gilt"* (2. Kor 5,21). Zum Kreuz wurde er wieder in seinen eigenen Kleidern geführt. Wir erinnern noch einmal an die Prophetie vom leidenden Gottesknecht, die in Jesus Christus seine Erfüllung fand. Vom Gottesknecht wurde geweissagt: *„Ich bot meinen Rücken dar denen, die mich schlugen, und meine Wangen denen, die mich rauften. Mein Angesicht verbarg ich nicht vor Schmach und Speichel"* (Jes 50,6). Und weiter heißt es von ihm: *„Als er gemartert ward, litt er doch willig und tat seinen Mund nicht auf wie ein Lamm, das zur Schlachtbank geführt wird; und wie ein Schaf, das verstummt vor seinem Scherer, tat er seinen Mund nicht auf"* (Jes 53,7). Diese Prophezeiungen trafen auf Jesus zu. Er ließ die Demütigungen und Schläge wortlos über sich ergehen.

Im Johannes-Evangelium wird berichtet, dass Pilatus nach der Geißelung und Verspottung noch einmal, und zwar zum dritten Mal, die Unschuld Jesu beteuerte. *„Und Pilatus ging wieder hinaus und sprach zu ihnen: Seht, ich führe ihn heraus zu euch, damit ihr erkennt, dass ich keine Schuld an ihm finde. Da kam Jesus heraus und trug die Dornenkrone und das Purpurgewand. Und Pilatus spricht zu ihnen: Sehet, welch ein Mensch!"*[250] (Joh 19,4-5). Mitunter wird dieser letzte Satz auch übersetzt mit: *„Seht, der Mensch"* oder auch *„Siehe,*

[250] So übersetzt neben Luther 1984 und Luther 1917 z.B. auch F.E. Schlachter 2000.

der Mensch"[251] oder *„Da ist der Mensch"*[252] oder auch *„Seht, da ist der Mensch."*[253] oder mit ähnlichen Worten. Berühmt wurde der Wortlaut der lateinischen Bibel: *„Ecce homo"*[254]. Damit verwies Pilatus vor den Hohenpriestern und dem anwesenden Volk noch einmal darauf, wen sie zum Tode verurteilt hatten. Dieser still leidende Mensch konnte in den Augen des Pilatus kein Aufrührer sein. Er glich tatsächlich eher dem, der im Gleichnis vom barmherzigen Samariter unter die Räuber gefallen war (Lk 10,30). Schon seit der Verhaftung hatte man Jesus wie einen Übeltäter behandelt (Mk 15,28). Hier wurde der König aller Könige und Herr aller Herren (1. Tim 6,15) zum geschundenen Verbrecher gemacht. Jesus musste die ganze menschliche Zerbrechlichkeit erleiden. Damals wie heute ist Macht unbarmherzig.[255]

Jesus ließ sich von nichts irritieren, weder vom Hass des Volkes, noch vom Machtgehabe des Pilatus, noch von der Gewalt der Soldaten. Er stand unter der Macht des Höchsten und legte nur das Messiasbekenntnis ab. Sonst schwieg er. *„Darum liebt mich der Vater, weil ich mein Leben lasse, auf dass ich's wieder empfange. Niemand nimmt es von mir, sondern ich selber lasse es. Ich habe Macht, es zu lassen, und habe Macht, es wieder zu empfangen. Dies Gebot habe ich empfangen von meinem Vater"* (Joh 10,17-18). Das Opferlamm war vorbereitet.

So wurden bis zu diesem Zeitpunkt weitere Voraussagen aus den Leidensankündigungen erfüllt. Jesus wurde an die Heiden ausgeliefert. Diese hatten ihn gegeißelt, angespuckt und verspottet.

6.2.3 Der Weg Jesu zum Kreuz

Jesus hatte sich ganz der Macht seines Vaters anvertraut. Er war dabei, den Neuen Bund zu schließen, der sein Blut kosten werde, wie er es angekündigt hatte. Die Aufrichtung des Neuen Bundes hatte bereits begonnen. Jesus war an den Platz des Sünders gestellt worden. Sein Leib war blutüberströmt und

---

[251] So übersetzen z.B. EdC NT (Gerhard Maier), Elberfelder Bibel, Heinz Schumacher und Hermann Menge.

[252] So übersetzen z.B. WStb (Werner de Boor) und Jerusalemer Bibel.

[253] So übersetzen z.B. Einheitsübersetzung und Ulrich Wilckens.

[254] Siehe (der/ein) Mensch

[255] Vgl. EdC NT, Johannes-Evangelium 2. Teil, a.a.O., S. 285ff

geschwächt. Pilatus hatte Jesus den Soldaten übergeben, damit diese ihn geißeln und dann zur Kreuzigung bringen sollten. Im Folgenden wollen wir den Zeugnissen nachgehen, die uns davon berichten, wie sich dieses Hingeben von Leib und Blut Jesu weiter vollzogen hat.

In den Evangelien Matthäus (Mt 27,32), Markus (Mk 15,21) und Johannes (Joh 19,17) wird kurz erwähnt, dass Jesus hinaus zur Hinrichtungsstätte abgeführt wurde. Matthäus, Markus und Lukas (Lk 23,26) berichten weiterhin, dass ein Mann namens Simon von Kyrene gezwungen wurde, ihm den Kreuzesbalken zu tragen. Nur Lukas berichtet uns zusätzlich von einem Wortwechsel auf dem Wege. *„Es folgte ihm aber eine große Volksmenge und viele Frauen, die klagten und beweinten ihn“* (Lk 23,27). Eine Wahrnehmung von Trauer und Mitgefühl spricht aus dieser Begegnung. Somit ist erkennbar, dass der Zorn der vom Hohen Rat aufgehetzten Menschenmenge nur für einen bestimmten Teil der Bevölkerung zutraf. Die Frauen, welche den Zug der Abgeführten und der Soldaten begleiteten, hatten den Mut, ihre Traurigkeit über die Verurteilung Jesu offen zu zeigen. Die Verurteilung der beiden Verbrecher ließ sie offenbar unberührt. Jesus antwortete ihnen, dass sie über sich selbst weinen müssten, denn es werden Tage eines furchtbaren Strafgerichts über Jerusalem kommen. *„Jesus aber wandte sich um zu ihnen und sprach: Ihr Töchter von Jerusalem, weint nicht über mich, sondern weint über euch selbst und über eure Kinder“* (Lk 23,28). Jesus hatte selbst in dieser Situation noch ein Wort der Zuwendung für die Frauen, die er liebevoll *„Töchter Jerusalems“* nannte. Auch er war traurig, jedoch über die Stadt Jerusalem: *„Denn siehe, es wird die Zeit kommen, in der man sagen wird: Selig sind die Unfruchtbaren und die Leiber, die nicht geboren haben, und die Brüste, die nicht genährt haben! Dann werden sie anfangen zu sagen zu den Bergen: Fallt über uns!, und zu den Hügeln: Bedeckt uns! Denn wenn man das tut am grünen Holz, was wird am dürren werden?“* (Lk 23,29-31). „Grünes und dürres Holz sind Bilder der Gerechten und Gottlosen. Unter dem Sinnbild eines Feuers, das jedes grüne und dürre Holz verzehrt, schilderte der Prophet Hesekiel (Hes 21,3) das Gericht, das über Jerusalem hereinbrechen soll, ...“[256] „Das ‚grüne Holz‘ ist er, das ‚dürre‘ Jerusalem und Israel. ... Dahinter steckt aber noch ein anderer Gedanke. Wenn Gott ein solches Gericht am Unschuldigen (‚grünes Holz‘) durchführen lässt – wie schwer wird dann erst das Gericht an den Schuldigen

[256] WStb, Das Evangelium des Lukas, a.a.O., S. 527

(‚dürres Holz') werden (vgl. dazu Spr 11,13; 1. Petr 4,17ff.)?“[257] Damit brachte Jesus ein weiteres Mal die Chancenlosigkeit derer zum Ausdruck, die um ihrer Sünde willen Gericht erleiden müssen. Zugleich ist es die große Enttäuschung darüber, dass sein Volk das Werben seines Gottes weitgehend verachtete. *„Jerusalem, Jerusalem, die du tötest die Propheten und steinigst, die zu dir gesandt sind! Wie oft habe ich deine Kinder versammeln wollen, wie eine Henne ihre Küken versammelt unter ihre Flügel; und ihr habt nicht gewollt!“* (Mt 23,37; vgl. Lk 13,34). Auch wenn Israel die Folgen seiner Verstockung ertragen muss, ist es dennoch zur Erlösung berufen. Überall dort, wo sich das Versagen der Menschen zeigt, drängt sich die Hoffnung auf Erlösung auf. Denn Erlösung ist die einzige Chance sowohl für Israel als auch für die Völker.

6.2.4 Die Kreuzigung Jesu

In Israel kannte man die Kreuzigung ursprünglich nicht. Dies war eine Hinrichtungsart der Römer.[258] Die Römer wiederum hatten sie von den Karthagern übernommen und wandten sie nur bei Sklaven und gemeinen Verbrechern an.[259] Auch daran lässt sich erkennen, dass Jesus die allertiefsten Erniedrigungen aufgezwungen wurden.

Die Berichte von der Kreuzigung Jesu in den Evangelien ergänzen sich gegenseitig. Es ist auffällig, dass der eigentliche Vorgang der Kreuzigung äußerst knapp geschildert wird. Es fehlen jegliche Details. „Das Neue Testament konzentriert sich auf die Bedeutung des Todes Jesu, nicht auf die Peinigung unserer Gefühle.“[260]

Zur Kreuzigung wurde Jesus hinausgeführt vor die Tore der Stadt. Dort befand sich die Hinrichtungsstätte. Übereinstimmend bezeichnen alle vier Evangelien den Ort als „Golgatha, das heißt: Schädelstätte“[261] (Mt 27,33; Mk 15,22; Lk 23,33; Joh 19,17). Es handelte sich um eine felsige Erhebung, die der Form

---

[257] EdC NT, Lukas-Evangelium 2. Teil, a.a.O., S. 647

[258] WStb, Das Evangelium des Johannes, 2. Teil, erklärt von Werner de Boor, R. Brockhaus Verlag Wuppertal, 2. Auflage 1972, S. 221

[259] LzB, a.a.O., Sp. 943

[260] Zitat von Leon Morris, zitiert in: EdC NT, Lukas-Evangelium 2. Teil, a.a.O., S. 650

[261] Manche Bibelübersetzungen verwenden hier den Begriff „Golgota“ statt „Golgatha“, z.B. Einheitsübersetzung, Gute Nachricht, Ulrich Wilckens. Der Begriff ist abgeleitet vom aramäischen „gulgultha“, im Deutschen „Schädel“. LzB, a.a.O., Sp. 594

eines menschlichen Schädels ähnelte. Dieser Hinrichtungsplatz war *„nahe bei der Stadt"* (Joh 19,20) und nahe an einem belebten Weg. So erklärt es sich, dass etliche Neugierige aus dem Volk dabeistanden (Lk 23,35) und andere Schaulustige an der Gruppe der Gekreuzigten vorübergingen. (Mt 27,39; Mk 15,29) Man kann davon ausgehen, dass dieser Platz nördlich der damaligen Stadtmauer zu suchen ist, an der Stelle, wo sich die heutige Grabeskirche befindet.[262]

Jesus war von den Hohenpriestern und Schriftgelehrten der Gotteslästerung für schuldig befunden worden. Er musste nach dem Gesetz aus der Gesellschaft ausgeschlossen und vor der Stadt getötet werden (3. Mose 24,14). Jesus selbst beschrieb diese Tatsache des Ausgestoßenwerdens im Gleichnis von den bösen Weingärtnern (Mt 21,39; Mk 12,8; Lk 20,15). Der Hebräerbrief verweist uns auf das Sündopfer und setzt Jesus, das vollkommene Opfer, an die Stelle der Opfertiere. *„Denn die Leiber der Tiere, deren Blut durch den Hohenpriester als Sündopfer in das Heilige getragen wird, werden außerhalb des Lagers verbrannt. Darum hat auch Jesus, damit er das Volk heilige durch sein eigenes Blut, gelitten draußen vor dem Tor"* (Hebr 13,11-12; vgl. 3.5).

Unmittelbar vor der Kreuzigung erhielten die Verurteilten einen Betäubungstrank als Akt der letzten Barmherzigkeit. Dieser von den Juden praktizierte Brauch wurde von den Römern respektiert. *„Gebt Bier denen, die am Umkommen sind, und Wein den betrübten Seelen"* (Spr 31,6).[263] Dadurch sollten die qualvollen Schmerzen etwas gelindert werden. Doch auch das Bewusstsein wurde dadurch getrübt. Jesus lehnte diese Betäubung ab. *„Und als sie an die Stätte kamen mit Namen Golgatha, das heißt: Schädelstätte, gaben sie ihm Wein zu trinken mit Galle vermischt; und da er's schmeckte, wollte er nicht trinken"* (Mt 27,33-34). *„Und sie gaben ihm Myrrhe im Wein zu trinken; aber er nahm's nicht"* (Mk 15,23). Mit *„Galle"* (Mt) war nicht das Organ oder die Gallenflüssigkeit gemeint, sondern das Bittere. *„Myrrhe in Wein"* (Mk) beschreibt ebenfalls dieses bittere Betäubungsgetränk. Es könnten durchaus mehrere Gefäße mit nicht ganz einheitlich bereitetem Getränk bereitgestanden haben. Denn es war üblich, dass dieses Getränk für die Verurteilten von

---

262 Ebd., Sp. 594

263 Spr 31,6 wird verschieden übersetzt. „Starkes Getränk" übersetzen z.B. Luther 84, Schlachter 2000 und Neues Leben Bibel. „Rauschtrank" oder „berauschenden Trank" übersetzen z.B. Elberfelder Bibel und Einheitsübersetzung.

jüdischen Frauen bereitet und für die Hinrichtung zur Verfügung gestellt wurde.[264] Mit der Ablehnung des Betäubungsgetränks blieb Jesus bei klarem Bewusstsein. Er nahm es auf sich, die qualvollsten Schmerzen zu durchleiden. Aber er war so auch in der Lage, zu beten und sich klar zu äußern.

Dann wurde Jesus gekreuzigt. Dabei waren die Verurteilten in aller Regel nackt. Doch so wie die Römer den Brauch eines Betäubungstranks respektierten, könnten sie auch, der Sitte der Juden gemäß, das Lendentuch zugelassen haben. So nehmen wir an, dass die Verurteilten nicht in völliger Nacktheit am Kreuz hingen.[265] Es gibt in der Literatur sehr detaillierte Schilderungen von Kreuzigungen. Dabei werden unterschiedliche Formen von Kreuzen beschrieben, unterschiedliche Möglichkeiten, die Verurteilten ans Kreuz zu bringen. Wir wissen, dass Jesus an das Kreuz angenagelt wurde. Denn bei der Begegnung des Auferstandenen mit Thomas werden die von den großen Nägeln hervorgerufenen Wunden an den Händen Jesu ausdrücklich genannt. Thomas äußerte seine Zweifel an der Auferstehung. *„Er aber sprach zu ihnen: Wenn ich nicht in seinen Händen die Nägelmale sehe und lege meinen Finger in die Nägelmale und lege meine Hand in seine Seite, kann ich's nicht glauben. Und nach acht Tagen waren seine Jünger abermals drinnen, und Thomas war bei ihnen. Kommt Jesus, als die Türen verschlossen waren, und tritt mitten unter sie und spricht: Friede sei mit euch! Danach spricht er zu Thomas: Reiche deinen Finger her und sieh meine Hände, und reiche deine Hand her und lege sie in meine Seite, und sei nicht ungläubig, sondern gläubig!“* (Joh 20,25-27). Es gibt viele Forschungsergebnisse, die beschreiben, wie der Kreuzigungstod verlief, welche Qualen die Gekreuzigten aushalten mussten und wie am Ende Fieberkrämpfe auftraten und ihr Kreislauf zusammenbrach. Da all diese Einzelheiten in den biblischen Zeugnissen unerwähnt bleiben, wollen wir hier auch nicht näher darauf eingehen.

Die Kreuzigung Jesu erfolgte im Rahmen einer Gruppenhinrichtung. Alle vier Evangelien bezeugen die Tatsache, dass drei Verurteilte gekreuzigt wurden und Jesus in der Mitte zweier Verbrecher hing. Man kann davon ausgehen, dass die drei Kreuze in gleicher Form und Größe aufgerichtet wurden und dass das dritte Kreuz wohl ursprünglich für Barabbas vorgesehen war. Interessant

[264] WStb, Das Evangelium des Markus (Ergänzungsband), a.a.O., S. 562

[265] EdC NT, Johannes-Evangelium 2. Teil, a.a.O., S. 309; Vgl. EdC NT, Markus-Evangelium, a.a.O., S. 667;

ist hier der Namensvergleich. Nach Matthäus lautete die Frage des Pilatus an das Volk: *„Welchen wollt ihr? Wen soll ich euch losgeben, Jesus Barabbas oder Jesus, von dem gesagt wird, er sei der Christus?“* (Mt 27,17). Der Name Barabbas bedeutet „Sohn des Vaters“. So hing Jesus, der Gottessohn, der Sohn des Vaters im Himmel an Stelle eines Verbrechers mit Namen „Sohn des Vaters“ am Kreuz.[266]

„Und als sie kamen an die Stätte, die da heißt Schädelstätte, kreuzigten sie ihn dort und die Übeltäter mit ihm, einen zur Rechten und einen zur Linken“ (Lk 23,33; vgl. Mt 27,38; Mk 15,27; Joh 19,18). Die hier als Räuber (Mt, Mk) oder Übeltäter (Lk) Bezeichneten sind offenbar Aufständische, wahrscheinlich Zeloten, welche die römische Fremdherrschaft beenden wollten und vor keiner Gewalt zurückschreckten. Der letzte Platz, der Jesus in seinem irdischen Leben zugewiesen wurde, war der Schandpfahl, die allertiefste Erniedrigung am Kreuz. Die Plätze zu seiner Rechten und zu seiner Linken wurden Verbrechern zugewiesen. Wieder werden wir an die Weissagung Jesajas vom leidenden Gottesknecht erinnert. Von ihm heißt es, *„dass er sein Leben in den Tod gegeben hat und den Übeltätern gleichgerechnet ist und er die Sünde der Vielen getragen hat und für die Übeltäter gebeten“* (Jes 53,12). Petrus konnte später bezeugen, dass Jesus *„unsre Sünden selbst hinaufgetragen hat an seinem Leibe auf das Holz, damit wir, den Sünden abgestorben, der Gerechtigkeit leben. Durch seine Wunden seid ihr heil geworden“* (1. Petr 2,24). So wurde die Kreuzigung Jesu unter seinen Jüngern von Anfang an als die Erfüllung des göttlichen Willens erkannt.

Unmittelbar nach der Kreuzigung erbat Jesus für die Vollstrecker der Hinrichtung Vergebung. Im Lukas-Evangelium wird uns von diesem Gebet berichtet: *„Jesus aber sprach: Vater, vergib ihnen; denn sie wissen nicht, was sie tun!“* (Lk 23,34). Hieraus können wir erkennen, dass Jesus selbst am Kreuz mit klarem Geist sprechen konnte und so für die Sünder auch in dieser extremen Situation noch Gnade erbat. „Dem Spitzenbeispiel an Brutalität begegnet in Vers 34 ein Spitzenbeispiel der Liebe.“[267] Immer noch bestand die tiefe, innige Beziehung zwischen dem Vater und dem Sohn. Jesus erfüllte in dieser

[266] EdC NT, Markus-Evangelium, a.a.O., S. 669; Vgl. LzB, a.a.O. Sp. 199

[267] EdC NT, Lukas-Evangelium 2. Teil, a.a.O., S. 652

bittersten Stunde den Willen des Vaters, den er unter anderem in der Bergpredigt verkündigt hatte: *„Ich aber sage euch: Liebt eure Feinde und bittet für die, die euch verfolgen, ...“* (Mt 5,44).

Im Psalm 22, den wir auch den Leidenspsalm Jesu nennen, wird eine Vielzahl prophetischer Aussagen gemacht, die wir in Jesus Christus erfüllt sehen. Da heißt es unter anderem: *„Denn Hunde haben mich umgeben, und der Bösen Rotte hat mich umringt; sie haben meine Hände und Füße durchgraben. Ich kann alle meine Gebeine zählen; sie aber schauen zu und weiden sich an mir“* (Ps 22,17-18).

Als Zeitpunkt der Kreuzigung nennt uns Markus etwa 9.00 Uhr morgens. *„Und es war die dritte Stunde, als sie ihn kreuzigten“* (Mk 15,25). „Dies ist zugleich die Zeit des morgendlichen Räucheropfers (vgl. 2. Mose 30,7) und die Zeit des täglichen morgendlichen Brandopfers (vgl. 4. Mose 28,4). Zu der Zeit also, als man im Tempel räucherte, und das tägliche Brandopfer als ein Ganzopfer darbrachte, ging Jesus ans Kreuz. Er ist ja das Ganzopfer für die ganze Welt (vgl. Jes 53,6.10; 2. Kor 5,21).“[268] Zu erwähnen ist hier, dass die Zeitangabe mit den Angaben im Matthäus- und Lukas-Evangelium harmoniert. Nach Johannes hatte Pilatus sein Urteil jedoch erst um die sechste Stunde gesprochen. Möglicherweise liegt den unterschiedlichen Zeitangaben eine unterschiedliche Zählweise der Stunden zugrunde. Doch eine ausreichende Erklärung gibt es dafür nicht.

Zu diesem Zeitpunkt hatte sich die Ankündigung Jesu erfüllt, dass er durch Kreuzigung sterben werde (vgl. Mt 20,19; 26,2).

6.2.5 Die Verteilung der Kleider Jesu

Nach dem Vollzug der Kreuzigung teilten die Soldaten des Hinrichtungskommandos die Kleidungsstücke der Hingerichteten unter sich auf. Dies stand ihnen nach römischem Recht zu. Die synoptischen Evangelien erwähnen die Verlosung der Kleider Jesu nur mit einer Bemerkung. *„Als sie ihn aber gekreuzigt hatten, verteilten sie seine Kleider und warfen das Los darum“* (Mt 27,35; vgl. Mk 15,24; Lk 23,34). Johannes erklärt, dass die Kleider Jesu unter vier

[268] EdC NT, Markus-Evangelium, a.a.O., S. 668;

Soldaten aufgeteilt wurden. Er ist der einzige, der davon berichtet, dass der Rock, das ist das Untergewand Jesu, als ganzes Kleidungsstück verlost wurde: *„... dazu auch den Rock. Der war aber ungenäht, von oben an gewebt in einem Stück. Da sprachen sie untereinander: Lasst uns den nicht zerteilen, sondern darum losen, wem er gehören soll. So sollte die Schrift erfüllt werden, die sagt (Psalm 22,19): ‚Sie haben meine Kleider unter sich geteilt und haben über mein Gewand das Los geworfen.' Das taten die Soldaten"* (Joh 19,23-24). Es ist vielleicht etwas verwunderlich, warum Johannes diese Beschreibung des Rockes, also des Untergewandes, hier festgehalten hat. Zum einen wird dadurch deutlich, dass Jesus mit einem wertvollen Gewand bekleidet war. Dadurch könnte er sich z.B. von den beiden Verbrechern unterschieden haben. Wichtiger jedoch ist die Tatsache, dass uns Johannes auch in diesem Detail auf die Erfüllung der Schrift verweist. Wie wir schon feststellen konnten, werden im Leidenspsalm 22 die Verteilung der Kleider und die Verlosung des Gewandes prophezeit. Die Besonderheit des Untergewandes Jesu bestand darin, dass es nicht aus Teilen zusammengenäht war, sondern es war *„ungenäht, von oben an gewebt in einem Stück."* Möglicherweise war dies ein Hinweis an Judenchristen. Denn der Hohepriester trug ebenfalls ein Untergewand ohne Naht,[269] aus einem einzigen Faden gewebt. Damit könnte uns Johannes auf folgendes hinweisen: „Der, der da stirbt ist nicht nur der wahre König Israels. Er ist auch der Hohepriester, der gerade in dieser Stunde seiner äußersten Entehrung seinen hohepriesterlichen Dienst versieht"[270] (zu den Priestergewändern vgl. 2. Mose 28,4.39; 3. Mose 16,4).

6.2.6 Der Grund der Kreuzigung Jesu

Über dem Haupt Jesu hatte Pilatus eine Tafel anbringen lassen. Nach römischem Recht mussten darauf der Name des Verurteilten, seine Herkunft und seine Schuld aufgeschrieben sein.[271] Der Text ist uns am ausführlichsten von Johannes überliefert. In Hebräischer, lateinischer und griechischer Sprache stand darauf: „Jesus von Nazareth, der Juden König" (Joh 19,19). In den

---

[269] EdC NT, Johannes-Evangelium 2. Teil, a.a.O., S. 309

[270] Joseph Ratzinger Benedikt XVI, Jesus von Nazareth, Zweiter Teil, Verlag Herder Freiburg im Breisgau 2011, S. 240: „Einige Ausleger verweisen in diesem Zusammenhang auf eine Auskunft des Flavius Josephus, demzufolge das Gewand ... des Hohepriesters aus einem einzigen Faden gewebt wurde (Ant. Jud. III 7,4). So darf man wohl in diesem leisen Hinweis des Evangelisten eine Anspielung auf die hohepriesterliche Würde Jesu finden, ..."

[271] EdC NT, Matthäus-Evangelium 2. Teil, a.a.O., S. 449

synoptischen Evangelien ist der Text etwas kürzer wiedergegeben. Matthäus erwähnt außer dem Grund der Verurteilung noch den Namen: *„Dies ist Jesus, der Juden König“* (Mt 27,37). Markus und Lukas nennen nur den Grund der Verurteilung: *„Der König der Juden“* (Mk 15,26) bzw. *„Dies ist der Juden König“* (Lk 23,38).

Während der Name Jesus in Israel sehr häufig vorkam, wurde mit der Ergänzung „von Nazareth“, bzw. wörtlich „der Nazoräer“ der Verurteilte identifiziert. „Der HERR ist Heil“, „der HERR hilft“ oder „der HERR ist Rettung“ ist die Bedeutung seines Namens.[272] Diese Namensgebung war von Gott selbst vorgegeben und durch den Engel Gabriel der Maria in Nazareth genannt worden (Lk 1,31). Ebenso erhielt Josef im Traum den Auftrag, den Sohn der Maria Jesus zu nennen, *„denn er wird sein Volk retten von ihren Sünden“* (Mt 1,21). Nach Flucht und Rückkehr der Familie aus Ägypten erhielt Josef im Traum die Anweisung, in die Stadt Nazareth in Galiläa zu ziehen, die Stadt, aus der Maria stammte. Als Grund dafür bezeugt Matthäus eine Verheißung. Die Familie kam nach Nazareth, *„auf dass erfüllt würde, was gesagt ist durch die Propheten: Er soll Nazoräer heißen“* (Mt 2,23). Eine wörtliche Prophezeiung dieser Art findet sich in den Prophetenbüchern des Alten Testaments nicht. Matthäus bezog sich demzufolge hier auf eine damals bekannte Quelle, die wir heute nicht mehr kennen. So könnte es bedeuten, dass „in dem ‚Nazarener‘ (Hebräisch ‚Nozri‘) eine Anspielung auf den ‚Nezer‘, den ‚Zweig‘ von Jes 11,1“[273] enthalten ist. Dort heißt es: *„Und es wird ein Reis hervorgehen aus dem Stamm Isais und ein Zweig aus seiner Wurzel Frucht bringen“* (Jes 11,1). Isai ist der Name von Davids Vater. Das Reis, d.h. der kleine dünne Zweig aus dem Stamm Isais, ist das Geschlecht Davids, woraus auch Josef stammte (Lk 2,4-5). Durch das Verlöbnis mit Josef zählte auch Maria zum Geschlecht Davids. So gehörte Jesus zu jenem Zweig aus dem Stamm Isais.

Die Verurteilung vor dem Hohen Rat geschah aufgrund des Messiasbekenntnisses Jesu. Weil Jesus seine Identität als Messias, als Gottessohn bestätigt hatte, wurde er vom Hohen Rat des Todes für schuldig befunden und verurteilt. Für die Römer war der Titel „König der Juden“ der Grund der Hinrichtung. Denn die ausschlaggebende Aussage, welche Pilatus schließlich in Angst versetzt hatte, war die Beschuldigung, Jesus habe sich zum König der Juden

[272] LzB, a.a.O., Sp. 802

[273] EdC NT, Johannes-Evangelium 2. Teil, a.a.O., S. 307; Vgl. LzB, a.a.O., Sp. 1130

gemacht (s. 6.2.1). Mit einem Messias konnte er nicht so viel anfangen, mit einem selbst ernannten König schon eher.

Wir erinnern uns, dass bereits die Sterndeuter aus dem Orient den *„neugeborenen König der Juden"* (Mt 2,2) suchten. Herodes der Große wusste, dass der König der Juden der Messias sein werde. So ließ er erforschen, *„wo der Christus geboren werden sollte"* (Mt 2,4). Sie fanden die Weissagung des Propheten Micha: Aus *„Bethlehem im Lande Juda ... wird kommen der Fürst, der mein Volk Israel weiden soll"* (Mt 2,6). Bei der ersten Begegnung zwischen Nathanael und Jesus war Nathanael so überwältigt, dass er Jesus antwortete: *„Rabbi, du bist Gottes Sohn, du bist der König von Israel!"* (Joh 1,49). Während des Einzuges Jesu in Jerusalem jubelte die Volksmenge Jesus zu und rief ihn als König aus: *„Hosianna! Gelobt sei, der da kommt im Namen des Herrn, der König von Israel!"* (Joh 12,13; vgl. Lk 19,38). Johannes hat hier den Volksjubel am ausführlichsten wiedergegeben und ausdrücklich den *„König von Israel"* genannt. Im Verhör vor Pilatus war Jesus gefragt worden: *„Bist du der König der Juden? Jesus aber sprach: Du sagst es"* (Mt 27,11; vgl. Mk 15,2; Lk 23,3; Joh 18,33ff). Johannes berichtet auch von der Wiederholung dieser Frage: *„So bist du dennoch ein König? Jesus antwortete: Du sagst es, ich bin ein König. Ich bin dazu geboren und in die Welt gekommen, dass ich die Wahrheit bezeuge. Wer aus der Wahrheit ist, der hört meine Stimme"* (Joh 18,37). So hatte Jesus durch seine Selbstaussage bestätigt, der König der Juden zu sein. Die Bezeichnungen „König der Juden" und „König von Israel" meinen das gleiche. Zum einen bestand Israel zur Zeit Jesu überwiegend aus Juden, weil die übrigen Stämme seit dem Verlust der Eigenstaatlichkeit fast aufgerieben waren (s. 2.6.5). Zum anderen war die Bezeichnung „König von Israel" eher eine Bezeichnung, der sich die Israeliten bedienten, während die Bezeichnung „König der Juden" vor allem von den Römern verwendet wurde. Auf der Tafel am Kreuz stand die lautere Wahrheit. Pilatus hatte genau das ans Kreuz geschrieben, was Jesus wirklich war.

Die Juden selbst mussten die Bezeichnung „König der Juden" als Hohn empfunden haben. Deshalb wollten die Hohenpriester eine Änderung bewirken. Doch damit erreichten sie nichts. *„Da sprachen die Hohenpriester der Juden zu Pilatus: Schreibe nicht: Der Juden König, sondern, dass er gesagt hat: Ich bin der Juden König. Pilatus antwortete: Was ich geschrieben habe, das habe ich geschrieben"* (Joh 19,21-22). So hatte Pilatus für alle Zeiten wahrhaftig festgehalten, wer dort am Kreuz hing. *„Diese Aufschrift lasen viele Juden, denn die Stätte, wo Jesus gekreuzigt wurde, war nahe bei der Stadt. Und es war geschrieben in hebräischer, lateinischer und griechischer Sprache"* (Joh 19,20). Durch das Passafest befand sich in diesen Tagen eine große Anzahl von Pilgern in der Stadt Jerusalem. Die Stadt war überfüllt (vgl. 5.2.2). So konnte durch manchen dieser Pilger die Information von der Kreuzigung des Jesus von Nazareth mit in deren Heimat getragen werden.

6.2.7 Die Verhöhnung Jesu am Kreuz

Die körperlichen Qualen am Kreuz wurden noch erheblich verstärkt durch den Spott der Menschen, für die er dort hing. Dieser Spott, ja diese Lästerung, von denen die Synoptiker berichten, verursachten Seelenqualen. Wir sehen uns nicht in der Lage, diese zu beschreiben, sondern versuchen nur zu erfassen, was die Schrift uns über das Leiden Jesu am Kreuz bezeugt. Eine satanische Welle der Anfechtung fegte über ihn hin. Es sollte den Anschein haben, dass sein Tod keinen Sinn habe, dass sein Opfer von niemandem angenommen würde. Doch Jesus hatte seinen Kampf bereits ausgefochten. Bis in die letzte Sekunde blieb er dem Willen des Vaters treu.

Die erste Gruppe der Lästerer, die uns geschildert werden, waren die Vorübergehenden. Es waren Menschen aus dem Volk, auch Pilger, die sich in Jerusalem aufhielten. Bei den Äußerungen musste es sich wohl um entsetzlich abfällige Reden gehandelt haben, welche die Evangelisten veranlassten, sie als Lästerung zu bezeichnen. Sowohl die zufällig Vorüberkommenden wie auch die vor die Stadt gegangenen Schaulustigen, sie *„lästerten ihn und schüttelten ihre Köpfe"* (Mt 27,39; Mk 15,29). Das Schütteln des Kopfes ist eine alttestamentliche Sitte für Spott und Schadenfreude.[274] Auch dies finden wir im Leidenspsalm 22 wieder: *„Ich aber bin ein Wurm und kein Mensch, ein Spott der Leute und verachtet vom Volk. Alle, die mich sehen, verspotten mich, sperren das Maul auf und schütteln den Kopf: ‚Er klage es dem Herrn, der helfe ihm heraus und rette ihn, hat er Gefallen an ihm'"* (Ps 22,7-9). Von den Vorübergehenden musste er weiterhin die Lästerung anhören: *„Der du den Tempel abbrichst und baust ihn auf in drei Tagen, hilf dir selber, wenn du Gottes Sohn bist, und steig herab vom Kreuz!"* (Mt 27,40; Mk 15,29-30). Sie bezogen sich

---

274 EdC NT, Matthäus-Evangelium 2. Teil, a.a.O., S. 451; Vgl. EdC NT, Markus-Evangelium a.a.O. S. 670

dabei auf den Vorwurf in der Gerichtsverhandlung, in welcher die Aussage Jesu falsch wiedergegeben worden war (Mt 26,61; Mk 14,58). Alle vier Evangelien berichten von der Tempelreinigung (Mt 21,10-17; Mk 11,15-19; Lk 19,45-48; Joh 2,13-17). Doch nur Johannes bezeugt die Aussage Jesu vom Abbruch des Tempels. Jesus hatte nicht vom Jerusalemer Tempel gesprochen, sondern vom Tempel seines Leibes. Er hatte auch nicht von sich behauptet, er werde den Jerusalemer Tempel abbrechen und in drei Tagen wieder aufbauen. Nein, er hatte sein Volk aufgefordert, diesen Tempel, seinen Leib, abzubrechen. *„Da antworteten nun die Juden und sprachen zu ihm: Was zeigst du uns für ein Zeichen, dass du dies tun darfst? Jesus antwortete und sprach zu ihnen: Brecht diesen Tempel ab und in drei Tagen will ich ihn aufrichten. ... Er aber redete von dem Tempel seines Leibes"* (Joh 2,18.19.21; vgl. Mt 27,39-40; Mk 15,29-30). Genau das geschah jetzt. Sie taten, wozu er sie aufgefordert hatte. Sie brachen den Tempel seines Leibes ab, waren aber nicht ansatzweise in der Lage, die Dimension des göttlichen Handelns, welches vor ihren Augen geschah, zu erkennen. Doch sie wollten ja gar nicht sehen, was Gott zum Heil der Menschen tat. Sie wollten genau das Gegenteil, nämlich dass Jesus zuerst an sich selbst denken sollte. *„Hilf dir selber, wenn du Gottes Sohn bist, und steig herab vom Kreuz!"* (Mt 27,40; vgl. Mk 15,30). Die Herausforderung: *„wenn du Gottes Sohn bist"* war die teuflische Argumentation in der Versuchungsgeschichte (Mt 4,3.6; Lk 4,3.9). Jesus demonstrierte das Gegenteil aller Lästerungen. Seine Botschaft lautete inhaltlich: Weil ich Gottes Sohn bin, hänge ich für euch am Kreuz. Im Hebräerbrief werden wir erinnert: *„Gedenkt an den, der soviel Widerspruch gegen sich von den Sündern erduldet hat, dass ihr nicht matt werdet und den Mut nicht sinken lasst"* (Hebr 12,3).

Die zweite Gruppe, die ihn verspottete, waren Mitglieder des Hohen Rates, *„die Hohenpriester mit den Schriftgelehrten und Ältesten"* (Mt 27,41; vgl. Mk 15,31). Ihr Spott zielte in die gleiche Richtung. *„Andern hat er geholfen und kann sich selber nicht helfen. Er ist der König von Israel, er steige nun herab vom Kreuz. Dann wollen wir an ihn glauben. Er hat Gott vertraut; der erlöse ihn nun, wenn er Gefallen an ihm hat; denn er hat gesagt: Ich bin Gottes Sohn"* (Mt 27,42-43; vgl. Mk 15,31-32). Jesus sollte sich zuerst selbst helfen und herabsteigen vom Kreuz. Statt *„andern hat er geholfen"*, formulieren andere Bibelübersetzungen *„andere hat er gerettet"*.[275] Sie waren sich vollkommen im

[275] Die Formulierung „andere hat er gerettet" haben z.B.: WStb (Fritz Rienecker), EdC NT (Gerhard Maier), Elberfelder Bibel, Zürcher Bibel, F.E. Schlachter, Ulrich Wilckens.

Klaren darüber, dass Jesus Menschen gerettet hatte, fanden dazu aber keinerlei Anerkennung, sondern zeigten ihre Ablehnung demonstrativ in seiner Verspottung. Ihre Rede vom Sohn Gottes ist reine Verhöhnung. Nichts von dem ist ernst zu nehmen. „Grimmiger Unernst führt das Wort. In Wahrheit sind sie kein Stückchen umkehrbereit."[276]

Von der dritten Gruppe der Spötter, den Soldaten, berichtet in diesem Zusammenhang nur Lukas. Durch ihre Brutalität, wie wir sie von der Geißelung her kennen, haben wir eine Ahnung, wie hart ihre Worte gewesen sein könnten. Ob sie nun die Beweggründe der Hinrichtung kannten oder nicht, sie verhielten sich ebenso wie das Volk und der Hohe Rat und sprachen: *„Bist du der Juden König, so hilf dir selber!"* (Lk 23,37) Dass die Heiden zuerst an sich selbst dachten, verwundert nicht. Das Wesen Jesu ist es aber gerade, sein Leben hinzugeben, damit wir Menschen als Erlöste leben können. In diesem Zusammenhang erwähnt Lukas, dass die Soldaten Jesus Essig gaben, das heißt, ein Getränk mit saurem Weinessig zum Löschen des quälenden Durstes. Kurz vor seinem Tod nahm Jesus diese Erleichterung an (vgl. 6.2.4).

Eine vierte Gruppe der Lästerer waren die beiden Verbrecher, mit denen Jesus gekreuzigt wurde. Matthäus und Markus erwähnen nur die Tatsache selbst. *„Desgleichen schmähten ihn auch die Räuber, die mit ihm gekreuzigt waren"* (Mt 27,44). *„Und die mit ihm gekreuzigt waren, schmähten ihn auch"* (Mk 15,32). Lukas hat uns hier einen ausführlicheren Bericht hinterlassen. Wir folgen hier denjenigen Bibelauslegern, welche die drei Zeugnisse der Synoptiker als Ergänzung deuten und davon ausgehen, dass nach einiger Zeit einem der beiden das Gewissen schlug und er sich selbst als schuldig erkannte. Der erste wusste nichts Besseres, als es allen anderen gleich zu tun. *„Aber einer der Übeltäter, die am Kreuz hingen, lästerte ihn und sprach: Bist du nicht der Christus? Hilf dir selbst und uns!"* (Lk 23,39). Es ist wieder genau dieselbe Denkweise, wie wir sie bisher gesehen haben, sowohl beim Volk als auch beim hohen Rat und bei den Soldaten. Da im Zusammenhang mit den beiden Verbrechern, auch „Schächer" genannt, der Begriff der „Schächergnade" eine Rolle spielt, lässt sich hier schon erkennen, dass der Lästerer keine Chance mehr hatte, zu Selbsterkenntnis und Reue zu finden. Für ihn war offenbar alles zu spät. Der zweite wurde von Gottesfurcht ergriffen und widersprach. *„Da*

[276] WStb, Das Evangelium des Markus (Ergänzungsband), a.a.O., S. 565

antwortete der andere, wies ihn zurecht und sprach: Fürchtest du nicht einmal Gott, der du doch in gleicher Verdammnis bist? Wir sind es zwar mit Recht, denn wir empfangen, was unsre Taten verdienen; dieser aber hat nichts Unrechtes getan" (Lk 23,40-41). Er bekannte sich eindeutig zu seiner Schuld. Erst die Erkenntnis, ein Sünder zu sein, brachte ihn dazu, auch ein Gnadebedürftiger zu sein. Gerhard Maier formuliert es so: „Doch wie soll man an Jesus glauben, wenn man von seiner eigenen Gerechtigkeit überzeugt ist? Erst durch die Erkenntnis der eigenen Sünde kommt man zum wahren Glauben. Das aber geschieht jetzt sehr eindrücklich beim sog. ‚Schächer'."[277] Er hatte keine Forderungen zu stellen. Seine Bitte war vorsichtig ausgedrückt. *„Und er sprach: Jesus, gedenke an mich, wenn du in dein Reich kommst!"* (Lk 23,42). Offenbar glaubte er daran, dass Jesus der wahre König Israels war und ein ewiges Reich regieren werde. So wurde an diesem reuigen Sünder sofort wahr, wozu Jesus am Kreuz hing. *„Und Jesus sprach zu ihm: Wahrlich, ich sage dir: Heute wirst du mit mir im Paradies sein"* (Lk 23,43). Jesus reagierte mit uneingeschränkter Retterliebe. In ihm war keine Spur von Bitterkeit.

Auf keine der gegen ihn gerichteten Lästerungen hatte Jesus reagiert. Er ließ sie sozusagen ins Leere laufen und verhielt sich damit am Kreuz genauso wie während der Gerichtsverhandlung. Für das, was am Kreuz geschah, hatte Jesus seinen Vater schon um Vergebung gebeten. Doch das Bekenntnis und die Bitte des Verbrechers, der sich als Sünder bekannt hatte, beantwortete Jesus sofort. Da gab es kein Schweigen. Offensichtlich ist die Lebensgeschichte der beiden Mitgekreuzigten sehr unterschiedlich verlaufen. Im Leben des zweiten könnte die Gottesfurcht durchaus eine Rolle gespielt haben. Er wusste um seine Verantwortung. Der Teufel hatte ihn zum Mörder gemacht. Er hatte ihn voller Schuld ans Kreuz getrieben und hätte ihn gerne mit sich in die Hölle gezerrt. Doch hier griff Jesus ein. *„Dazu ist erschienen der Sohn Gottes, dass er die Werke des Teufels zerstöre"* (1. Joh 3,8). So wie es Johannes erkannt hatte, zerstörte Jesus die Werke des Teufels und entriss den Sünder dessen Macht. Dem „Schächerglauben" wurde „Schächergnade" zuteil. Die Möglichkeit der Errettung in letzter Sekunde ist also gegeben. Doch zugleich erkennen wir hieraus eine deutliche Warnung, denn die Chancen dafür stehen maximal Fünfzig zu Fünfzig. Jesus hatte hierzu bereits gesagt: *„Dann werden zwei auf dem Felde sein; der eine wird angenommen, der andere wird preisgegeben.*

---

[277] EdC NT, Lukas-Evangelium 2. Teil, a.a.O., S. 660

Zwei Frauen werden mahlen mit der Mühle; die eine wird angenommen, die andere wird preisgegeben" (Mt 24,40-41ff).

6.2.8 Die Zeugen der Kreuzigung Jesu

Nach der Kreuzigung Jesu traten einige Menschen aus dem Kreis seiner Familie, seiner Bekannten sowie seiner Jüngerinnen und Jünger wieder näher ins Blickfeld. Wir hatten schon darauf hingewiesen, dass Lukas von einer langen Reise Jesu von Galiläa nach Jerusalem berichtete, an deren Ende er das letzte Passa Jesu in Jerusalem beschrieb (s. 5.2). Außer den zwölf Aposteln folgten ihm auf dieser Reise viele Jüngerinnen und Jünger. Offenbar hatte ein großer Teil seiner Begleiterinnen und Begleiter aus einiger Entfernung die Geschehnisse im Zusammenhang mit der Hinrichtung Jesu mit Anteilnahme verfolgt. Dies galt ebenso für ihm nahestehende Personen, die sich in Jerusalem aufhielten. *„Es standen aber alle seine Bekannten von ferne, auch die Frauen, die ihm aus Galiläa nachgefolgt waren, und sahen das alles"* (Lk 23,49; vgl. Mt 27,55; Mk 15,40). Die Frauen spielen als Zeugen für den Tod und die Auferstehung Jesu eine ganz besondere Rolle. Nach Matthäus und Markus waren es sogar viele Frauen, die bis in die Nähe des Kreuzes gekommen waren (Mt 27,55; Mk 15,41). Während bei Lukas an dieser Stelle keine Namen erwähnt werden, nennen uns die anderen Evangelisten von einigen Anwesenden die Namen. Es gab also neben den Schaulustigen und den Soldaten eine größere Zahl von Zeugen der Kreuzigung, die Jesus sehr nahestanden. Johannes nennt uns zuerst Maria, die Mutter Jesu. Sie stand offenbar mit dem *„Jünger, den er lieb hatte"* (Joh 19,26) eng zusammen. Was liegt näher, als dass dieser Jünger sie in ihrem unsäglichen Schmerz stützte. Wir sehen in dem Jünger, den Jesus liebte, den Apostel Johannes (vgl. Joh 13,23; 21,20ff). Er war der Einzige aus dem Kreis der zwölf Apostel, der in der Nähe des Kreuzes zu finden war.

Im Alten Testament galten Frauen nicht als vollwertige Zeugen. Doch die Evangelien zeigen uns gerade die Frauen an entscheidenden Stellen namentlich als Zeugen. Für uns ist dies ein deutliches Zeichen dafür, dass in der christlichen Gemeinde zwischen der Würde der Frauen und der der Männer kein Unterschied bestehen soll. So erfahren wir aus den Evangelien nach Matthäus, Markus und Johannes jeweils drei Frauennamen, denn *„durch zweier oder dreier Zeugen Mund soll eine Sache gültig sein"* (5. Mose 19,15). Wir schließen daraus, dass den genannten Frauen innerhalb der christlichen Gemeinde der

Stand offizieller Zeugen zukam. Diese drei Evangelien benennen übereinstimmend *„Maria Magdalena"* als eine der drei Frauen (Mt 27,56; Mk 15,40; Joh 19,25). Sie hatte eine besondere Beziehung zu Jesus, da er sie von sieben bösen Geistern befreit hatte. Sie gehörte zu den treuesten Jüngerinnen Jesu, die ihn begleiteten und ihm dienten. Im Passionsgeschehen besteht ihre Bedeutung darin, dass sie Zeugin des Todes, der Grablegung, sowie der Auferstehung Jesu war. Als weitere Namen werden genannt: *„Maria, die Mutter des Jakobus und Josef und die Mutter der Söhne des Zebedäus"* (Mt 27,56), *„Maria, die Mutter Jakobus' des Kleinen und des Joses, und Salome"* (Mk 15,40), *„seiner Mutter Schwester, Maria, die Frau des Klopas"* (Joh 19,25). Es wird weithin angenommen, dass *„die Mutter der Söhne des Zebedäus"* identisch ist mit *„Salome" und „seiner Mutter Schwester"*.[278] Auf jeden Fall sind als Zeugen der Kreuzigung aus einer größeren Zahl der Anwesenden mindestens drei Frauen namentlich aufgeführt. Zusammen mit der Mutter Jesu und dem Jünger, den Jesus liebte, sind sie zugleich Zeugen der letzten Worte Jesu und der Erfüllung seiner Mission.

6.2.9 Der Tod Jesu am Kreuz

Vom Zeitpunkt der Kreuzigung bis zum Zeitpunkt des Todes Jesu vergingen ca. sechs Stunden (vgl. Mk 15,25.33-37; Mt 27,45-50; Lk 23,44-46). Sechs qualvolle Stunden dauerte es, bis der Leib Jesu gebrochen, d.h. bis das gewaltsam herbeigeführte Sterben beendet war. In dieser Zeit blieb Jesus bei klarem Bewusstsein und hatte auch noch die Kraft, zu sprechen.

Einige der treuesten Anhänger Jesu standen ganz nah am Kreuz. Als Jesus darunter seine Mutter und den *„Jünger, den er lieb hatte"*, wahrnahm, sprach er die beiden an und ordnete sie einander zu. *„Als nun Jesus seine Mutter sah und bei ihr den Jünger, den er lieb hatte, spricht er zu seiner Mutter: Frau, siehe, das ist dein Sohn! Danach spricht er zu dem Jünger: Siehe, das ist deine Mutter! Und von der Stunde an nahm sie der Jünger zu sich"* (Joh 19,26-27). Es ist auffallend, dass Jesus seinen Jünger nicht mit seinem Namen Johannes und auch seine Mutter nicht mit „Mutter", sondern mit „Frau" ansprach.

---

[278] EdC NT, Markus-Evangelium, a.a.O., S. 682; Vgl. LzB, a.a.O., Sp. 1349

Wir erfahren aus dem Johannes-Evangelium selbst, dass es von dem *„Jünger, den Jesus lieb hatte"*, aufgeschrieben wurde (Joh 21,20-25). Aus der Überlieferung der frühen Kirchengeschichte erfahren wir, dass dieser Jünger der Zebedäussohn und Apostel Johannes ist.[279] In seinem Evangelium sagt Johannes nichts dazu. Seine Person soll keinesfalls in den Vordergrund rücken. Er ist nur der Bote und der Zeuge des Messias[280]. Das gilt übrigens für alle vier Evangelisten.

Wie beim Wunder auf der Hochzeit zu Kana (Joh 2,1-12) nannte Jesus seine Mutter hier „Frau". Diese betont sachliche Anrede unterstreicht, dass Maria keine höhere Stellung einnahm als andere Jüngerinnen oder Jünger. Obwohl Jesus noch andere Brüder hatte, vertraute er seine Mutter dem Johannes an. Wir gehen davon aus, dass es Jesus wichtiger war, dazu einen seiner engsten Jünger auszuwählen als einen seiner leiblichen Brüder, der die Mutter im tiefsten Schmerz trösten konnte und mit ihr den Glauben teilte an Jesus, den Christus, den Sohn Gottes. Einige der Brüder Jesu glaubten erst nach seinem Tod an ihn. *„Und von der Stunde an nahm sie der Jünger zu sich"* (Joh 19,27). Beide zögerten nicht. Johannes nahm Maria in sein Zuhause auf. Sie wohnte bei ihm und wurde von ihm versorgt wie seine eigene Mutter. Das gesamte Geschehen um die Kreuzigung war hoch emotional. Aber die Evangelisten versagen sich jegliche Beschreibung von Emotionen. Ihnen geht es nur um die Weitergabe des Evangeliums.

Wie lange Maria, Johannes und die Frauen direkt unterm Kreuz blieben, wissen wir nicht. Da uns bis zum Todeszeitpunkt mehrere Worte Jesu bezeugt werden, hatten einige der Zeugen offenbar bis zum Schluss ausgeharrt. Nach drei Stunden der Qual, also etwa 12.00 Uhr mittags, trat eine Finsternis ein, die weitere drei Stunden anhielt. *„Von der sechsten Stunde an kam eine Finsternis über das ganze Land bis zur neunten Stunde"* (Mt 27,45; vgl. Mk 15,33; Lk 23,44). Lukas fügt an dieser Stelle noch hinzu: *„Und die Sonne verlor ihren Schein"* (Lk 23,45). Die Ausleger stimmen weitgehend darin überein, dass eine

---

[279] EdC NT, Johannes-Evangelium 1. Teil, a.a.O., S. 7ff

[280] Anmerkung: In der heutigen Bibelforschung gibt es mitunter auch die Auffassung, dass der Schreiber des Johannes-Evangelium nicht Johannes, der Jünger Jesu, gewesen wäre. So hält Klaus Berger es für möglich, dass das 21. Kapitel, indem sich der Schreiber des Johannes-Evangeliums als Jünger (Joh 21,24) bezeichnet, eine spätere Ergänzung ist (s. Das Neue Testament und frühchristliche Schriften, Klaus Berger und Christiane Nord, Insel Verlag, S. 314). Eindeutige Beweise dafür gibt es nicht.

Sonnenfinsternis als Erklärung nicht in Frage kommen kann. Der Grund dafür ist die Tatsache, dass das Passafest immer zur Zeit des Vollmondes stattfand. Wodurch die Finsternis über der Region rund um Jerusalem bzw. über Palästina hervorgerufen wurde, lässt sich heute nicht mehr sagen. Wir wollen aber darauf verweisen, dass die Propheten Finsternis als Gericht ankündigten. Als Gericht gegen Selbstgerechtigkeit, Betrug und Unterdrückung in Israel weissagte z.B. Amos: *„Zur selben Zeit, spricht Gott der Herr, will ich die Sonne am Mittag untergehen und das Land am hellen Tage finster werden lassen. ... Ich will über alle Lenden den Sack bringen und alle Köpfe kahl machen und will ein Trauern schaffen, wie man trauert über den einzigen Sohn, und es soll ein bitteres Ende nehmen"* (Amos 8,9.10). Wir erinnern uns auch an die Plagen in Ägypten vor der Einsetzung des Passafestes und des darauffolgenden Auszuges des Volkes Israel aus Ägypten. Die neunte Plage war die Plage der Finsternis. *„Da sprach der Herr zu Mose: Recke deine Hand gen Himmel, dass eine solche Finsternis werde in Ägyptenland, dass man sie greifen kann. Und Mose reckte seine Hand gen Himmel. Da ward eine so dicke Finsternis in ganz Ägyptenland drei Tage lang, dass niemand den andern sah noch weggehen konnte von dem Ort, wo er gerade war, drei Tage lang"* (2. Mose 10,21-23; vgl 2.2). Es ist auch daran zu denken, dass Jesus selbst vor der Finsternis warnte: *„Da sprach Jesus zu ihnen: Es ist das Licht noch eine kleine Zeit bei euch. Wandelt, solange ihr das Licht habt, dass euch die Finsternis nicht überfalle. Wer in der Finsternis wandelt, der weiß nicht, wo er hingeht. Glaubt an das Licht, solange ihr's habt, auf dass ihr des Lichtes Kinder werdet. Das redete Jesus und ging weg und verbarg sich vor ihnen"* (Joh 12,35-36). Jesus blieb nichts erspart. Er musste auch die Finsternis aushalten, während der er eine bis dahin nicht gekannte Trennung von seinem Vater erlebte. Er stand mitten in seinem letzten bittersten Kampf (vgl. Jes 53,5). „Äußerlich und innerlich wird es dunkel für Jesus. Die Strafe für die Schuld der Menschheit beginnt ihn auch innerlich zu erdrücken."[281] Ob Gott diese Finsternis als Zeichen seines Gerichtes ausbreitete, wissen wir nicht, können jedoch festhalten, das Gericht über Schuld und Sünde traf Jesus, das Opferlamm.

Um die neunte Stunde, also gegen Ende der drei Stunden Finsternis, schrie Jesus seine Not laut heraus, sozusagen fast mit letzter Kraft. *„Und um die neunte Stunde schrie Jesus laut: Eli, Eli, lama asabtani? Das heißt: Mein Gott,*

[281] EdC NT, Matthäus-Evangelium 2. Teil, a.a.O., S. 455;

mein Gott, warum hast du mich verlassen?" (Mt 27,46; Mk 15,34). Dieser Gebetsschrei ist ein Zitat aus dem Leidenspsalm, dem Psalm 22,1. Jesus schrie in seiner Muttersprache, dem Aramäischen. Nach Adolf Pohl lautet der Text im Original: „Elohi, Elohi, lema sabachthani".[282] Da Matthäus und Markus ihr Evangelium sowohl für Juden wie auch für Heiden schrieben, wurden diese Worte für die damaligen Leser sowohl im Original aufgeschrieben als auch ins Griechische übersetzt. Nur die aramäische Fassung macht verständlich, wieso es zu einer Verwechslung mit dem Propheten Elia kam (s.u.).

Jesus erlebte diese Trennung als etwas sehr Furchtbares. Hatte er doch immer betont, dass er mit dem Vater eins sei. Gerade Johannes hat dieses Einssein stark hervorgehoben. So erklärte Jesus in der Auseinandersetzung mit den Pharisäern: *„...wie mich der Vater gelehrt hat, so rede ich. Und der mich gesandt hat, ist mit mir. Er lässt mich nicht allein; denn ich tue allezeit, was ihm gefällt"* (Joh 8,28-29). Die Hirtenrede Jesu endete mit den Worten: *„Ich und der Vater sind eins"* (Joh 10,30). Trotz der Verlassenheit in der Finsternis blieb der Vater sein Ansprechpartner. Das Vertrauen war ungebrochen. Nichts war für die Beziehung zum Vater treffender als die doppelte Anrede: Mein Gott, mein Gott!

Nach Matthäus und Markus konnten einige der Umstehenden den Gebetsruf offenbar nicht verstehen und meinten, Jesus rufe den Elia. Pure Neugier und totales Unverständnis hörten einfach nicht auf. So werden auch die Jüngerinnen und Jünger Jesu durch alle Zeiten hindurch von Unverständnis und Spott nicht verschont bleiben. Infolge dieses Missverständnisses wurde Jesus von einem der Umstehenden ein Schwamm mit Essigwasser gereicht (Mt 27,46-49; Mk 15,34-36). Es lässt sich nur vermuten, dass einige den Todeszeitpunkt dadurch etwas hinauszögern wollten, um das Spektakel des erscheinenden Elia eventuell mitzuerleben. *„Die andern aber sprachen: Halt, lasst uns sehen, ob Elia komme und ihm helfe!"* (Mt 27,49; Mk 15,36) Eine ernste Erwartung spricht daraus nicht.

Nach dem Johannes-Evangelium hatte Jesus ausgesprochen, dass er großen Durst hatte. Deshalb erhielt er einen getränkten Schwamm mit Essigwasser. Es ist sehr gut nachvollziehbar, dass Jesus nach dem lauten Gebetsruf die

---

[282] WStb, Das Evangelium des Markus (Ergänzungsband), a.a.O., S. 566

etwas schwächere Bitte, *„mich dürstet"*, ausrief. Es handelte sich bei diesem Essig um ein durststillendes Getränk aus saurem Wein oder Weinessig, mit Wasser verdünnt. Dies war bei den römischen Soldaten üblich.[283] *„Danach, als Jesus wusste, dass schon alles vollbracht war, spricht er, damit die Schrift erfüllt würde: Mich dürstet. Da stand ein Gefäß voll Essig. Sie aber füllten einen Schwamm mit Essig und legten ihn um einen Ysop und hielten ihm den an den Mund"* (Joh 19,28-29). Die Erfüllung der Schrift wird in Psalm 69,22 gesehen. Dort heißt es: *„Sie geben mir Galle zu essen und Essig zu trinken für meinen Durst."* Auch Psalm 22,16 wird auf diese Situation bezogen: *„Meine Kräfte sind vertrocknet wie eine Scherbe, und meine Zunge klebt mir am Gaumen, und du legst mich in des Todes Staub."* Eine Besonderheit erfahren wir nur hier bei Johannes. Es ist die Bezeichnung des Ysops. Bei dem in der Bibel erwähnten Ysop handelt es sich um eine Pflanze, die insbesondere bei der Einsetzung des Passafestes und bei den Reinigungsgesetzen eine Rolle spielte. „Seine krautigen Stengel werden etwa 1m lang und sind oben büschelig verzweigt, so dass ein Schwamm dazwischen befestigt werden könnte (Joh 19,29)."[284] Jesus wurde also mit einem Ysopbüschel berührt. Um die Bedeutung dieser Handlung zu verstehen, werden wir auf folgende Zusammenhänge hingewiesen: Bei der Einsetzung des Passafestes sprach Mose zu den Ältesten Israels unter anderem: *„Und nehmt ein Büschel Ysop und taucht es in das Blut in dem Becken und bestreicht damit den Türsturz und die beiden Pfosten"* (2. Mose 12,22). Auch in den Reinigungsgesetzen, z.B. bei der Reinigung von Aussatz war die Verwendung von Ysop vorgeschrieben (3. Mose 14,4.6.49.51). „Jetzt verstehen wir, was Johannes mit der Erwähnung des Ysops sagen will: Jesus ist das wahre Passalamm."[285] Er ist absolut rein (vgl. Ps 51,9; 1. Kor 5,7ff).

Gegen Ende der neunten Stunde war die Dichte der Ereignisse offensichtlich so groß, dass es schwierig war, sie der Reihe nach zu beschreiben. Lukas erwähnt das Trinken des Essigwassers nicht. Während Matthäus und Markus den Gebetsruf des verlassenen Jesus überliefern, erfahren wir von Lukas im Weiteren das bewusste Sterben Jesu mit seiner Übergabe an den Vater. *„Und Jesus rief laut: Vater, ich befehle meinen Geist in deine Hände! Und als er das gesagt hatte, verschied er"* (Lk 23,46). Mit klarem Geist und lautem Rufen betet er aus dem Psalm 31, worin es heißt: *„In deine Hände befehle ich meinen*

---

[283] LzB, a.a.O., Sp. 444
[284] Ebd., Sp.1743
[285] EdC NT, Johannes-Evangelium 2. Teil, a.a.O., S. 317

Geist; du hast mich erlöst, HERR, du treuer Gott." (Ps 31,6) Sein ganzes Vertrauen gehörte dem Vater. Ihm vertraute er sich vollständig an, im Leben wie im Sterben.

Matthäus und Markus kannten die letzten Worte Jesu wahrscheinlich nicht. Sie überliefern nur, dass Jesus laut schrie und dann verstarb (Mt 27,50; Mk 15,37).

Nach Johannes ist der letzte Ausspruch Jesu: *„Es ist vollbracht"* (Joh 19,30). Dann fiel ihm der Kopf auf die Brust und er verstarb. Werner de Boor übersetzt hier: *„Als nun Jesus den Essig genommen hatte, sprach er: Es ist vollendet! Und neigte das Haupt und übergab den Geist"* (Joh 19,30).[286] Es ist ein ganz bewusst vollzogenes Sterben, ein Übergeben des Geistes an den Vater. Jesus hatte in seiner Hirtenrede seinem Volk bereits angekündigt, dass er von seinem Vater ermächtigt wurde, über sein Leben zu verfügen. Diese Macht gebrauchte er uneigennützig, um den Willen des Vaters zu erfüllen. *„Darum liebt mich der Vater, weil ich mein Leben lasse, auf dass ich's wieder empfange. Niemand nimmt es von mir, sondern ich selber lasse es. Ich habe Macht, es zu lassen, und habe Macht, es wieder zu empfangen. Dies Gebot habe ich empfangen von meinem Vater"* (Joh 10,17-18). Betend war Jesus ständig mit dem Vater verbunden. Betend ist Jesus gestorben. Betend hat er seinen Auftrag erfüllt und die Erlösung erworben. Das Wort Jesu: *„Es ist vollbracht ..."* bestätigte für die nahe bei ihm Stehenden hörbar, dass Jesus sozusagen im letzten Atemzug die Erfüllung seiner Berufung bekannt gab. Die Sühne war vollbracht. Der Bund war geschlossen.

Damit hat sich am Kreuz eine weitere Voraussage aus den Leidensankündigungen erfüllt, nämlich dass die Heiden ihn töten werden. Aber die Verheißungen reichen weiter. Jesus hatte Macht, sein Leben wieder zu empfangen. Er hatte vorausgesagt, dass er nach drei Tagen auferstehen werde. Und er hatte weiterhin vorausgesagt, dass er seine Jüngerinnen und Jünger nicht allein lassen, sondern den Geist als seinen Vertreter senden werde.

---

286 WStb, Das Evangelium des Johannes, 2. Teil, a.a.O., S. 217

6.2.10 Das Zerreißen des Vorhangs im Tempel

Der Tod Jesu trat um die neunte Stunde ein, das ist etwa 15.00 Uhr nachmittags. Die letzten drei Stunden waren von Finsternis überschattet. Nach der Finsternis werden noch weitere besondere Ereignisse beim Tod Jesu bezeugt. Es ist uns wichtig, auch darauf zu schauen.

In der Todesstunde Jesu zerriss der Vorhang im Tempel. Nach Matthäus und Markus geschah dies nach dem Tod Jesu. *„Aber Jesus schrie abermals laut und verschied. Und siehe, der Vorhang im Tempel zerriss in zwei Stücke von oben an bis unten aus“* (Mt 27,50-51; vgl. Mk 15,37-38). Nach Lukas geschah es vor dem Tod Jesu. *„... und die Sonne verlor ihren Schein, und der Vorhang des Tempels riss mitten entzwei. Und Jesus rief laut: Vater, ich befehle meinen Geist in deine Hände! Und als er das gesagt hatte, verschied er“* (Lk 23,45-46). Es könnte sein, dass die zeitliche Einordnung für die Evangelisten auch als nachträgliche Recherche schwierig war oder dass die Evangelisten ihr Zeugnis nicht zeitlich, sondern thematisch geordnet haben.[287] Erkennbar ist aber, dass das Zerreißen des Vorhanges unmittelbar mit dem Tod Jesu im Zusammenhang stand.

Der Vorhang im Tempel war die Trennung des hinteren Tempelbereiches, des Allerheiligsten vom vorderen Tempelbereich, dem Heiligen. Im ersten Tempel, dem Tempel Salomos, befanden sich im Allerheiligsten die Bundeslade und zwei Cherubim. Im Heiligtum standen der Räucheraltar, die Leuchter und die Schaubrottische (2. Chr 3,1-14; 4,7-8). Wir finden in der Bibel detaillierte Angaben zur Herstellung des Vorhanges für den Aufbau des ersten Tempels wie auch schon für den Aufbau der Stiftshütte. Von Salomo heißt es: *„Er machte auch einen Vorhang von blauem und rotem Purpur, von Karmesin und feiner Leinwand und brachte Cherubim darauf an“* (2. Chr 3,14; vgl. 2. Mose 36,35-36). Der Wiederaufbau des Tempels nach dem Exil enthält nur wenige Ausschmückungen. Zum Vorhang gibt es keine Angaben. Das Allerheiligste blieb leer, da die Bundeslade verlorengegangen war. Dem Tempel fehlte die Herrlichkeit, die der Tempel Salomos hatte, aber die Tempelanlage war größer als vorher.

---

[287] EdC NT, Lukas-Evangelium 2. Teil, a.a.O., S. 664

Zur Zeit Jesu hatte Herodes der Große eine völlig erneuerte und stark erweiterte Tempelanlage gebaut. Für seine Bautätigkeit am Tempel gibt es in der Bibel keine konkreten Angaben. Hier sind wir auf außerbiblische Zeugnisse angewiesen. Seine Bauten dienten nicht der Verherrlichung Gottes, sondern der Festigung seiner Macht. Die großen Vorhöfe, die den Tempel umgebenden Bauten, die vielen Hallen sind z.B. solche Erweiterungen. Nach wie vor durfte das Allerheiligste nur vom Hohepriester am großen Versöhnungstag mit dem Blut der Opfertiere betreten werden. Randall Price schreibt in seinem Handbuch zum Tempel: „Kein Teil des Heiligtums war von größerer Heiligkeit als dieser kleine, quadratische Raum, der 10,5 Meter lang und breit und 21 Meter hoch war." Zum Vorhang heißt es da: „Laut der Mischna stellten 82 junge Mädchen diesen Vorhang her. Er bestand aus 72 einzelnen aneinander genähten Teilen. Er hatte eine Gesamtlänge von 21 Metern, war etwa zehn Meter breit und etwa eine Handbreit dick (8-10 cm). Die Mischna beschreibt ihn jedoch auch als einen doppelten Vorhang mit mehr als einem halben Meter zwischen den beiden Einzelvorhängen."[288]

Roger Liebi erklärt dazu, dass in manchen Quellen von einem Vorhang, in anderen wiederum von zwei Vorhängen die Rede ist. „Es gab demzufolge Zeiten, in denen es vor dem hintersten Raum des Tempelhauses einen doppelten Scheidevorhang gab, und Zeiten, in denen nur ein einziger Kunstteppich das Allerheiligste abtrennte. Um die Zeit des Sterbens des Herrn Jesus am Kreuz gab es dem einhelligen Zeugnis der Evangelien zufolge nur einen einzigen Scheidevorhang."[289]

Fritz Rienecker macht dazu folgende Angaben: „Plötzlich zerriss zum Staunen der Menge der dreißig Ellen lange und vier Finger starke Vorhang, der das Allerheiligste verbarg, in zwei Stücke, von oben an bis unten aus."[290]

Dieser Vorhang war demzufolge ein besonderes Kunstwerk aus den prächtigsten Stoffen mit reichen Verzierungen und zugleich ein schweres Bauteil[291]. Er

---

288 Randall Price, Handbuch zum Tempel, inner cube, Düsseldorf 2013, S. 100

289 Roger Liebi, Der Messias im Tempel, Christliche Literatur-Verbreitung Bielefeld, 2. Auflage 2007, S. 631

290 WStb, Das Evangelium des Matthäus, erklärt von Fritz Rienecker, R. Brockhaus Verlag Wuppertal, 7. Auflage 1974, S. 366

291 Unter Berücksichtigung der angegebenen Maße lässt sich ein Gewicht des Vorhangs von min. 1,5 t vermuten.

wurde getragen von vier Säulen aus Akazienholz (vgl. 2. Mose 36,35-36). Es muss eine heftige Erschütterung gewesen sein, welche die Säulenkonstruktion auseinanderbrechen und den Vorhang zerreißen ließ. Über diese Erschütterung berichtet nur Matthäus: *„Und die Erde erbebte, und die Felsen zerrissen, und die Gräber taten sich auf und viele Leiber der entschlafenen Heiligen standen auf und gingen aus den Gräbern nach seiner Auferstehung und kamen in die heilige Stadt und erschienen vielen“* (Mt 27,52-53). Das Erdbeben ließ Felsen bersten bzw. zerreißen, sodass auch viele Felsengräber um Jerusalem nicht mehr verschlossen, sondern offen waren. Das Wunder der Auferstehung vieler Heiliger wurde in diesem Zusammenhang zwar hier schon erwähnt, trat aber erst nach der Auferstehung Jesu ein und ist mit dieser auch nicht vergleichbar. Jesus ist und bleibt der Erste unter allen Auferstandenen.

Gerhard Maier verweist auf eine Parallele zum Sinaibund. „Vielleicht sollten wir uns aber besonders an 2. Mose 19,18 erinnern. Dort wird der Sinaibund geschlossen, während ‚der ganze Berg bebte‘. So ist auch jetzt das Beben der ‚Erde‘ ein Hinweis auf den mit Jesu Sühnetod und Sühneblut geschlossenen Neuen Bund, den Golgathabund.“[292] (vgl. 2.2.5)

In diesen besonderen Ereignissen beim Tod Jesu sehen wir das unmittelbare Handeln Gottes, der sich durch diese Wunder auf ganz besondere Weise offenbarte. So bewirkte das Erdbeben bei den Wachsoldaten die Erkenntnis, dass Jesus tatsächlich der Sohn Gottes war. Nach Matthäus kam die gesamte Wachmannschaft zu dieser Erkenntnis. Da auch die Soldaten einige Stunden zuvor zu den Spöttern und Lästerern gegenüber Jesus gehörten (s. 6.2.7), vollzog sich bei ihnen tatsächlich ein gravierender Sinneswandel. *„Als aber der Hauptmann und die mit ihm Jesus bewachten das Erdbeben sahen und was da geschah, erschraken sie sehr und sprachen: Wahrlich, dieser ist Gottes Sohn gewesen!“* (Mt 27,54). Markus und Lukas erwähnen in diesem Zusammenhang nur den Hauptmann, nicht die Soldaten der Wachmannschaft (vgl. Mk 15,39; Lk 23,47). Bei Lukas ist diese Aussage noch etwas zurückhaltender wiedergegeben. *„Als aber der Hauptmann sah, was da geschah, pries er Gott und sprach: Fürwahr, dieser Mensch ist ein Gerechter gewesen!“* (Lk 23,47). Alle drei synoptischen Evangelien bezeugen ein großes Erschrecken bei diesen Ereignissen und das Bekenntnis der Unschuld Jesu. Unter diesem Eindruck

[292] EdC NT, Matthäus-Evangelium 2. Teil, a.a.O., S. 461;

begann der Hauptmann, nachdem er sich etwas gefasst hatte, sein Bekenntnis mit dem Wort *„Wahrlich“* (Mt, Mk) bzw. *„Fürwahr“* (Lk). So klangen seine Worte wie eine Beteuerung. Es war die reine Wahrheit, dass Jesus als ein gerechter Mensch unschuldig starb. Die Unschuld Jesu war bereits durch Pilatus während des Verhörs festgestellt worden (Lk 23,4.14.22). Selbst Herodes Antipas hielt ihn für unschuldig (Lk 23,15), ebenso einer der mit ihm gekreuzigten Verbrecher (Lk 23,41). Es setzte sich also auch unter manchen Heiden die Überzeugung durch, dass hier ein Unschuldiger zu Tode gekommen war.

Indem der römische Hauptmann Jesus einen Gerechten, ja Gottes Sohn nannte, verkörperte er „eine Prophetie auf Christusbekenner aus allen Völkern. Er ist Angeld für die Erfüllung von Ps 22,28-29.“[293] *„Es werden gedenken und sich zum Herrn bekehren aller Welt Enden und vor ihm anbeten alle Geschlechter der Völker. Denn des Herrn ist das Reich, und er herrscht unter den Völkern“* (Ps 22,28-29).

Wir können davon ausgehen, dass dieser Hauptmann noch nicht die volle Bedeutung dessen zu erkennen vermochte, was er da aussprach. Doch so hatte er wohl noch nie einen Menschen sterben sehen. Bereits unterm Kreuz sind die ersten Anzeichen der Erlösung für die Heidenvölker zu erahnen. Während der Verhandlungen vor dem Hohen Rat hatte Jesus sich zu seiner Identität bekannt, der Messias, der Sohn Gottes zu sein. Das gleiche Bekenntnis hatte er vor Pilatus abgelegt. Der Vater im Himmel hatte sowohl bei der Taufe (Mt 3,13-17; Mk 1,9-11; Lk 8,21-22) wie auch bei der Verklärung (Mt 17,1-9; Mk 9,2-10; Lk 9,28-36) Jesus als Gottessohn bestätigt. Was Gott offenbarte, ließ sich nicht unterdrücken, auch nicht im Angesicht des Todes Jesu. Gerade im Tod wird das vollkommene Opfer offenbar. „Die Wahrheit dieses Messias lässt sich nicht getrennt von seiner für uns erlittenen Schmach erkennen.“[294]

„Und als alles Volk, das dabei war und zuschaute, sah, was da geschah, schlugen sie sich an ihre Brust und kehrten wieder um“ (Lk 23,48). Selbst die schaulustigen Zuschauer, welche dieser Hinrichtung beiwohnten, ließen diese Ereignisse nicht kalt. Indem sie sich an ihre Brust schlugen, zeigten sie Reue und

---

[293] WStb, Das Evangelium des Markus (Ergänzungsband), a.a.O., S. 570
[294] Ebd. S. 570

Trauer. Möglicherweise war dies für den einen oder anderen der Beginn ernster Umkehr.

6.2.11 Die Erfüllung der Schrift

Von Johannes erfahren wir von diesen Ereignissen nichts. Er bezeugt uns andere Besonderheiten, die wir wiederum nur von ihm erfahren.

Der Todestag Jesu war ein ganz besonderer Tag. Es war der Rüsttag vor einem großen Sabbat. *„Weil es aber Rüsttag war …"* (Joh 19,31; vgl. Mt 27,62; Mk 15,42; Lk 23,54). Unter dem Rüsttag verstehen wir den Vorbereitungstag. Am Sabbat war nach dem Gesetz jede Arbeit verboten. Deshalb wurden alle dafür notwendigen Vorbereitungen am Rüsttag getroffen. Der Sabbat ist der siebente Tag der Woche, nach unserem Kalender der Samstag. Der Rüsttag ist der sechste Tag der Woche, nach unserem Kalender der Freitag. Alle vier Evangelisten bezeugen übereinstimmend, dass Jesus an einem Freitag starb. Es waren nicht nur Vorbereitungen zu treffen, wie sie jede Woche für den Sabbat nötig waren, sondern es waren Vorbereitungen für ein großes Fest im Gange, *„denn dieser Sabbat war ein hoher Festtag"* (Joh 19,31). Und dieser hohe Festtag war Teil der Passafeierlichkeiten. Nach dem Gesetz war es den Juden verboten, dass ein Leichnam über Nacht am Kreuz, bzw. am Holz hängen blieb. *„Wenn jemand eine Sünde getan hat, die des Todes würdig ist, und wird getötet und du hängst ihn an ein Holz, so soll sein Leichnam nicht über Nacht an dem Holz bleiben, sondern du sollst ihn am selben Tage begraben - denn ein Aufgehängter ist verflucht bei Gott -, auf dass du dein Land nicht unrein machst, das dir der Herr, dein Gott, zum Erbe gibt"* (5. Mose 21,22-23).[295] Diese Bestimmung stand in Israel ursprünglich nicht im Zusammenhang mit der Kreuzigung, da die Kreuzigung erst durch die Römer eingeführt wurde (vgl. 6.2.4). Sie wurde aber auf die Kreuzigung übertragen. Der Tod am Kreuz war ein langsames und grausames Sterben. Mitunter „konnte es bis zu drei Tagen dauern, bevor das Leben erlosch."[296] Es war aber für die Juden eine

---

[295] Anmerkung: Dieser Text 5. Mose 21,22-23 wird unterschiedlich übersetzt. Die Übersetzung „an ein Holz" verwenden z.B. Lutherbibel, Elberfelder Bibel, Schlachter 2000. Die Übersetzung „an einen Pfahl" verwenden z.B.: Einheitsübersetzung, Hoffnung für alle, Gute Nachricht. Die Übersetzung „an einen Baum" verwenden z.B. Neues Leben, WStb (Dieter Schneider).

[296] WStb, Das Evangelium des Johannes, 2. Teil, a.a.O., S. 221

unerträgliche Vorstellung, dass über den Sabbat die Verurteilten am Kreuz hingen. Sie mussten deshalb noch vor Anbruch des Sabbats vom Kreuz abgenommen werden. Der Sabbat begann bereits am Abend des Rüsttages, gegen 18.00 Uhr. Bis dahin musste alle Arbeit, auch das Abnehmen vom Kreuz abgeschlossen sein. Es war also Eile geboten. *„Weil es aber Rüsttag war und die Leichname nicht am Kreuz bleiben sollten den Sabbat über - denn dieser Sabbat war ein hoher Festtag -, baten die Juden Pilatus, dass ihnen die Beine gebrochen und sie abgenommen würden"* (Joh 19,31). Es musste sichergestellt sein, dass die Abzunehmenden auch wirklich tot waren. Falls der Tod aber noch nicht eingetreten war, musste er herbeigeführt werden. Durch das Zerschlagen der Beinknochen wurde die Qual zwar noch verstärkt, doch der Tod trat danach relativ schnell ein.

Der Todeskampf Jesu am Kreuz hatte sechs Stunden gedauert. Die beiden Verbrecher waren nach dieser Zeit noch am Leben. Deshalb wurden deren Beine von den Soldaten zerschlagen, während Jesus davon verschont blieb. *„Als sie aber zu Jesus kamen und sahen, dass er schon gestorben war, brachen sie ihm die Beine nicht; sondern einer der Soldaten stieß mit einer Lanze in seine Seite, und sogleich kam Blut und Wasser heraus"* (Joh 19,33-34). Diese beiden Aussagen waren Johannes sehr wichtig, weil er darin die Erfüllung der Schrift sah. Seine großartige Kenntnis der heiligen Schriften ließ ihn die Zusammenhänge zwischen göttlicher Prophetie und deren Erfüllung erkennen. *„Denn das ist geschehen, damit die Schrift erfüllt würde (2. Mose 12,46): ‚Ihr sollt ihm kein Bein zerbrechen'"* (Joh 19,36). Diese Vorschrift ist die gesetzliche Bestimmung für das Passalamm. Wir schließen daraus, dass uns Johannes auch hier, ebenso wie bei der Beschreibung des Ysops, auf das wahre Passalamm Jesus Christus hinweisen will (s. 5.4.4). Vom Passalamm heißt es: Ihr *„sollt keinen Knochen an ihm zerbrechen"* (2. Mose 12,46; vgl. 4. Mose 9,12). David weissagte ebenfalls über den Gerechten, dass ihm kein Bein gebrochen wird. *„Der Gerechte muss viel leiden, aber aus alledem hilft ihm der Herr. Er bewahrt ihm alle seine Gebeine, dass nicht eines von ihnen zerbrochen wird"* (Ps 34,20-21). An Jesus selbst hat sich dieses Wort erfüllt. Nach dem Zeugnis der Synoptiker starb Jesus um die neunte Stunde, der Zeit des Abendopfers. „Das war die Zeit, zu der man im Tempel die Passalämmer zu schlachten begann. Die Passaliturgie wurde vollzogen. Posaunen und Hörner schallten über die Stadt. Man gedachte der Befreiung aus Ägypten. Und man schaute hinaus auf die Endzeit, in der Israel aus allem Elend erlöst sein würde (vgl. Ps 118,26). Jetzt aber starb das wahre ‚Osterlamm, das ist Christus, für uns geopfert' (1. Kor 5,7), auf Golgatha."[297] Die Hohenpriester und Ältesten wollten nicht, dass Jesus am Passafest hingerichtet wurde. Doch der Zeitpunkt war Gottes Plan. Seine Todesstunde fiel genau mit den Vorbereitungen zum Passafest zusammen. So können wir in diesen Schriftzeugnissen schon die Erfüllung der großen Verheißung erahnen, dass Jesu Blut dem Verderber den Zutritt verwehrt, so wie beim Auszug aus Ägypten, das Blut der Lämmer an den Türpfosten der Israeliten (s. 2.3).

Die Soldaten sahen, dass Jesus tot war. Doch offenbar wollten sie ganz sicher gehen. Deshalb stieß einer der Soldaten die Lanze in die Seite Jesu. Das Ausfließen von Blut und wässriger Flüssigkeit weist darauf hin, dass Jesus zu diesem Zeitpunkt erst kurz vorher verstorben war. Johannes führt als zweites Zeugnis einen weiteren Schriftbeleg an. *„Und ein anderes Schriftwort sagt (Sacharja 12,10): ‚Sie werden den sehen, den sie durchbohrt haben'"* (Joh 19,37). „Hier wird deutlich, dass Sacharja in seiner Verkündigung über seine Zeit hinausweist und ein Element hineinnimmt, dass seinen Hörern nicht voll verständlich sein konnte und dass auch ihm selbst noch ein Stück weit Geheimnis blieb (vgl. 1. Petr 1,10-12)."[298] Johannes zitiert dieses Prophetenwort, welches er ebenfalls durch die Ereignisse am Kreuz erfüllt sieht. Den durchbohrten Jesus sahen viele Jüngerinnen und Jünger nach seiner Auferstehung. Für Thomas war es beispielsweise besonders wichtig, am Auferstandenen die Nägelmale und die Wunde an seiner Seite zu sehen. Als er den Durchbohrten sah, wurde er überwältigt (Joh 20,24-29). Die volle Erfüllung wird dieses Prophetenwort erfahren, wenn Jesus Christus wiederkommen wird. *„Siehe, er kommt mit den Wolken, und es werden ihn sehen alle Augen und alle, die ihn durchbohrt haben, und es werden wehklagen um seinetwillen alle Stämme der Erde. Ja, Amen"* (Offb 1,7).

Keiner der Soldaten, die den Tod der Hingerichteten feststellen sollten, keiner der Juden, die die Abnahme vom Kreuz betrieben, konnte erahnen oder vorhersehen, was am Kreuz im Einzelnen geschehen würde. Gerade deshalb ist es so eindrucksvoll, dass Johannes als Zeuge auf die Erfüllung der Schrift verweist. Diese Erfüllung wurde durch Heiden vollzogen, die Gott sich als seine Werkzeuge erwählte. So versichert Johannes seinen Lesern, dass alles von ihm

[297] EdC NT, Johannes-Evangelium 2. Teil, a.a.O., S. 322
[298] WStb, Der Prophet Sacharja, a.a.O., S. 145

Aufgeschriebene durch ihn selbst gesehen und wahrhaftig weitergegeben wurde. *„Und der das gesehen hat, der hat es bezeugt, und sein Zeugnis ist wahr, und er weiß, dass er die Wahrheit sagt, damit auch ihr glaubt"* (Joh 19,35). Hier erfahren wir durch Johannes den tiefen Sinn seines Zeugnisses: Jesus Christus ist das Lamm Gottes, der verheißene Messias für Israel und die Völker der Welt.

6.2.12 Das Begräbnis Jesu

Nach der Feststellung des Todes der Hingerichteten galt es noch ein Hindernis zu überwinden. Die Leichname gehörten der römischen Obrigkeit. Es war also gar nicht so einfach möglich, sie vom Kreuz abzunehmen und zu bestatten. Was mit den beiden Verbrechern geschah, wissen wir nicht genau. Man kann aber davon ausgehen, dass sie auf dem Verbrecherfriedhof beigesetzt wurden. Die Evangelien bezeugen uns in diesem Zusammenhang nur, dass sie vom Kreuz abgenommen wurden. Was mit Jesus geschah, erfahren wir aus den Zeugnissen aller vier Evangelien.

Ein sehr angesehener und reicher Ratsherr mit Namen Josef von Arimathäa bat um den Leichnam Jesu, damit er vom Kreuz abgenommen und in einem Felsengrab abgelegt werden konnte. Dies geschah am Abend noch vor Beginn des Sabbats. *„Und als es schon Abend wurde und weil Rüsttag war, das ist der Tag vor dem Sabbat, kam Josef von Arimathäa, ein angesehener Ratsherr, der auch auf das Reich Gottes wartete, der wagte es und ging hinein zu Pilatus und bat um den Leichnam Jesu"* (Mk 15,42-43; vgl. Mt 27,57-58; Lk 23,50-52; Joh 19,38). Es gehörte also Mut dazu und sicher auch die nötige Beziehung, sich an Pilatus zu wenden. Es wird angenommen, dass Josef von Arimathäa und Pilatus sich persönlich kannten. Pilatus wunderte sich sehr, dass Jesus schon tot war. Ihm ging es offenbar zu schnell. „Der schnelle Tod Jesu nach nur sechs Stunden deutet noch einmal auf den starken Blutverlust und den Kräfteverfall durch die Folter hin. Man musste ihm ja den Kreuzesbalken nachtragen."[299] Erst als Pilatus vom Hauptmann die Bestätigung des Todes Jesu erhalten hatte, gab er den Leichnam frei und schenkte ihm Josef von Arimathäa. Dieser durfte ihn übernehmen, um ihn zu bestatten. Josef von Arimathäa war nach dem Zeugnis von Matthäus und Johannes ein *„Jünger Jesu"* (Mt 27,57;

---

[299] EdC NT, Markus-Evangelium, a.a.O., S. 688;

Joh 19,38). Markus und Lukas hatten ihn als einen Menschen erfahren, *„der auf das Reich Gottes wartete"* (Mk 15,43; Lk 23,51). Seine bisher verborgene Jüngerschaft machte er hiermit offenkundig. *„Und der kaufte ein Leinentuch und nahm ihn ab vom Kreuz und wickelte ihn in das Tuch und legte ihn in ein Grab, das war in einen Felsen gehauen, und wälzte einen Stein vor des Grabes Tür"* (Mk 15,46; vgl. Mt 27,59-60; Lk 23,53; Joh 19,38-42).

Nach Johannes beteiligte sich auch Nikodemus mit großer Hingabe daran. *„Es kam aber auch Nikodemus, der vormals in der Nacht zu Jesus gekommen war, und brachte Myrrhe gemischt mit Aloe, etwa hundert Pfund. Da nahmen sie den Leichnam Jesu und banden ihn in Leinentücher mit Spezereien, wie die Juden zu begraben pflegen. Es war aber an der Stätte, wo er gekreuzigt wurde, ein Garten und im Garten ein neues Grab, in das noch nie jemand gelegt worden war. Dahin legten sie Jesus wegen des Rüsttags der Juden, weil das Grab nahe war"* (Joh 19,39-42). Hundert römische Pfund sind umgerechnet etwa 32 kg.[300] Das war eine große Gabe. Aufgrund des Zeitdruckes wählten sie die am schnellsten realisierbare Lösung. Das Felsengrab war noch unbenutzt, es war frei. Da es Josef von Arimathäa selbst gehörte (Mt 27,60), hatten sie keine Konflikte mit dem Eigentümer zu erwarten. Es war nahe an der Hinrichtungsstätte, so waren der Transport, das provisorische Einbalsamieren, das Umwickeln mit dem Tuch und schließlich das Verschließen des Grabes noch vor Beginn des Sabbats zu schaffen. Es handelte sich um ein in den Felsen gehauenes Grab mit mehreren Kammern, dessen Zugang mit einem großen Rollstein verschlossen wurde. Die gebotene Eile ließ es nicht zu, dass das Einbalsamieren und das Einschlagen in die Tücher so vorgenommen werden konnte wie es üblich war. Es blieb unvollständig, sozusagen vorläufig. Aus diesem Grunde war es beabsichtigt, bei nächster Gelegenheit alles zu einem würdigen Abschluss zu bringen.

Nach Lukas waren mehrere Frauen mit am Grab und sahen, wo Jesus hingelegt wurde. Es war ihr Wunsch, unmittelbar nach dem Ende des Passafestes ein ordentliches Begräbnis vorzubereiten (Lk 23,55). Matthäus nennt uns die Namen *„Maria Magdalena und die andere Maria"* (Mt 27,61), Markus nennt uns die Namen *„Maria Magdalena und Maria, die Mutter des Joses"* (Mk 15,47). Die Namen Maria Magdalena und Maria, die Mutter des Joses hatte

[300] WStb, Das Evangelium des Johannes, 2. Teil, a.a.O., S. 225

uns Markus bereits als Zeugen unterm Kreuz genannt (2.4.7.8). Die außerordentliche Hingabe dieser Frauen wird hier ein weiteres Mal bezeugt.

Matthäus berichtet uns nach der Grablegung noch ein außerordentlich wichtiges Ereignis. *„Am nächsten Tag, der auf den Rüsttag folgt, versammelten sich die Hohenpriester und die Pharisäer bei Pilatus…"* (Mt 27,62). Der Tag nach dem Rüsttag war der Sabbat. Es war offensichtlich im Rahmen des Erlaubten, am Sabbat Pilatus aufzusuchen und mit ihm zu verhandeln. Die Führer Israels waren in Unruhe. Die Hohenpriester – in der Regel gehörten sie zur Partei der Sadduzäer – und die Pharisäer, beide Gruppen, gingen vereint zu Pilatus. Sie wussten, dass Jesus bereits vorher von seinem Leiden, Sterben und Auferstehen gesprochen hatte. Auch wenn sie an seine Auferstehung nicht glaubten, befürchteten sie eine Betrügerei, bei der die Jünger Jesu dessen Leichnam aus dem Grab entfernen würden. Offensichtlich waren sie sehr verärgert darüber, dass Jesus von Nazareth nicht bis zum Schluss wie ein Verbrecher behandelt wurde, dass seine Beine nicht zerschlagen und sein Leichnam nicht auf dem Verbrecherfriedhof beigesetzt wurde. Stattdessen wurde für ihn ein ehrenvolles Begräbnis vorbereitet.[301] Sie *„sprachen: Herr, wir haben daran gedacht, dass dieser Verführer sprach, als er noch lebte: Nach drei Tagen werde ich auferweckt"* (Mt 27,63). Sie hatten die Absicht, mit einer militärischen Abteilung das Grab so zu sichern, dass der Leichnam nicht aus dem Grab geholt werden konnte. *„Darum befiehl, dass man das Grab bewache bis zum dritten Tag, damit nicht seine Jünger kommen und ihn stehlen und zum Volk sagen: Er ist auferstanden von den Toten, und der letzte Betrug ärger wird als der erste"* (Mt 27,64). So taten sich Juden und Römer zusammen, um sich gegen die angekündigte Auferstehung zu wehren. *„Pilatus sprach zu ihnen: Da habt ihr die Wache; geht hin und bewacht es, so gut ihr könnt. Sie gingen hin und sicherten das Grab mit der Wache und versiegelten den Stein"* (Mt 27,65-66). Die Tatsache der Bewachung durch bewaffnete römische Soldaten und der Versiegelung des Rollsteines vor dem Grab macht ein Stehlen des Leichnams praktisch unmöglich. „So rücken die Grabwächter die Tatsache der Auferstehung auf ihre Weise ins Licht."[302]

„Jesu Grablegung ist so wichtig, dass sie in die christlichen Bekenntnisse eingegangen ist: ‚gekreuzigt, gestorben und begraben' (Apostolicum, vgl. 1. Kor

---

[301] Gerhard Kroll, Auf den Spuren Jesu, a.a.O, S. 401

[302] EdC NT, Matthäus-Evangelium 2. Teil, a.a.O., S. 477

15,4). Sie ist deshalb so wichtig, weil sie gegenüber allen Scheintodthesen und Gerüchten von Betrügereien (schon in der Bibel; vgl. Mt 28,11 ff) klarstellt, dass Jesus wirklich tot war."[303]

Nachdem Jesus am Kreuz das Opfer vollbracht hatte, die Erfüllung vieler Prophezeiungen auf den Messias sich bestätigt hatten, erhebt sich hier wohl die Frage, wie die Errichtung des Neuen Bundes sich auf die Jünger und Jüngerinnen auswirkte. Zu diesem Zeitpunkt waren die Jüngerinnen und Jünger Jesu völlig verzagt und verängstigt. Sie scheuten weitgehend die Öffentlichkeit und zogen sich zurück. Es fehlte ihnen die Ausstattung dafür, diesen Neuen Bund wirklich praktizieren zu können. Deshalb wollen wir den Zeugnissen nachgehen, aus denen wir die weitere Erfüllung der Verheißungen Jesu erfahren. Welcher Offenbarungen bedurfte es, dass sie das von Jesus Christus eingesetzte Mahl des Neuen Bundes auch wirklich als solches feiern konnten?

6.3 Zusammenfassung zur Aufrichtung des Neuen Bundes

Die Aufrichtung des Neuen Bundes war Gottes Verheißung und Gottes Werk. Es besteht kein Zweifel daran, dass Gott sein Wort erfüllt. Doch die ganze Macht Satans versuchte, das zu verhindern und dagegen anzukämpfen. Vom ersten Augenblick an war der Neue Bund angefochten. Bereits als Neugeborener wurde Jesus mit dem Tode bedroht. Herodes der Große hatte die Ermordung aller männlichen Kinder befohlen bis zum Alter von drei Jahren. Gott griff ein und befahl dem Josef mit seiner Familie nach Ägypten zu fliehen. Dort blieben sie bis zum Tode Herodes des Großen. So entkam Jesus diesem Morden. Zu Beginn seines öffentlichen Auftretens wurde Jesus auf eine harte Probe gestellt. Nach einer vierzigtägigen Fastenzeit in der Wüste wurde sein Gehorsam gegenüber dem Vater dreifach herausgefordert. Jesus widerstand dem Versucher, widerlegte dessen Versuchungen mit Gottes Wort und blieb gehorsam (s. 6.1).

Mehrfach wird berichtet, dass Jesus in großer Angst war und sich stark bedrängt fühlte. Es machte ihm große Angst, den Opfertod auf sich zu nehmen. Die synoptischen Evangelien bezeugen mehrere Leidensankündigungen Jesu. Bei Matthäus werden vier, bei Markus und Lukas werden drei solche

---

[303] EdC NT, Markus-Evangelium, a.a.O., S. 686

Ankündigungen bezeugt. Jesus machte seinen Jüngern bekannt, dass er an die Hohenpriester und Schriftgelehrten ausgeliefert und zum Tode verurteilt wird. Er wird den Heiden übergeben, verspottet, gefoltert und gekreuzigt werden. Am dritten Tag wird er auferstehen. Die Jüngerinnen und Jünger verstanden seine Ankündigungen nicht. Petrus versuchte sogar, sie zurückzuweisen. Ihm war nicht bewusst, dass es keinen anderen Weg zur Erlösung gab. Deshalb wies ihn wiederum Jesus scharf zurecht. Er bat den Vater eben genau darum, den Weg zu Tod und Auferstehung gehorsam gehen zu können (s. 6.1.2; 6.1.3). Die heftigsten Anfechtungen erlebte er nach dem letzten Mahl, kurz vor seiner Gefangennahme im Garten Gethsemane. Dort betete er drei Mal in Todesangst und rang darum, dass der Wille des Vaters geschehen konnte. Ein Engel vom Himmel stand ihm bei und stärkte ihn. So rang er sich durch und wurde bereit, sich als Opfer zur Verfügung zu stellen. Seine Jünger waren vollkommen hilflos. Nach der Gefangennahme Jesu flohen sie alle (s. 6.1.4).

Vor dem Hohen Rat legte Jesus mit knappen Worten, doch in aller Deutlichkeit, sein Messiasbekenntnis ab. Auf dieses Bekenntnis hin wurde er wegen Gotteslästerung zum Tode verurteilt (s. 6.2.1). Da der Hohe Rat jedoch kein Todesurteil vollstrecken durfte, musste Jesus vor den römischen Statthalter Pilatus gebracht werden. Der befand Jesus zunächst als unschuldig, beugte sich aber dem politischen Druck und übergab ihn den Soldaten zur Geißelung. Jesus wurde gegeißelt und verspottet. Sein Anspruch, ein König zu sein, wurde mit Soldatenmantel, Rohr und Dornenkrone verhöhnt. Von dieser Tortur geschwächt und blutüberströmt wurde er zur Kreuzigung geführt (s. 6.2.2; 6.2.3).

Jesus wurde außerhalb der Stadt Jerusalem, auf dem Hügel Golgatha (Schädelstätte) mitten zwischen zwei Verbrechern gekreuzigt. So wie am großen Versöhnungstag die Leiber der Sündopfertiere, soweit sie nicht auf dem Altar verbrannt wurden, außerhalb der Stadt auf einem Ascheplatz verbrannt wurden, so wurde das vollkommene Sündopfer Jesus Christus außerhalb der Stadt gekreuzigt (Hebr 13,11-12). Einzelheiten des Kreuzigungsvorganges erwähnt die Bibel nicht. Aus weiteren Zeugnissen entnehmen wir, dass er mit großen Nägeln, welche durch Hand- und Fußgelenke getrieben wurden, ans Kreuz angenagelt wurde. Den bereitgestellten Betäubungstrank lehnte er ab. Für die Vollstrecker der Hinrichtung erbat er Vergebung. Die Synoptiker nennen uns als Zeitpunkt der Kreuzigung die dritte Stunde, das ist ca. 9.00 Uhr morgens

(s. 6.2.4). Die Kleider Jesu wurden unter den Soldaten ausgelost. Das Untergewand war aus einem Stück gewebt und wurde deshalb nicht zerteilt. Auf einem Schild ließ Pilatus die Inschrift „Jesus von Nazareth, der Juden König" (Joh 19,19) anbringen. Damit wurde nach römischem Recht der Name, die Herkunft und die Schuld des Verurteilten bekanntgemacht. Der Name Jesus bedeutet so viel wie „Der Herr ist Heil" oder „Der Herr ist Rettung". Nazareth war die Stadt, in welcher Jesus gelebt hatte. Als König hatten ihn bereits die Sterndeuter bezeichnet. Als König von Israel hatte ihn die jubelnde Volksmenge gefeiert. Gegenüber Pilatus hatte er bestätigt der König der Juden zu sein. (s. 6.2.5; 6.2.6).

Während Jesus am Kreuz hing, wurde er von vielen Menschen verhöhnt. Eine erste Gruppe war die Menge der Vorübergehenden, die ihre Köpfe schüttelten und ihn aufforderten zuerst sich selbst zu helfen und vom Kreuz herabzusteigen. Er könne doch den Tempel abbrechen und in drei Tagen wieder aufrichten. Was Jesus aber wirklich gemeint hatte, war der Tempel seines Leibes, der nun in diesen Stunden gerade abgebrochen wurde. Eine zweite Gruppe waren die Mitglieder des Hohen Rates. Auch sie spotteten, wenn er der König von Israel sei, solle er sich zuerst selbst helfen. Eine dritte Gruppe waren die Soldaten. Derbe Lästerworte mögen von ihnen gekommen sein und sie demonstrierten die gleiche Haltung wie alle anderen, doch zuerst an sich selbst zu denken. Schließlich ist eine vierte Gruppe zu nennen. Dies waren die beiden Verbrecher, die mit Jesus gekreuzigt wurden. Während der erste bei seiner Lästerung blieb, plagte den zweiten das Gewissen und er bat Jesus, er möge an ihn denken, wenn er in sein Reich kommt. Jesus erwies ihm die heute so oft genannte Schächergnade und versprach ihm, er werde am gleichen Tag mit ihm im Paradies sein. Während er alle Lästerungen nur mit Schweigen quittierte, reagierte er auf diese Bitte sofort (s. 6.2.7).

Es waren auch einige aus dem Kreis seiner Jüngerinnen und Jünger anwesend, ebenso wie einige aus seiner Familie und einige Bekannte. Neben Maria, der Mutter Jesu, und Johannes, dem ihm nahestehenden Jünger aus dem Kreis der Zwölf, werden aus der Reihe der Zeugen besonders einige Frauen namentlich genannt. Übereinstimmend nennen uns die Evangelien Matthäus, Markus und Johannes mindestens drei Frauen mit Namen. Zuerst wird Maria Magdalena genannt, eine der treuesten Jüngerinnen Jesu. Sie war von sieben bösen Geistern befreit worden. Des Weiteren wird Salome genannt, von der man annimmt, dass sie die Schwester der Mutter Jesu und zugleich die Mutter, der Zebedäussöhne war. Weiterhin werden Maria, die Mutter Jakobus des Kleinen und des Joses sowie Maria, die Frau des Klopas, genannt. Als Zeugen galten im Judentum ausschließlich Männer. Deshalb war die namentliche Nennung der Frauen als Zeugen des Todes Jesu außergewöhnlich und hatte eine große Bedeutung für die Gemeinde (s. 6.2.8).

Der Tod am Kreuz trat bei Jesus nach ca. sechs Stunden ein. In dieser Zeit blieb er trotz aller Qualen bei klarem Bewusstsein. Einen Betäubungstrank lehnte er ab. Einige Aussagen aus diesen letzten Stunden sind uns in den Evangelien überliefert. Er bat seinen Vater für die Vollstrecker: *„Vater, vergib ihnen; denn sie wissen nicht, was sie tun"* (Lk 23,34). Seine Mutter vertraute er seinem Jünger Johannes an, indem er zu ihr sprach: *„Frau, siehe, das ist dein Sohn" (Joh 19,26). Und zu Johannes sprach er: „Siehe, das ist deine Mutter!"* (Joh 19,27). Dem Schächer am Kreuz gab er die Zusage: *„Wahrlich, ich sage dir, heute wirst du mit mir im Paradies sein"* (Lk 23,43). Von der sechsten bis zur neunten Stunde, also zwischen ca. 12.00 Uhr und ca. 15.00 Uhr, trat eine Finsternis ein. In dieser Finsternis schrie Jesus: *„Mein Gott, mein Gott, warum hast du mich verlassen?"* (Mt 27,46). Er hatte quälenden Durst, bat um etwas zu trinken und sprach: *„Mich dürstet"* (Joh 19,28). Kurz vor seinem Tod rief er laut aus: *„Vater, ich befehle meinen Geist in deine Hände!"* (Lk 23,46). Sein letztes Wort war: *„Es ist vollbracht"* (Joh 19,30). Der Tod Jesu trat um die neunte Stunde, also ca. 15.00 Uhr nachmittags ein. Mit seinem Tod war das Opfer vollbracht, die ewige Sühne erworben, der Bund geschlossen (s. 6.2.9). In der Todesstunde Jesu geschah ein Erdbeben. Der Vorhang im Tempel, welcher das Allerheiligste vom Heiligen trennte, zerriss. Gräber öffneten sich, einige Heilige erschienen in der Stadt Jerusalem. Die Menschen, welche während des Erdbebens noch dabeistanden, waren erschüttert. Der Hauptmann der Wache äußerte: *„Wahrlich, dieser ist Gottes Sohn gewesen!"* (Mt 27,54). Es war seine Überzeugung, dass hier ein Unschuldiger hingerichtet worden war (s. 6.2.10).

Der Tod Jesu ereignete sich am Rüsttag, also am Vortag des Sabbats. Die Leichname sollten deshalb vor Anbruch des Sabbats abgenommen werden. Da die mitgekreuzigten Verbrecher kurz vor Anbruch des Sabbats noch am Leben waren, wurden ihnen die Beine gebrochen. Da Jesus aber bereits tot war, wurden seine Beine nicht gebrochen, sondern ihm wurde durch einen Soldaten mit einem Speer eine Seitenwunde zugefügt. Daraus floss Blut und Wasser. Der Tod war damit bestätigt. Besonders Johannes bezeugt, dass alle Ereignisse am Kreuz zur Erfüllung der Schrift geschahen (s. 6.2.11).

Der Ratsherr Josef von Arimathäa, ein Pharisäer, hatte den Mut, Pilatus um den Leichnam Jesu zu bitten. Ihm wurde diese Bitte auch gewährt. Er sorgte für die Abnahme vom Kreuz und den Transport zu seinem eigenen nahen gelegenen Felsengrab, worin noch niemand bestattet worden war. Ein weiterer Pharisäer, der Ratsherr Nikodemus, war daran ebenfalls mit beteiligt. Mit einer großen Spende hatte auch er Vorsorge für die Einbalsamierung getroffen. Mehrere Frauen aus dem Jüngerkreis gingen mit bis zum Grab. Namentlich genannt werden uns Maria Magdalena und eine andere Maria bzw. Maria, die Mutter des Joses. Beide waren auch Zeugen der Kreuzigung. Das Begräbnis war noch unvollständig und sollte nach Beendigung des Sabbats vollendet werden. Da die Hohenpriester und Pharisäer Angst hatten, der Leichnam könnte gestohlen werden, sicherten sie den Stein mit einem Siegel und erbaten eine Wache römischer Soldaten (s. 6.2.12).

Die Jüngerinnen und Jünger Jesu waren zu diesem Zeitpunkt völlig verzagt und verängstigt. Sie konnten die Geschehnisse nicht einordnen. Dafür bedurfte es der göttlichen Bestätigung der Aufrichtung des Neuen Bundes, einer Bestätigung, welche sie zutiefst gewiss werden ließ, dass dieser Jesus der Christus war.

6.4 Die Bestätigung des Neuen Bundes

In den Leidensankündigungen hatte Jesus nicht nur seinen Tod, sondern auch seine Auferstehung vorausgesagt. Tod und Auferstehung Jesu gehören untrennbar miteinander zusammen, selbst wenn seine Jünger damit zunächst nichts anfangen konnten. *„Sie aber verstanden nichts davon, und der Sinn der Rede war ihnen verborgen, und sie begriffen nicht, was damit gesagt war"* (Lk 18,34). Es sollte aber nicht mehr lange dauern, bis sie den Sinn seiner Rede verstehen konnten. Bald danach wurden sie in die Lage versetzt, zu verstehen was für sie geschehen war. Das Eintreffen der angekündigten Ereignisse sowie Jesus selbst bestätigen den Neuen Bund.

6.4.1 Das leere Grab

Schon in den frühen Morgenstunden des ersten Tages der Woche gingen die Frauen aus dem engsten Jüngerkreis zum Grab Jesu. Als Augenzeugen der Grablegung kannten sie den Ort. *„Aber am ersten Tag der Woche sehr früh kamen sie zum Grab und trugen bei sich die wohlriechenden Öle, die sie bereitet hatten"* (Lk 24,1; vgl. Mk 16,1). Mit den wohlriechenden Ölen sollte der Leichnam Jesu einbalsamiert werden, wie es einem ehrenvollen Begräbnis entsprach. Sie machten sich bei Tagesanbruch *„früh, als es noch finster war"* (Joh 20,1), bzw. *„sehr früh, als die Sonne aufging"* (Mk 16,2), demzufolge deutlich vor 6.00 Uhr, auf den Weg. Die wohlriechenden Öle hatten sie offensichtlich bereits am Abend nach dem Ende der Sabbatruhe eingekauft. *„Und als der Sabbat vergangen war, kauften Maria Magdalena und Maria, die Mutter des Jakobus, und Salome wohlriechende Öle, um hinzugehen und ihn zu salben"* (Mk 16,1). Die Frauen erwarteten nichts anderes, als den Leichnam Jesu dort vorzufinden, wohin er vor Beginn des Sabbats gelegt worden war.

Es sind überwiegend wieder die Frauen, die uns bereits unterm Kreuz bzw. bei der Grablegung namentlich genannt wurden. Nach Matthäus waren dies wieder *„Maria Magdalena und die andere Maria"* (Mt 28,1), nach Markus ebenfalls wieder *„Maria Magdalena und Maria, die Mutter des Jakobus, und Salome"* (Mk 16,1). Lukas nennt hier erstmalig Namen, nämlich *„Maria Magdalena und Johanna und Maria, des Jakobus Mutter, und die anderen Frauen mit ihnen"* (Lk 24,10). Es waren alles Jüngerinnen Jesu, die ihn von Galiläa nach Jerusalem begleitet und ihm gedient hatten (vgl. Lk 8,1-3). Eine besondere Rolle nahm Maria Magdalena ein. Die Synoptiker nennen ihren Namen immer als ersten. Johannes nennt sie hier sogar als einzige Frau mit Namen. Wieder lässt sich erkennen, welche Sorgfalt die Evangelisten darauf verwandten, die Zeugen des leeren Grabes namentlich festzuhalten. Die Frauen waren in großer Sorge darüber, wer ihnen das Felsengrab öffnen könnte, fanden es aber zu ihrem großen Erstaunen bereits geöffnet vor. Was war geschehen? Nach Matthäus hatte ein Erdbeben stattgefunden. *„Und siehe, es geschah ein großes Erdbeben. Denn ein Engel des Herrn kam vom Himmel herab, trat hinzu und wälzte den Stein weg und setzte sich darauf. Seine Erscheinung war wie der Blitz und sein Gewand weiß wie der Schnee. Die Wachen aber erbebten aus Furcht vor ihm und wurden, als wären sie tot"* (Mt 28,2-4). Das Erdbeben wird im gesamten Umfeld Jerusalems wahrgenommen worden sein. Ob die

Frauen die Wachen noch vorgefunden hatten, geht aus dem Bericht nicht hervor. Wahrscheinlicher ist, dass die Jünger nachträglich darüber informiert wurden. Als sich die Frauen auf dem Rückweg vom Grab in die Stadt befanden, trafen sie einige der Wachsoldaten. *„Als sie aber hingingen, siehe, da kamen einige von der Wache in die Stadt und verkündeten den Hohenpriestern alles, was geschehen war“* (Mt 28,11). Die Soldaten wandten sich in ihrer Angst nicht an ihre militärischen Vorgesetzten, sondern an ihre Auftraggeber, die Hohenpriester. Diese griffen in ihrer Ratlosigkeit zur Lüge und verbreiteten genau das, was sie durch die Wache unbedingt verhindern wollten. *„Und sie kamen mit den Ältesten zusammen, hielten Rat und gaben den Soldaten viel Geld und sprachen: Sagt, seine Jünger sind in der Nacht gekommen und haben ihn gestohlen, während wir schliefen. Und wenn es dem Statthalter zu Ohren kommt, wollen wir ihn beschwichtigen und dafür sorgen, dass ihr nichts zu fürchten habt“* (Mt 28,12-14). Jedoch Lüge und Bestechung konnten die Ausbreitung der Auferstehungsbotschaft nicht verhindern.

Alle vier Evangelien berichten übereinstimmend darüber, dass die Frauen ein bereits geöffnetes und leeres Grab vorfanden (Mt 28,5-7; Mk 16,5-7; Lk 24,2-7; Joh 20,2-8). Der Leichnam Jesu befand sich nicht mehr im Grab. Da der Stein durch ein behördliches Siegel[304] gesichert war und römische Soldaten das Grab bewacht hatten, war ein Stehlen des Leichnams ausgeschlossen. Dennoch konnte keine menschliche Maßnahme auch nur ansatzweise dem Handeln Gottes im Wege stehen. „Ein staatliches Siegel und ein militärisches Aufgebot sind Gott gegenüber Lächerlichkeiten. Wenn der Allmächtige redet, haben Menschen zu schweigen, wenn der Ewige handelt, sind Menschenhände gelähmt, bedeuten Menschensicherungen nichts.“[305]

---

[304] Anmerkung: Ob es sich hier um ein römisches oder um ein jüdisches Siegel gehandelt hat, wird von den Auslegern unterschiedlich gesehen. Gerhard Maier formuliert: „Praktisch wird das so ausgesehen haben, dass man den Stein mit dem Eingang durch ein Band verbunden hat, an dem ein Siegel der Römer oder der Juden befestigt war.“ EdC NT, Matthäus-Evangelium 2. Teil, a.a.O., S. 476; Gerhard Kroll formuliert: „Der Rollstein, der den Eingang zur Grabkammer versperrte, wurde mit dem großen Amtssiegel des Hohen Rates verschlossen. Eine versiegelte Tür machte auch damals großen Eindruck. Dann zog die Wache auf. Die Hohenpriester konnten also beruhigt sein: Der Pseudoprophet lag im Grab, bewacht mit den Waffen Roms und geschützt durch das Amtssiegel Israels.“ Gerhard Kroll, Auf den Spuren Jesu, a.a.O., S. 401 u. 405

[305] WStb, Das Evangelium des Matthäus, a.a.O., S. 372

6.4.2 Die Auferstehungsbotschaft der Engel

Den Frauen war vollkommen unverständlich, was das leere Grab bedeutete. Was nun folgte, war die bis dahin wohl unbegreiflichste Verkündigung. Bereits die Geburt Jesu, des Retters, wurde den Hirten durch Engel angekündigt. *„Und der Engel sprach zu ihnen: Fürchtet euch nicht! Siehe, ich verkündige euch große Freude, die allem Volk widerfahren wird; denn euch ist heute der Heiland geboren, welcher ist Christus, der Herr, in der Stadt Davids"* (Lk 2,10-11). In der Bibelübersetzung „Hoffnung für alle" heißt es: *„Heute ist für euch in der Stadt, in der schon David geboren wurde, der lang ersehnte Retter zur Welt gekommen. Es ist Christus, der Herr"* (Lk 2,11). Es gab einfach keine andere Instanz, welche glaubwürdig den Retter der Welt ankündigen konnte, als die Engel. Die gleiche Dimension haben wir hier vor uns. Niemand sonst konnte zu diesem Zeitpunkt den Jüngerinnen und Jüngern eine so unglaubliche Botschaft wie die der Auferstehung Jesu von den Toten verkündigen, als die Boten des Himmels selbst. Sie waren dazu von Gott ausersehen und beauftragt. So wie damals die Hirten auf dem Feld von großer Furcht ergriffen waren, so waren es jetzt die Frauen am Grab. Sie waren in die Grabkammer hineingegangen und fanden den Leichnam Jesu nicht mehr vor. Stattdessen lagen nur die Tücher dort, in welche Jesus eingewickelt worden war.

Matthäus berichtet: *„Aber der Engel sprach zu den Frauen: Fürchtet euch nicht! Ich weiß, dass ihr Jesus, den Gekreuzigten, sucht. Er ist nicht hier; er ist auferstanden, wie er gesagt hat. Kommt und seht die Stätte, wo er gelegen hat"* (Mt 28,5-6). Von Markus erfahren wir folgendes: *„Und sie gingen hinein in das Grab und sahen einen Jüngling zur rechten Hand sitzen, der hatte ein langes weißes Gewand an, und sie entsetzten sich. Er aber sprach zu ihnen: Entsetzt euch nicht! Ihr sucht Jesus von Nazareth, den Gekreuzigten. Er ist auferstanden, er ist nicht hier. Siehe da die Stätte, wo sie ihn hinlegten"* (Mk 16,5-6). Dem Erschrecken der Frauen setzten die Engel das *„Fürchtet euch nicht!"* bzw. *„Entsetzt euch nicht!"* entgegen. Doch der Triumpf des Lebens über den Tod drang sowohl hier bei den Frauen wie auch später bei den Aposteln nur langsam in die Herzen.

Lukas berichtet von zwei Engeln. Sie bezeugten nicht nur die Tatsache der Auferstehung, sondern äußerten zugleich ihr Unverständnis, wieso die Frauen Jesus im Grab suchten: *„Und als sie darüber ratlos waren, siehe, da traten zu* *ihnen zwei Männer mit glänzenden Kleidern. Sie aber erschraken und neigten ihr Angesicht zur Erde. Da sprachen die zu ihnen: Was sucht ihr den Lebenden bei den Toten? Er ist nicht hier, er ist auferstanden"* (Lk 24,4-6). Damit wurde die Verwirrung bei den Frauen nur noch größer. Sie suchten den Herrn und fanden ihn nicht. Wie sollten sie das verstehen, dass der Hingerichtete und Gestorbene von den Engeln als der Lebende bezeichnet wurde? Vielleicht konnten sie sich daran erinnern, dass sich Jesus selbst als das Leben bezeugt hatte (Joh 11,25; 14,6).

Johannes schildert uns die besonderen Begegnungen der Maria Magdalena. Sie sah das offene Grab und geriet in Panik, lief sofort zurück *„zu Simon Petrus und zu dem andern Jünger, den Jesus lieb hatte"* (Joh 20,2) und berichtete, dass der Leichnam Jesu entfernt worden sei. Nachdem die Jünger mit ihr zum Grab gegangen waren und sich vom leeren Grab überzeugt hatten, gingen sie wieder zurück nach Jerusalem. Maria Magdalena blieb noch eine Zeit lang dort. Sie beugte sich in ihrer Trauer vorsichtig hinein. Sie *„sieht zwei Engel in weißen Gewändern sitzen, einen zu Häupten und den andern zu den Füßen, wo der Leichnam Jesu gelegen hatte. Und die sprachen zu ihr: Frau, was weinst du? Sie spricht zu ihnen: Sie haben meinen Herrn weggenommen, und ich weiß nicht, wo sie ihn hingelegt haben"* (Joh 20,12-13). Auch Maria Magdalena konnte sich ihren Herrn zu diesem Zeitpunkt nur als Leichnam vorstellen. Die Frage der Engel verwunderte sie. Unmittelbar anschließend sollte Maria erfahren, dass sie keinen Grund mehr zur Trauer hatte.

Die Begegnung mit Engeln, die die Frauen als Lichtgestalt in weißglänzenden Kleidern wahrnahmen, erschrak sie zutiefst. Das Zeugnis der Evangelien ist an dieser Stelle nicht einheitlich. Während Matthäus und Markus nur einen Engel erwähnen, sprechen Lukas und Johannes von zwei Engeln. „Vermutlich haben Matthäus und Markus nur den Engel erwähnt, der das Wort ergriff."[306] Es kann auch sein, dass bei dem Auftreten von Engeln, so wie bei der Geburtsankündigung, eine große Zahl von Engeln anwesend ist, während nur wenige, vielleicht nur einer, den Menschen sichtbar wird. Solche Offenbarungen bleiben eine Glaubensfrage und bleiben dem rationalen Denken verborgen. Die Evangelien ergänzen sich wieder gegenseitig und lassen erahnen, wie aufgewühlt die Frauen durch diese Begegnungen waren. „Aber was im ersten

[306] EdC NT, Lukas-Evangelium 2. Teil, a.a.O., S. 684

Augenblick gegen ihre Glaubwürdigkeit spricht, wird tatsächlich zur Stütze. Wir begegnen offenbar nicht der organisierten Propaganda einer zentralen Stelle, sondern einer unfrisierten, weitgehend unabhängigen Überlieferung."[307]

Markus beschreibt den Engel im Grab als einen Jüngling: Jüngling, ‚Na-ar', bedeutet im hebräischen auch der Erweckte, weil es vom Wortstamm ‚wecken, wach' abgeleitet ist. „Der Erweckte ist dort und sagt [dadurch], wie es im Lukas-Evangelium deutlicher dasteht: ‚Was sucht ihr den Lebenden bei den Toten?'" (Lk 24,5).[308]

Es ist das gemeinsame Zeugnis der Evangelien, dass Jesus Christus auferstanden ist. Er ist der Lebendige, der bei den Toten nicht zu finden ist. Wie könnte dies besser begründet werden als mit Jesu eigenen Worten. Deshalb hat die Engelbotschaft einen zweiten Teil. Die Engel erinnerten die Frauen an Jesu Voraussage seiner Auferstehung und sie kündigten die Begegnung mit dem Lebendigen an.

Nach Lukas hatte der Engel diese Voraussage aus den Leidensankündigungen hier noch einmal ausführlich wiederholt. *„Gedenkt daran, wie er euch gesagt hat, als er noch in Galiläa war und sprach: Der Menschensohn muss überantwortet werden in die Hände der Sünder und gekreuzigt werden und am dritten Tage auferstehen. Und sie gedachten an seine Worte"* (Lk 24,6-8). Die Frauen erinnerten sich an die Verheißung Jesu und schöpften langsam neue Hoffnung. Matthäus und Markus bezeugen uns im zweiten Teil der Engelbotschaft weiterhin den Auftrag, die Auferstehungsbotschaft weiter zu tragen und sie den Jüngern zur Bestärkung bekannt zu machen. Sie sollten miteinander nach Galiläa gehen, um ihn dort zu sehen. So fuhren die Engel fort: *„...und geht eilends hin und sagt seinen Jüngern: Er ist auferstanden von den Toten. Und siehe, er geht vor euch hin nach Galiläa; da werdet ihr ihn sehen. Siehe, ich habe es euch gesagt"* (Mt 28,7). *„Geht aber hin und sagt seinen Jüngern und Petrus, dass er vor euch hingeht nach Galiläa; da werdet ihr ihn sehen, wie er euch gesagt hat"* (Mk 16,7). Die Beauftragung der Frauen, jetzt schnell vom Grab weg und zu den Jüngern hinzugehen, beschreibt eine neue Orientierung. Noch stärker wird diese Neuorientierung durch die Vorgabe des Zieles: nach

---

[307] WStb, Das Evangelium des Markus (Ergänzungsband), a.a.O., S. 579
[308] Friedrich Weinreb, Das Markus-Evangelium, a.a.O., S. 820

Galiläa. Der Weg von Galiläa nach Jerusalem stand für einen Weg in das Leiden und schließlich in den Tod Jesu. Der Rückweg von Jerusalem nach Galiläa stand für die Hoffnung auf den lebendigen Herrn. In Galiläa hatte der irdische Dienst Jesu begonnen. In Galiläa sollte auch die Herrlichkeit des Auferstandenen sichtbar werden. Galiläa liegt im Norden. Nach dem Midrasch, der überlieferten Auslegung religiöser Texte im rabbinischen Judentum, bedeutet das: „Im Norden erscheint es, kommt jetzt auch das, was früher verborgen war, zur Erscheinung. Jetzt erst kann es in der Welt so sein, dass es erscheinen wird. ... [der Auferstandene] kommt in eine Welt, wo es bisher nicht möglich war.“[309] Diese Neuorientierung kann schon eine Andeutung in Richtung der Heidenvölker sein.

Die Frauen folgten der Aufforderung und flohen vom Grab, immer noch schwankend zwischen Angst und Freude. *„Und sie gingen eilends weg vom Grab mit Furcht und großer Freude und liefen, um es seinen Jüngern zu verkündigen“* (Mt 28,8). *„Und sie gingen hinaus und flohen von dem Grab; denn Zittern und Entsetzen hatte sie ergriffen. Und sie sagten niemandem etwas; denn sie fürchteten sich“* (Mk 16,8). „Deutlich zittert noch die Erschütterung nach und intoniert aus mehrerer Zeugen Mund die im Kern eindeutige Botschaft: Jesus ist leibhaftig auferstanden.“[310] Die Frauen waren dem Auftrag der Engel gehorsam. Sie liefen zurück zu den Jüngern und berichteten ihre Erlebnisse. Das Interessante daran ist, dass die Jünger den Berichten keinen Glauben schenkten. Auch hier sehen wir wieder, wie absolut unvorstellbar der Gedanke an eine leibliche Auferstehung war. *„Und es erschienen ihnen diese Worte, als wär's Geschwätz, und sie glaubten ihnen nicht“* (Lk 24,11; vgl. Lk 24,37.41; Mt 28,17; Mk 16,11.13). Um die Jünger zum Glauben zu führen, hatte Jesus eine ganze Reihe von Begegnungen herbeigeführt. Nichts von seinem Wirken war einfach weg und begraben, so wie er selbst nicht im Grabe blieb. „Mit der Auferstehung Jesu sind auch alle seine Worte, Berufungen und Wundermächte, ist seine Sendung und Vollmacht ebenfalls auferstanden. Um dieser Auferstehung willen ist das ganze irdische Leben Jesu überlieferungswürdig. Darum atmet jede Zeile der Evangelien Ostern. Das alles lebt und ist heute wie damals gegenwärtig.“[311]

---

[309] Ebd. S. 821
[310] WStb, Das Evangelium des Markus (Ergänzungsband), a.a.O., S. 579
[311] Ebd. S. 582

6.4.3 Der Auferstandene begegnet den Frauen

Aus der Fülle von Zeugnissen, die uns Begegnungen der Jüngerinnen und Jünger mit Jesus berichten, wollen wir im Folgenden einige auswählen. Sie mögen stellvertretend für viele andere stehen. Eine herausragende Begegnung mit dem auferstandenen Jesus hatte Maria Magdalena noch unmittelbar in der Nähe des Grabes. Wir sahen bereits, dass sie mit den anderen Frauen am Morgen des ersten Tages der Woche zum Grab gelaufen war und dort das leere Grab vorgefunden hatte. In ihrer Panik war sie sofort zu Petrus und Johannes zurückgelaufen und hatte ihnen davon berichtet. Petrus und Johannes hatten sich vom leeren Grab überzeugt, waren aber wieder in die Stadt zurückgekehrt. Maria Magdalena blieb am Grab. Im Gespräch mit den beiden Engeln war sie offenbar nicht so stark überrascht, wie die anderen. Ihnen hatte sie ihr Leid geklagt: *„Sie haben meinen Herrn weggenommen, und ich weiß nicht, wo sie ihn hingelegt haben"* (Joh 20,13). Der in ihrer Nähe stehende Jesus wurde von ihr nicht erkannt. Deshalb fragte sie den vermeintlichen Gärtner nach dem Leichnam ihres Herrn. Die darauffolgende Antwort begann mit einem einzigen Wort. Er nannte ihren Namen. In diesem Augenblick wurde es in ihr hell. Sofort erkannte sie Jesus und war überwältigt. *„Spricht Jesus zu ihr: Maria! Da wandte sie sich um und spricht zu ihm auf Hebräisch: Rabbuni!, das heißt: Meister! Spricht Jesus zu ihr: Rühre mich nicht an! Denn ich bin noch nicht aufgefahren zum Vater. Geh aber hin zu meinen Brüdern und sage ihnen: Ich fahre auf zu meinem Vater und eurem Vater, zu meinem Gott und eurem Gott. Maria Magdalena geht und verkündigt den Jüngern: ‚Ich habe den Herrn gesehen', und was er zu ihr gesagt habe"* (Joh 20,16-18). Mit der Verehrung Jesu als Meister legte sie spontan ein Bekenntnis ab. Sie wusste, dass sie Jesus ihr neu gewordenes Leben verdankte. Schwierig ist hier das Berührungsverbot zu verstehen. Jesus war ja als Auferstandener durchaus berührbar, was durch andere Zeugnisse der Schrift bestätigt wird. Neben manchen Deutungsversuchen könnte es als eine Aussage verstanden werden, die der besonderen Beziehung von Maria Magdalena zu Jesus geschuldet war. Jesus bedeutet ihr, sie möge nicht versuchen, ihn ins alte irdische Leben zurückzuziehen.[312] Maria Magdalena erfüllte den an sie gerichteten Auftrag und brachte die Auferstehungsbotschaft zu den Jüngern. Mit der persönlichen Erfahrung, dass ihr

---

[312] WStb, Das Evangelium des Johannes, 2. Teil, a.a.O., S. 234

Meister lebt, konnte sich Maria Magdalena augenblicklich vom Grab abwenden und dem Leben wieder neu zuwenden.

Eine weitere Begegnung hatten jene Frauen, welche vom Grab in die Stadt zurückgingen und dabei unter anderem die verstörten Wachsoldaten trafen. Auf diesem Weg begegnete ihnen Jesus und sprach die Frauen an. Ihnen wurde die Berührung nicht verwehrt. *„Und siehe, da begegnete ihnen Jesus und sprach: Seid gegrüßt! Und sie traten zu ihm und umfassten seine Füße und fielen vor ihm nieder. Da sprach Jesus zu ihnen: Fürchtet euch nicht! Geht hin und verkündigt es meinen Brüdern, dass sie nach Galiläa gehen: Dort werden sie mich sehen"* (Mt 28,9-10). Sie sahen ihn, sie hörten ihn, sie beteten ihn an. Auch sie nahmen den Auftrag ernst, den Jüngern zu verkünden, dass Jesus auferstanden war und sie ihn in Galiläa sehen werden. Auch in dieser Begegnung nannte er seine Jünger jetzt Brüder. „Die Bezeichnung ‚meine Brüder' weist weit hinaus auf die endzeitliche Vollendung. Dort werden wir ‚gleich sein dem Ebenbild' des Sohnes Gottes, sein himmlisches Bild und Wesen in geheimnisvoller Weise an uns tragen (Röm 8,29; 1. Kor 15,49)."[313] Es ist zugleich schon ein Hinweis, dass die Menschen im Neuen Bund füreinander Schwestern und Brüder in Christus sind.

6.4.4 Der Auferstandene begegnet den Jüngern

Eine weitere sehr beeindruckende Begegnung ist die zwischen Jesus und den Emmausjüngern[314]. *„Und siehe, zwei von ihnen gingen an demselben Tage in ein Dorf, das war von Jerusalem etwa sechzig Stadien entfernt; dessen Name ist Emmaus"* (Lk 24,13). „Derselbe" Tag ist der Auferstehungstag. Die Entfernung von sechzig Stadien beträgt etwa 11 Kilometer.[315] Für diesen Weg könnten sie etwa 2 Stunden benötigt haben.[316] Einer der beiden Jünger trug den

[313] EdC NT, Matthäus-Evangelium 2. Teil, a.a.O., S. 488

[314] Die Bezeichnung Emmausjünger ist kein Hinweis auf den Geburts- oder Wohnort der Jünger. Sie bezeichnet die beiden Jünger (verm. Kleopas und Simon), die auf ihrem Weg nach Emmaus eine Begegnung mit dem auferstandenen Jesus hatten.

[315] EdC NT, Lukas-Evangelium 2. Teil, a.a.O., S. 694; Die Entfernungsangabe von 60 Stadien findet sich neben der Übersetzung Luther 2017 z.B. auch in der Elberfelder Bibel, F.E. Schlachter 2000, Zürcher Bibel, Einheitsübersetzung. Die Entfernungsangabe von ca. 11 km findet sich z.B. auch in den Übersetzungen Hoffnung für alle, Neues Leben, Neue evangelistische Übersetzung. Die Gute Nachricht hat hier ca. 12 km.

[316] Ebd., S. 709; Die Ankunft in Emmaus könnte gegen 6-7 Uhr abends erfolgt sein, die

Namen Kleopas (Lk 24,18). Sie wussten bereits von den Frauen, dass diese das Grab leer vorgefunden hatten. Auch die Botschaft, dass Jesus auferstanden sei, hatten sie von den Frauen bereits gehört. Doch sie konnten darüber nicht froh werden, sondern waren erschrocken und verunsichert. Sie hatten die große Hoffnung gehabt, dass Jesus von Nazareth Israel erlösen würde, und sahen sich darin enttäuscht. Jesus, der zu ihnen stieß und mit ihnen den größten Teil des Weges ging, wurde von ihnen nicht erkannt. So erging es den Jüngerinnen und Jüngern mehrfach. Sie erkannten den Auferstandenen nicht, bis er sich selbst erkennbar machte. Als er ihre Enttäuschung angehört hatte, klärte er sie auf. *„Musste nicht der Christus dies erleiden und in seine Herrlichkeit eingehen? Und er fing an bei Mose und allen Propheten und legte ihnen aus, was in allen Schriften von ihm gesagt war"* (Lk 24,26-27). Den Jüngern brannte zwar das Herz, aber aus ihrer Trauer fanden sie erst heraus, als Jesus sich erkennbar machte. *„Und es geschah, als er mit ihnen zu Tisch saß, nahm er das Brot, dankte, brach's und gab's ihnen. Da wurden ihre Augen geöffnet und sie erkannten ihn. ... Und sie standen auf zu derselben Stunde, kehrten zurück nach Jerusalem und fanden die Elf versammelt und die bei ihnen waren; die sprachen: Der Herr ist wahrhaftig auferstanden und dem Simon erschienen. Und sie erzählten ihnen, was auf dem Wege geschehen war und wie er von ihnen erkannt wurde, da er das Brot brach"* (Lk 24,30-31; 33-35). Sobald sie Jesus erkannt hatten, war er vor ihren Augen verschwunden. Das Erkennen des lebendigen, auferstandenen Herrn versetzte sie in solche Begeisterung, dass sie sofort den Rückweg nach Jerusalem wieder auf sich nahmen. Am späten Abend trafen sie die elf Apostel und einen weiteren Jüngerkreis gemeinsam an und berichteten von ihrer Begegnung.

Unmittelbar im Anschluss an den Bericht der Emmausjünger trat Jesus mitten in diesen Kreis. Die Elf, welche sich hier mit anderen Jüngern versammelt hatten, waren die Apostel ohne Judas Iskariot. An der Tatsache, dass elf seiner Apostel hier versammelt waren, erkennen wir den Unterschied in der Bewältigung des Versagens zwischen Judas Iskariot und Petrus. Der Verräter Judas Iskariot hatte seinen Verrat schon vorher geplant. Während des letzten Mahles heißt es von ihm: *„Und nach dem Bissen fuhr der Satan in ihn"* (Joh 13,27; vgl. Lk 22,3). Nach der Verurteilung Jesu bereute er dies (Mt 27,3), fand aber nicht zu Jesus zurück. Ihm fehlte der entscheidende Schritt der Buße. In seiner

---

Rückkehr in Jerusalem gegen 9 Uhr. Die Zeit von 2 Stunden wird als Entfernungsangabe z.B. in der Neuen Genfer Übersetzung verwendet.

Verzweiflung beging er Selbstmord (Mt 27,5). Ganz im Gegensatz dazu verhielt es sich mit Petrus. Er war bis zum letzten Augenblick der Gefangennahme an Jesu Seite geblieben und hatte sich leidenschaftlich für ihn eingesetzt (Joh 18,10). Später, im Hof des Hohenpriesters, verleugnete er Jesus aus der Angst des Augenblicks. Sofort nach dem Krähen des Hahnes erinnerte er sich an die Worte Jesu. *„Und Petrus gedachte an des Herrn Wort, ... ging hinaus und weinte bitterlich“* (Lk 22,61.62). Er tat Buße und blieb in der Beziehung mit Jesus. Ihm hatte Jesus eine Einzelbegegnung ermöglicht, die nicht näher beschrieben ist. Sie zeigt aber, dass die innige Verbindung zwischen ihnen wiederhergestellt war. Sowohl Lukas wie auch Johannes berichten uns davon, dass Jesus am Abend des Auferstehungstages in den Kreis seiner Jünger trat. Petrus war also nach wie vor Teil dieses Kreises. *„Als sie aber davon redeten, trat er selbst mitten unter sie und sprach zu ihnen: Friede sei mit euch!“* (Lk 24,36). Noch konnten sie nicht glauben, was sie da sahen, sondern waren immer noch voller Angst und Schrecken. *„Sie erschraken aber und fürchteten sich und meinten, sie sähen einen Geist. Und er sprach zu ihnen: Was seid ihr so erschrocken, und warum kommen solche Gedanken in euer Herz? Seht meine Hände und meine Füße, ich bin's selber. Fasst mich an und seht; denn ein Geist hat nicht Fleisch und Knochen, wie ihr seht, dass ich sie habe. Und als er das gesagt hatte, zeigte er ihnen seine Hände und Füße. Da sie es aber noch nicht glauben konnten vor Freude und sich verwunderten, sprach er zu ihnen: Habt ihr hier etwas zu essen? Und sie legten ihm ein Stück gebratenen Fisch vor. Und er nahm's und aß vor ihnen“* (Lk 24,37-43). Jesus zeigte ihnen Hände und Füße, damit sie die Nägelmale der Kreuzigung sahen. Er forderte sie sogar auf, ihn zu berühren. Dann erst begann sich Freude auszubreiten. Johannes schrieb es später so: *„Was von Anfang an war, was wir gehört haben, was wir gesehen haben mit unsern Augen, was wir betrachtet haben und unsre Hände betastet haben, vom Wort des Lebens ... was wir gesehen und gehört haben, das verkündigen wir auch euch, damit auch ihr mit uns Gemeinschaft habt; und unsere Gemeinschaft ist mit dem Vater und mit seinem Sohn Jesus Christus“* (1. Joh 1,1.3). Doch wirklich überzeugt wurden sie erst, als er vor ihnen ein Stück Fisch aß. Es zeigt noch einmal in aller Deutlichkeit, wie schwer es für die Jünger war, die Auferstehung ihres Herrn als gegenwärtiges reales Ereignis anzunehmen. Der auferstandene Herr war nicht nur eine Erscheinung, sondern er war in einer neuen Leiblichkeit wirklich anwesend. Lukas spricht betont über die Körperlichkeit Jesu nach seiner Auferstehung. Es muss hierbei offenbleiben, welche Stofflichkeit der Leib Jesu hatte, wenn er einerseits durch Wände gehen kann, es andererseits, aber auch möglich ist, seine Wunden zu berühren. Wichtig ist, dass Lukas uns überliefert, dass Jesus real unter den Jüngern anwesend ist und nicht als Erinnerung oder Wunsch gedacht werden muss. Was wäre das für ein Gott, der sich uns nicht jederzeit genau in der Form und Gestalt offenbaren könnte, wie es in der entsprechenden Situation notwendig ist, so wie wir es jeweils verstehen und ergreifen können.

Auch Johannes berichtet es in gleicher Weise: *„Am Abend aber dieses ersten Tages der Woche, da die Jünger versammelt und die Türen verschlossen waren aus Furcht vor den Juden, kam Jesus und trat mitten unter sie und spricht zu ihnen: Friede sei mit euch! Und als er das gesagt hatte, zeigte er ihnen die Hände und seine Seite. Da wurden die Jünger froh, dass sie den Herrn sahen"* (Joh 20,19-20). Jesus trat einfach unter die Jünger. Im Laufe der Begegnung zeigte er ihnen die Nägelmale und die Seitenwunde. Nach dem Johannes-Evangelium war Thomas bei dieser Begegnung nicht anwesend. Man kann davon ausgehen, dass bei Johannes und bei Lukas von der gleichen Begegnung die Rede ist. Dann müsste Thomas den Kreis nach dem Eintreffen der Emmausjünger verlassen haben. Warum er nicht anwesend war, wird nicht berichtet.[317] An seiner Person wird ein weiteres Mal deutlich, wie schwer es für die Jünger war, den Glauben an die Auferstehung wirklich anzunehmen.

Die bisher geschilderten Begegnungen mit dem Auferstandenen fanden alle am ersten Tag der Woche, am Auferstehungstag statt. Die Begegnungen mit Maria Magdalena und mit den anderen Frauen, die miteinander am Grab waren, fanden in den Morgenstunden statt. Die Begegnungen mit den beiden Jüngern auf dem Weg nach Emmaus und mit dem Kreis der Jünger ohne Thomas (Lk 20,19-20; Joh 20,19-20) fanden in den Abendstunden statt. Die Erwähnung einer Begegnung mit Simon Petrus (Lk 24,34; 1. Kor 15,5) lässt sich nach der Tageszeit nicht einordnen. Aber sie alle fanden an diesem ersten Tag in und um Jerusalem statt. Bis zum Äußersten waren die Jünger angespannt und erschöpft gewesen. Nun konnten sie unmittelbar selbst erleben, dass ihr Herr lebendig und nicht tot, gegenwärtig und nicht verschwunden war.

Wir wollen unterstreichen, dass die Bibel eine Vielzahl von Zeugnissen der Auferstehung Jesu enthält. Im ersten Korintherbrief hat es Paulus so

[317] EdC NT, Johannes-Evangelium 2. Teil, a.a.O., S. 370

formuliert, *„dass er gesehen worden ist von Kephas, danach von den Zwölfen*[318]*. Danach ist er gesehen worden von mehr als fünfhundert Brüdern auf einmal, von denen die meisten noch heute leben, einige aber sind entschlafen. Danach ist er gesehen worden von Jakobus, danach von allen Aposteln. Zuletzt von allen ist er auch von mir als einer unzeitigen Geburt gesehen worden. Denn ich bin der geringste unter den Aposteln, der ich nicht wert bin, dass ich ein Apostel heiße, weil ich die Gemeinde Gottes verfolgt habe"* (1. Kor 15,5-9). Das „heute" in diesem Wort meint den Zeitpunkt der Niederschrift des ersten Korintherbriefes. Gemeint ist also damit das Jahr 55 n. Chr. und es bedeutet, dass mehr als zwanzig Jahre nach dem Tod Jesu der größte Teil der Auferstehungszeugen noch am Leben war und befragt werden konnte.[319]

6.4.5 Der Auferstandene begegnet Thomas

Eine besondere Begegnung zwischen dem Auferstandenen und seinen Jüngern war die Begegnung mit Thomas. Er war am Abend des Auferstehungstages zum Zeitpunkt der Begegnung mit Jesus nicht anwesend. *„Thomas aber, einer der Zwölf, der Zwilling genannt wird, war nicht bei ihnen, als Jesus kam"* (Joh 20,24). Er hatte nicht die Chance, von der Gegenwart des Herrn überwältigt zu werden. So konnte er es auch nicht glauben, als der Jüngerkreis ihm die Begegnung mit Jesus berichtete. *„Da sagten die andern Jünger zu ihm: Wir haben den Herrn gesehen. Er aber sprach zu ihnen: Wenn ich nicht in seinen Händen die Nägelmale sehe und lege meinen Finger in die Nägelmale und lege meine Hand in seine Seite, kann ich's nicht glauben"* (Joh 20,25).

Das war es ja gerade, was der Herr dem Jüngerkreis bei seiner Begegnung am Auferstehungstag gezeigt hatte. Sie hatten die durch die Nägel hervorgerufenen Wunden an den Händen und Füßen, sowie die durch die Lanze hervorgerufene Wunde an seiner Seite gesehen. Nichts anderes forderte nun Thomas hier. Auch die anderen zehn Jünger hatten den Frauen deren Zeugnis von der Auferstehung Jesu nicht geglaubt. Sie glaubten erst, als sie den Herrn sahen.

---

[318] Die Bezeichnung „den Zwölfen" ist nicht numerisch zu verstehen, sondern bezeichnet den Kreis der ersten Apostel. Vgl. Schrift und Glaube – Christliches Leben in Apostolischen Gemeinden; S. 124, Kap. 4.6.4 Apostel

[319] WStb, Der erste Brief des Paulus an die Korinther, erklärt von Werner de Boor, R. Brockhaus Verlag Wuppertal, 3. Auflage 1974, S. 18; Siehe auch: EdC NT, 1. Korintherbrief, a.a.O., S. 9

Die Not ist beim gesamten Jüngerkreis die gleiche. So kann auch Thomas das Zeugnis der Jüngerinnen und Jünger nicht glauben, es sei denn, er könne es selbst erleben. Er ging noch einen Schritt weiter, die Wunden nicht nur sehen, sondern auch berühren zu wollen.

Genau diesem Wunsch entsprach Jesus. Mit großer seelsorgerlicher Hingabe kam er eine Woche danach wieder in den Kreis der Jünger. *„Und nach acht Tagen waren seine Jünger abermals drinnen, und Thomas war bei ihnen. Kommt Jesus, als die Türen verschlossen waren, und tritt mitten unter sie und spricht: Friede sei mit euch!“* (Joh 20,26). Die Redewendung *„und nach acht Tagen“* lässt uns davon ausgehen, dass es wieder der erste Tag der Woche war. Der erste Tag ist in die Zählung mit eingerechnet.[320] Es deutet sich hier schon an, dass *„die Elf ... und die bei ihnen waren“* (Lk 24,33) den ersten Tag der Woche zu ihrem Versammlungstag machten. „Der Ursprung des Sonntags liegt also nicht in der Heidenkirche, sondern in der allerersten Jerusalemer Gemeinde.“[321] Die Jünger waren *„abermals drinnen“* versammelt. Sie waren alle beieinandergeblieben, einschließlich Petrus und Thomas. Am Abend des ersten Tages der Woche hatten sie sich an einem ihnen offenbar vertrauten Ort versammelt. Den vertrauten Ort bestätigt auch Lukas in seiner Apostelgeschichte. Denn als sie nach der Himmelfahrt Jesu wieder nach Jerusalem kamen, *„stiegen sie hinauf in das Obergemach des Hauses, wo sie sich aufzuhalten pflegten“* (Apg 1,13). Es war wieder die gleiche Situation. Die Türen waren verschlossen. Jesus trat in ihre Mitte und grüßte sie mit dem Friedensgruß. Jesus wusste um die Nöte des Thomas. Ohne dass Thomas etwas zu sagen brauchte, wurde er unmittelbar von Jesus angesprochen und aufgefordert, seinem ureigenen Wunsch nachzukommen. *„Danach spricht er zu Thomas: Reiche deinen Finger her und sieh meine Hände, und reiche deine Hand her und lege sie in meine Seite, und sei nicht ungläubig, sondern gläubig!“* (Joh 20,27). Jesus war erfüllt von einer außerordentlichen Liebe, dass auch Thomas zum Glauben an die Auferstehung kommen sollte. Mehrere Übersetzungen formulieren die letzten Worte dieses Verses ähnlich wie die Übersetzung „Hoffnung für alle“: *„Zweifle nicht länger, sondern glaube!"* Dass Jesus so weit ging, für Thomas eine besondere Begegnung mit ihm im Jüngerkreis zu ermöglichen, das überwältigte Thomas. Es wird nicht berichtet, ob er danach

---

[320] WStb, Das Evangelium des Johannes, 2. Teil, a.a.O., S. 244; Siehe auch: EdC NT, Johannes-Evangelium 2. Teil, a.a.O., S. 372

[321] Ebd. S. 373

überhaupt in der Lage war, den Auferstandenen zu berühren. Er betete ihn an. *„Thomas antwortete und sprach zu ihm: Mein Herr und mein Gott!“* (Joh 20,28).

In dieser überwältigenden Anbetung kommt seine Gotteserkenntnis zum Ausdruck. Jesus hatte immer wieder auf seine innige Verbindung zum Vater hingewiesen, so auch nach dem Einzug in Jerusalem. *„Wer an mich glaubt, der glaubt nicht an mich, sondern an den, der mich gesandt hat. Und wer mich sieht, der sieht den, der mich gesandt hat“* (Joh 12,44-45). Glaube an Jesus ist Glaube an Gott. In Jesus erkennen wir die Offenbarung Gottes. Zurückweisung Jesu ist Zurückweisung Gottes. Auch in den Abschiedsreden hatte Jesus seine Jünger ganz besonders in diesem Glauben bestärkt: *„Euer Herz erschrecke nicht! Glaubt an Gott und glaubt an mich!“* (Joh 14,1). Die doppelte Aufforderung zum Glauben, nämlich an Gott und an Jesus, verweist schon darauf, dass der Vater und der Sohn nicht voneinander zu trennen sind. Thomas wird als Zeuge dieser Rede ausdrücklich genannt. Ihn drängte es offenbar, den Dingen gewissenhaft auf den Grund zu gehen. Indem Jesus verkündete, zum Vater zu gehen und wieder zu kommen, mutete er dem Thomas, vielleicht auch manchem anderen, mehr zu, als dieser bereit war anzunehmen. *„Und wo ich hingehe, dahin wisst ihr den Weg. Spricht zu ihm Thomas: Herr, wir wissen nicht, wo du hingehst; wie können wir den Weg wissen? Jesus spricht zu ihm: Ich bin der Weg und die Wahrheit und das Leben; niemand kommt zum Vater denn durch mich. Wenn ihr mich erkannt habt, so werdet ihr auch meinen Vater erkennen. Und von nun an kennt ihr ihn und habt ihn gesehen“* (Joh 14,4-7). In diesem Gespräch meldete sich auch Philippus zu Wort, dem Jesus in ähnlicher Weise verdeutlichen musste: *„Wer mich sieht, der sieht den Vater“* (Joh 14,9). Doch wir bleiben hier bei Thomas. Was ihm im Augenblick der Begegnung mit dem auferstandenen Herrn auch immer durchs Herz ging, er konnte ihm nichts anderes entgegnen, als ihn anzubeten: *„Mein Herr und mein Gott!“* Jesus tat alles, um die ersten Jüngerinnen und Jünger, ganz besonders seine Apostel, darin zu bestärken, unbeirrbare Zeugen seiner Auferstehung zu sein.

Die letzten Worte, welche uns aus dieser Begegnung berichtet werden, können durchaus als Tadel an Thomas verstanden werden. Allerdings trifft dieser Tadel dann auf alle anderen Jünger auch zu, welche die Auferstehung Jesu erst glauben konnten, als dieser ihnen begegnete. *„Spricht Jesus zu ihm: Weil du mich gesehen hast, darum glaubst du? Selig sind, die nicht sehen und doch* *glauben!"* (Joh 20,29). Die Auferstehung steht für eine vollumfängliche Lebenserneuerung. Es sollte nur noch wenige Tage dauern, dann würde man nur auf das Wort der Zeugen hin glauben müssen (vgl. Apg 10,40; 1. Petr 1,8).[322]

Wie sehr diese und die folgenden Begegnungen mit dem Auferstandenen den Glauben der Jünger verändern, wird erkennbar, wenn sie wenige Wochen später die Worte Jesu glauben, und verstehen, dass er für alle Zeiten und bis ans Ende der Welt bei ihnen sein werde (Mt 28,20).

6.4.6 Der Auferstandene in Galiläa

Jesus hatte seine Jünger bereits während seiner irdischen Lebenszeit wissen lassen, dass sie ihn in Galiläa sehen werden. *„Wenn ich aber auferstanden bin, will ich vor euch hingehen nach Galiläa"* (Mt 26,32; vgl. Mk 14,28). Sowohl die Engel am Grab wie auch der Auferstandene selbst hatten es den Frauen verkündet: *„Aber der Engel sprach zu den Frauen: ... und geht eilends hin und sagt seinen Jüngern: Er ist auferstanden von den Toten. Und siehe, er geht vor euch hin nach Galiläa; da werdet ihr ihn sehen. Siehe, ich habe es euch gesagt. ... Da sprach Jesus zu ihnen: Fürchtet euch nicht! Geht hin und verkündigt es meinen Brüdern, dass sie nach Galiläa gehen: Dort werden sie mich sehen"* (Mt 28,5.7.10; vgl. Mk 16,7). Nach den ersten Begegnungen in Jerusalem waren die Jünger wieder nach Galiläa gezogen (vgl. 6.4.2). Sie folgten im Gehorsam ihrem Herrn und versuchten, ihr Leben neu zu gestalten. Die Reihenfolge der Begegnungen in Galiläa können wir nicht einordnen. Wir wissen auch nicht genau, wie lange sie dortblieben. Einige Zeit vor der Himmelfahrt waren sie jedoch wieder in Jerusalem beieinander.

Galiläa war die irdische Heimat Jesu. Dort hatte auch seine öffentliche Wirksamkeit begonnen. Nun fand die dritte Begegnung des Auferstandenen mit seinen Jüngern, diesmal am See von Tiberias, statt (Joh 21,1-14). Dieser See wird in den Evangelien häufiger See Genezareth (z.B. Mt 14,34; Mk 6,53; Lk 5,1), manchmal auch Galiläisches Meer (z.B. Mt 4,18; 15,29; Mk 1,16; 7,31; Joh 6,1) genannt. Sowohl Tiberias als auch Genezareth waren Städte am Westufer des Sees. Sieben der Jünger werden uns genannt. Sie gingen als Fischer ihrem Broterwerb nach. *„Es waren beieinander Simon Petrus und Thomas, der*

[322] Ebd., S. 374

Zwilling genannt wird, und Nathanael aus Kana in Galiläa und die Söhne des Zebedäus und zwei andere seiner Jünger" (Joh 21,2). Simon Petrus, Thomas sowie die Söhne des Zebedäus Jakobus und Johannes gehörten zum Kreis der Zwölf. Nathanael aus Kana (vgl. Joh 1,45-51) sowie zwei namentlich nicht genannte Jünger waren ebenfalls dabei. Die Fischer Simon Petrus, Jakobus und Johannes waren hier am See Tiberias von Jesus zu seinen Jüngern berufen worden (Mt 4,18-22; Mk 1,16-20; vgl. Lk 5,1-11). Jetzt waren sie von einem erfolglosen nächtlichen Fischzug zurückgekehrt. Jesus, der unerkannt am Ufer auf sie wartete, rief ihnen zu: *„Werft das Netz aus zur Rechten des Bootes, so werdet ihr finden. Da warfen sie es aus und konnten's nicht mehr ziehen wegen der Menge der Fische. Da spricht der Jünger, den Jesus lieb hatte, zu Petrus: Es ist der Herr!"* (Joh 21,6-7). Die Fischer mögen sich erinnert haben an den wunderbaren Fischzug vor ihrer Berufung (Lk 5,1-11). Dieses Wunder hatte sie damals in Schrecken versetzt. Durch dieses Wunder erkannten sie jetzt Jesus, ihren Herrn. Dieser hatte am Ufer bereits Fisch und Brot für ein Morgenessen zubereitet. Er lud die Jünger ein: *„Kommt und haltet das Mahl!"* (Joh 21,12). Wir können diese Begebenheit als Erinnerung an die Speisung der Fünftausend (Joh 6,1-15) deuten. Johannes begnügt sich damit, sie nur zu benennen. Der überreiche Fang von einhundertdreiundfünfzig Fischen ist vielfältig gedeutet worden. Wir wollen nur darauf verweisen, dass Jesus selbst verheißen hatte: *„Ich bin gekommen, damit sie das Leben haben und volle Genüge"* (Joh 10,10). Die große Zahl der Fische deutet auf diese Fülle. Darüber hinaus ist ein Fischzug auch ein Bild für die Mission (vgl. Mt 4,19; 13,47; Lk 5,10). *„Niemand aber unter den Jüngern wagte, ihn zu fragen: Wer bist du? Denn sie wussten: Es ist der Herr. Da kommt Jesus und nimmt das Brot und gibt's ihnen, desgleichen auch den Fisch. Das ist nun das dritte Mal, dass sich Jesus den Jüngern offenbarte, nachdem er von den Toten auferstanden war"* (Joh 21,12-14). Dort, wo Jesus in die Mitte seiner Gemeinde tritt, bewirkt er für die Gemeinde großen Segen, so aussichtslos dies nach menschlichem Ermessen auch erscheinen mag.

Nach diesem gemeinsamen Essen am Ufer des Sees fand das denkwürdige Gespräch zwischen Jesus und Petrus statt. Im Hof des Hohenpriesters hatte Petrus dreimal geleugnet, Jesus zu kennen (Lk 22,54-62). Nun musste er dreimal die Frage Jesu aushalten, ob er ihn liebe (Joh 21,15-17). Auf sein dreimal ausgesprochenes „Ja“ folgte dreimal[323] der Auftrag Jesu: *„Weide meine Lämmer“* (Joh 21,15), bzw. *„Weide meine Schafe“* (Joh 21,16.17). Petrus wurde in diesem ganz persönlichen und sehr seelsorgerlichen Gespräch aufs Tiefste erschüttert. Der auferstandene Jesus gab ihm die Verheißung, dass er geführt werden wird bis in den Tod. *„Wahrlich, wahrlich, ich sage dir: Als du jünger warst, gürtetest du dich selbst und gingst, wo du hinwolltest; wenn du aber alt bist, wirst du deine Hände ausstrecken und ein anderer wird dich gürten und führen, wo du nicht hinwillst. Das sagte er aber, um anzuzeigen, mit welchem Tod er Gott preisen würde. Und als er das gesagt hatte, spricht er zu ihm: Folge mir nach!“* (Joh 21,18-19). In aller Deutlichkeit benennt Jesus hier die Nachfolge als entscheidendes Kennzeichen eines Jüngers.

6.4.7 Das Sendungswort des Auferstandenen in Galiläa

Die letzte uns berichtete Begegnung in Galiläa erfahren wir aus dem Matthäus-Evangelium. Diese Begegnung enthält entscheidende Aussagen für die Gemeinde Jesu Christi. Damit eröffnete Jesus bereits den Blick dafür, dass der von ihm aufgerichtete Neue Bund Auswirkungen auf alle Völker der Erde haben werde. *„Aber die elf Jünger gingen nach Galiläa auf den Berg, wohin Jesus sie beschieden hatte. Und als sie ihn sahen, fielen sie vor ihm nieder; einige aber zweifelten“* (Mt 28,16-17). An der Begegnung am See Tiberias waren nur vier Jünger aus dem Zwölferkreis beteiligt. Hier erfahren wir nun, dass tatsächlich alle elf, das heißt, der vollständige Kreis der Apostel ohne Judas Iskariot der Weisung Jesu gefolgt und nach Galiläa gekommen waren. Sie kamen auf einem Berg[324] zusammen, den Jesus ihnen genannt hatte, weitab von allem Lärm und allem Einfluss der Städte. Dieser Berg könnte in der Nähe des Sees gewesen sein. Genaue Angaben erfahren wir dazu nicht.[325] Jede Begegnung mit dem Auferstandenen rief bei den Jüngern große Ehrerbietung

---

[323] Anmerkung: Hier finden wir wieder die besondere Bedeutung der Zahl ‚drei‘ im damaligen jüdischen Verständnis. So wie drei Zeugen notwendig waren, um einen Sachverhalt sicher zu bezeugen, so wie drei Erzväter die Existenz des Volkes Israel herbeiführten, so bewirkte die dreimalige Beauftragung einen vollumfänglichen Auftrag, ohne jegliches „Wenn und Aber“.

[324] Die ausdrückliche Erwähnung eines Bergs als Versammlungsort weist im jüdischen Verständnis darauf hin, dass eine göttliche Botschaft von außerordentlicher Bedeutung verkündet wird. In diesem Verständnis erhielt u.a. Mose die Gebote auf einem Berg und hielt Jesus seine „Grundsatzrede“, die Bergpredigt.

[325] EdC NT, Matthäus-Evangelium 2. Teil, a.a.O., S. 495

hervor. So war es auch hier. Sie konnten es kaum fassen und fielen anbetend vor ihm nieder.

„Und Jesus trat herzu, redete mit ihnen und sprach: Mir ist gegeben alle Gewalt im Himmel und auf Erden“ (Mt 28,18). Dieser Vergewisserung bedürfen alle Jüngerinnen und Jünger aller Zeiten. Dem Auferstandenen ist die Herrschaft übertragen. Nur in dieser Gewissheit, dass Jesus Christus regiert, konnten seine Nachfolger alle Widrigkeiten, Anfeindungen und Verfolgungen ertragen. Nur in dieser Gewissheit konnten sie in ihrer eigenen Unvollkommenheit und Schwachheit beständig bleiben. Diese Vergewisserung ist deshalb von so großer Bedeutung, weil die Gemeinde Jesu Christi trotz der Ausbreitung des Evangeliums die ganze Brutalität der Macht Satans, des Fürsten dieser Welt an sich erfahren muss. Sie scheitert daran nicht, sondern überwindet mit Jesus Christus, dem Auferstandenen.

„Darum gehet hin und lehret alle Völker:[326] ***Taufet sie auf den Namen des Vaters und des Sohnes und des Heiligen Geistes und lehret sie halten alles, was ich euch befohlen habe. Und siehe, ich bin bei euch alle Tage bis an der Welt Ende“*** (Mt 28,19-20). Dreifach ist das Sendungswort Jesu, auch Missionsbefehl genannt.

Dieses Wort eröffnet unermessliche Dimensionen, die wir bis heute noch nicht vollständig erschlossen haben. *„Darum gehet hin ...“* Jesus sandte seine Jünger aus. Seine Sendung ist eine bleibende, welche während der gesamten Weltzeit andauern wird, bis zu seinem Wiederkommen. Sie weist der Gemeinde bis heute den aktiven Part zu. Sie „richtet sich an Kinder und Eltern, an Gemeinschaften und Gemeinden, an Pfarrer, Diakone und christliche Sozialarbeiter. Das bedeutet z.B. ganz konkret die Pflicht zu Hausbesuchen und Einladungen, die Pflicht zu Evangelisation und Mission in möglichst vielen Bereichen.“[327] So lässt sich sagen, dass durch die erstbeauftragten Jünger jeder

---

[326] Anmerkung: Bereits in der Lutherbibel 1912 wurde übersetzt: „lehret alle Völker“. An dieser Stelle steht in der Lutherbibel 2017 als Fußnote: „Andere Übersetzung: ‚machet zu Jüngern alle Völker‘“. So wurde übersetzt in der Lutherbibel 1956/1964 und 1984. So übersetzen z.B. auch: EdC NT (Gerhard Maier), WStb (Fritz Rienecker), Elberfelder Bibel, F.E. Schlachter, Zürcher Bibel, Einheitsübersetzung, Hoffnung für alle, Gute Nachricht Bibel, Neue Genfer Übersetzung, Neues Leben Bibel.

[327] EdC NT, Matthäus-Evangelium 2. Teil, a.a.O., S. 497

Bruder und jede Schwester von diesem Sendungswort mit seiner gewaltigen Aufgabe erreicht wurde. Mit dem dreifachen Sendungswort meinen wir hier

- das Hingehen und die Völker zu lehren und zu Jüngern machen,
- das Taufen auf den Namen des Vaters und des Sohnes und des Heiligen Geistes,
- das Lehren, alles das zu halten, was Jesus befohlen hat.

***„Lehret alle Völker" bzw. „Macht zu Jüngern alle Völker ..."*:** Damit wurde die Eingrenzung des göttlichen Bundes auf Israel aufgehoben. Während der Alte Bund auf Israel ausgerichtet war, schließt der Neue Bund alle Völker der Welt ein (vgl. Jes 55,3-5; s. 5.1.1). „Dass ‚alle Völker' in die Jüngerschaft Jesu gerufen werden sollen, ... ist kein geringeres Wunder als die Auferstehung des Herrn selbst."[328] Jesus Christus, der Gekreuzigte und Auferstandene wird als Herrscher und Erlöser allen Völkern bekannt gemacht werden. Jüngerschaft entsteht, wenn das Evangelium von Jesus Christus verkündet und von den Hörenden angenommen wird. Die Gemeinde Jesu Christi aus allen Völkern bleibt bis heute eine außerordentliche Herausforderung. Die Berufung der Völker in die Jüngerschaft Jesu ist zutiefst befreiend und friedenstiftend.

***„Taufet sie auf den Namen des Vaters und des Sohnes und des Heiligen Geistes ..."*:** Erstmalig finden wir hier in der Bibel die dreigliedrige Taufformel, wodurch das Charakteristische der christlichen Taufe beschrieben wird. Diese Taufe wurde vom auferstandenen Herrn geboten. „Die Wendung ‚auf den Namen' bedeutet dabei die Übereignung des Täuflings an Vater, Sohn und Geist. Die Wirklichkeit Gottes wird in einem Namen dreifach entfaltet. Der eine Name wehrt dem Missverständnis, als seien es drei Götter, denen der Täufling übereignet wird, und der Glaube sich in dreifacher Richtung zuwendet (K. Barth)."[329] Wer auf den Namen des Vaters getauft wird, wird dem Urgrund alles Seins und somit auch dem Urgrund Jesu Christi zugeeignet. Denn der Vater sandte den Sohn in die Welt (z.B. Joh 5,36; 6,38-40; 8,16; Gal 4,4). Wer auf den Namen Jesu Christi getauft wird, ist durch dessen vollkommenes Opfer erlöst aus der Sünde (z.B. Röm 6) und somit dem Erlöser und Begründer des neuen Gottesvolkes zugeeignet. Wer auf den Namen des Heiligen Geistes getauft wird, wird durch denselben erneuert und geheiligt. Der Vater sandte den

---

[328] WStb, Das Evangelium des Matthäus, a.a.O., S. 378
[329] Ebd., S. 378

Heiligen Geist im Namen Jesu Christi (Joh 14,26). *„Der Heilige Geist ist die Garantie dafür, dass er uns alles geben wird, was er uns versprochen hat, und dass wir sein Eigentum sind - zum Lob seiner Herrlichkeit"* (Eph 1,14; NLB). So steht der Heilige Geist dafür ein, dass der Getaufte das Eigentum Jesu Christi ist und somit also Christus und auch ihm selbst zugeeignet wird. Der eine Gott ist nicht teilbar. „Wir bleiben hier immer vor einem letzten, dem menschlichen Verstande nicht fassbaren Geheimnis, ..."[330]

Der Heilige Geist war den Jüngern bereits verheißen (Joh 14,15-26; 16,5-15). Am Auferstehungstag war er den versammelten Jüngern ebenfalls durch Jesus zugesprochen worden (Joh 20,19-23). Einen weiteren Ausblick auf diese Verheißung gab Jesus kurz vor seiner Himmelfahrt. Da kündigte er den Jüngern an: *„... ihr aber sollt mit dem Heiligen Geist getauft werden nicht lange nach diesen Tagen"* (Apg 1,5). Dies sollte sich wenige Tage später in Jerusalem erfüllen. „Erst sandte der ‚Vater' den ‚Sohn', dann sühnte der ‚Sohn' unsere Schuld und danach erneuerte der ‚Heilige Geist' unser Leben. ... Wir werden also in die Gegenwart, in die Gemeinschaft, ja, in die uns umgebende Bewahrung des dreieinigen Gottes hineingetauft."[331]

***„Lehret sie halten alles, was ich euch befohlen habe"*:** Für die Gemeinde Jesu Christi bleibt es unerlässlich, die Predigten, Gespräche und Taten Jesu immer wieder zu lehren. Die Annahme seiner Lehre und der Gehorsam gegenüber seinem Wort, lassen das Handeln Gottes in dieser Welt erkennbar und erlebbar werden. Nur so kann Gemeinde ein Brief Christi sein (2. Kor 3,3).

„Und siehe, ich bin bei euch alle Tage bis an der Welt Ende." Die Bezeichnung *„bis an der Welt Ende"* kann z.B. auch übersetzt werden mit „bis zur Vollendung der Zeit" (Fritz Rienecker) oder „bis zur Vollendung des Zeitalters" (Elberfelder Bibel). Die Gemeinde Jesu Christi glaubt an das Wiederkommen des Herrn nach seiner Verheißung. Die mit Gott zerbrochene Schöpfung wird am Ende der Zeit in jeder Hinsicht neu geschaffen werden, so dass die völlige Harmonie des Schöpfers mit seiner Schöpfung wiederhergestellt sein wird. Bis dahin aber wird *„die Missachtung des Gesetzes überhandnehmen"* und *„die Liebe in vielen erkalten. Wer aber beharrt bis ans Ende, der wird selig"*

---

[330] LzB, a.a.O., Sp. 599

[331] EdC NT, Matthäus-Evangelium 2. Teil, a.a.O., S. 498

(Mt 24,12-13)[332]. Die Gesendeten dürfen sich zu allen Zeiten sicher sein, dass der Sendende gegenwärtig ist.

Mit diesem Zeugnis vom Berg, auf den Jesus seine Jünger gerufen hatte, endet das Matthäus-Evangelium. Die Himmelfahrt berichtet uns Matthäus nicht. Da uns die Zeugnisse der Himmelfahrt Jesu nach Jerusalem führen, gehen wir davon aus, dass die Jünger eine Weisung hatten, von Galiläa wieder nach Jerusalem zurückzukehren.

6.4.8 Letzte Worte des Auferstandenen

Nach Lukas verging vom Tag der Auferstehung bis zum Tag der Himmelfahrt ein Zeitraum von vierzig Tagen[333]. Jesus begegnete seinen Jüngerinnen und Jüngern und belehrte sie *„bis zu dem Tag, an dem er aufgenommen wurde, nachdem er den Aposteln, die er erwählt hatte, durch den Heiligen Geist Weisung gegeben hatte. Ihnen zeigte er sich nach seinem Leiden durch viele Beweise als der Lebendige und ließ sich sehen unter ihnen vierzig Tage lang und redete mit ihnen vom Reich Gottes“* (Apg 1,2-3). Es gab in dieser Zeit viele Begegnungen, von denen wir einige betrachtet haben.

Wie wir oben bereits sahen, waren die Jünger am Abend des Auferstehungstages durch das Eintreten Jesu in ihre Mitte derart erschüttert, dass sie diese Begegnung erst einmal zu verkraften hatten. Wir folgen denjenigen Auslegern, welche davon ausgehen, dass die sich anschließenden Unterweisungen im Lukas-Evangelium (Lk 24,44-49) sowie in der Apostelgeschichte (Apg 1,1-8) nicht am Abend des Auferstehungstages geschahen, sondern eben im Rahmen jener vierzig Tage, in denen er mit ihnen vom Reich Gottes redete.[334] Die letzten zusammenfassenden Unterweisungen Jesu an seine Jünger könnte er in Jerusalem gegeben haben. Denn die Jünger wurden ausdrücklich

[332] Vgl. Schrift und Glaube – Christliches Leben in Apostolischen Gemeinden, Kap. 5.3: „Die Wiederkunft Christi“

[333] Wenn die Schrift für eine Zeitspanne die Zahl 40 verwendet, weist sie im jüdischen Verständnis darauf hin, dass alles, was in dieser Zeitspanne nach Gottes Wille erfolgen muss, abgeschlossen ist. So waren die Israeliten 40 Jahre in der Wüste, Mose 40 Tage auf dem Berg Sinai, fastete Jesus 40 Tage vor Beginn seiner Lehrtätigkeit. Hier können wir davon ausgehen, dass Jesus seinen Jüngern alles über das Reich Gottes gesagt hatte, was sie zur Erfüllung ihres Auftrags noch wissen mussten.

[334] WStb, Das Evangelium des Lukas, a.a.O., S. 551

aufgefordert, in Jerusalem zu bleiben und die Stadt nicht zu verlassen, bis der verheißene Heilige Geist kommen werde (Lk 24,49; Apg 1,4).

Es war Jesus während seiner gesamten öffentlichen Lehrtätigkeit immer ein Anliegen, auf die Erfüllung des Gesetzes zu verweisen. *„Ihr sollt nicht meinen, dass ich gekommen bin, das Gesetz oder die Propheten aufzulösen; ich bin nicht gekommen aufzulösen, sondern zu erfüllen. Denn wahrlich, ich sage euch: Bis Himmel und Erde vergehen, wird nicht vergehen der kleinste Buchstabe noch ein Tüpfelchen vom Gesetz, bis es alles geschieht"* (Mt 5,17-18; vgl. Lk 16,17). So fasste er auch hier noch einmal zusammen, dass alles, was in den heiligen Schriften über ihn geschrieben war, erfüllt werden musste. *„Er sprach aber zu ihnen: Das sind meine Worte, die ich zu euch gesagt habe, als ich noch bei euch war: Es muss alles erfüllt werden, was von mir geschrieben steht im Gesetz des Mose und in den Propheten und Psalmen"* (Lk 24,44). Diese Bezeichnung *„im Gesetz des Mose und in den Propheten und Psalmen"* umfasst alle damaligen heiligen Schriften.[335] So bleibt es für die Gemeinde Jesu Christi für alle Zeiten unerlässlich, den Zusammenhang zwischen den Schriften des Alten Testaments und denen des Neuen Testaments zu beachten. So wie viele Aussagen des Neuen Testaments ohne die Kenntnis des Alten Testaments nicht verständlich sind, so ist das Evangelium Jesu Christi, wie es im Neuen Testament bezeugt wird, das helle Licht, welches die Verheißungen des Alten Testaments verständlich macht. Es ist darüber hinaus geeignet, die gesamte Völkerwelt zu erleuchten (Lk 2,32; s. Schrift und Glaube Band 1, 5.10).

„Da öffnete er ihnen das Verständnis, dass sie die Schrift verstanden" (Lk 24,45). Jesus war für die ersten Jünger derjenige, welcher sie befähigte, die Schriften in diesem Zusammenhang zu verstehen. Sie erkannten durch ihn, dass die Verheißungen in den Schriften, welche auf den Messias deuteten, in ihm erfüllt waren. Das ist für die Gemeinde Jesu Christi bis heute so geblieben.

---

[335] Es handelt sich hier um die drei Hauptteile der hebräischen Bibel. Das Gesetz des Mose bezeichnet die fünf Bücher Mose. „Die ‚Propheten' beginnen nach jüdischer Einteilung mit Josua und reichen bis Maleachi. Sie umfassen also folgende Bücher: Josua, Richter, Samuelbücher, Königsbücher, Jesaja, Jeremia, Hesekiel, Hosea, Joel, Amos, Obadja, Jona, Micha, Nahum, Habakuk, Zefanja, Haggai, Sacharja und Maleachi. Bei den ‚Schriften' sind die ‚Psalmen' die Hauptgruppe. Die ‚Psalmen' vertreten also in Lk 24,44 die ganze Abteilung der sog. ‚Schriften'. Zu diesen ‚Schriften' gehören in der hebräischen Bibel: Psalmen, Hiob, Sprüche, Hoheslied, Prediger, Klagelieder, Ester, Daniel, Esra, Nehemia, Chronikbücher." EdC NT, Lukas-Evangelium 2. Teil, a.a.O., S. 719

Jesus ist der erste Schriftausleger. Er befähigt die Seinen und öffnet ihr Verständnis durch den Heiligen Geist. Alle Jüngerinnen und Jünger Jesu bedürfen dieser Erfahrung, dass der Herr ihnen durch den Heiligen Geist das Verständnis öffnet. Sie können sich dies nicht selbst schaffen.

Daran wird auch deutlich, dass das wirkliche Verständnis für das Evangelium bei den Jüngern erst nach der Auferstehung möglich wurde. Im Zusammenhang mit der Tempelreinigung (Joh 2,13-24) sprach Jesus vom Tempel seines Leibes, den die Juden abbrechen sollten und dass er ihn in drei Tagen aufrichten werde. *„Als er nun auferstanden war von den Toten, dachten seine Jünger daran, dass er dies gesagt hatte, und glaubten der Schrift und dem Wort, das Jesus gesagt hatte"* (Joh 2,22). Im Zusammenhang mit dem Einzug in Jerusalem heißt es: *„Das verstanden seine Jünger zuerst nicht; doch als Jesus verherrlicht war, da dachten sie daran, dass dies von ihm geschrieben stand und man so an ihm getan hatte"* (Joh 12,16). So ist auch die Verheißung des Heiligen Geistes zu verstehen, von dem es heißt: *„Aber der Tröster, der Heilige Geist, den mein Vater senden wird in meinem Namen, der wird euch alles lehren und euch an alles erinnern, was ich euch gesagt habe"* (Joh 14,26). Zu diesem Zeitpunkt war es noch Verheißung. Nach der Ausgießung des Heiligen Geistes sollte es für die ganze Gemeinde Jesu erkennbar werden.

Der Evangelist Lukas berichtet uns in seinem Evangelium und der Apostelgeschichte einiges von dem, was Jesus seinen Jüngern in diesen 40 Tagen mit auf den Weg gab.

Jesus *„sprach zu ihnen: So steht's geschrieben, dass der Christus leiden wird und auferstehen von den Toten am dritten Tage"* (Lk 24,46). Israel hatte von seinem Messias viel erwartet. Dass er zu leiden hatte und sterben musste, war dem Volk zu dieser Zeit nicht mehr gegenwärtig. Gerade das war aber die Voraussetzung für die Überwindung des Bösen. Diese Worte haben Eingang gefunden ins Apostolische Glaubensbekenntnis, in welchem es heißt:

„Gelitten unter Pontius Pilatus, gekreuzigt, gestorben und begraben, hinabgestiegen in das Reich des Todes, am dritten Tage auferstanden von den Toten."

Jesus verkündigte weiterhin, *„dass gepredigt wird in seinem Namen Buße zur Vergebung der Sünden unter allen Völkern"* (Lk 24,47). Auch hier leuchtet auf, dass die Predigt des Evangeliums zu allen Völkern getragen werden wird. Es geht um weltverändernde Dimensionen, wenn Menschen oder ganze Völker Buße tun, sich zu Christus wenden und Vergebung der Sünden erfahren. Hierbei handelt es sich um zentrale Aussagen der gesamten Verkündigung Jesu und seiner Jünger. Es ist die Umkehr zu Jesus, die Verbindung mit ihm, das Teilhaben am Neuen Bund, wodurch Vergebung der Sünden möglich wird. „Dieser Missionsbefehl hat universale Gültigkeit. ‚Allen Völkern' soll das Angebot der ‚Umkehr' gemacht werden. Es spielt keine Rolle, ob sie groß oder klein sind. Es spielt auch keine Rolle, ob sie einen eigenen Staat besitzen oder nicht. Erst recht spielt es keine Rolle, auf welchem Kontinent sie wohnen, oder ob sie dem Missionar sympathisch sind oder nicht. Damit ist der ‚Zaun' zwischen Israel und den Nationen abgebrochen (Eph 2,13f)."[336]

„Von Jerusalem an seid ihr dafür Zeugen. Und siehe, ich sende auf euch, was mein Vater verheißen hat. Ihr aber sollt in der Stadt bleiben, bis ihr angetan werdet mit Kraft aus der Höhe" (Lk 24,47-49; vgl. Apg 1,8). *„Und als er mit ihnen beim Mahl war, befahl er ihnen, Jerusalem nicht zu verlassen, sondern zu warten auf die Verheißung des Vaters, die ihr - so sprach er - von mir gehört habt; denn Johannes hat mit Wasser getauft, ihr aber sollt mit dem Heiligen Geist getauft werden nicht lange nach diesen Tagen"* (Apg 1,4). Jerusalem wurde der Ausgangspunkt der Weltmission. Bereits Jesaja weissagte: *„Denn von Zion wird Weisung ausgehen und des Herrn Wort von Jerusalem"* (Jes 2,3; vgl. Mi 4,2). In Jerusalem sollten die Jünger die *„Kraft aus der Höhe"* empfangen. Deshalb sollten sie miteinander dortbleiben. In aller Deutlichkeit erfahren wir hier, dass es ohne den Heiligen Geist keine Weltmission gibt. Die Taufe mit Heiligem Geist geht von Jesus Christus aus. Er ist es, der mit Heiligem Geist tauft (Joh 1,32-34). Dadurch werden die Jünger mit jener Kraft ausgestattet, die für die Predigt des Evangeliums unerlässlich ist. Unter den Jüngern flammte noch einmal die Hoffnung auf, ob nicht die Zeit gekommen wäre, *„das Reich für Israel"* wiederaufzurichten (Apg 1,6). Doch Jesus verwies darauf, dass dies ausschließlich die Sache des Vaters ist (Apg 1,7). Für den Weg der Weltmission zeigte Jesus sogar den Ablauf an. Unmittelbar vor seiner Himmelfahrt sprach er zu Ihnen: *„Ihr werdet die Kraft des Heiligen Geistes empfangen, der auf euch kommen wird, und werdet meine Zeugen sein in Jerusalem und in ganz Judäa und Samarien und bis an das Ende der Erde"* (Apg 1,8).

---

[336] Ebd., S. 722

Zuerst wurde das Zeugnis von Jesus Christus, d. h. die Predigt des Evangeliums, in Jerusalem verbreitet. Dort entstand die erste christliche Gemeinde. Wir nennen sie auch gern die Urgemeinde. Das erfüllte die gegebenen Verheißungen. Vor den Toren Jerusalems war der Neue Bund aufgerichtet worden. Ausgehend von Jerusalem erfuhr das Volk Israel als erstes dieses Zeugnis. Dann wurde es durch die Bezeugungen des Heiligen Geistes nach Samarien getragen (Apg 8,14-17). Oft kam das Evangelium durch Verfolgung und großes Leid zu anderen Völkern. Auch wenn die Weltmission eine großartige Entwicklung genommen hat, so hat sie in diesem Sinne *„das Ende der Erde"* noch nicht erreicht. Noch immer gilt seinen Jüngern diese Verheißung und zugleich Berufung ihres Herrn. Die Gemeinde Jesu Christi wird das Evangelium zu allen Völkern tragen.

Lukas hatte den Bericht der Apostelgeschichte genau in der Reihenfolge dieses Sendungsauftrages gegliedert. Zuerst berichtete er von den Ereignissen in Jerusalem (Apg 1-7). Nach dem Tod des Stephanus begann die Ausbreitung nach Judäa und Samarien (Apg 8). Schließlich wurde durch viele vom Herrn selbst vorbereitete Einzelereignisse das Evangelium zu den Völkern gebracht, z.B. der Kämmerer aus Äthiopien, die Bekehrung des Saulus, die Bekehrung des Hauptmanns Kornelius und viele andere. Schließlich wurde Paulus durch die direkte Berufung Jesu zum bekanntesten Heidenmissionar.

Auf den Beginn dieser Ausbreitungswelle hatten sie zu warten. „Ohne Warten und Hören bewegt sich auch heute nichts in der Christenheit (Apg 1,3-5)."[337]

6.4.9 Die Himmelfahrt Jesu

Wenn wir den Schluss des Markus-Evangeliums (Mk 16,9-20) als eine nachträgliche Ergänzung einmal außer Betracht lassen,[338] so finden wir nur bei Lukas Berichte vom Ereignis der Himmelfahrt. Sowohl im Lukas-Evangelium als auch in der Apostelgeschichte berichtet er darüber. Beide Berichte ergänzen sich gegenseitig und bezeugen dennoch nur einen Ausschnitt des Geschehens. Die Rückkehr zum Vater hatte Jesus immer wieder angekündigt. Nun stand sie kurz bevor. Er sollte seine göttliche Stellung in der Herrlichkeit des Himmels wieder einnehmen (vgl. Joh 6,62; 13,1-3; 14,12.28; 16,5.10.17.28; 17,13).

[337] Ebd., S. 724

[338] Siehe Erklärung in den Anmerkungen zu 5 (7.3)

Unmittelbar vor seinem Leiden hatte Jesus das Kommen des Heiligen Geistes verheißen. In diesem Zusammenhang hatte er angekündigt: *„Ich will euch nicht als Waisen zurücklassen; ich komme zu euch. Es ist noch eine kleine Zeit, dann sieht die Welt mich nicht mehr. Ihr aber seht mich, denn ich lebe und ihr sollt auch leben“* (Joh 14,18-19). Diese Verheißung begann sich bereits nach seiner Auferstehung zu erfüllen. Die Welt sah ihn nicht, aber seine Jüngerinnen und Jünger sahen ihn, wenn er ihnen begegnete. Jesus wollte es so, dass sie sein neues Leben erfahren sollten, in welches sie ebenfalls berufen waren. Am Auferstehungsmorgen war Jesus der Maria Magdalena begegnet. Ihr hatte er gesagt: *„Rühre mich nicht an! Denn ich bin noch nicht aufgefahren zum Vater. Geh aber hin zu meinen Brüdern und sage ihnen: Ich fahre auf zu meinem Vater und eurem Vater, zu meinem Gott und eurem Gott“* (Joh 20,17; s. 6.4.3).

Nach dem Zeugnis der Apostelgeschichte war es der vierzigste Tag, als der auferstandene Herr mit denen, *„die nun zusammengekommen waren“* (Apg 1,6), einem Kreis aus Jüngerinnen und Jüngern um die elf Apostel, aus Jerusalem hinauszog. *„Er führte sie aber hinaus bis nach Betanien und hob die Hände auf und segnete sie“* (Lk 24,50). Mehrere Bibelübersetzungen formulieren hier *„bis in die Nähe von Betanien“*[339]. Der Weg von Jerusalem nach Betanien führt durch das Kidrontal (vgl. Joh 18,1) und über den Ölberg. Wir erinnern uns an die Tage vor dem Passa, an denen Jesus am Abend die Stadt verließ (vgl.5.2.3). „Wenn Jesus während seines letzten Aufenthaltes in der Stadt die Nächte in Betanien verbrachte, musste er zweimal am Tage den Weg über den Ölberg zurücklegen. Die Wegstrecke war ihm nicht unbekannt. ... Der Ölberg ist keine nach allen Seiten freistehende Anhöhe, sondern der südlichste Teil einer langen Bergkette, ...“[340]

In der Apostelgeschichte bezeugt uns Lukas, dass die Himmelfahrt vom Ölberg aus stattfand. *„Da kehrten sie nach Jerusalem zurück von dem Berg, der Ölberg heißt und nahe bei Jerusalem liegt, einen Sabbatweg entfernt“* (Apg 1,12). Das stimmt mit der Wegbeschreibung *„bis in die Nähe von Betanien“* überein. Der Ort, der als Ort der Himmelfahrt bezeichnet wird, liegt genau an diesem Weg

---

[339] Die Übersetzung „bis in die Nähe von Betanien“ verwenden z.B.: Einheitsübersetzung, Elberfelder Bibel, Schlachter 2000, Neue Genfer Übersetzung, EdC NT (Gerhard Maier). So ist es auch erklärt in der WStb (Fritz Rienecker).

[340] Gerhard Kroll, Auf den Spuren Jesu, a.a.O., S. 300

zwischen Jerusalem und Betanien. Er erhebt sich 809 m über den Meeresspiegel. An dieser Stelle befindet sich heute die Himmelfahrtskirche. „Die Anhöhe liegt dem Tempelplatz (744 m) genau östlich gegenüber, von dem sie durch das etwa 120 m tiefer gelegene Kidrontal getrennt ist;“[341] Dieser Ort „bietet einen Überblick über die ganze Stadt.“[342] Ein Sabbatweg ist nach der Mischna 2000 Ellen lang, das ist etwa 1km. Das ist genau die Wegstrecke, die die Israeliten nach der Auslegung der Schriftgelehrten am Sabbat zurücklegen durften, bzw. die als Entfernung vom Wohnort am Sabbat erlaubt war.[343]

Der Ölberg hat eine außerordentlich große heilsgeschichtliche Bedeutung. Der Name hat seine Ursache in dem damals beachtlichen alten Baumbestand an Olivenbäumen. Wir erinnern an das Ende des letzten Mahles Jesu mit seinen Jüngern. Die synoptischen Evangelien bezeugen, dass er nach dem Mahl zum Ölberg ging. *„Und als sie den Lobgesang gesungen hatten, gingen sie hinaus an den Ölberg“* (Mt 26,30; Mk 14,26). *„Und er ging nach seiner Gewohnheit hinaus an den Ölberg. Es folgten ihm aber auch die Jünger“* (Lk 22,39). Auf dem Ölberg hatte Jesus während seiner öffentlichen Wirkungszeit mit seinen Jüngern über die letzte Zeit gesprochen. *„Und als er auf dem Ölberg saß, traten seine Jünger zu ihm und sprachen, als sie allein waren: Sage uns, wann wird das geschehen? Und was wird das Zeichen sein für dein Kommen und für das Ende der Welt? Jesus aber antwortete und sprach zu ihnen: Seht zu, dass euch nicht jemand verführe“* (Mt 24,3-4; vgl. Mk 13,3-5). Am Fuße des Ölberges befand sich der Garten Gethsemane (Joh 18,1). Dort war Jesus gefangengenommen worden.

Im Zusammenhang mit der Verheißung eines neuen Geistes sah der Prophet Hesekiel die Herrlichkeit des Herrn auf dem Ölberg stehen. *„Und die Herrlichkeit des Herrn erhob sich aus der Stadt und stellte sich auf den Berg, der im Osten vor der Stadt liegt“* (Hes 11,23). Mit diesem Berg im Osten der Stadt ist der Ölberg gemeint.[344] Der Prophet Sacharja sah am Ende der Zeit den Tag des Herrn, an welchem die Heidenvölker die Stadt Jerusalem schleifen werden. Doch der Herr wird gegen diese antigöttlichen Mächte aufstehen und die

---

[341] Ebd., S.301

[342] LzB, a.a.O., Sp. 1172

[343] Ebd., Sp. 1038, Zum Begriff „Mischna“ siehe die Erklärung im Zusammenhang mit dem Verlauf des Passamahles (5.2., Siehe auch: BL, a.a.O., Sp. 1501

[344] WStb, Der Prophet Hesekiel, Kapitel 1-24, a.a.O., S. 168

Heilszeit einleiten. Dies wird vom Ölberg aus geschehen.[345] *„Und an jenem Tag werden seine Füße auf dem Ölberg stehen, der vor Jerusalem liegt nach Osten hin"* (Sach 14,4).

Nun war der auferstandene Herr mit seinen Jüngern hinausgegangen zu eben diesem Ölberg. Er hatte in jenen vierzig Tagen seit seiner Auferstehung seine Jünger wiederholt über das Reich Gottes unterwiesen. Er hatte sie immer wieder darin bestärkt, dass alles so geschehen musste und die Schrift sich erfüllt hatte und dass sie berufen waren, zukünftig das Evangelium in der ganzen Welt auszubreiten (Lk 24,44-49; Apg 1,1-8). Wir gehen davon aus, dass er nun auf dem Weg zum Ölberg bis zum Augenblick seines Abschiedes mit seinen Jüngern sprach, wie er es immer getan hatte. So sind auch die in Apg 1 bezeugten letzten Worte Jesu nochmalige Vergewisserungen. *„Es gebührt euch nicht, Zeit oder Stunde zu wissen, die der Vater in seiner Macht bestimmt hat; aber ihr werdet die Kraft des Heiligen Geistes empfangen, der auf euch kommen wird, und werdet meine Zeugen sein in Jerusalem und in ganz Judäa und Samarien und bis an das Ende der Erde. Und als er das gesagt hatte, wurde er vor ihren Augen emporgehoben, und eine Wolke nahm ihn auf, weg vor ihren Augen"* (Apg 1,7-9).

Nachdem er seine letzten Worte an die Jünger gerichtet hatte, segnete er sie. *„Er führte sie aber hinaus bis nach Betanien und hob die Hände auf und segnete sie"* (Lk 24,50). Es war die Aufgabe des Hohenpriesters, das Volk mit erhobenen Händen zu segnen. *„Und Aaron hob seine Hände auf zum Volk und segnete sie …"* (3. Mose 9,22). In gleicher Weise hob jetzt Jesus die Hände und offenbarte sich so als der wahre Hohepriester. Er wird im Hebräerbrief mehrfach als der Hohepriester der Gemeinde Jesu Christi bezeichnet. *„Daher musste der Sohn in allem seinen Brüdern gleich werden, auf dass er barmherzig würde und ein treuer Hoherpriester vor Gott, zu sühnen die Sünden des Volkes"* (Hebr 2,17). *„Weil wir denn einen großen Hohenpriester haben, Jesus, den Sohn Gottes, der die Himmel durchschritten hat, so lasst uns festhalten an dem Bekenntnis"* (Hebr 4,14).

Mit der hohepriesterlichen Geste des Segens schied Jesus von den Jüngern. *„Und es geschah, als er sie segnete, schied er von ihnen und fuhr auf gen*

[345] WStb, Der Prophet Sacharja, a.a.O., S. 160

Himmel" (Lk 24,51). Die Jünger konnten sehen, dass er Stück für Stück vor ihren Augen in die Höhe aufgehoben wurde. Lukas bezeugt in der Apostelgeschichte, dass Jesus von einer Wolke eingehüllt wurde. *„Und als er das gesagt hatte, wurde er vor ihren Augen emporgehoben, und eine Wolke nahm ihn auf, weg vor ihren Augen"* (Apg 1,9). Werner de Boor erklärt dazu: „Die Wolke ist hier wie auch sonst in der Bibel kein atmosphärisches Gebilde, sondern Ausdruck für die Hülle, die Gott seinem geheimnisvollen Handeln gibt."[346] Heinz-Werner Neudorfer führt dazu aus: „Die Wolke hat im AT und auch im NT eine besondere Bedeutung: Sie verhüllt die Herrlichkeit Gottes für das menschliche Auge. In der Wüste erscheint Gott dem Volk immer wieder so verhüllt (vgl. 2. Mose 16,10 u. a.; Ps 97,2), bei der Verklärung spricht Gott aus der Wolke zu den Jüngern (Mt 17,5; Mk 9,7; Lk 9,34)."[347] Wenn Jesus wiederkommt, wird er *„in einer Wolke mit großer Kraft und Herrlichkeit"* (Lk 21,27) bzw. *„auf den Wolken des Himmels mit großer Kraft und Herrlichkeit"* (Mt 24,30; vgl. Mk 13,26; Lk 21,27) erscheinen. So können wir das Zeichen der Wolke an vielen Stellen der Bibel entdecken. Hier bedeutet es, dass der Auferstandene in die Herrlichkeit Gottes zurückging. Er wurde *„durch die rechte Hand Gottes erhöht"* (Apg 2,33).

Die Faszination dieses Abschiedes ließ die Jünger immer weiter zum Himmel aufsehen, obwohl der Auferstandene längst ihren Blicken entschwunden war. Gott nahm sich ihrer Hilflosigkeit an und sandte ihnen Engel, die Botschafter des Himmels. *„Und als sie ihm nachsahen, wie er gen Himmel fuhr, siehe, da standen bei ihnen zwei Männer in weißen Gewändern. Die sagten: Ihr Männer von Galiläa, was steht ihr da und seht gen Himmel? Dieser Jesus, der von euch weg gen Himmel aufgenommen wurde, wird so wiederkommen, wie ihr ihn habt gen Himmel fahren sehen"* (Apg 1,10-11). Wieder haben wir es hier mit einem so herausragenden Ereignis der Heilsgeschichte zu tun, dass Engel, die Boten des Himmels, beauftragt waren, den Jüngern unmittelbar zu verdeutlichen, was hier geschehen war. Wir erinnern noch einmal daran, dass bei der Ankündigung der Geburt Jesu die Engel diese Botschaft ausrichteten. Jesus kam aus der Herrlichkeit des Himmels und wurde in diese Welt hineingeboren. Nach seiner Auferstehung waren es Engel, welche diese Botschaft den Frauen

---

[346] Die Apostelgeschichte, erklärt von Werner de Boor, R. Brockhaus Verlag Wuppertal, 4. Auflage 1975, S. 35

[347] EdC NT, Heinz-Werner Neudorfer, Apostelgeschichte 1. Teil, Hänssler-Verlag Neuhausen-Stuttgart 1996, S. 21

verkündigten. Die hier genannten beiden „Männer in weißen Gewändern" waren ausgewählte Engel. Sie sprachen die Männer direkt als Galiläer an. Im Unterschied zu den ersten Begegnungen mit dem Auferstandenen hatte nun die Auferstehungsfreude so stark von ihnen Besitz ergriffen, dass sie nicht etwa traurig und schockiert, sondern voller Freude und Zuversicht waren. *„Sie aber beteten ihn an und kehrten zurück nach Jerusalem mit großer Freude und waren allezeit im Tempel und priesen Gott"* (Lk 24,52-53). Es ist hier festzuhalten, dass die Jüngerinnen und Jünger Jesu keinen Bruch mit dem Tempel herbeiführten. Ganz im Gegenteil war es nach wie vor für sie selbstverständlich, in die Tempelanlage zu gehen und Gott zu loben und zu preisen. Erst mit der einsetzenden Verfolgung der Christen wurden diese von der Tempelgemeinschaft getrennt.

Beim Himmelfahrtsgeschehen waren offensichtlich nur die Elf anwesend (Apg 1,11.13). Die erste Gemeinde in Jerusalem bestand dagegen von Anfang an aus Männern und Frauen. So kann man davon ausgehen, dass die Frauen, welche Jesus auf dem Weg von Galiläa nach Jerusalem folgten, auch weiterhin zu dieser Gemeinde gehörten. Die namentlich genannten Frauen, die mit unterm Kreuz standen, beim Begräbnis halfen und Zeugen der Auferstehungsbotschaft waren, dürfen wir gewiss ebenfalls zur ersten Gemeinde zählen. Von der ersten Gemeinde wird uns bezeugt: *„Diese alle hielten einmütig fest am Gebet samt den Frauen und Maria, der Mutter Jesu, und seinen Brüdern"* (Apg 1,14).

Obwohl der Auftrag, das Evangelium allen Völkern zu verkünden, nach menschlichem Ermessen für diesen kleinen Kreis völlig unlösbar war, erfüllte sie große Zuversicht. Von Anfang an trug die Gemeinde Jesu Christi die absolute Gewissheit in sich, dass ihr Herr wiederkommen werde. Er wird so wiederkommen, wie er aufgefahren ist. Aus der verhüllten Herrlichkeit Gottes (s.o.) wird er als der Auferstandene für alle sichtbar werden. Weiteren Beschreibungen müssen wir uns enthalten. *„Siehe, er kommt mit den Wolken, und es werden ihn sehen alle Augen und alle, die ihn durchbohrt haben, und es werden wehklagen um seinetwillen alle Stämme der Erde. Ja, Amen"* (Offb 1,7). Er wird bei seiner Wiederkunft auch nicht allein sein. *„Denn es wird geschehen, dass der Menschensohn kommt in der Herrlichkeit seines Vaters mit seinen Engeln"* (Mt 16,27; vgl. Mt 24,29ff; Mk 8,38; Lk 9,26). Die Gemeinde in Thessalonich wird später von Paulus mit dieser Hoffnung auf das Kommen des

Herrn ermutigt, *„dass eure Herzen stark und untadelig seien in Heiligkeit vor Gott, unserm Vater, wenn unser Herr Jesus kommt mit allen seinen Heiligen"* (1. Thess 3,13; 4,14ff; 2. Thess 1,7). Wir sind des festen Glaubens, dass er kommen und alles wunderbar vollenden wird. Alle werden ihn sehen. Die Gemeinde wird jubeln, dass sie ihn sehen darf. Viele werden ihn sehen müssen, vor allem die christusfeindlichen Mächte. So gehört die Predigt von der Wiederkunft Christi von Anfang an zu den zentralen Anliegen der Gemeinde Jesu Christi.

6.4.10 Die Ausgießung des Heiligen Geistes

In diesem Abschnitt sollen nur einige Aspekte des Pfingstgeschehens betrachtet werden, die uns erkennen lassen, wie der Herr selbst den Neuen Bund bestätigte. Es sei an dieser Stelle nur erwähnt, dass unter viel Gebet der Kreis der zwölf Apostel wieder vervollständigt wurde durch die Nachwahl des Matthias (Apg 1,15-26).

Das gehorsame Beieinanderbleiben der Jüngerinnen und Jünger nach dem Wort des Herrn ließ sie schließlich gemeinsam das Pfingstwunder erleben. Sie waren *„alle beieinander an einem Ort"* (Apg 2,1). Alle, das waren die elf Apostel der ‚ersten Apostelgeneration', der nachgewählte Apostel Matthias, die Frauen, die Jesus dienten, Maria, die Mutter Jesu und die Brüder Jesu. Lukas bezeugt, dass sie stets beieinander waren, einmütig im Gebet (Apg 1,13-14). Dazu kam noch eine große Zahl, denn bei der Nachwahl des Matthias waren schon etwa einhundertzwanzig Personen anwesend (Apg 1,15). Eine große Zahl von Männern und Frauen hatte sich demzufolge regelmäßig versammelt. *„Und als der Pfingsttag gekommen war, waren sie alle beieinander an einem Ort"* (Apg 2,1).

Der Begriff „Pfingsten" ist abgeleitet vom griechischen Wort „pentekoste" und bedeutet „der fünfzigste Tag".[348] An diesem Tag feierte Israel das zweite der drei großen Hauptfeste, das Schawuot, das Wochenfest. Dieses Fest war Israel geboten als ein Dankfest zum Abschluss der Getreideernte (2. Mose 23,14-19; 34,21-22; 3. Mose 23,15-22; 5. Mose 16,9-12; s. 2.1).

---

[348] LzB, a.a.O., Sp. 1224

Auf das Passafest folgte das Fest der ungesäuerten Brote mit dem Beginn der Getreideernte. Von der Getreideernte war die erste Garbe zum Opfer bestimmt. Man kann davon ausgehen, dass dieses Opfer am ersten Tag nach dem Festsabbat gebracht wurde.[349] Der Pfingsttag war der fünfzigste Tag nach der Darbringung dieser Erstlingsgarbe, somit auch der fünfzigste Tag nach dem Passa. An dem Tag, an welchem *„man zuerst die Sichel an die Halme legt"* (5. Mose 16,9) bzw. *„da ihr die Garbe als Schwingopfer darbrachtet"* (3. Mose 23,15-16), begann die Zählung der fünfzig Tage. Es war im Gesetz detailliert bestimmt, welche Opfer an diesem Tag dem Herrn zu bringen waren. Das Wochenfest fand dann am „Tag nach dem siebenten Sabbat" (3. Mose 23,16) statt. Wir nehmen mit Erstaunen wahr, dass der Pfingsttag für den ersten Tag der Woche bestimmt war. Am jeweils ersten Tag der Woche, dem Auferstehungstag, versammelte sich die erste Gemeinde in Jerusalem. An einem ersten Tag der Woche erfüllte sich die Verheißung des Heiligen Geistes.

Das Passafest war von Gott dazu ausersehen, den Neuen Bund in Jesus Christus aufzurichten. Das Wochenfest war von Gott dazu ausersehen, durch die Ausgießung des Heiligen Geistes diesen Neuen Bund zu bestätigen und zu allen Völkern der Welt zu tragen. Zu diesem Fest waren ähnlich wie beim Passafest viele Pilger aus dem In- und Ausland anwesend. Wahrscheinlich war das Pfingstgeschehen nicht in dem Saal erlebt worden, worin sich die junge Gemeinde bisher traf, sondern im Freien, möglicherweise in einem großen Innenhof oder einer der Hallen der Tempelanlage. Die Formulierung *„das ganze Haus, in dem sie saßen"* (Apg 2,2) könnte durchaus so gemeint sein. Das ist zwar nur eine Vermutung, doch damit würde auch verständlich, dass die Öffentlichkeit darauf reagierte und Petrus den umstehenden Menschen predigte.

Die junge Gemeinde konnte nicht wissen, wann die Zeit des Wartens in Jerusalem erfüllt sein würde. Sie war beieinandergeblieben und war voller Vertrauen in das Handeln ihres Herrn. Nun erfüllte sich die Verheißung genau an diesem Festtag. *„Und es geschah plötzlich ein Brausen vom Himmel wie von einem gewaltigen Sturm und erfüllte das ganze Haus, in dem sie saßen. Und es erschienen ihnen Zungen, zerteilt und wie von Feuer, und setzten sich auf einen jeden von ihnen, und sie wurden alle erfüllt von dem Heiligen Geist und*

[349] Ebd., Sp. 1199

fingen an zu predigen in andern Sprachen, wie der Geist ihnen zu reden eingab" (Apg 2,2-4). Drei besondere Wahrnehmungen werden hier beschrieben. Sie traten plötzlich ein, unerwartet und ohne Ankündigung. Es erscheint unmöglich, das bisher Unbekannte zu beschreiben. Es konnte nur mit ähnlich bekannten Erscheinungen verglichen werden. Ein gewaltiges Ereignis kündigte sich an:

1. Das *„Brausen vom Himmel wie von einem gewaltigen Sturm"* meint keine Luftbewegung, sondern etwas Göttliches, was sich mit einem starken Sturm vergleichen lässt. So hörte es sich jedenfalls an. Auch in der ursprünglichen Bezeichnung wird dieser Begriff verwendet. „Das hebr. ‚ruach' wie auch das griech. ‚pneuma' bedeuten zunächst ‚Hauch' oder ‚Wind', sodann übertragen ‚Geist'."[350] Elia z.B. erlebte Sturm, Erdbeben und Feuer als Vorboten der Gegenwart Gottes. Das Reden Gottes selbst hörte er als „ein stilles, sanftes Sausen" (1. Kön 19,11-13).

2. Während dieses Brausens sahen sie *„Zungen, zerteilt und wie von Feuer, und setzten sich auf einen jeden von ihnen."* Nach der Wahrnehmung des Hörens kam die Wahrnehmung des Sehens. Sie sahen etwas, was kein Feuer war, sich aber vergleichen ließ mit vom Feuer zerteilten Zungen. Diese *„erschienen ihnen"*. Aus dem Unsichtbaren machten sie Göttliches sichtbar. In diesen nicht erklärbaren feurigen Zungen verdeutlichte sich die Offenbarung des Heiligen Geistes. Von diesen Zungen heißt es, *„und setzten sich auf einen jeden von ihnen"*. Johannes hatte von Jesus prophezeit: *„Ich taufe euch mit Wasser zur Buße; der aber nach mir kommt, ... der wird euch mit dem Heiligen Geist und mit Feuer taufen"* (Mt 3,11). So ist diese feurige Erscheinung ein Zeichen für die Gegenwart Gottes. Diese erlebte z.B. auch Mose am brennenden Dornbusch (2. Mose 3,2).

3. Es war deutlich erkennbar, dass die junge Gemeinde, also alle, die an diesem Ort beieinander waren, davon berührt wurde. Diese *„wurden alle erfüllt von dem Heiligen Geist und fingen an zu predigen in andern Sprachen, wie der Geist ihnen zu reden eingab"*. Nun zeigte sich in der

[350] Ebd., Sp. 535

Wahrnehmung des Redens, was der Geist Gottes in diesem Augenblick tun wollte. Er befähigte die Menschen zu einem Reden aus dem Geist. Die Betroffenen hatten keine eigenen Erkenntnisse weiterzugeben, keine Ratschläge für andere. Nichts kam aus ihrem eigenen Vermögen. Sondern sie predigten so, *„wie der Geist ihnen zu reden eingab"*. Was aber sprach der Geist? Er rühmte die großen Taten Gottes. Die Umstehenden waren erstaunt und verwirrt, als sie feststellten: *„Wir hören sie in unsern Sprachen die großen Taten Gottes verkünden"* (Apg 2,11). So wie Jesus alles tat, um den Vater zu verherrlichen, so bewegte hier auch der Heilige Geist die Menschen, um *„die großen Taten Gottes"* zu rühmen, also Gott in seiner Fülle zu verherrlichen.

Die drei hier bezeugten Erscheinungen waren das Hören, das Sehen, das Reden.[351]

„Sie entsetzten sich aber, verwunderten sich und sprachen: Siehe, sind nicht diese alle, die da reden, Galiläer? Wie hören wir sie denn ein jeder in seiner Muttersprache? Parther und Meder und Elamiter und die da wohnen in Mesopotamien, Judäa und Kappadozien, Pontus und der Provinz Asia, Phrygien und Pamphylien, Ägypten und der Gegend von Kyrene in Libyen und Römer, die bei uns wohnen, Juden und Proselyten, Kreter und Araber: wir hören sie in unsern Sprachen die großen Taten Gottes verkünden" (Apg 2,7-11). Wir erfahren hieraus die typische Situation dieses großen Festes. „Gottes Fügung und Wille war es also, dass an jenem Pfingstfest Vertreter der gesamten (jüdischen) Weltbevölkerung in Jerusalem anwesend waren."[352] Für alle wurde deutlich, dass hier einfache Menschen, die durch ihre Aussprache für alle als Galiläer erkennbar waren, die Muttersprache der aus der Diaspora angereisten Juden sprachen. Lukas beschreibt hier „die griechisch-römische Welt rund um das Mittelmeer" und verweist, „auf jede Nation, in der damals Juden lebten."[353] Er nennt die Landschaften und Völkerschaften von Ost nach West. Es ist erstaunlich, dass diese Richtung von Ost nach West der Richtung der Mission des Apostels Paulus entspricht.[354] Wir können daran auch erkennen, wie gut

[351] John Stott, Die Botschaft der Apostelgeschichte, a.a.O., S. 81
[352] EdC NT, Apostelgeschichte 1. Teil, a.a.O., S. 48
[353] John Stott, Die Botschaft der Apostelgeschichte, a.a.O., S. 82
[354] EdC NT, Apostelgeschichte 1. Teil, a.a.O., S. 48

strukturiert Lukas hier berichtet hatte, damit auch nichts vergessen wurde. Er hatte wirklich *„alles von Anfang an sorgfältig erkundet“*, um es *„... in guter Ordnung aufzuschreiben“* (Lk 1,3). Es wird nicht der Versuch gemacht, das Wunder zu erklären. Einzelne Aussagen der angegebenen großen Taten Gottes werden nicht benannt. Alle in den Heiligen Schriften enthaltenen Verheißungen und bis dahin eingetroffenen Erfüllungen des Heilshandelns Gottes könnten damit gemeint sein (s. auch die gesamten Kapitel 2 u. 3). Die größte Tat Gottes war jedoch die Aufrichtung des Neuen Bundes, die Offenbarung, dass Jesus von Nazareth, der Gekreuzigte und Auferstandene, kein anderer als der Messias Israels und der Erlöser für alle Völker ist. Was gibt es Größeres zu rühmen?

6.4.11 Erste Folgen der Geistausgießung

Das Geschehen dieser Geistausgießung konnte nicht verborgen bleiben. Das Rühmen der großen Taten Gottes mit allen Begleiterscheinungen war weithin zu hören. Die gläubigen Juden, Pilger und Einheimische, welche Lukas *„gottesfürchtige Männer aus allen Völkern unter dem Himmel“* (Apg 2,5) nannte, strömten herbei. Diejenigen, die etwas verstanden, waren völlig erschüttert. *„Sie entsetzten sich aber alle und waren ratlos und sprachen einer zu dem andern: Was will das werden?“* (Apg 2,12). Wenn Gott in das Leben der Menschen hineinredet, ist Erschütterung und Entsetzen durchaus eine häufige Reaktion. Es kann zu der ernsthaften Frage führen, wie es denn nun weiter gehen soll. Es kann die Offenheit für weiteres göttliches Handeln bewirken, aber auch das Gegenteil. Diejenigen, die nichts verstanden oder auch nicht interessiert waren, machten sich lustig und hielten die Jüngerinnen und Jünger für Betrunkene. *„Andere aber hatten ihren Spott und sprachen: Sie sind voll süßen Weins“* (Apg 2,13). Bereits bei dieser ersten Verkündigung des Evangeliums zeigt sich, dass die Botschaft des Auferstandenen die Menschen in zwei Gruppen teilt, diejenigen die Gottes Wort hören, es bewahren und danach tun (Lk 8,21; Lk 11,28) und diejenigen, die nicht glauben können (oder wollen) was sie hören. Paulus wird dazu später schreiben: *„Denn das Wort vom Kreuz ist eine Torheit denen, die verloren werden; uns aber, die wir selig werden, ist es Gottes Kraft“* (1. Kor 1,18).

Wir sehen, auch die großen Wunder Gottes, wie dieses Sprachenwunder zu Pfingsten, müssen noch lange nicht die Herzen der Menschen erreichen. Dafür bedarf es eines besonderen Zuganges. So wie Jesus seinen Jüngern als Auferstandener das Verständnis öffnen musste, *„dass sie die Schrift verstanden"* (Lk 24,45), so müssen alle Menschen durch geisterfüllte Verkündigung ein Verständnis für Gottes Wort gewinnen. Gottes Geist ist es, der die Herzen der Menschen erreichen kann.

So begann sich hier das Sendungswort Jesu zu erfüllen. Seine Nachfolger sollten hingehen, lehren, taufen und zur Treue anhalten. Inmitten aller Anwesenden *„trat Petrus auf mit den Elf"* (Apg 2,14). Er ergriff das Wort und predigte das Evangelium von Jesus Christus. Er verwies darauf, dass zu dieser frühen Tageszeit, es war etwa 9 Uhr morgens, niemand betrunken war. *„Denn diese sind nicht betrunken, wie ihr meint, ist es doch erst die dritte Stunde des Tages; sondern das ist's, was durch den Propheten Joel gesagt worden ist (Joel 3,1-5): ‚Und es soll geschehen in den letzten Tagen, spricht Gott, da will ich ausgießen von meinem Geist auf alles Fleisch; und eure Söhne und eure Töchter sollen weissagen, und eure Jünglinge sollen Gesichte sehen, und eure Alten sollen Träume haben; und auf meine Knechte und auf meine Mägde will ich in jenen Tagen von meinem Geist ausgießen, und sie sollen weissagen"* (Apg 2,15-18). Gott hatte die großen Ereignisse in seinem Volk durch Propheten angekündigt, so auch die Ausgießung des Heiligen Geistes. Auch Jesus Christus hatte seinen Jüngern angekündigt: *„Ihr werdet die Kraft des Heiligen Geistes empfangen, der auf euch kommen wird"* (Apg 1,8). Petrus wusste aus dem Heiligen Geist, dass alles, was jetzt geschah, vom Herrn angekündigt war. Gott handelte machtvoll nach seinem Plan. Die Evangeliumspredigt erreichte ihren Höhepunkt in der Aussage: *„So wisse nun das ganze Haus Israel gewiss, dass Gott diesen Jesus, den ihr gekreuzigt habt, zum Herrn und Christus gemacht hat"* (Apg 2,36). Diese Behauptung war durchaus anstößig. Für das Wort „Herr" steht hier im Griechischen „Kyrios". Diese Bezeichnung stand in der Septuaginta[355] für den Eigennamen Gottes und war auch einer der Thronnamen der römischen Kaiser.[356] „Die Bezeichnung ‚Gesalbter' (griech. ‚Christos', hebr.

---

[355] Der Begriff „Septuaginta" ist lateinisch und bedeutet „Siebzig". Er ist die Bezeichnung für die älteste griechische Übersetzung des AT, abgekürzt LXX. „Der Name geht auf eine im Aristeasbrief (um 100 v.Chr.) überlieferte und auch von Josephus berichtete Legende zurück. Danach habe König Ptolemäus II. Philadelphus (285-246 v.Chr.) zur Vervollständigung seiner Bibliothek die Mosebücher von 72 israelit. Ältesten (sechs aus jedem Stamm) ins Griech. übertragen lassen, was 72 Tage gedauert habe." LzB, a.a.O., Sp. 1477

[356] EdC NT, Apostelgeschichte 1. Teil, a.a.O., S. 63

‚maschiach')"[357] musste wiederum den Juden zu denken geben. Petrus scheute diese klaren Worte nicht. Dennoch waren die Zuhörer nicht aufgebracht, sondern offen für die Verkündigung. Sie waren vom Heiligen Geist überführt und völlig erschüttert. *„Als sie aber das hörten, ging's ihnen durchs Herz, und sie sprachen zu Petrus und den andern Aposteln: Ihr Männer, liebe Brüder, was sollen wir tun?"* (Apg 2,37). Petrus antwortete: *„Tut Buße und jeder von euch lasse sich taufen auf den Namen Jesu Christi zur Vergebung eurer Sünden, so werdet ihr empfangen die Gabe des Heiligen Geistes. Denn euch und euren Kindern gilt diese Verheißung und allen, die fern sind, so viele der Herr, unser Gott, herzurufen wird"* (Apg 2,38-39). Diese Predigt des Petrus bewirkte bei vielen Anwesenden eine Bekehrung zu Jesus. *„Die nun sein Wort annahmen, ließen sich taufen; und an diesem Tage wurden hinzugefügt etwa dreitausend Menschen"* (Apg 2,41).

Das Pfingstwunder führte dazu, dass der Taufauftrag Jesu von da an im großen Stil durchgeführt wurde. Die Betroffenheit aus der Pfingstpredigt führte zur Buße. Die Menschen sahen, dass sie ohne Christus verloren waren, Rettung aber möglich wurde. Dies war der Anfang, den Gott bereitet hatte zu lehren und zu taufen. Durch die erste Christengemeinde in Jerusalem sollten nun alle Christen gesegnet werden, die noch kommen würden. Dies geschah nicht aus der Macht der ersten Christen heraus, sondern aus der Macht Gottes. Pfingsten hat eine herausragende Bedeutung bis zum Ende der Zeit und wird heute als die Geburtsstunde der Kirche Christi betrachtet. Etwa dreitausend Menschen wurden an diesem Tag getauft. Taufen heißt Hinzufügen zum Volke Gottes.

Von dieser Gemeinde in Jerusalem heißt es: *„Sie blieben aber beständig in der Lehre der Apostel und in der Gemeinschaft und im Brotbrechen und im Gebet"* (Apg 2,42). Wortwörtlich erfüllte sich an dieser Gemeinde das Wort Jesu, alles zu halten, was er befohlen hatte. Der Heilige Geist bewirkte, dass diese Gemeinde Tag für Tag wachsen konnte. *„Der Herr aber fügte täglich zur Gemeinde hinzu, die gerettet wurden"* (Apg 2,47).

---

[357] Ebd., S. 63

6.5 Zusammenfassung zur Bestätigung des Neuen Bundes

Die erste große Bestätigung des Neuen Bundes war die Auferstehung Jesu am dritten Tag. Das Begräbnis Jesu geschah wegen des bevorstehenden Sabbats nur unvollständig und in aller Eile. Deshalb hatten einige Jüngerinnen sofort nach dem Ende der Sabbatruhe das ehrenvolle Begräbnis vorbereitet und alles Notwendige für die Einbalsamierung gekauft. In diesem Zusammenhang werden uns einige Namen dieser Frauen genannt. Zuerst nennen alle vier Evangelisten Maria Magdalena. Namentlich werden noch genannt: Maria, die Mutter des Jakobus und Salome. Darüber hinaus waren noch andere Frauen beteiligt. Sehr früh am Morgen gingen sie zum Grab und fanden es zu ihrem Erschrecken leer vor. Ein Erdbeben hatte die Gegend erschüttert. Der Engel des Herrn hatte das Grab geöffnet. Durch seine Erscheinung und das Beben waren die Wachen zutiefst erschrocken und flohen vor Angst vom Grab. Nun geschah genau das, was die Hohenpriester verhindern wollten. Sie bestachen die Wachen und ließen verbreiten, der Leichnam Jesu sei von seinen Jüngern gestohlen worden. Doch Lüge und Bestechung konnten die Ausbreitung der Auferstehungsbotschaft nicht verhindern (s. 6.4.1).

Weitere Bestätigungen des Neuen Bundes erfolgten durch die Verkündigung der Auferstehung, indem der Auferstandene seinen Jüngerinnen und Jüngern persönlich begegnete. Die Frauen erlebten am leeren Grab die Gegenwart von Engeln, welche ihnen die Furcht nahmen und ihnen zuriefen: Fürchtet euch nicht! Sie bezeugten den Frauen, dass Jesus auferstanden ist, wie er ihnen bereits gesagt hatte. Den Frauen, wie anschließend allen anderen Jüngern, erschien diese Bezeugung der Auferstehung so unglaublich, dass sie zwischen Freude und Angst schwankten. Sie liefen zurück und berichteten den Jüngern ihr Erlebnis. Als erstes lief Maria Magdalena wieder zum Grab und war von tiefer Trauer erfüllt. Der Leichnam Jesu war nicht mehr zu finden. Jesus begegnete ihr. Sie sprach ihn an und er antwortete ihr. Diese Begegnung mit Jesus veränderte sie vollkommen. Sie erhielt die Gewissheit, dass Jesus wirklich auferstanden war. Erst durch diese Begegnung konnte sie ihre Trauer überwinden und neue Hoffnung gewinnen. Eine Berührung erlaubte Jesus ihr nicht. Der anderen Gruppe der Frauen begegnete Jesus auf dem Rückweg vom Grab nach Jerusalem. Auch sie konnten durch diese persönliche Begegnung das Zeugnis der Auferstehung glauben. Ihnen erlaubte er eine Berührung. Sowohl die Engel wie auch Jesus selbst beauftragten die Frauen, diese Botschaft den Jüngern bekanntzumachen und sie auf den Weg nach Galiläa zu weisen (s. 6.4.2; s. 6.4.3).

Am gleichen Tag begegnete Jesus zwei anderen Jüngern auf dem Wege nach Emmaus. Ihnen legte er die Schrift aus und bezeugte deren Erfüllung durch Christus. Erst in der Herberge erkannten sie ihn beim Brotbrechen und kehrten sofort wieder um nach Jerusalem. Ebenfalls am Auferstehungstag führte Jesus eine persönliche Begegnung mit Petrus herbei, worüber wir aber keine Einzelheiten erfahren. Am Abend begegnete Jesus einem Kreis von Jüngerinnen und Jüngern, darunter seine Apostel ohne Thomas. Zunächst fuhr ihnen der Schreck in die Glieder. Wieder war es die persönliche Anrede, die Möglichkeit, ihn zu berühren und auch ein gemeinsames Essen, wodurch sie ihre Furcht überwinden und die Botschaft der Auferstehung glauben konnten. Thomas war bei dieser Begegnung nicht anwesend. Deshalb konnte er die unglaubliche Berichterstattung der Männer und Frauen, die Jesus bereits erlebt hatten, nicht glauben. Jesus ermöglichte ihm eine weitere Begegnung genau eine Woche später. Davon war Thomas vollkommen überwältigt. Jesus forderte ihn auf, ihn zu berühren. Thomas betete Jesus an mit den Worten: *„Mein Herr und mein Gott!“* (Joh 20,28) Auch aus den besonderen Begegnungen mit dem Auferstandenen wird deutlich: Glaube an Jesus ist Glaube an Gott. Zurückweisung Jesu ist Zurückweisung Gottes. Schon während seiner Lehrtätigkeit hatte Jesus erklärt: *„Wer an mich glaubt, der glaubt nicht an mich, sondern an den, der mich gesandt hat. Und wer mich sieht, der sieht den, der mich gesandt hat“* (Joh 12,44-45). Und er hatte seine Jünger auch in den Abschiedsreden darin bestärkt: *„Euer Herz erschrecke nicht! Glaubt an Gott und glaubt an mich!“* … *„Ich bin der Weg und die Wahrheit und das Leben; niemand kommt zum Vater denn durch mich.“* … *„Wenn ihr mich erkannt habt, so werdet ihr auch meinen Vater erkennen. Und von nun an kennt ihr ihn und habt ihn gesehen.“* … *„Wer mich sieht, der sieht den Vater.“* … *„Glaubt mir, dass ich im Vater bin und der Vater in mir; wenn nicht, so glaubt doch um der Werke willen“* (Joh 14,1.6.7.9.11). Nun hatte dieses Bekenntnis in der Anbetung durch Thomas einen gewissen Höhepunkt erreicht (s. 6.4.4 - 6.4.5).

Weitere Begegnungen mit dem auferstandenen Jesus fanden in Galiläa statt. Dort war die irdische Heimat Jesu, dort begann seine öffentliche Wirksamkeit, dorthin hatte er seine Jünger berufen. Am See Tiberias (auch See Genezareth oder Galiläisches Meer genannt) begegnete er sieben seiner Jünger beim

Fischen und ließ sie am Morgen nach einer erfolglosen Nacht einen außergewöhnlich großen Fang machen. An diesem Wunder wurde er als der Herr erkannt. Nach dem Essen fand ein denkwürdiges Gespräch zwischen Jesus und Petrus statt. Dreimal wurde Petrus gefragt: Liebst du mich? Mit zunehmender Traurigkeit antwortete Petrus dreimal mit Ja. Daraufhin erhielt er dreimal den Auftrag: *„Weide meine Lämmer“* (Joh 21,15) bzw. *„Weide meine Schafe“* (Joh 21,16.17). Schließlich erneuerte Jesus die Berufung: *„Folge mir nach!“* (Joh 21,19; s. 6.4.6).

Auf einem Berg in Galiläa sprach der auferstandene Jesus seinen zu diesem Zeitpunkt elf Aposteln ganz entscheidende Worte zu. Er vergewisserte sie seiner vom Vater übertragenen umfassenden Macht: *„Mir ist gegeben alle Gewalt im Himmel und auf Erden“* (Mt 28,18). Daran schließt sich der Taufauftrag bzw. Missionsauftrag an. Wir nennen diesen Auftrag hier das Sendungswort. *„Darum gehet hin und lehret alle Völker: Taufet sie auf den Namen des Vaters und des Sohnes und des Heiligen Geistes und lehret sie halten alles, was ich euch befohlen habe. Und siehe, ich bin bei euch alle Tage bis an der Welt Ende“* (Mt 28,19-20). Hiermit wurde der entscheidende Auftrag erteilt, der durch diese erstbeauftragten Jünger der gesamten Gemeinde für alle Zeiten gilt. Sie wird beauftragt, das Evangelium auszubreiten und alle Völker der Welt in den Erlösungsbund zu rufen. Jesus selbst als der Auferstandene benannte hier die dreigliedrige Taufformel und bestimmte damit das Charakteristische der christlichen Taufe als einer Taufe auf den Namen des Vaters, des Sohnes und des Heiligen Geistes. Nach der Begegnung auf dem Berg in Galiläa wandten sich die Jünger wieder nach Jerusalem. Dort hatte Jesus mehrere Begegnungen mit ihnen und gab ihnen Aufschluss über die Heiligen Schriften. Er gab ihnen die Verheißung, dass sie mit dem Heiligen Geist getauft werden und dass sie das Evangelium ausbreiten sollen. Zugleich wies er sie an, so lange in Jerusalem zu bleiben, bis dies geschehen wird (s. 6.4.7 - 6.4.8).

Nach vielen Begegnungen sammelte Jesus am vierzigsten Tag seine Jüngerinnen und Jünger und alle, *„die nun zusammengekommen waren“* (Apg 1,6) und zog mit ihnen in Richtung Betanien zum Ölberg. Dort bestärkte er sie noch einmal, dass sie die Taufe mit dem Heiligen Geist empfangen werden und wies ihnen den Weg der Mission: *„Ihr werdet meine Zeugen sein in Jerusalem und in ganz Judäa und Samarien und bis an das Ende der Erde“* (Apg 1,8). Während dieser Worte segnete er sie und wurde vor ihren Augen aufgehoben. Sie konnten ihn nicht mehr sehen. Engel bestätigten ihnen, dass Jesus in den Himmel aufgenommen wurde und so wiederkommen werde, wie er aufgefahren war. Mit diesem Ereignis der Himmelfahrt hatten die Jüngerinnen und Jünger nun alle Angst und Furcht überwunden. Sie kehrten mit großer Freude vom Ölberg zurück nach Jerusalem (s. 6.4.9).

Zu Pfingsten, am fünfzigsten Tag nach der Auferstehung, während des zweiten Hauptfestes, des Wochenfestes, erfüllte sich die Verheißung Jesu und die junge Gemeinde erlebte, dass sie alle erfüllt wurden vom Heiligen Geist. Hier erfüllte sich die von Jesus angekündigte Taufe mit dem Heiligen Geist. In dreifacher Weise wurde dieses Wunder erfahren: Die Anwesenden hörten ein Brausen vom Himmel, sahen Erscheinungen wie Feuerzungen auf den Anhängern Jesu und erfuhren die Predigt von den großen Taten Gottes in allen Sprachen der in Jerusalem weilenden jüdischen Pilger. Petrus hielt eine leidenschaftliche Predigt und begegnete dem Spott einiger Anwesenden mit der Erklärung der Weissagung des Propheten Joel: *„Und es soll geschehen in den letzten Tagen, spricht Gott, da will ich ausgießen von meinem Geist auf alles Fleisch"* (Apg 2,17). Diese Ausgießung des Heiligen Geistes fand jetzt statt. Viele Anwesende waren von der Predigt ergriffen und ließen sich taufen. An diesem Tag wurden etwa dreitausend Menschen getauft und zur Gemeinde hinzugefügt.

An einem ersten Tag der Woche erfolgte die Auferstehung Jesu. Gott hatte dazu das Passafest ausersehen, welches später das christliche Osterfest wurde. An einem ersten Tag der Woche erfolgte die Ausgießung des Heiligen Geistes. Gott hatte dafür das Wochenfest ausersehen, welches später das christliche Pfingstfest wurde. Jeweils am ersten Tag der Woche versammelte sich am Abend die erste Gemeinde in Jerusalem. Durch die Auferstehung, die Himmelfahrt und die Geistausgießung hat Gott vom Himmel her dreifach bestätigt, dass der Neue Bund aufgerichtet ist. Er gilt in Ewigkeit (s. 6.4.10 - 6.4.11).

7 Kleines Nachwort mit Anmerkungen

7.1 Anmerkungen zum Kapitel 2: Die Tradition Israels – Der Alte Bund

*Zu den Ausführungen im Kap*itel „Die Tradition Israels – Der Alte Bund“, das sich vor allem der Geschichte des Passas widmet, wollen wir noch einige erklärende Gedanken anfügen.

Der Umgang mit den in der Bibel genannten Zahlen ist nicht ganz einfach. Wir haben schon in den Fußnoten darauf hingewiesen, dass z.B. die Datierungen als Vorschläge zu verstehen sind und Angaben der Zeitspannen und Größen vielfach eine weitere innere Bedeutung enthalten. Unser grundsätzliches Bekenntnis zum Gesamtzeugnis der Heiligen Schrift schließt ein, dass wir diesem Wort vertrauen. Das heißt, dass wir gerade auch das Unerklärbare im Glauben annehmen und anstehen lassen, unabhängig davon, ob wir derzeit eine Erklärung dafür finden.

Sowohl der Aufenthalt Israels in Ägypten wie auch der Auszug aus Ägypten (s. 2.4) werden immer wieder durch kritische Ausleger in Frage gestellt. Man geht z.B. von einigen „semitischen Gruppen“[358] aus, die sich zeitweilig im Grenzgebiet zu Ägypten aufhielten. Die zahlenmäßige Größe des auswandernden Volkes wird in 2. Mose 12,37 mit 600.000 Männern angegeben. Dazu kommen Frauen und Kinder. Das könnte bedeuten, dass das gesamte Volk Israel aus 2 bis 3 Millionen Menschen bestand.[359] Doch genau wissen wir es nicht. Die kritische Betrachtung sieht keine Existenzmöglichkeit für ein so großes Volk im Lande Goschen. Die Bevölkerung ganz Ägyptens zu dieser Zeit wird auf 3 Millionen geschätzt.[360] Doch auch das wissen wir nicht genau. Diese Schätzung macht jedoch verständlich, dass jener Pharao, der nichts mehr von Josef wusste, große Sorge hatte, das Volk Israel könnte größer und stärker werden als das Volk der Ägypter (2. Mose 1,8-10).

---

[358] Siegfried Herrmann, Geschichte Israels in alttestamentlicher Zeit, Evangelische Verlagsanstalt Berlin, 1. Auflage 1981, S. 85
[359] BL, a.a.O., Sp. 150
[360] Ebd., Sp. 150

Auch hält man den Auszug in einer Nacht, den Durchzug durchs „Schilfmeer" und den Aufenthalt in der Wüste für ein so großes Volk für unwahrscheinlich. Die Ortsbestimmung „Schilfmeer" ist nicht sicher. Heute geht man davon aus, dass es nicht das Rote Meer ist. Deshalb ist die wörtliche Übersetzung „Schilfmeer" die bessere. Doch es gibt unterschiedliche Deutungen, wo es zu suchen sei. Ebenso lässt sich die Route des Auszuges nicht genau bestimmen, sondern es wird lediglich eine Route angenommen. Die sogenannte Süd-Route, weitestgehend am äußeren Rand der Sinai-Halbinsel, gilt als „wahrscheinlich". Diesem gesamten Komplex kritischer Fragen sind wir nicht nachgegangen.

Die angeführten Betrachtungen zu den in der Bibel angegebenen Zahlen zeigen, dass hier nicht von einer exakten Mengen- und Zeitangabe ausgegangen werden kann. In jedem Fall geben die Zahlen aber einen Überblick über die Dimensionen und Größenverhältnisse. Eine ausschließlich symbolische Deutung der Zahlen wirft wieder neue Fragen auf, jedoch ist zu beachten, dass die im Alten Testament verwendeten Zahlen neben der Kennzeichnung einer Größendimension noch eine weitere Deutungsebene besaßen.[361] Soweit uns die Kenntnis dieser Zusammenhänge wichtig war, haben wir sie in den Fußnoten angeführt.

Bei der Betrachtung des Auszugs aus Ägypten kam es uns darauf an, herauszufinden, wie sich die Passafeier in der Geschichte Israels entwickelt und verändert hat und wie die Form entstand, die Jesus vorfand. In dem Zusammenhang haben wir die Bedeutung des göttlichen Bundes besonders hervorgehoben, weil in diesem Bund das Heilshandeln Gottes deutlich wird. Gott ist immer der zuerst Handelnde. Wir werden daran auch besser verstehen können, warum Jesus für sein Abendmahl ausgerechnet das Passa ausgewählt hat und warum er seinen Tod mit dem Passa verbunden hat.

Die Ausführungen zur Geschichte des zerbrochenen Reiches (s. 2.6) erklärt uns auch, wie aus dem Zwölfstämme-Volk Israel ein Volk wurde, das überwiegend aus Juden bestand. Bei den Fragen zur Geschichte Israels wurde neben der in Fußnoten angegebenen Literatur auch kritische Literatur benutzt, deren Verfasser z.B. außerbiblischen Quellen eine große Bedeutung beimessen, auch, wenn sie den biblischen Aussagen widersprechen. Wir möchten diesen

[361] Siehe z.B. Friedrich Weinreb, Zahl, Zeichen, Wort: Das symbolische Universum der Bibelsprache

Erkenntnissen nicht widersprechen, doch wollten wir, getreu unseren grundsätzlichen Überlegungen den biblischen Aussagen, in ihrer Bedeutung für unser heutiges Verständnis zum Bund Gottes mit uns Menschen, i.d.R. den Vorrang geben.

Bei allen kritischen Fragen sind aber die Anerkennung der historischen Tatsache des Aufenthaltes Israels in Ägypten und der Auszug Israels aus Ägypten von grundsätzlicher Bedeutung. Auch Herbert Haag schreibt in seinem Bibellexikon: „Die Ablehnung der Historizität des Auszuges macht die Geschichte der Religion Israels unbegreiflich."[362] Gott nimmt die Geschichte in seine Hand. Es ist durch und durch eine wunderbare Geschichte. Soweit einige Gedanken zu Fragen, die uns bei der Erstellung der Texte auch beschäftigt haben.

7.2 Anmerkungen zum Kapitel 3: Vergebung im Alten Bund

Zum zweiten größeren Abschnitt fügen wir folgende Anmerkungen an. Der Einstieg in diesen Abschnitt war schwierig, denn dieses Thema spielt in christlichen Betrachtungen ganz allgemein kaum eine Rolle. Beide Abschnitte („Die Tradition Israels – der Alte Bund" und „Vergebung im Alten Bund") enthalten jedoch Themen des Alten Testaments, die wir als Hintergrund unseres Abendmahlsverständnisses für wichtig ansehen.

Alles in allem ist die Größe göttlichen Handelns immer nur erahnbar, aber nicht rational fassbar. Vergebung ist im Alten Testament möglich, allerdings nur eingeschränkt. Der gesamte Opferkult Israels ist uns vollkommen fremd geworden. Es kann hilfreich sein, wenn wir die wichtigsten Opferarten und Opferanlässe Israels in einer Übersicht betrachten. Zugleich wird damit zum einen noch einmal der für uns fast unübersichtliche Aufwand im Zusammenhang mit Opfer und Sühne vor Augen geführt, jedoch zum andern umso mehr die überragende Bedeutung des Opfers Jesu verdeutlicht. Es ist für uns alle ein außerordentliches Geschenk, zu erkennen, wie einfach wir es heute haben, zu Gott zu kommen. Gott hat es uns durch Jesus Christus leicht gemacht.

Es war uns wichtig, im Zusammenhang mit den Opfergesetzen unbedingt auch das Opfer Abrahams zu erwähnen. Wiederum konnte das Opfer Abrahams

---

[362] BL, a.a.O., Sp. 150

nicht ohne die anderen Opfer der Urgeschichte erwähnt werden. Wenn uns heute bei dem Gedanken an das Gebot der Opferung des geliebten Sohnes Schauer über den Rücken laufen, zumal Isaak zugleich der Träger der Verheißung war, so ist es im Umfeld Abrahams nichts Außergewöhnliches gewesen, Kinder zu opfern. Niemand aus seiner Umgebung hätte wohl daran Anstoß genommen.[363] Nur Abraham selbst war in totaler Anspannung. Der Satz „Wir brauchen an Abraham nicht zu verzweifeln", will deutlich machen, dass wir heutigentags wohl Zweifel hätten, ob beide Aussagen, die Verheißung und die Aufforderung zur Opferung, vom gleichen Gott sein könnten. Abraham kannte diesen Zweifel nicht. Er vertraute darauf, dass der HERR selbst handeln wird. In diesem Zusammenhang wird in der Wuppertaler Studienbibel Bezug auf das Leben Sören Kierkegaards genommen, der an Abraham verzweifelt ist. Kierkegaard glaubte, das Opfer Abrahams nachempfinden und das Liebste opfern zu müssen, das er hatte. So löste er sein Verlöbnis. Diesen Schritt hat er offensichtlich nie ganz überwunden. Es war ihm demzufolge wohl nicht bewusst, dass das Geschehen zwischen Abraham und Gott absolut einmalig ist. Niemand kann dies nachempfinden oder nachahmen. Deshalb brauchen wir an ihm nicht zu verzweifeln.[364]

Mit dem Begriff „Urgeschichte" (Einzahl) bezeichnet man im Allgemeinen den ersten großen Abschnitt der Bibel. Es sind aus dem 1. Buch Mose die Kapitel 1 bis 11. Darin enthalten sind alle Zeugnisse der Bibel vor der Berufung Abrahams, angefangen von der Schöpfung bis zur Zerstreuung nach dem Turmbau zu Babel. Der Begriff „Urgeschichte" wird u. a. verwendet in der Wuppertaler Studienbibel, „Das erste Buch Mose, Kapitel 1-11", im Evangelischen Erwachsenenkatechismus und im Bibellexikon (Hrsg. Herbert Haag). Die Urgeschichte beginnt mit 1. Mose 1,1 und endet mit 1. Mose 11,9.

Mit der Geschichte der Familie Abrahams und dessen Berufung beginnt der zweite große Abschnitt der Bibel, die „Vätergeschichten" oder „Erzvätergeschichten". Sie beginnen mit 1. Mose 11,10 und enden mit 1. Mose 50,26.

Besonders eindrücklich ist die Geschichte vom leidenden Gottesknecht. Darin auch eine Verheißung auf Jesus Christus hin zu sehen, ist für uns, wie für viele Christen, wichtig. Das wird von bibelkritischen Auslegern häufig bestritten. Sie

---

[363] WStb, Das erste Buch Mose, Kapitel 12-36, a.a.O., S. 194 ff;

[364] Ebd. S. 197 ff; 217 f

sehen im Gottesknecht ausschließlich das Volk Israel. Wir können diese Gegensätzlichkeiten einfach nur zur Kenntnis nehmen. Es lohnt sich immer, darüber nachzudenken, doch braucht es uns nicht zu irritieren.

Alle Opfergesetze stehen im Zusammenhang mit der großen Bedeutung der Stiftshütte bzw. des Tempels. Hier sei nur kurz erwähnt, dass die Erforschung der Tempelanlage eine höchst komplizierte Angelegenheit ist. Denn auf dem Areal der ehemaligen Tempelanlage stehen seit dem 7. Jahrhundert der Felsendom und die Al Aqsa Moschee.[365] Alle Forschungen geschehen deshalb angesichts erheblicher politischer Spannungen. Es kommt noch hinzu, dass beispielsweise die bloße Existenz des Tempels Salomos von mancher Seite bezweifelt wird. Wir konzentrieren uns deshalb bei unseren Betrachtungen auch an dieser Stelle auf die biblischen Aussagen.

7.3 Anmerkungen zum Kapitel 5: Jesus Christus – Der Neue Bund

In diesem Kapitel „Jesus Christus – Der Neue Bund“ haben wir versucht, die unmittelbare Vorbereitung sowie die Aufrichtung des Neuen Bundes durch Jesus Christus zu beschreiben. Das Passamahl wurde in Ägypten als Mahl des Bundes eingesetzt. Der Bund selbst wurde aber erst danach in der Wüste am Sinai geschlossen. So setzte auch Jesus sein letztes Passamahl mit seinen Jüngern als Mahl des Neuen Bundes ein. Der Neue Bund wurde wiederum erst danach mit seinem Opfertod am Kreuz geschlossen, bzw. aufgerichtet.

An der Frage, ob das letzte Mahl Jesu ein Passamahl war oder nicht, scheiden sich die Geister. War es ein Passamahl, dann müsste es in der Nacht vom 14. zum 15. Nisan stattgefunden haben. Hat es aber bereits in der Nacht vom 13. zum 14. Nisan stattgefunden, kann es nach Überzeugung vieler Bibelausleger kein Passamahl gewesen sein. Für den Umgang mit diesen Unterschieden zwischen den Synoptikern und Johannes werden drei Möglichkeiten der Deutung angeboten. Joachim Jeremias formuliert es so:

1. „Die Synoptiker sind im Recht; Johannes ist dementsprechend zu deuten (Das ist die Ansicht der mittelalterlichen lateinischen Kirche, und

[365] Randall Price, Handbuch zum Tempel, a.a.O., S. 127

der Reformatoren, die dementsprechend beim Abendmahl ungesäuertes Brot verwenden). ...

2. Johannes ist im Recht; die Synoptiker sind dementsprechend zu deuten (Das ist die Ansicht der griechischen (orthodoxen) Kirche, die dementsprechend beim Abendmahl gesäuertes Brot verwendet). ...

3. Sowohl die Synoptiker als auch Johannes sind im Recht (in nachreformatorischer Zeit eine weit verbreitete Auffassung). Wer diesen Weg beschreitet, muss annehmen, dass die Zeitgenossen Jesu in seinem Todesjahr das Passamahl an zwei aufeinanderfolgenden Tagen gefeiert haben. ...“[366]

Joachim Jeremias untersucht sehr ausführlich das Für und Wider eines Passamahles. Selbst wenn es nicht der neueste Forschungsstand ist, so wird bis heute vielfach auf sein Buch „Die Abendmahlsworte Jesu“ verwiesen. Mehrere Bibelausleger, z.B. Alfred Kuen, Adolf Pohl, Werner de Boor, Hansjörg Bräumer, Eckhard J. Schnabel, Joseph Ratzinger oder Ulrich Wilckens verweisen auf die Untersuchungen von Joachim Jeremias, auch wenn sie zu unterschiedlichen Ergebnissen kommen. Wir sehen, dass selbst die Datumsfrage zu einer Deutungsfrage werden kann, mit weitreichenden Konsequenzen. Wir sehen keinen Grund, an einer der biblischen Aussagen zu zweifeln, selbst wenn wir sie nicht ohne weiteres erklären können. Im Todesjahr Jesu fiel das Passafest auf einen Wochensabbat. „Daraus ergibt sich die Möglichkeit, dass die streitenden Parteien einen Kompromiss geschlossen haben, nach dem die Sadduzäer ihre Passafeier einen Tag später als die Pharisäer begingen.“[367] Genau wissen wir es aber nicht. Die heutige Annahme der Verwendung von zwei unterschiedlichen Kalendern bei der Verfassung der Evangelien, eröffnet eine weitere Möglichkeit, die Berichte der Synoptiker mit dem Bericht des Johannes in Einklang zu bringen. Freilich wird auch hier eine Auseinandersetzung um die älteste bzw. ursprüngliche Textgestalt geführt und es wird von kritischen Forschern vermutet, dass bei den Synoptikern nachträgliche Einschübe gemacht wurden.

---

[366] Joachim Jeremias, Die Abendmahlsworte Jesu, a.a.O., S. 14 ff

[367] LzB, a.a.O., Sp. 1201

Auf eine andere Deutung, die uns verschiedentlich in der Literatur begegnet, sei an dieser Stelle hingewiesen. Die französische Forscherin Annie Jaubert schlägt den Ablauf mit Bezug auf einen alten Kalender so vor: Dienstagabend letztes Mahl Jesu, Ergreifung, Verhör; Mittwoch und Donnerstag Verhandlungen und Verhöre, Freitag Geißelung, Dornenkrönung, Verurteilung, Kreuzigung. Diese Theorie erwähnen z.B. Joseph Ratzinger und Hansjörg Bräumer. Sie ist auch beschrieben bei Gerhard Kroll.[368]

Im Einzelnen sind wir den Forschungsergebnissen nicht nachgegangen, sondern begnügen uns damit, das eine und andere zu erwähnen und die von uns getroffene Entscheidung zu begründen. Es sei nur angemerkt, dass in der Gegenwart in manchen Konfessionen unterschiedliche Standpunkte eingenommen werden. Beispielsweise vertritt auch Josef Ratzinger die Auffassung, das letzte Mahl Jesu sei kein Passamahl gewesen.[369] Er formuliert es so: „Eines ist in der gesamten Überlieferung deutlich: Das Wesentliche dieses Abschiedsmahles war nicht das alte Pascha, sondern das Neue, das Jesus in diesem Zusammenhang vollzog. Auch wenn das Zusammensein Jesu mit den Zwölfen kein Pascha-Mahl nach den rituellen Vorschriften des Judentums gewesen war, so wurde in der Rückschau der innere Zusammenhang des Ganzen mit Tod und Auferstehung Jesu sichtbar: Es war Jesu Pascha. ... Das Alte war so nicht abgetan, sondern erst zu seinem vollen Sinn gebracht."[370] Damit stimmt er der Tradition seiner eigenen Kirche nicht so ohne weiteres zu.

Die Eröffnung des Mahles wird von Joachim Jeremias als Verzichtserklärung bezeichnet. Er übersetzt Lukas 22,15 so: *„Herzlich gern hätte ich dieses Passalamm mit euch vor meinem Sterben gegessen. (Aber ich muss mir diesen Wunsch versagen). Denn ich sage euch, ich will von ihm nicht mehr essen, bis Gott (seine Verheißung) erfüllt in der Königsherrschaft Gottes ..."*[371] Damit ist gemeint, dass Jesus nichts gegessen hat, weder Lamm noch Brot. Ähnlich versteht er Lk 22,17 als eine Aufforderung Jesu, seine Jünger sollten vom Wein trinken, er selbst aber nicht und übersetzt: *„Nehmt diesen (Kelch) und verteilt (ihn) unter euch; denn ich sage euch, ich will von jetzt ab vom Gewächs des*

---

368 Gerhard Kroll, Auf den Spuren Jesu, a.a.O., S. 349

369 Joseph Ratzinger Benedikt XVI, Jesus von Nazareth, Zweiter Teil, a.a.O., S. 126 ff

370 Ebd., S. 133f

371 Joachim Jeremias, Die Abendmahlsworte Jesu, a.a.O., S. 203

Weinstocks nicht mehr trinken, bis Gott seine Königsherrschaft aufrichtet.“[372] Daraus folgert er: „Jesus hat also beim letzten Mahl weder vom Passalamm gegessen, noch Wein getrunken, wahrscheinlich sogar ganz gefastet.“[373] Diese Verzichtserklärung wird in der Literatur ab und an erwähnt. Doch aus keiner der uns verfügbaren Übersetzungen der Bibel können wir diese Auffassung erkennen. Wir haben sie auch in den anderen verwendeten Auslegungen nicht bestätigt gefunden. Dieser Auffassung sind wir nicht gefolgt.

Warum Johannes keine Einsetzungsworte überliefert, lässt sich nicht beantworten. Es wird vermutet, dass er es deshalb unterlässt, weil er vermeiden will, dass die Worte als eine Art Zauberformel verwendet werden. Die Gemeinde hatte sie bereits mündlich empfangen und bewahrt. Joachim Jeremias stellt eine ganze Reihe von Geheimhaltungsgründen heiliger Texte zusammen und sagt dazu: „Der Überblick zeigt, dass die Gründe für die Geheimhaltung sehr verschiedener Natur waren; im Vordergrund stand jedoch die Absicht, Heiliges vor Profanierung zu schützen.“[374] Am Ende müssen wir dennoch sagen: So kann es gewesen sein, genau wissen wir es nicht. Wir kommen nach dem Gesamtzeugnis der Heiligen Schrift für uns jedoch zu dem Ergebnis, dass das letzte Mahl Jesu mit seinen Jüngern ein Passamahl war, welches er durch seine Deuteworte zu einem neuen Mahl werden ließ, dem Mahl des Neuen Bundes.

Wir haben in der Frage des letzten Mahls Jesu viele Details benannt, weil das für manchen aufmerksamen Bibelleser, der auf Disharmonien und Unstimmigkeiten trifft, möglicherweise eine Hilfe sein kann.

In den Ausführungen zur Bestätigung des neuen Bundes (s. 6.4) haben wir uns beim Markus-Evangelium darauf beschränkt, die Zitate mit Kapitel 16, Vers 8 zu beenden. Die ältesten Textzeugen enden ebenfalls dort. Der zweite Schluss des Markus-Evangeliums gilt zwar unter den Auslegern als inhaltlich zuverlässig, ist aber offensichtlich erst zu einem späteren Zeitpunkt angefügt worden. In den meisten Bibeln ist der Abschnitt Mk 16,9-20, mit einer entsprechenden Erklärung, dass die Verse 9-20 vermutlich im 2. Jahrhundert hinzugefügt wurden, enthalten. Adolf Pohl erklärt dazu: „Wir besitzen das Buch in Teilen oder

---

372 Ebd., S. 203
373 Ebd., S. 203
374 Ebd., S. 122

vollständig in rund 1800 griech. Handschriften. Sie scheinen ein eindeutiges Bild zu bieten, indem 99% von ihnen die V. 9-20 enthalten. Beim genauen Zusehen zerbricht jedoch diese Eindeutigkeit. ... Dabei spielen drei verschiedene zusätzliche Textstücke eine Rolle, ... Das dritte Stück jedoch, der sog. ‚lange Markus-Schluss' von V. 9-20 war so wertvoll und gewann ein solches Ansehen, dass es sich allgemein durchsetzte, in die Masse der mittelalterlichen Handschriften gelangte und bis heute die kirchliche Normalform darstellt."[375] Diese ganze Auseinandersetzung haben wir nicht weiterverfolgt.

[375] WStb, Das Evangelium des Markus (Ergänzungsband), a.a.O., S. 588

8 Verwendete Abkürzungen

a.a.O.	am angegebenen Ort (gleiche Quelle wie zuvor, andere Seite)
ACK	Arbeitsgemeinschaft Christlicher Kirchen
AG	Apostolische Gemeinschaft
Anm	Anmerkung
AT	Altes Testament
Bd.	Band (bei mehrbändigen Werken)
bibl.	biblisch
BL	Bibel-Lexikon
christl.	christlich
ebda	ebenda (zuvor zitierte Textstelle)
EdC	Edition C, Bibelkommentar zum Neuen Testament
EKD	Evangelische Kirche Deutschland
ELB	Elberfelder Bibelübersetzung
EStb	Elberfelder Studienbibel
ff	folgend, auf den nächsten Seiten
GBL	Das Große Bibellexikon
GGO	Gemeinde- und Gottesdienstordnung
gr.	griechisch
GStb	Genfer Studienbibel
hebr.	hebräisch
Hfa	Hoffnung für alle, Bibelübersetzung
Israelit.	Israelitisch
Jhd.	Jahrhundert
jüd.	jüdisch
KAG	Katholisch-Apostolische-Gemeinden
KGE	Kirchengeschichte in Einzeldarstellungen
lat.	lateinisch
LKG	Lexikon der Kirchengeschichte
LzB	Lexikon zur Bibel
LXX	Septuaginta, älteste durchgehende Übersetzung der hebräisch-aramäischen Bibel
NAK	Neuapostolische Kirche
n. Chr.	nach Christus
NLB	Neues Leben Bibel
NT	Neues Testament
o. S.	ohne Seitenangabe
Pl.	Plural
RAG	Reformiert-Apostolischer Gemeindebund
rel.	religiös
RKK	Römisch-Katholische Kirche
röm.	römisch
S.	Seitenangabe
s.	siehe, Querverweis
SCM	Stiftung Christliche Medien
Sp	Spalte
Stb	Studienbibel
SuG	Schrift und Glaube
TVG	Theologische Verlagsgemeinschaft
u.a.	und andere
Übers.	Übersetzung
u.ö.	und öfter
u.Z.	unserer Zeitrechnung
VAG	Vereinigung

	Apostolischer Gemeinschaften
v. Chr.	vor Christus
VEF	Vereinigung Evangelischer Freikirchen
VELKD	Vereinigte Evangelisch-Lutherische Kirche Deutschlands
verm.	vermutlich
vgl.	vergleiche
v.u.Z.	vor unserer Zeitrechnung
wörtl.	wörtlich
WStb	Wuppertaler Studienbibel, Bibelkommentar zum Alten und Neuen Testament

9 Glossar

Aloe, Arabische Pflanze der Grasbaumgewächse, mit bitterem Geschmack, soll rund 250 Heilwirkungen besitzen.

Antichrist, Begriff, der ursprünglich im Plural falsche Lehrer bezeichnete, wurde in neutestamentlicher Zeit zu einer eschatologischen Gestalt, die im Widerspruch zu Gott steht und einen eschatologischen Gegner Gottes meint.

Apokalypse, gr. Enthüllung, literarische Gattung in der ein himmlisches Wesen einem Menschen den göttlichen Geschichtsplan, die übernatürliche Ordnung und/oder eschatologische Warnungen übermittelt.

Apostolikum, Apostolisches Glaubensbekenntnis, eine zusammenfassende Formulierung des Glaubens, die erstmals in einem Text des späten 4. Jahrhunderts erwähnt wird und von vielen christlichen Konfessionen bis heute rezitiert wird.

Apotheose, Erhöhung eines Menschen zu göttlichem Rang.

Aramäisch, semitische Sprache, die in persischer Zeit (6.-4. Jh. v.u.Z.) im alten Orient weitverbreitet war. Sie wurde zur Alltagssprache der Juden in Israel und der östlichen Diaspora, wie auch für Jesus und seine Jünger.

Arimathäa, Stadt im Hügelland von Judäa auf halbem Weg zwischen Jerusalem und Jericho. Nach seiner Kreuzigung wurde Jesus im Grab des Josef von Arimathäa, einem reichen Juden, beigesetzt.

Armagedon, traditionsgemäß der Ort der finalen Schlacht zwischen Gut und Böse (Offb 16,16).

Atheismus, bezeichnet den Glauben daran, dass es keinen Gott gibt.

Asasel, auch Azaël, Name eines Wüstendämons, dem beim jüdischen Sühnefest (Jom Kippur), mittels des sprichwörtlichen Sündenbocks, die Sünden des Volkes Israel aufgeladen wurden.

Augustinus, vollst. Augustinus von

Hippo, röm. Bischof und Kirchenlehrer, gilt als einer der vier lat. Kirchenväter.

Augustus, erster Kaiser des römischen Reiches, regierte zur Zeit der Geburt Jesu und veranlasste die Volkszählung, zu der Josef und Maria von Nazareth nach Bethlehem gingen.

Babylon, mesopotamisches Imperium, das den ersten Tempel in Jerusalem im Jahr 586 v.u.Z. zerstörte. Es wurde zu einem Synonym für jede Tyrannei und in der Offenbarung zu einer Blaupause für das Römische Reich.

Beelzebub, Herrscher über die Dämonen. Der Name stammt aus dem hebr. „baal-zebub: Herr der Fliegen", und bezeichnet die unvorstellbare Vielzahl der Dämonen. Beelzebub ist zusammen mit Satan eine der Erscheinungsformen des Teufels.

Berg, wenn in der Bibel von einem Berg die Rede ist, dann bedeutet das im jüdischen Schriftverständnis, dass eine wichtige Botschaft verkündet wird, oder ein wichtiges Ereignis bevorsteht. Wird ‚der Berg' erwähnt, ist davon auszugehen, dass der Berg Sinai damit gemeint ist.

Dekalog, bezeichnet die zehn Gebote wie sie Mose von Gott auf dem Berg Sinai empfangen hat.

Deuteworte, Einsetzungsworte Jesu beim letzten Abendmahl, die die Bedeutung von Brot und Wein festlegen.

Ekklesia, gr. Versammlung, reguläre Zusammenkunft einer Gruppe; in der LXX steht das Wort gewöhnlich für eine Versammlung von Israeliten. Später bezeichnet es eine christliche Versammlung, eine Kirchengemeinde.

Engel, gr. Bote, himmlisches, übernatürliches Wesen, das manchmal Gott repräsentiert.

Eschatologisch, (Eschatologie) die Endzeit bzw. das Ende der Welt betreffende Lehre.

Evangelium, gr. gute Nachricht, Botschaft davon, dass Gott in Jesus Christus zu den Menschen gekommen ist.

Gebetsriemen, lange schmale

Lederriemen an denen Lederkapseln mit Bibelsprüchen hängen. Das Tragen dieser Riemen folgt der bibl. Aufforderung, dass man das Gebot Gott von ganzem Herzen zu lieben, zur ständigen Erinnerung an Arm und Stirn tragen soll.

Gethsemane, Westhang des Ölbergs in Jerusalem, der von Jesus freiwillig gewählte Ort des Abschieds von seinen Jüngern.

Golgatha, auch Golgata, Hinrichtungsstätte außerhalb Jerusalems zur Zeit Jesu.

Haggada, ist ein meist reich bebildertes Buch, das im Rahmen des religiösen jüdischen Lebens Erzählungen und Handlungsanweisungen für den Abend vor dem Passafest beinhaltet.

Hallel, Gruppen von Lobpsalmen im jüdischen Psalmenbuch.

Hohepriester, seltener Hoher Priester, bezeichnet das höchste priesterliche Amt im Judentum zur Zeit Jesu.

Hoher Rat, Sanhedrin, war lange Zeit die oberste jüdische religiöse und politische Instanz und gleichzeitig das oberste Gericht.

Israel, „der mit Gott streitet", ist der Name, der dem israelitischen Stammvater Jakob von Gott verliehen wurde und die Bezeichnung des Königreichs der israelitischen Stämme, die westlich und östlich des Jordans sesshaft geworden sind.

Juda, einer der zwölf Stämme Israels, oft auch Bezeichnung für das Gebiet der späteren röm. Provinz Judäa, Name eines der beiden jüdischen Königreiche mit der Hauptstadt Jerusalem.

Judäa, Gebirgslandschaft mit der Hauptstadt Jerusalem als Mittelpunkt, war in röm. Zeit zunächst das Königreich Herodes des Großen, später röm. Provinz, die direkt vom röm. Präfekten verwaltet wurde.

Jünger, Nachfolger Jesu, neben dem Kreis der zwölf, die später auch Apostel genannt wurden, gab es noch weitere Männer und Frauen, die als Jünger bezeichnet wurden.

Kabbala, Empfangenes, d.h. Weitergegebenes Traditionsgut. Im 12. Jhd. wurde der Begriff

Kabbala zu einer Bezeichnung für esoterische o. mystische Lehren.

Kaiphas, war ein Jerusalemer Hohepriester, der in der Zeit von 18 bis 36 christlicher Zeitrechnung amtierte.

Kairos, dt. das rechte Maß, die gute Gelegenheit. Religiös-philosophischer Begriff für einen günstigen Zeitpunkt eine Entscheidung zu treffen. Im christlichen Verständnis wird das Auftreten des Kairos dem Wirken des Heiligen Geistes zugeschrieben.

Kirchenväter, patristische Autoren, d.h. Theologen der Alten Kirche, z.B. Clemens von Alexandrien, Irenäus von Lyon, Origenes, Augustinus und Hieronymus, bis ins 5. Jhd.

Kohorte, eine der zehnten Teil (480 Mann) einer Legion umfassende Einheit des röm. Heeres.

Kyrios, gr. Herr, Name des Vatergottes Jahwe in der gr. Übersetzung des AT (Septuaginta), im Neuen Testament auch Würdetitel Jesu als Überwinder des Todes und Herr der Gemeinde. Bei den hellenistischen Herrschern (2. Jahrhundert v. Chr. bis 3. Jahrhundert n. Chr.) war Kyrios eine Selbstbezeichnung als Ausdruck der eigenen Gottnatur, ebenso bei römischen Kaisern, z. B. Nero und Domitian.

Laubhüttenfest, jüd. Fest zur Erinnerung an die Zeit der Wüstenwanderung und die gnädige Bewahrung des Volkes durch den HERRN während dieser 40 Jahre. Das Laubhüttenfest ist neben dem Passa- und dem Wochenfest das dritte große jüd. Wallfahrtsfest.

Levit, Angehöriger des israelit. Stammes der Leviten und jüd. Priester. Alle Leviten hatten von Gott den Auftrag, Priesterdienst in Israel zu verrichten.

Mazzen, auch Matze, dünne Brotfladen aus Wasser und Weizenmehl. Mazzen essen viele Juden zum Passafest. Die dünnen ungesäuerten Brote erinnern sie an die Flucht der Israeliten aus Ägypten.

Midrasch, Form der jüd. Schriftauslegung, die den biblischen Stoff aber nicht wie Mischna und Talmud systematisch, also nach thematischen Komplexen, sondern versweise entlang dem Bibeltext kommentiert.

Mischna, Niederschrift, der zuvor ausschließlich mündlich überlieferten Gesetzeslehre des jüd. Volkes, um sie vor dem Vergessen zu bewahren.

Monotheismus, bezeichnet den Glauben daran, dass es nur einen Gott gibt.

Myrrhe, Harz des Balsambaums, zeichnet sich durch einen sehr warmen, leicht würzig-süßen Duft, sowie einen anhaltend bitteren, kratzenden Geschmack aus. Ist seit der Antike als entzündungshemmende Medizin und zum Parfümieren bekannt.

Naherwartung, bezeichnet im christl. Zusammenhang den Glauben, dass die Wiederkunft Jesu Christi (im irdischen Zeitverständnis) unmittelbar bevorsteht. Hierzu gibt es Anhaltspunkte im Neuen Testament.

Nasaräer, Bedeutung: Dem üblichen Gebrauch entziehen. So wurden im Volk Israel Menschen bezeichnet, die für eine bestimmte Zeit oder auf Dauer Gott geweiht waren.

Nisan, hebr. Monatsname, Monat des Passafestes, von dem ab die zwölf Mondmonate des israelit. Jahres gezählt wurden.

Ölberg, Berg nordöstlich und östlich des Tempelbergs in Jerusalem, der offensichtlich seinen Namen durch die zahlreichen Ölbäume erhalten hat. Nach dem jüd. Glauben wird der Messias über den Ölberg nach Jerusalem einziehen.

Palästina, Gebiet, das weitgehende Teile des heutigen Israels und von Jordanien umfasst. Für das Judentum, die Samaritaner, das Christentum und den Islam besitzt das Gebiet eine besondere geschichtliche und religiöse Bedeutung. Palästina soll mit dem bibl. Land Kanaan übereinstimmen.

Passa, auch Passah, Pascha, Pessach genannt, gehört zu den wichtigsten Festen des Judentums. Das Fest erinnert an den Auszug aus Ägypten. Passa wird von Juden in der Woche vom 15. bis 22. Nisan gefeiert.

Patriarchen, Gründungsväter Israels: Abraham, Issak und Jakob.

Pharisäer, Mitglieder einer Frömmigkeitsbewegung in Israel zurzeit der röm. Besatzung (seit 63 v. Chr.), die sich vor allem der Treue zur Tora verschrieben hat. Sie waren theologisch konservativ, politisch national und gehörten zur, im Lebensstil eher liberalen, Oberschicht.

Pilatus, war ein verhasster Präfekt und Stadthalter der Provinz Judäa im Auftrag des Römischen Reiches. Pontius Pilatus hatte von 27 bis 36 n. Chr. das Amt inne und war der fünfte Stadthalter und Präfekt seit Bestehen der Provinz. (Wird z.T. auch als Prokurator bezeichnet.)

Polytheismus, bezeichnet den Glauben daran, dass es mehr als einen Gott gibt.

Prätorium, war der offizielle Regierungssitz des Pilatus, des röm. Statthalters in Jerusalem.

Präfekt, Bezeichnung für den Verwalter einer kaiserlichen Provinz im röm. Reich.

Prophet, Mensch, der von einer Begegnung mit Gott berichtet und seine Botschaften verkündet. Er folgt dabei keiner Theologie, wie der Priester und keinem Seelsorgeauftrag wie der Hirte, er verkündet das, was Gott ihnen aufgetragen hat.

Quaste, Bündel aus Wollfäden, die durch ein Loch im Gewand gläubiger Juden gezogen und dann verknotet wurden. Sie sollten ständig an die Gebote Gottes erinnern.

Rüsttag, ist der Vortag eines jüd. Fests oder Feiertags, an dem dieser vorbereitet wird und an dem man sich besinnlich auf diesen einstellt.

Sabbat, auch Schabbat, ist ein Ruhetag und der wichtigste Feiertag im Judentum. Er beginnt in jeder Woche am Freitagabend und endet am Samstagabend. Nach der hebräischen Bibel hat Gott in sechs Tagen die Welt erschaffen und den siebten Tag der Woche zum heiligen Ruhetag erklärt. An diesem Tag soll jedes Wesen - Mensch und Tier - nach einer anstrengenden Woche wieder zu sich finden und neue Kraft schöpfen. Der Mensch soll am

Sabbat seine Beziehung zu Gott stärken und ihm für die Schöpfung danken.

Sadduzäer, waren eine Gruppe politisch engagierter Juden und sahen nur die schriftliche Tora als verbindlich an, die mündlichen Überlieferungen lehnten sie ab. Sie waren für die Angelegenheiten des Tempels zuständig. Sie achteten vor allem darauf, dass dort alle Aufgaben ordentlich erledigt wurden, und dass sich während der Opferhandlungen jeder genau an die "Buchstaben des Gesetzes" hielt. Um ihre Macht zu sichern, arbeiteten sie mit den Römern zusammen.

Säkularisierung, Loslösung des einzelnen, des Staates und gesellschaftlicher Gruppen aus den Bindungen an die Kirche.

Sanhedrin, s. Hoher Rat

Satan, ist vor allem der Ankläger im letzten göttlichen Gericht, der die Integrität von Menschen testet und Sünden anklagt, wie es beispielsweise aus den biblischen Büchern Hiob oder Sacharja bekannt ist. Satan bezeichnet die Größe, die sich dazwischendrängt, die etwas auseinanderbringt.

Schriftgelehrter, hat die Schriften studiert und schreibt die Texte der Tora auf die Torarolle.

Septuaginta (LXX), dt. die Übersetzung der siebzig, ist die älteste durchgehende Übersetzung der hebräisch-aramäischen Bibel in die altgriechische Alltagssprache. Sie entstand ab etwa 250 v. Chr. im hellenistischen Judentum, vorwiegend in Alexandria. Die meisten Bücher waren bis etwa 100 v. Chr. übersetzt, die restlichen Bücher folgten bis 100 n. Chr.

Sinai, geogr. Gebiet zw. Israel und Ägypten. Ort der Wüstenwanderung. Der Berg Sinai ist für jüd. und christl. Gläubige ein heiliger Ort, hier soll Mose die 10 Gebote von Gott erhalten haben.

Stadien, Pl. von Stadion, altes Längenmaß, ein Stadion war etwa 150-185 Meter.

Sukkot, s. Laubhüttenfest.

Synoptiker, die synoptischen

Evangelien nach Matthäus, Markus und Lukas, deren weitgehend paralleler Aufbau ermöglicht, dass die sich entsprechenden Abschnitte aus jedem Werk nebeneinanderstehend aufgeschrieben werden können. Diese Zusammenstellung nennt man Synopse, die Bezeichnung Synoptiker für die Evangelisten Matthäus, Markus und Lukas, leitet sich davon ab.

Talmud, dt. Lernen, Lehre, Studium, zwei jüd. Texte (5. Jhd. und 6. Jhd.), die sich mit der Auslegung der bibl. Schriften und der jüd. Gesetze beschäftigt.

Tanach, ist die Heilige Schrift des Judentums. Er entstand in einem 1.200 Jahre andauernden, komplexen Prozess als Sammlung unterschiedlicher religiöser und weltlicher jüdischer Schriften. Der Tanach wurde etwa 100 n. d. Z. in 24 Bücher eingeteilt. Er erzählt die Geschichte der Schöpfung und des Volkes Israel über einen Zeitraum von 1.300 Jahren. Das Christentum hat alle Bücher des Tanach, in etwas anderer Anordnung als Altes Testament übernommen.

Tempel, rel. Anbetungsstätte, wenn in der Bibel der Begriff Tempel verwendet wird, ist damit fast immer der Tempel des Volkes Israel in Jerusalem gemeint.

Tempelvorhof, Teil des jüd. Tempels, der von Gläubigen betreten werden durfte. Hinter dem Tempelvorhof befanden sich das Heilige und das Allerheiligste.

Tertullian, Quintus Septimus Florens Tertullianus (ca. 160 - ca. 225 u.Z.), frühchristlicher Theologe. Er wandte sich dagegen, das AT aus dem christlichen Gebrauch auszumustern.

Tora, dt. Lehre, bezeichnet die fünf Bücher Mose, die der erste und wichtigste Hauptteil des Tanach sind.

Torarolle, jede jüdische Gemeinde besitzt mindestens eine Torarolle aus aufgerollten Rindshäuten. Darauf ist die Tora in hebräischer Sprache, mit der Hand und mit Tinte geschrieben.

Urgemeinde, bezeichnet die Gemeinschaft der ersten Christinnen und Christen, so wie sie uns in der Apostelgeschichte und den Briefen der Bibel beschrieben wird, die sich nach Ausgießung des Heiligen Geistes zu Pfingsten in Jerusalem zu Gemeinden entwickelte.

Urväter, auch Patriarchen, werden in der Geschichte Israels Abraham, Isaak und Jakob genannt.

Vulgata, lat. volkstümlich, bezeichnet die Biblia Vulgata, die im Mittelalter verbreitete lat. Fassung der Bibel.

Wochenfest, (Schawuot) eins der jüd. Hauptfeste, 50 Tage nach dem Passafest. Es wird auch als das jüd. Erntedankfest bezeichnet, weil zu dieser Zeit in Israel der erste Weizen geerntet wird.

Ysop, Pflanze innerhalb der Familie der Lippenblütler. Sie wird seit Jahrhunderten als Gewürz- und Heilpflanze kultiviert. Die Pflanzen haben eine sehr starke Würzkraft durch ihre Bitter- und Gerbstoffe.

Zelot, dt. Eiferer, große Gruppe von Juden, die sich gegen die röm. Besatzer zur Wehr setzten. Sie erwarteten den Messias, der sie von der Herrschaft der Römer befreien sollte.

10 Quellenangaben und Studienliteratur

10.1 Bibeln

Basis Bibel, Altes und Neues Testament, Deutsche Bibelgesellschaft, 2021

Bibeltext der Neuen Genfer Übersetzung – Neues Testament und Psalmen Copyright 2011 Genfer Bibelgesellschaft

Bibeltext der Schlachter Übersetzung in der Genfer Studienbibel, deutsche Ausgabe Hänssler Verlag Holzgerlingen 1999, Copyright Genfer Bibelgesellschaft, AT 1951, NT 2000,

Das Neue Testament, jüdisch erklärt, Lutherübersetzung, Deutsche Bibelgesellschaft, 2021

Das Neue Testament, übersetzt und kommentiert von Ulrich Wilckens, Evangelische Haupt-Bibelgesellschaft zu Berlin, 1979, Lizenzausgabe des Benziger Verlages Zürich/Einsiedeln/Köln und des Gütersloher Verlagshauses Max Mohn, Gütersloh 1970

Die Bibel nach Martin Luthers Übersetzung, revidiert 2017, Deutsche Bibelgesellschaft Stuttgart

Die Bibel, Die Heilige Schrift des Alten und Neuen Bundes, Deutsche Ausgabe mit den Erläuterungen der Jerusalemer Bibel, deutscher Text auf der Grundlage der Übersetzung von Herders Bibelkommentar u.a.; Übersetzung der Erläuterungen aus dem Französischen, in Abstimmung mit „Bible de Jérusalem“ , St. Benno-Verlag GmbH Leipzig, Lizenzausgabe des Verlages Herder KG Freiburg im Breisgau, ohne Jahresangabe

Die Gerechtigkeits Bibel, 1. Auflage 2013, Brunnen Verlag Basel (Grundlage: Hoffnung für alle, 2002)

Die Heilige Schrift, übersetzt von D. Dr. Hermann Menge, Text 1939, Deutsche Bibelgesellschaft Stuttgart, 1994

Die Zürcher Bibel, Verlag der Zürcher Bibel (Ausgabe 2007)

Einheitsübersetzung der Heiligen Schrift, vollständig durchgesehene und überarbeitete Ausgabe Katholische Bibelanstalt Stuttgart, 2016

Gute Nachricht Bibel, revidierte Fassung, durchgesehene Ausgabe, Deutsche Bibelgesellschaft Stuttgart, 2000

Hoffnung für Alle (Hope for All), Brunnen-Verlag Basel und Gießen 2015

Neues Leben. Die Bibel, SCM R. Brockhaus in der SCM Verlagsgruppe GmbH Holzgerlingen, 2017

Neues Testament mit Anmerkungen, übersetzt und erklärt von Heinz

Schumacher, Hänssler Verlag Holzgerlingen, 2002

Revidierte Elberfelder Bibel (Textstand 28), 4. Auflage 2013, SCM R. Brockhaus im SCM-Verlag GmbH & Co. KG, Witten

Stuttgarter Jubiläumsbibel, mit erklärenden Anmerkungen, Privilegierte Württembergische Bibelanstalt Stuttgart, 3. Auflage 1916

Stuttgarter Jubiläumsbibel mit erklärenden Anmerkungen, Privilegierte Württembergische Bibelanstalt Stuttgart, Stuttgart 1937

10.2 Studienbibeln

Das Neue Testament jüdisch erklärt, Luther 2017, Deutsche Bibelgesellschaft, Stuttgart 2021

Der zweite Brief des Paulus an Timotheus, die Briefe an Titus und Philemon, erklärt von Hans Bürki, Evangelische Hauptbibelgesellschaft zu Berlin und Altenburg, 1.Auflage 1987

Elberfelder Studienbibel mit Sprachschlüssel und Handkonkordanz, SCM R. Brockhaus im SCM Verlag Witten, Textstand 28, 4.Auflage 2013

Genfer Studienbibel, Hänssler Verlag Holzgerlingen 1999

Stamps Studienbibel, Life Publishers International 2013, Deutschland: ASAPH GmbH Lüdenscheid; Text: Zürcher Bibel 2007

10.2.1 Wuppertaler Studienbibel (WStb)

Das Buch der Richter und das Buch Rut, erklärt von Martin Holland und Volker Steinhoff, R. Brockhaus Verlag Wuppertal 1995

Das Buch Josua, erklärt von Martin Holland, R. Brockhaus Verlag Wuppertal, 1993

Das dritte Buch Mose, erklärt von Gerhard Maier, R. Brockhaus Verlag Wuppertal, 1994

Das erste Buch der Chronik, erklärt von Fritz Laubach, R. Brockhaus Verlag Wuppertal 2000

Das erste Buch der Könige, erklärt von Hartmut Schmid, R. Brockhaus Verlag Wuppertal, 2000

Das erste Buch Mose, Kapitel 1-11, erklärt von Hansjörg Bräumer, R. Brockhaus Verlag Wuppertal 1983

Das erste Buch Mose, Kapitel 12-36, erklärt von Hansjörg Bräumer, R. Brockhaus

Verlag Wuppertal 1987

Das erste Buch Mose, Kapitel 37-50, erklärt von Hansjörg Bräumer, R. Brockhaus Verlag Wuppertal 1990,

Das erste Buch Samuel, erklärt von Martin Holland, R. Brockhaus Verlag Wuppertal, 2002

Das Evangelium des Johannes 1. Teil, erklärt von Werner de Boor, R. Brockhaus Verlag Wuppertal, 2. Auflage 1971

Das Evangelium des Johannes, 2. Teil, erklärt von Werner de Boor, R. Brockhaus Verlag Wuppertal, 2. Auflage 1972

Das Evangelium des Lukas, erklärt von Fritz Rienecker, R. Brockhaus Verlag Wuppertal, 5. Auflage 1974

Das Evangelium des Markus (Ergänzungsband), erklärt von Adolf Pohl, R. Brockhaus Verlag Wuppertal, 1986

Das Evangelium des Matthäus, erklärt von Fritz Rienecker, R. Brockhaus Verlag Wuppertal, 7. Auflage 1974

Das vierte Buch Mose, erklärt von Gerhard Maier, R. Brockhaus Verlag Wuppertal 1989

Das zweite Buch der Chronik, erklärt von Hansjörg Bräumer, R. Brockhaus Verlag Wuppertal, 2002

Das zweite Buch der Könige, erklärt von Heinz-Werner Neudorfer, R. Brockhaus Verlag Wuppertal, 1998

Das zweite Buch Mose, Kapitel 1-18, erklärt von Hansjörg Bräumer, R. Brockhaus Verlag Wuppertal, 1996

Das zweite Buch Mose, Kapitel 19-40, erklärt von Hansjörg Bräumer, R. Brockhaus Verlag Wuppertal, 1999

Der Brief des Jakobus, erklärt von Fritz Grünzweig, R. Brockhaus Verlag Wuppertal, 1. Auflage 1973

Der Brief des Paulus an die Römer (Ergänzungsband), erklärt von Adolf Pohl, R. Brockhaus Verlag Wuppertal, 1998

Der Brief des Paulus an die Römer, erklärt von Werner de Boor, R. Brockhaus Verlag Wuppertal, 4. Auflage 1973

Der erste Brief des Paulus an die Korinther, erklärt von Werner de Boor, R. Brockhaus Verlag Wuppertal, 3. Auflage 1974

Der erste Brief des Paulus an Timotheus, erklärt von Hans Bürki, R. Brockhaus Verlag Wuppertal, 1. Auflage 1974

Der Prophet Daniel, erklärt von Gerhard Maier, R. Brockhaus Verlag Wuppertal,

1982

Der Prophet Hesekiel, Kapitel 1-24, erklärt von Gerhard Maier, R. Brockhaus Verlag Wuppertal 1998

Der Prophet Hesekiel, Kapitel 25-48, erklärt von Gerhard Maier, R. Brockhaus Verlag Wuppertal 2000

Der Prophet Jesaja, Kapitel 40-66, erklärt von Dieter Schneider, R. Brockhaus Verlag Wuppertal 1990

Der Prophet Sacharja, erklärt von Fritz Laubach, R. Brockhaus Verlag Wuppertal, 1984

Der zweite Brief des Paulus an die Korinther, erklärt von Werner de Boor, R. Brockhaus Verlag Wuppertal, 1. Auflage 1972

Die Apostelgeschichte, erklärt von Werner de Boor, R. Brockhaus Verlag Wuppertal, 4. Auflage 1975

Die Briefe des Johannes, erklärt von Werner de Boor, R. Brockhaus Verlag Wuppertal, 1. Auflage 1974

Die Briefe des Paulus an die Philipper und an die Kolosser, erklärt von Werner de Boor, R. Brockhaus Verlag Wuppertal, 5. Auflage 1974

Die Briefe des Paulus an die Thessalonicher, erklärt von Werner de Boor, R. Brockhaus Verlag Wuppertal, 3. Auflage 1973

Die Briefe des Petrus und der Brief des Judas, erklärt von Uwe Holmer und Werner de Boor, R. Brockhaus Verlag Wuppertal, 1. Auflage 1976

Die Bücher Esra und Nehemia, erklärt von Klaus vom Orde, R. Brockhaus Verlag Wuppertal, 1997

Die Offenbarung des Johannes 1. Teil, erklärt von Adolf Pohl, R. Brockhaus Verlag Wuppertal, 2. Auflage 1973

10.2.2 Edition C Bibelkommt. Neues Testament

Eberhard Hahn, 1. u.2. Thessalonicherbrief, Hänssler-Verlag, Neuhausen-Stuttgart 1996

Fritz Grünzweig, 1. Timotheusbrief, Hänssler-Verlag, Neuhausen-Stuttgart 1996

Fritz Grünzweig, 2. Timotheusbrief / Titusbrief / Philemonbrief, Hänssler-Verlag, Neuhausen-Stuttgart 1996

Fritz Grünzweig, Offenbarung des Johannes 1. Teil, Hänssler-Verlag, Neuhausen-Stuttgart 1996

Gerhard Maier, Johannes-Evangelium 1. Teil, Hänssler-Verlag Neuhausen-

Stuttgart 1996

Gerhard Maier, Johannes-Evangelium 2. Teil, Hänssler-Verlag Neuhausen-Stuttgart 1996

Gerhard Maier, Lukas-Evangelium 1. Teil, Hänssler-Verlag Neuhausen-Stuttgart 1996

Gerhard Maier, Lukas-Evangelium 2. Teil, Hänssler-Verlag Neuhausen-Stuttgart 1996

Gerhard Maier, Markus-Evangelium, Hänssler-Verlag Neuhausen-Stuttgart 1996

Gerhard Maier, Martin Holland, Jakobusbrief, Judasbrief, Hänssler-Verlag, Neuhausen-Stuttgart 1996

Gerhard Maier, Matthäus-Evangelium 2. Teil, Hänssler-Verlag, Neuhausen-Stuttgart 1996

Heiko Krimmer und Martin Holland, 1. und 2. Petrusbrief, Hänssler-Verlag,

Heiko Krimmer, 1. Korintherbrief, Hänssler-Verlag, Neuhausen-Stuttgart 1996

Heiko Krimmer, 1., 2. und 3. Johannesbrief, Hänssler-Verlag Neuhausen-Stuttgart 1996

Heiko Krimmer, 2. Korintherbrief, Hänssler-Verlag, Neuhausen-Stuttgart 1996

Heiko Krimmer, Römerbrief, Hänssler-Verlag, Neuhausen-Stuttgart 1996

Heinz-Werner Neudorfer, Apostelgeschichte 1. Teil, Hänssler-Verlag Neuhausen-Stuttgart 1996

Heinz-Werner Neudorfer, Apostelgeschichte 2. Teil, Hänssler-Verlag, Neuhausen-Stuttgart 1996

Paul Murdoch, Philipperbrief, Hänssler-Verlag, Neuhausen-Stuttgart 1996

10.3 Lexika

Adolf Adam/Rupert Berger, Pastoralliturgisches Handlexikon, St. Benno-Verlag Leipzig, 1. Auflage 1982

Bibel-Lexikon, Herausgegeben von Herbert Haag, St. Benno-Verlag GmbH Leipzig 1973, Lizenzausgabe des Benziger Verlages Einsiedeln 1968

Das Große Bibellexikon, Herausgegeben von Helmut Burkhardt, Fritz Grünzweig, Fritz Laubach, Gerhard Maier, R. Brockhaus Verlag Wuppertal und Brunnen Verlag Gießen, Bd. 1: 1987, Bd. 2: 1988, Bd. 3: 1989

Kurt Aland, Lutherlexikon, Vandenhoeck & Ruprecht, 1989 Taschenbuch

Lexikon der Kirchengeschichte, Herausgegeben von Walter Kasper u.a., Verlag

Herder Freiburg im Breisgau 2001

Lexikon zur Bibel, Herausgegeben von Fritz Rienecker, Brockhaus Verlag Wuppertal, 11. Ausgabe der Volksausgabe 1988

Lexikon zur Bibel, Herausgegeben von Fritz Rienecker, neubearbeitete Ausgabe, herausgegeben von Gerhard Maier, R. Brockhaus Verlag Wuppertal, 3. aktualisierte Sonderausgabe der neu bearbeiteten Auflage 2003

Wer ist wer in der Bibel? Personenlexikon zum Buch der Bücher, R. Brockhaus Verlag Wuppertal, 3. Auflage 1998

www.net-lexikon.de/Sakrament

10.4 Das Judentum und die Geschichte Israels

Alfred Edersheim, Der Tempel – Mittelpunkt des geistlichen Lebens zur Zeit Jesu, R. Brockhaus Verlag Wuppertal 1997

Eugene H. Merrill, Die Geschichte Israels, Hänssler Verlag Holzgerlingen, 2001

Friedrich Weinreb, Das Markus Evangelium, 2 Bände, Verlag der Friedrich-Weinreb-Stiftung, 1999

Friedrich Weinreb, Schöpfung im Wort, Verlag der Friedrich-Weinreb-Stiftung, 3. Auflage, 2012

Friedrich Weinreb, Zahl Zeichen Wort: Das symbolische Universum der Bibelsprache, Verlag der Friedrich-Weinreb-Stiftung, 2011 Taschenbuch

Hans-Christian Huf, Das Bibelrätsel – Geheimnisse der Heiligen Schrift, Econ

Hanspeter Obrist (Hrsg.), Feste Israels, Brunnen Verlag Basel und Gießen, 2006

Isaac Kalimi, The Concept of Scripture and the Concept Doctrine in Judaism, Christianity, and Islam – Schriftverständnis im Judentum, Fachvortrag, Universität Mainz

Karl Elliger, Deuterojesaja 1. Teilband, Biblischer Kommentar Altes Testament XI/1, Neukirchen-Vluyn 1989,

Lennart Möller, Die Akte Exodus – Neue Entdeckungen über den Auszug aus Ägypten, Verlag inner cube, Düsseldorf 2010

Martin Noth, Geschichte Israels, Evangelische Verlagsanstalt Berlin, 8. Auflage 1976, Lizenzausgabe des Verlages Vandenhoeck & Ruprecht, Göttingen, 2. Auflage 1954

Randall Price, Handbuch zum Tempel, Verlag inner cube, Düsseldorf 2013

Roger Liebi, Der Messias im Tempel, Christliche Literatur-Verbreitung Bielefeld, 2. Auflage 2007

Siegfried Herrmann, Geschichte Israels in alttestamentlicher Zeit, Evangelische Verlagsanstalt Berlin, 1. Auflage 1981; Lizenzausgabe des Chr. Kaiser Verlages, München, 2. Auflage 1979;

W. S. LaSor, D. A. Hubbard, F. W. Bush, Das Alte Testament – Entstehung, Geschichte, Botschaft, hrsg. von Helmut Egelkraut, TVG Brunnen Verlag Gießen, 4., durchgesehene und erweiterte Auflage 2000

10.5 Apostolische Gemeinden und katholisch-apostolische Bewegungen

Das Zeugnis der Apostel an die geistlichen und weltlichen Häupter der Christenheit, aufgestellt im Jahre 1836 (Testimonium), Nachdruck, o.O., o.J.

Ernst Adolf Roßtäuscher, Der Aufbau der Kirche Christi auf den ursprünglichen Grundlagen, Manuskriptfotokopie der Stiftung Ökumenisches Institut Lüdenscheid der 2. Auflage, Basel 1886

Gemeinde- und Gottesdienstordnung, herausgegeben von der Konferenz der Apostel und Bischöfe der Apostolischen Gemeinschaften in Europa, Stand 2022

Heinrich W. J. Thiersch, Inbegriff der christlichen Lehre, Ökumenischer Verlag Dr. R. F. Edel, Marburg, 4. Auflage 1980

Johannes Albrecht Schröter, Die Katholisch – Apostolischen Gemeinden in Deutschland und der „Fall Geyer“, Tectum Verlag Marburg, 2., leicht verbesserte Auflage 1998

Katechismus der Neuapostolischen Kirche, herausgegeben von Wilhelm Leber, Friedrich Bischoff Verlag Frankfurt a.M., 2012 (siehe auch Internetfassung 2021)

Konferenz der Apostel und Bischöfe der Apostolischen Gemeinschaften in Europa, Schrift und Glaube – Christliches Leben in Apostolischen Gemeinden, Rediroma-Verlag, 2023

Ludwig Albrecht, Abhandlungen über die Kirche, Nachdruck der 2. Auflage von 1898, Ökumenischer Verlag Dr. R. F. Edel, Marburg an der Lahn, 1982

Ludwig Albrecht, Das Apostolische Werk des Endes, o.O., Nachdruck 1962 der Ausgabe von 1924

Matthias Eberle, „Was geschieht beim Abendmahl – Betrachtungen zur Herkunft des apostolischen Abendmahlsverständnisses und der Natur der ausgesonderten Elemente in unserer Kirchengeschichte“, 2003

Volker Wissen, Zur Freiheit berufen - Ein Porträt der Vereinigung Apostolischer Gemeinden (VAG) und ihrer Gliedkirchen, Re Di Roma-Verlag, 2008

Was wir glauben, Bd. 1, herausgegeben von den europäischen Aposteln der Vereinigten Apostolischen Gemeinden, Zürich 1984

Was wir glauben, Bd. 2, herausgegeben von den europäischen Aposteln der Vereinigten Apostolischen Gemeinden, Zürich 1990

10.6 Kirchengeschichte

Armin Sierszyn, 2000 Jahre Kirchengeschichte, Bd. 1, Hänssler Verlag Holzgerlingen, 5. Auflage 2005

August Franzen, Kleine Kirchengeschichte, Erweiterte Neuausgabe, Verlag Herder Freiburg im Breisgau, 1. Auflage der Neuausgabe 2006 (24. Auflage des Gesamtwerkes)

Herwig Hafa, Der Weg der Christenheit durch die Geschichte, Bd. 1, Evangelische Verlagsanstalt Berlin 1963

Karl Martin Fischer, Das Urchristentum, Evangelische Verlagsanstalt GmbH Berlin, 2. Auflage 1991, (Kirchengeschichte in Einzeldarstellungen, Bd. I/1)

Peter Zimmerling (Hg), Handbuch Evangelische Spiritualität: Band 1 Geschichte, Vandenhoeck & Ruprecht, 2017

Peter Zimmerling (Hg), Handbuch Evangelische Spiritualität: Band 2 Theologie, Vandenhoeck & Ruprecht, 2017

Peter Zimmerling (Hg), Handbuch Evangelische Spiritualität: Band 2 Praxis, Vandenhoeck & Ruprecht, 2017

Theodor Brandt, Basiswissen Kirchengeschichte, R. Brockhaus Verlag, 1. überarbeitete u. ergänzte Taschenbuchauflage 1999

10.7 Weitere Literatur

Adolf Adam, Grundriss Liturgie, Verlag Herder, Freiburg im Breisgau, 8. Auflage 2005

Alfred Kuen, Das Mahl des Herrn, Jota Publikationen Hammerbrücke, 3. Auflage 2003

Alfred Kuen, Der Heilige Geist, R. Brockhaus Verlag Wuppertal, 1980

Andreas Eichberger, Scheitern verboten?, R. Brockhaus Verlag Wuppertal 2007

Ann Spangler, Gottes Namen beten, Hänssler Verlag im SCM Verlag Holzgerlingen 2007

C. Schulte-Uebbing, Biblische Sachkonkordanz zu Fragen der Endzeit, Verlag der

St.-Johannis-Druckerei

Christian A. Schwarz, Christoph Schalk, Die Praxis der natürlichen Gemeindeentwicklung, C&P Verlag

Dr. Martin Luther, Dr. Martin Luthers kleiner Katechismus mit Erklärung, Helmut Korinth, 24. Auflage

Eberhard Hahn, Ich glaube ... die Vergebung der Sünden, Vandenhoeck & Ruprecht, Göttingen 1999

Evangelischer Erwachsenenkatechismus, Herausgegeben im Auftrag der Vereinigten Evangelisch – Lutherischen Kirche Deutschlands (VELKD), Gütersloher Verlagshaus, 7., aktualisierte Auflage 2001

Evangelischer Erwachsenenkatechismus, Herausgegeben von Manfred Kiesig u.a., Gütersloher Verlagshaus, 6., völlig neu bearbeitete Auflage 2000

Evangelischer Erwachsenenkatechismus, Herausgegeben von Werner Jentsch u.a., Gütersloher Verlagshaus, 3. Auflage 1977

Fachwörterbuch Theologie, herausgegeben von Johannes Hanselmann und Uwe Swarat, R. Brockhaus Verlag Wuppertal, 2., verbesserte und erweiterte Auflage 1996

Franz Alt, Frieden ist möglich – Die Politik der Bergpredigt, R. Pieper & Co Verlag

Fritz Grünzweig, Einführung in die biblischen Bücher, Das Neue Testament, Hänssler-Verlag, Neuhausen-Stuttgart 1992

Gerhard Kroll, Auf den Spuren Jesu, St. Benno Buch- und Zeitschriftenverlagsgesellschaft Leipzig, 12. Auflage 2002

Gero Herrendorf, Helge Seekamp, Karin Prentzel, Grundkurs Barmherzigkeit, Brunnen Verlag Gießen 2002

H. Drummond, Das Größte in der Welt, Agentur des Rauhen Hauses

Hans Küng, Was ist Firmung?, Benzinger Verlag, Zürich/Einsiedeln/Köln, 1976

Hans Steubing u.a. (Hrsg.), Bekenntnisse der Kirche, R. Brockhaus Verlag Wuppertal (TVG), 2. Taschenbuchauflage 1997

J. Calvin, Calvin-Studienausgabe, Hg. P. Barth / W. Niesel, Bd. 1, Neukirchen-Vluyn 1994-2011

Joachim Jeremias, Die Abendmahlsworte Jesu, Verlag Vandenhoeck & Ruprecht Göttingen, 4., durchgesehene Auflage 1967

John Stott, Die Botschaft der Apostelgeschichte, Hänssler Verlag Holzgerlingen, 2000

Joseph Ratzinger Benedikt XVI, Jesus von Nazareth, Erster Teil, Verlag Herder Freiburg im Breisgau 2011

Joseph Ratzinger Benedikt XVI, Jesus von Nazareth, Prolog – Die Kindheitsgeschichten, Verlag Herder Freiburg im Breisgau, 2012

Joseph Ratzinger Benedikt XVI, Jesus von Nazareth, Zweiter Teil, Verlag Herder Freiburg im Breisgau 2011

Joseph Ratzinger, Einführung in das Christentum, Kösel

Katholischer Erwachsenenkatechismus, St. Benno-Verlag Leipzig, 2. Auflage 1989

Kevin Leman/William Pentak, Das Hirtenprinzip, Gütersloher Verlagshaus 2005

Klaus Berger und Christiane Nord, Das Neue Testament und frühchristliche Schriften, Insel Verlag Frankfurt am Main und Leipzig, 1. Auflage 1999

Manfred Lütz, Joseph Ratzinger: Kurze Einführung in das Christentum überarbeitet für alle, Kösel (2023)

Markus Bockmuehl, Jesus von Nazareth – Messias und Herr, R. Brockhaus Verlag Wuppertal 1999, S. 183 ff

Norbert Baumert, Frau und Mann bei Paulus, Echter Verlag Würzburg, 2. Auflage 1993

Ralf Luther, Neutestamentliches Wörterbuch, Ernst Franz Verlage Metzingen

Reinhard Slenezka, Ziel und Ende, Freimund-Verlag

Rosemarie und Hansjörg Bräumer, Scheidung und Wiederheirat, Hänssler-Verlag Neuhausen-Stuttgart, 2. Auflage 1996

Stefan Vatter, Finden, Fördern, Freisetzen; Wirksam führen – Die Wiederentdeckung des apostolischen Dienstes, Neufeld Verlag Schwarzenfeld, 2., durchgesehene und erweiterte Auflage 2016

Theologisches Wörterbuch zum Neuen Testament, Band 1, herausgegeben von Gerhard Kittel, Verlag W. Kohlhammer, Stuttgart 1933

Thomas Härry, Von der Kunst, andere zu führen, SCM-Verlag Witten, 2. Auflage 2015

Tomáš Halík, Der Nachmittag des Christentuns, Herder

Ulrich Wilckens, Theologie des Neuen Testaments, Bd. 1/2, Neukirchener Verlagsgesellschaft Neukirchen-Vluyn, 3.Auflage 2011

Uwe Dittmer, Die Taufe, Evangelische Hauptbibelgesellschaft und von Cansteinische Bibelanstalt Berlin, 1. Auflage 2002

Walt Kallestad, Mit offenen Armen (Wie Gemeinde für Gäste attraktiver wird), Brunnen Verlag

11 Stichwortverzeichnis

Das nachfolgende Stichwortverzeichnis ist bewusst umfangreich gestaltet, so dass z.B. zu einigen Begriffen, der Vollständigkeit halber, viele Seiten aufgeführt sind. Wir haben uns jedoch entschieden die Stichworte Gott, Jesus Christus, Heiliger Geist, Mensch, Jüngerin/Jünger, Mose, Israel, Bibel, Kirche und Gemeinde sowie Leben und Welt auszublenden, da hier die Anzahl der Einträge noch einmal jeweils deutlich höher gewesen wäre.

A

B

C

D

E

F

G

H

I

J

K

L

M

N

O

P

Q

R

S

T

U

V

W

Y

Z

12 Verzeichnis der verwendeten Bibelstellen

Schlusswort

Auch am Ende dieses 2. Bandes der Reihe „Schrift und Glaube", liegt uns am Herzen, noch hinzuzufügen, dass wir keine unfehlbare Lehre verkünden. Wir haben in diesem Buch unsere Erkenntnisse nach bestem Wissen und Gewissen festgehalten. Wir vertreten sie in der Offenheit vor Gott, vor dem all unsere Gedanken wie ein aufgeschlagenes Buch sind. Wir werden uns immer dann revidieren, wenn uns Gottes Wort in seinem Gesamtzeugnis durch die Leitung des Heiligen Geistes des Irrtums überführt. Ein besonderer Dank gilt an dieser Stelle Apostel Matthias Knauth, ohne dessen Zutun, bis in den Ruhestand hinein, dieses Buch nie entstanden wäre.